U0142554

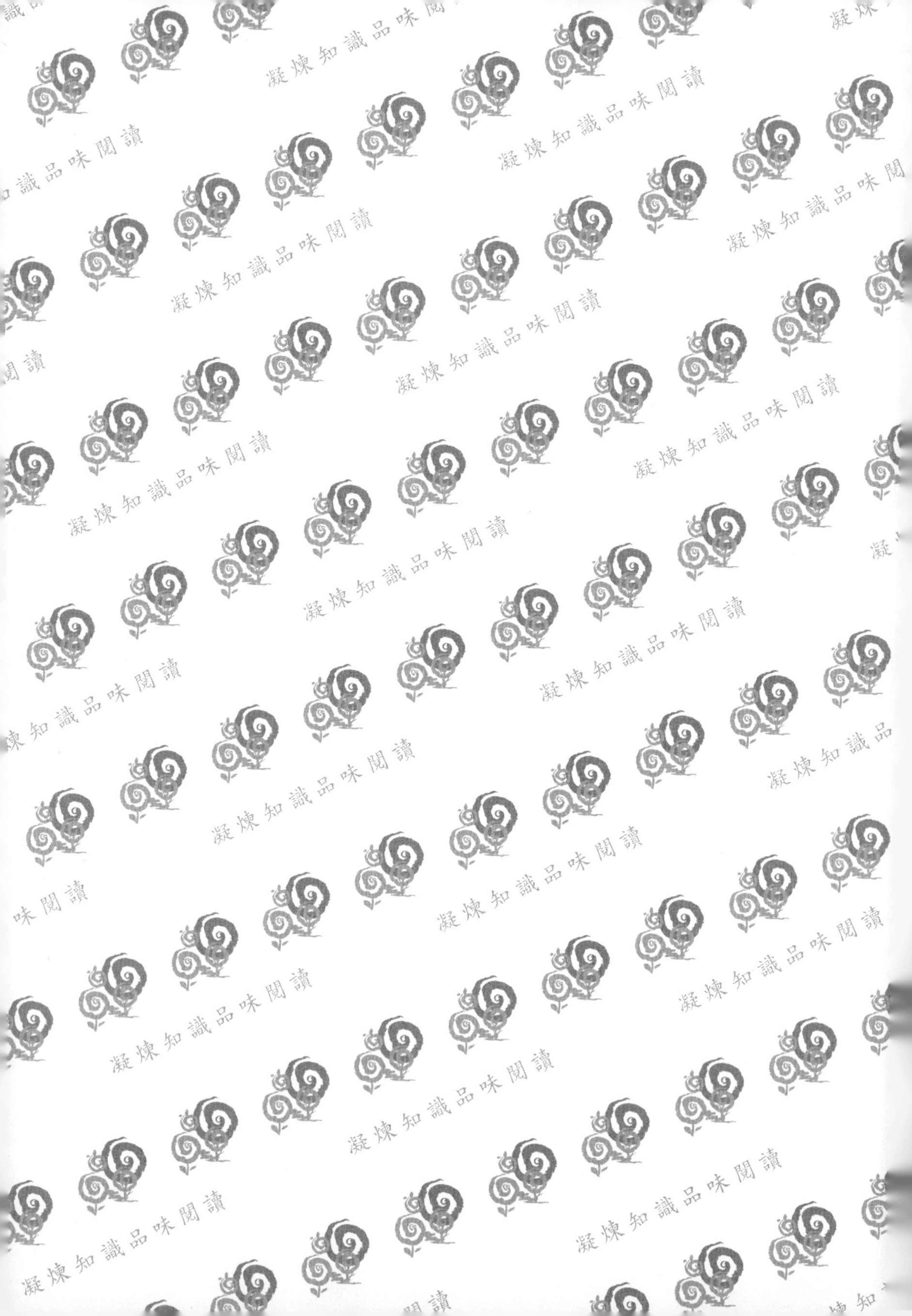

凝煉知識品味閱讀

諮商理論與技術

魏麗敏
黃德祥 著

五南圖書出版公司 印行

序

諮商與心理治療是利用心理學的原理原則，以口語溝通爲主的助人輔導方法，簡單的說，諮商與心理治療就是一種助人的心理輔導活動。諮商與心理治療的目標是在協助不同人生發展階段與不同群體的個人解決問題、作最佳抉擇或決定，以便成長、適應、進步與發展，乃至於自我潛能充分開展與自我實現。由於每個人的人生都是一連串危機、壓力、障礙與限制的組合，除了需要依賴自我成長的動力因應外在的挑戰外，也需要經由他人的提攜與協助，以便作有效的調適與突破，過有意義的人生。本書寫作的動機就是在彙整當前諮商與心理治療的重要理論、策略與技術，以作爲助人工作者有效協助當事人增強自我能力，追求成長、適應、進步與發展的指引。

隨著台灣社會的快速變遷，個人所面對的問題與困境倍於往昔，社會上對於助人專業服務的需求日益殷切。因此，作者們希望能有一本能充分涵蓋主要諮商與心理治療理論體系、廣泛呈現各種助人技巧的專書，作爲助人專業服務工作者的參考。本書後一作者過去曾編譯「諮商與心理治療的理論與實施」(台北：心理出版社，民國73年出版) 一書，該書曾再版多次，廣受讀者們的歡迎，使本書作者相信，國內對此類書籍的需求甚高。此次作者們揚棄編譯的方式，廣泛蒐集諮商與心理治療的相關論著，用較切合中文表達的方式，重新統整與組織各個理論與技術的精要，將本書呈現給各位，希望對國內助人專業服務工作，略盡棉薄之力，也希望藉此導引莘莘學子投入助人專業服務工作中，造福人群。

本書共分十二章，第一章闡述諮商的意義、內容與範圍，第二章將本書所要深入探討的相關理論體系作分析、比較與對照。第三章至第十章，分別討論精神分析、阿德勒治療、個人中心諮商、完形治療、交流分析、理性情緒行為治療、行爲治療與現實治療等八個目前在國際上最被廣泛應用的諮商與心理治療模式。這八個諮商與心理治療模式看似雜然紛陳，事實上這只是人生問題複雜性的一種反映而已，希望讀者們能以開放的心胸，研讀這些理論模式，進而能擷取各家精萃，配合個人的人格特質與人生體驗，形成個人的諮商風格，以因應不同當事人的需求，協助他們作最大的發展。第十一章則再補充討論其它重要的理論體系，包括：多重模式治療、認知治療、精微諮商與折衷治療法等，這些重要心理治療體系雖尚未成爲大的學派，但其往後的發展未可限量，同樣值得讀者們深入研讀。最後一章作者們再以幾個重要的模式介紹重要的諮商策略與技術，使讀者們能增加諮商的實務能力。本書另附有個案諮商範例、班級活動與問題討論的輔助題材，供採用本書當教科書的授課老師們藉以協助學生深入體認各章精要與自我及專業的成長。

我們夫婦二人所學相同，甚早即想共同合作論著，一起把所學奉獻給輔導專業領域，此次經由不斷地努力，共同犧牲無數的休閒與睡眠，總算完成了一個心願，內心無限歡欣。國外諮商與心理學界夫婦共同著書立說者不乏其人，希望我們往後能再呈現共同的論著。

然而，由於我們本身的教學與研究工作非常繁忙，本書之中，疏漏與謬誤之處可能不少，尚祈諸位讀者多多指正。我們只能說本書的撰寫，我們是盡了力，但離理想可能尚有一段距離，請讀者們包涵。另外，本書對於「諮商」與「心理治療」兩個名詞不作嚴格區分，僅以「諮商理論與技術」爲書名，目的是求簡明而已，本書同樣適合心理治療、社會工作、精神醫療等專業工作者的研讀。此外，本書同時也是一般讀者追求自我成長的最佳指引。

利用這個機會，我們要感謝多年來對我們家庭與生涯發展關照、提攜有加的諸位師長，尤其是彰化師大前校長葉學志博士、教育學院院長許天威博士、輔導系前主任陳明照博士、台中師院前院長簡茂發博士、現任院長劉湘川博士、政治大學吳靜吉博士、林邦傑博士、台灣師大張春興博士、吳武典博士、洪有義教授、林清山博士，以及台灣省教育廳前專門委員盧廉先生、教育部李孟翰主任等人，他們或在我們艱困時指引明燈，或在生涯抉擇時給我們支持與提拔，令我們獲益良多。如果我們今日有稍許成就的話，榮耀應歸於他們。我們也要謝謝台中師院初教所陳玉花同學協助部分摘要整理、彰化師大輔導系高晉強、林軒鈺、邱萱伶、童彥青、劉美惠、張秀如、林宜貞、楊珮妤等同學協助校對與作索引，以及五南圖書出版公司楊董事長榮川與毛經理基正協助本書的出版。

最後我們要謝謝彥蓉與彥杰兩寶貝在我們撰寫期間的配合，能容忍我們把時間用在本書的出版上。

魏麗敏
黃德祥 謹識

1995 年 7 月 5 日

於台中漢宮庭園

目 錄

第一章

諮商的基本概念

第一節　諮商的意義

壹、諮商的界定

諮商（*counseling*）是一種以語言溝通爲主的助人活動。 *Myrick*（*1997*）認為諮商是一種崇高且利他（*altruistic*）的職業。在日常生活中，我們處處可見助人與被人幫助的景象，當我們迷路的時候，向不知名的路人問路，這位路人就是助人者，問路的人就是被幫助者，當問路的人語氣誠懇、態度親切，而路人又具有助人的熱忱與熟知問路的人所要去的路線時，通常問路的人容易得到滿意的答案，並順利的到達目的地。在家庭中，父母一直不斷地告訴子女應該作那些事，不該作那些事，父母就是助人者，子女就是被幫助者，反之，當子女向父母解說如何使用新式的電子儀器或電子遊樂器材時，子女就成爲助人者，父母反而成爲被幫助者。在學校中，教師就是一位典型的助人者，教師不只要傳授新知識、新觀念給學生，而且還要幫助學生解決各種生活與學習問題，並且學會做人與做事的方法。教育情境中的助人與被人幫助的現象最爲頻繁。其它像如何繳稅、如何解決法律問題、甚至置產與投資等問題，都可以向較專門的稅務、法律、理財專家請求協助，此時，稅務、法律與理財專家就是在進行稅務、法律與理財的諮商服務。其它日常生活中的助人與被人幫助的現象不勝枚舉，尤其當我們的親人、好友、鄰居、同事發生困難或遭遇問題時，我們通常都會給予一些建議，諮商活動也就自然而然的在我們日常生活中持續地進行著。

不過本書所稱的「諮商」是指較「有計畫的」(*planned*)、「審慎的」(*deliberate*)與「專業性的」(*professional*)的心理層面助人活動。

英文 *counseling** 是由拉丁文 *consilium* 一字衍化而來，本意是「一起」(*together*)與「一起談話」(*talk together*)，再衍伸爲含有「忠告」、「勸告」(*advise*)，或「向別人提供意見」(*to give counsel to*)的意義。二十世紀初期，輔導運動興起之後，「諮商」一詞就與「輔導」(*guidance*)並列。在 *1960* 年代時，「諮商」與「輔導」甚至被交互使用(*Baruth & Robinson, 1987; Gibson & Mitchell, 1990*)。此後，由於諮商理論與相關技巧的蓬勃發展，諮商活動在整個輔導工作中有日益成爲獨立學門，甚至「諮商」一詞有凌駕於「輔導」之上的趨勢。目前兩者常被併用或交互使用，如：「*guidance and counseling*」或「*counseling and guidance*」一起使用的情形非常普遍。

中文的「諮商」一詞，有商量、詢答、協商、商談、諮詢、引導、會談等含義。在早期諮商與輔導工作被引進國內時，「諮商」曾有「教育諮商」、「諮詢」、「教育輔導」、「導談」、「協談」等各種不同譯法。

至於「諮商」的眞正意義爲何？不同學者看法不一。

吉布生與米契爾(*Gibson and Mitchell, 1990*)認爲，諮商是一種一對一的助人關係，以個人的成長、適應、解決問題、作決定爲焦點。

葛拉丁(*Gladding, 2000*)認爲諮商是較短期的、人際的、以理論爲基礎的、受倫理與法律標準所導引的專業活動，以協助基本上心理是健康的人去解決發展與情境問題。

達拉佩拉(*Drapela, 1983*)主張，諮商就是對個人或團體的一種直接的服務，目的在激勵自我覺察、協助解決問題、作決定，以及促進情緒與社會的成長。

尼爾森瓊斯(*Nelson-Jones, 1988*)認爲諮商是一種過程，目的在幫助

* counseling是美式用法，英國的「諮商」，使用counselling一字，比美式用法多一個l字母，其原因請參閱黃德祥(民80)，「英國的諮商與輔導工作」一文。

醫療機構之外的人，使他們能夠為自己作較好的選擇，成為一位較佳抉擇的人。助人者則擁有一套的技巧，包括能建立瞭解的關係，並能協助當事人在思想、情感與行動上作改變。

托爾伯特(*Tolbert, 1982*)也認為諮商就是幫助正常的個體發展、作決定、解決情境問題的歷程。

布羅契(*Blocher, 1987*)強調諮商著重理性計畫、問題解決、作決定，以及現實情境中的壓力管理，是以幫助正常的人解決在日常生活中所產生的問題為重點。

由上述可見，不同學者對諮商的涵義觀點不同。整體而言，本書作者認為，**諮商就是幫助個人學習如何在日常生活中解決問題、作決定，並能在思想、情感與行動上作積極改變，以便能自我成長、適應與發展的專業助人歷程**。基於此界定，諮商似包含下列五層意義。

一、諮商是一種專業(As a profession)

諮商活動固然在非正式場合中可以見到，但心理層面的諮商確實需要建立在專業化的基礎上，有一定條件的專業要件與倫理需求。一位稱職的諮商助人者必須擁有一定的教育背景，對人類特質有充分的瞭解，並能針對當事人成長、適應與發展的需求提供妥當的協助。諮商本質上不是率性而為、僅憑主觀經驗而進行的活動，相反的，它是一種專業服務工作，非人人可為。

二、諮商是一種助人歷程(As helping processes)

諮商幾乎與助人同義，主要在幫助正常的個體作最佳的調適。諮商更重視歷程而非單一的作為、事件或結果，原因在於一方面，當事人問題的形成是長期學習的結果，因此，需要有較長的時間去加以調整或改變，另一方面，諮商強調諮商助人者與被幫助者能共同投入歷程之中，以便達成諮商的目標。所以諮商並非一個片斷、一個點的活動而已，它是經由專業協助使個體成長與發展的歷程。

三、諮商在處理各種層面的問題(Dealing with many concerns)

在日常生活中，每個人或多或少會遭遇各種問題，如果能請求諮商協助，或許較有利於各種問題的解決，並減少個人的摸索與時間的浪費。諮商就是關切個體生活、教育、職業與社會等各層面問題的專業活動。

四、諮商的目的在促進成長、適應、改變與發展(Facilitating growth, adjustment, change and development)

諮商的初始目的在解決各種問題，但長遠的目標在於激勵當事人能夠自我成長、適應各種壓力與挑戰，並能自我作適當的改變，以便能充分發展自我，發揮潛能。避免自我受問題與矛盾所困，而抵銷個人的能源或受到傷害。

五、諮商強調自我幫助(Emphasizing self-help)

諮商的最重要功能在幫助當事人幫助他們自己，能爲自己承擔責任。亦即在促使當事人能成爲獨立、負責、健康，且主動面對自我人生的人，以便在思想、情感與行爲方面都能充分成長與發展。

貳、諮商相關名詞釋義

與「諮商」一詞相關的名詞極多，有些與諮商相似，有些甚至難以與諮商區分，有些則與諮商有相近的特質要素。

一、「輔導」(guidance)

輔導的本意是引導、協助、輔助。學校中幫助學生的一切活動，統稱爲輔導工作，目前國內中小學也設有「輔導室」作爲規劃與執行輔導工作的單位。輔導與諮商幾乎同義，倘要作嚴格區分，則輔導著重於學生資料的匯集、分析、診斷與鑑定，以及較重視學生問題的解決，而諮商主要是以語言溝通爲主的心理協助，較強調諮商師與被諮商者的人際互動與情感投入，著重人格的改變。傳統上，諮商被認爲是輔導工作的一部份。

二、「心理治療」(psychotherapy)

目前多數的諮商專業書籍，將諮商與心理治療並列。諮商上使用的理論甚多是心理治療取向的。兩者倘要作區分，關鍵在於心理治療主要以心理失常者(*psychological disorder*)爲服務對象，諮商則以正常的人爲服務對象，至於兩者所採行的技巧與策略大致相當。心理治療較常於心理診療機構中實施，諮商則主要於學校及一般社會助人機構中實施。本書不對「諮商」與「心理治療」兩個名詞作嚴格區分，在本書各章中，且常交互使用這兩名詞。

三、「精神醫療」(psychiatry)

精神醫療係由精神醫師對精神病人所進行的診療活動。精神病人通常是有嚴重精神異常，或精神狀態難以應付日常生活的需要。精神醫生在診治精神病人除了使用諮商與心理治療的方法協助病人復健外，通常會利用藥物控制與治療疾病。一般典型的精神醫療機構重視團隊工作，通常包含精神醫師、心理技師、職能治療師(*occupational therapist*)、社會工作員與護士。精神醫師是病人診療工作的主導，心理技師或心理治療學家則以心理治療工作爲重點，職能治療師著重職業復健，協助病人回歸社會，社會工作員則以家庭與社區的安置、調整與聯繫爲服務重點，護士則是協助精神醫師，進行醫療輔助工作。

四、「會談」或「面談」(interview)

會談或面談係人際瞭解與溝通的一種方式，主要目的在增進彼此之間的認識。基本上，諮商也是會談或面談的一種型式，但諮商更著重心理層面的互動與情感投入，會談或面談常以瞭解背景資料、未來期望，或對個人的儀表與特質作評定或判斷爲目的。求職、甄試、比賽等情境最常應用會談或面談的方法，通常此類會談或面談較無諮商所具有的助人目標或效果。不過艾維(*Ivey, 1988*)認爲諮商就是「有意向的會談」(*intentional interviewing*)，可見諮商與會談關係的密切。

五、「對話」(dialogue)

對話是二個人或三個人以上的語言溝通狀態。對話是人際間最基本的溝通方式，藉由語言傳達彼此間的思想、觀念、態度或價值，非正式的對話在社會情境中隨處可見。諮商與會談事實上可視爲較正式的人際對話，兩者都是以語言溝通爲主。

六、「諮詢」(consultation)

諮詢與諮商兩個名詞容易混淆，在實務工作上兩者有時難以區分。諮詢的功能近年來有越來越受重視的傾向。簡單來說，諮詢就是由具有專門知識的專家向求助者提供資訊、知識與經驗的活動，通常具有教導、教誨、指示或指導的性質。一般而言，諮詢著重於求助者認知上的改變，而諮商則相對的較重視情感的成份。由於諮商理論中有甚多的認知與行爲理論與策略，這些認知與行爲傾向的諮商方式通常強調認知與行爲上的改變，因此常與諮詢者所採行的理論與策略相同，使得諮商與諮商界限模糊。倘要嚴格區分，兩者似有下列的不同：㈠諮詢者較不若諮商者涉入助人歷程中；㈡諮詢較具解決問題導向；㈢諮詢的對象不限於當事人本身，當事人相關的個人、團體或體系都可以成為被諮詢的對象；(四)諮詢常於自然情境中實施，諮商則常在設計或佈置的場所，如諮商室或諮商中心實施；(五)諮詢更著重於在危機或壓力情境下對被諮詢者提供緊急服務；(六)諮詢不重視當事人人格的改變。

基本上，諮詢與諮商都是以語言溝通為主，兩者都注重一些基本的助人技巧，如專注、傾聽、澄清、面質、摘要等。

第二節　諮商的內涵與類型

諮商基本上就是以語言溝通為主的專業取向助人工作，目的在幫助當事人自我瞭解、自我接納、自我成長與自我發展。諮商的內涵為何與定義為何同樣衆說紛紜，以下依據諮商的對象、諮商師背景、實施方式、理論取向等不同類別作說明。

壹、諮商的對象

諮商服務的提供者稱之為諮商員或諮商師(*counselor,* 簡稱 Co.)，或輔導員 (國內通稱)。被諮商的人稱之為當事人(*client*，簡稱 Cl.)，或案主。倘以諮商的對象，亦即當事人的發展階段作區分，諮商可分為兒童諮商、青少年諮商、成年與中年諮商、老人諮商。以特殊族群為區分，較常見的有婦女諮商、兒童與青少年諮商、老人諮商、殘障諮商、少數民族諮商等。以下將分述之。

一、以當事人年齡作區分

(一)兒童諮商

以尚未進入青春期或年齡約在十二歲以下，或就讀小學與幼稚園的兒童爲諮商對象的諮商服務，稱之爲兒童諮商。由於兒童尙處於幼弱年齡(*tender age*)階段，會面臨較多發展性的問題，如偏食、懼學、過動性(*hyperactive*)、逃家與逃學、退縮等，使兒童諮商工作有愈形重要的趨勢，尤其精神分析取向的諮商理論強調早期發展是後期發展的基礎，因此協助兒童正常與健康的發展乃極爲重要。不過由於兒童的認知發展仍屬於具體運思階段，故兒童諮商較重視活動爲導向(*activities-oriented*)的諮商，需藉助於各種具體事物與活動來協助兒童正常發展或解決問題。

㈡青少年諮商

輔導運動的興起與工商社會所產生的日益嚴重的青少年問題有密切關聯。工業化發展之後，人口往都市集中，青少年失學與失業，以及失去照顧者日漸普遍，另一方面，青少年本身也遭遇比兒童期爲多的問題，如性的發展、交友、情緒、道德、生涯與休閒困擾等，極需要有他人的協助與輔導。青少年諮商就是以青少年發展相關課題爲重點的諮商工作。

㈢成年與中年人諮商

這是一個長期受忽略的領域，事實上，成年與中年人在家庭、婚姻、事業與人際方面所遭遇的壓力可能大於其他人生階段，他們仍是需要幫助的一群。

㈣老人諮商

老年人口的驟增是八〇年代以後世界多數國家所面臨的共通問題，老人諮商是以老年人爲對象的諮商服務，關注的重點有：老年人身心健康、退休調適、生涯適應、親子與人際關係，以及面對衰老與死亡的適應等。

二、以特殊族群作區分

㈠婦女諮商

婦女人口約佔總人口的一半，但婦女的地位仍難完全與男性相比，婦女所遭遇的困難相對的多，如婚姻、家庭、懷孕、生育、被虐待、生涯發展、子女教育等相關問題也需要諮商專業協助。

㈡殘障諮商

殘障者是社會的弱勢族群，殘障者在學習、生活、職業與醫療上往往需要較多的諮商協助，殘障諮商通常以復健諮商(*rehabilitation counseling*)爲主要重點，復健諮商的目標在於協助殘障或無能者(*disabilities*)能獨立生活、增強職業與生活技能，以及調適困境與壓力等。目前的復健諮商在諮商領域有異軍突起之勢。

㈢少數民族諮商

由於各國移民與國際交流日漸頻繁，相對於主流人口中的少數民族群體的適應與發展，同樣地會遭遇較多的困難，因此，協助少數民族群體的諮商服務，在開放的社會中也顯得非常重要。少數民族諮商方式以「跨文化諮商」(*cross-cultural counseling*)爲焦點，亦即協助少數民族群體，甚至主流群體，適應不同文化間的差異，並作最佳調適。

其它特殊群體的諮商，如青少年與老年諮商一如前述。

貳、諮商師的背景

諮商是一種助人專業工作，但長期以來專業諮商師應具備何種條件，各界看法並不一致。依美國而言，諮商師的教育有兩大系統，第一個系統是諮商師教育(*counselor education*)相關學系，或在教育學院開設諮商課程，此類教育系統以培養碩士以上水準，志願從事學校或社區諮商工作的實務人員爲主。第二個系統是諮商心理學(*counseling psychology*)或心理學系所培養的具博士水準，以從事研究、教學或實務工作的諮商心理學家爲主。第二個系統畢業的諮商心理學者一般稱之爲心理學家(*psychologist*)，他們獲頒的學位可能是哲學博士(*Ph. D.*)、教育博士(*Ed. D.*)或心理學博士(*Psy. D.*)，他們主修的重點在臨床、諮商與學校相關領域課程，這個系統的諮商心理學家通常也能獲得開業的執照(*licence*)。第一個系統畢業的諮商人員，主要從事諮商實務工作，他們習慣被稱之爲「專業諮商師」(*professional counselor*)，其主修領域以學校諮商、復健諮商、機構諮商(*agency counseling*)、生涯諮商、婚姻與家庭諮商爲主。他們也可按一定程序申請專業諮商師證書(*certificate*)。目前美國各州對專業人員的執業證照要求各不相同(*Gladding, 2000*)。

在專業人員之外，諮商服務工作通常也徵聘一些非專業(*nonprofessional*)或半專業(*paraprofessional*)人員，協助工作的推展。這三類人員依其所擁有的助人技巧與知識，可以利用圖 *1-1* 加以表示。

由圖 *1-1* 可見，非專業人員可能只具有溝通與發展技巧，半專業者則稍具策略技巧，而專業人員更需具有策略應用等較高層次知能。

非專業助人者也許是當事人的親朋好友、志願工作者，或義務督導員，他們利用本身所具有的人生智慧與技巧，協助當事人解決問題。半專業工作者通常是指具有人類服務能力的工作者，他們主要是協助專業人員執行諮商專業工作，學校中的半專業工作者有可能是教師、護士、宿舍導師。半專業人員倘經過適當訓練與督導，可以對當事人或社會環境的改善有積極的作用(*Blocher, 1987; Waldo, 1989*)。

叁、實施方式

依照諮商的實施方式作區分，諮商基本上可以分爲個別諮商與團體諮商。

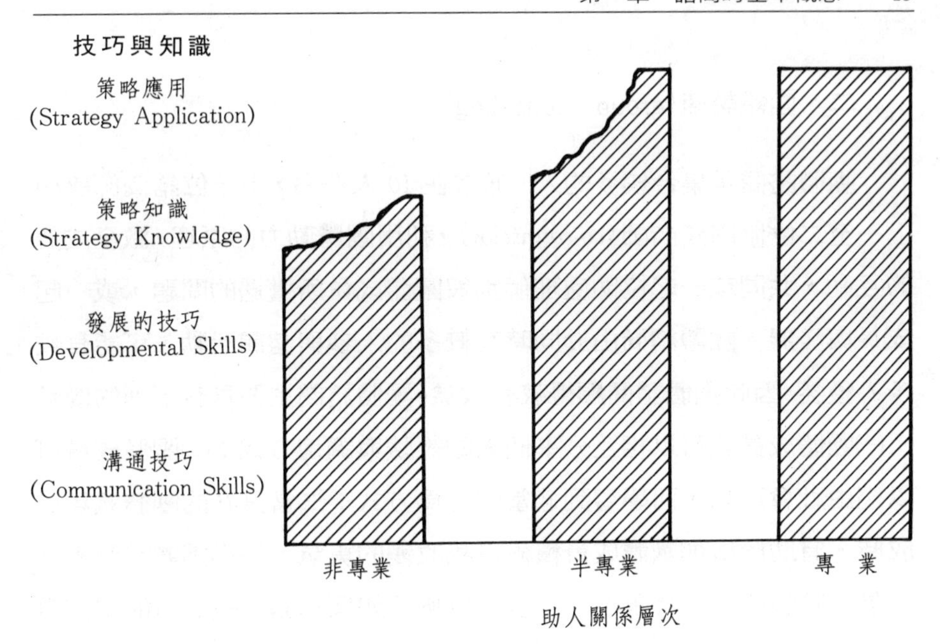

圖1-1　助人關係與技巧及知識的三個層次
（資料來源：Gladding, 2000, p. 41; Okun, 1997, p. 3）

一、個別諮商(individual counseling)

以一對一的方式進行諮商，稱爲個別諮商，亦即在特定情境中，由一位具有理論基礎的諮商師和一位當事人面對面的針對當事人的成長與發展問題或需求進行諮商的歷程。葛列丁（*Gladding, 2000*）曾指出，個別諮商具有四個主要變項：㈠諮商師；㈡當事人；㈢情境；㈣理論取向(*theoretical orientation*)。一位有效的諮商師應該對自我有充分瞭解，具有良好教育背景，並且擁有豐富的諮商理論知識。而當事人的人格特質與其諮商的目的，對諮商歷程也會有所影響。個別諮商通常要持續較長的時間，很難一次會談即可達成諮商的目標，因此，個別諮商是較不經濟的。不過本書論述的重點是以個別諮商爲主。

二、團體諮商(group counseling)

團體諮商是集合較多的人，通常在 *10* 人左右，由一位諮商師或加上一至二位協同諮商師(*co-counselor*)，利用團體動力的原理，激發成員的互動，共同或一起協助處理個別與團體成員所遭遇的問題，或一起成長與發展。團體諮商由於同時有較多的人參與諮商活動，可能有較多人獲益，因此團體諮商顯得較有效益。團體諮商主要具有下列的優點：(一)團體成員間可以相互分享個人的經驗與調適方式；(二)團體成員可以經由社會互動，而學習到適當的行爲方式；(三)當良好的團體氣氛形成時，有助於增加團體成員積極自我改變的勇氣。不過團體諮商組合不易，團體成員的背景不一，也比較無法如個別諮商般的可能促使當事人人格上的改變，同時當團體氣氛不佳時，個別成員也比較容易受害。因此，個別與團體諮商可說各有利弊。

肆、理論取向

由於人是複雜的個體，所面臨的問題形形色色，不同學者對於如何協助個人作最佳的成長、適應、改變或發展，各有不同的主張與觀點，當學者的主張與觀點形成較具系統化、可驗證性、可靠性與具解釋性的架構時，通常被視爲是一種諮商的理論或派別。根據統計，自從諮商活動興起至今，已約有 *250* 種以上的諮商理論方法被提出(黃德祥，民 *81*)。對諮商師而言，要精熟各種諮商理論並非易事。因此，當前的諮商發展趨勢，強調有效的諮商師應發展自我的諮商風格(*counseling style*)，擷取各家學說精華，配合諮商師的人格特質，針對當事人的需要提供適宜的諮商方法與策略。

儘管如此，在衆多的諮商理論中，仍有些較具代表性，也較受諮商師喜好的理論體系。如以雍格(*Young, 1992*)的統計，表 *1-1* 之中的

表1-1　較優先的諮商理論取向

理論取向	目前	未來五年預測
折衷(Eclectic)	32	26
個人中心(Person-Centered)	22	7
家庭體系(Family Systems)	10	23
認知——行爲(Cognitive-Behavioral)	6	16
現實治療(Reality Therapy)	6	2
精神分析(Psychoanalytic)	5	2
心理教育(Psychoeducational)	3	4
行爲矯正(Behavior Modification)	3	4
多重模式(Multimodal)	3	5
阿德勒式(Adlerian)	2	1
完形(Gestalt)	2	1
理性情緒行爲(Rational Emotive Behavior)	2	2
艾力克生催眠(Eriksonian hypnosis)	2	3
存在(Existential)	1	0.1
其它	3	4

註：資料係以人數(n =125)所作的調查統計結果。
資料來源：Young(1992), p. 7。

諮商理論體系在目前實務工作上，以及未來的五年較被看好。

由表 *1-1* 可見，目前衆多的諮商師是以折衷取向的諮商理論體系爲主要導向，其次是個人中心諮商理論，但未來除折衷理論仍舊被看好之外，家庭體系與認知行爲理論有漸受重視的趨勢。

基里蘭等人(*Gilliland et al., 1989*)將重要諮商理論分爲七大類，這七種重要的諮商理論體系分別是：(一)心理動力論：精神分析治療法(*Psychoanalytic Therapy*)。(二)社會心理論：阿德勒式治療法(*Adlerian Therapy*)。(三)人文試驗與存在論：個人中心諮商法(*Person-Centered Counseling*)。(四)完形論：完形治療法(*Gestalt Therapy*)。(五)認知、行爲與行動取向論：分別有交流分析(*Transactional Analysis, TA*)；行爲諮商、治療與矯正(*Behavioral Counseling, Therapy, and Moditication*)；理性情緒治療(*Rational-Emotive Therapy, RET*，後改為理性情緒行為

治療法 *Rational Emotive Behavior Therapy, REBT*）；現實治療法(*Reality Therapy*)。(六)特質、因素與決定論：特質與因素諮商法(*Trait and Factor Counseling*)。(七)統整論：折衷諮商與心理治療(*Eclectic Counseling and Psychotherapy*)。

不過葛列丁(*Gladding, 2000*)只將衆多諮商理論歸做爲四大類：(一)精神分析(*Psychoanalytic*)；(二)認知(*Cognitive*)；(三)情感(*Affective*)；(四)行爲(*Behavioral*)等。精神分析諮商以佛洛伊德的精神分析理論及阿德勒的個體心理學理論爲代表。認知取向諮商主要有認知治療法、理性情緒治療法及交流分析法。情感取向的諮商包括個人中心諮商、存在主義諮商與完形治療法三類。行爲取向的諮商以行爲治療及現實治療法爲代表。由此亦可見，各學者對最重要諮商理論體系的分類看法亦非全然相同（魏麗敏，民 80)。

第三節　諮商的歷程

多數的諮商專家都強調諮商是一種助人歷程(*process*)。「歷程」一字意謂著移動或行動(*movement*)、流通(*flow*)或交流(*interaction*)(*Nelson-Jones, 1988*)。在諮商過程中諮商師與當事人會相互影響，不過諮商的最終目標在於當事人的自我幫助，期望當事人能透過諮商作適當的抉擇，同時能保持適當作抉擇的能力。因此，在諮商的歷程中，當事人就宛如諮商進展中的駕駛員，需要掌握自己的方向盤，作各種適當的抉擇，使諮商的車輛能夠順利的到達目的地，當然，諮商師在此歷程中，猶如駕駛教練，無法全然地替代當事人作駕駛工作，他的職責在於增強當事人自我幫助的能力而已。

諮商本質上是有理論爲導向的助人專業工作，諮商師的另一項任務是要將理論付諸「行動」(*action*)。此種行動即是諮商的歷程。整體來看，諮商的歷程包含著一系列互動與步驟(*steps*)，如果依時間來看，諮商的歷程則是好幾次(*sections*)或多個階段(*stages or phases*)諮商的組合，不過不同諮商理論取向，對於諮商歷程的看法不盡相同。

布列漢(*Blackham, 1977*)認爲諮商的歷程有四個階段：(一)問題鑑定與關係建立階段；(二)探索與分析階段；(三)執行階段(*implementation stage*)；(四)結束階段。

人際關係取向的諮商理論認爲諮商的過程包含四個階段：(一)起始階段(*inception*)：諮商師應和當事人發展良好的人際投契氣氛，並注意當事人的人際反應；(二)探索階段(*reconnaissance*)：探討當事人的社會、生活與人際關係的大略狀況，對當事人的各個層面加以瞭解；(三)細節探究階段(*detailed inquiry*)：諮商師不斷地傾聽與發問，詳細地瞭解當事人生活中的各項細節，如個人對身體的態度、性的活動、與他人關係等；(四)終結階段(*determination*)：協助當事人統整與整理自我相關的資料，並對當事人作建議，如果兩者關係良好，將有助於當事人積極的改變（黃德祥，民73；民83）。

以下再深入介紹三個較具代表性的諮商歷程模式：

壹、模式一

彼德生與尼森霍滋(*Peterson & Nisenholz, 1991*)認爲諮商歷程亦即是助人歷程，也是持續發展的歷程。他們認爲諮商歷程主要包括五個階段：(一)階段一：專注(*Attending*)；(二)階段二：探索(*Exploration*)；(三)階段三：瞭解(*Understanding*)；(四)階段四：行動(*Action*)；(五)階段五：結束(*Termination*)（如圖1-2所示）。

前述這五個階段同時適用於短期與長期諮商歷程中，有的諮商在一次50分鐘的諮商歷程中就經歷此五個階段，有些則可能持續數月或數年的時間，端視當事人的問題性質與嚴重程度的不同而定。不過倘諮商師能力不夠，這些階段可能無法達成，前面階段目標無法達成時，將會阻礙下一個階段的進展。再深入分析，此五個諮商歷程又宛如一個流程圖，在任何一個階段都有一個決定點(*decision point*)，一方面可以使諮商持續地進展至下一個階段，否則就由諮商員作轉介或決定結束諮商關係，由此所形成的諮商歷程，可以用圖 *1-3* 所示。

在階段一時，諮商的目的以建立關係爲重點，諮商師以專注與引發(*initiating*)當事人問題陳述爲主，此時的決定點可以由當事人決定結束諮商，或由諮商師作轉介，或再深入的共同作相互的承諾(*mutual commitment*)，兩者之間可以明顯的訂契約或作暗示性約定。階段二是探索問題階段，同樣有三個抉擇，階段三是瞭解階段，對於特定問題，諮商師與當事人可以相互協商(*mutual negotiation*)，並同樣有三種抉擇

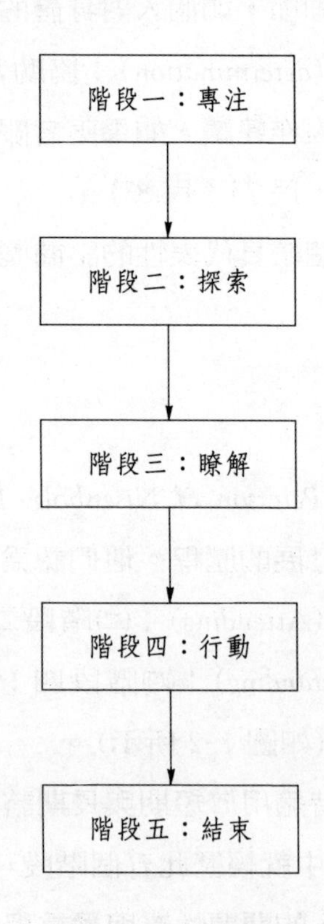

圖1-2　助人的歷程

(資料來源：Peterson & Nisenholz, 1991, p. 31)

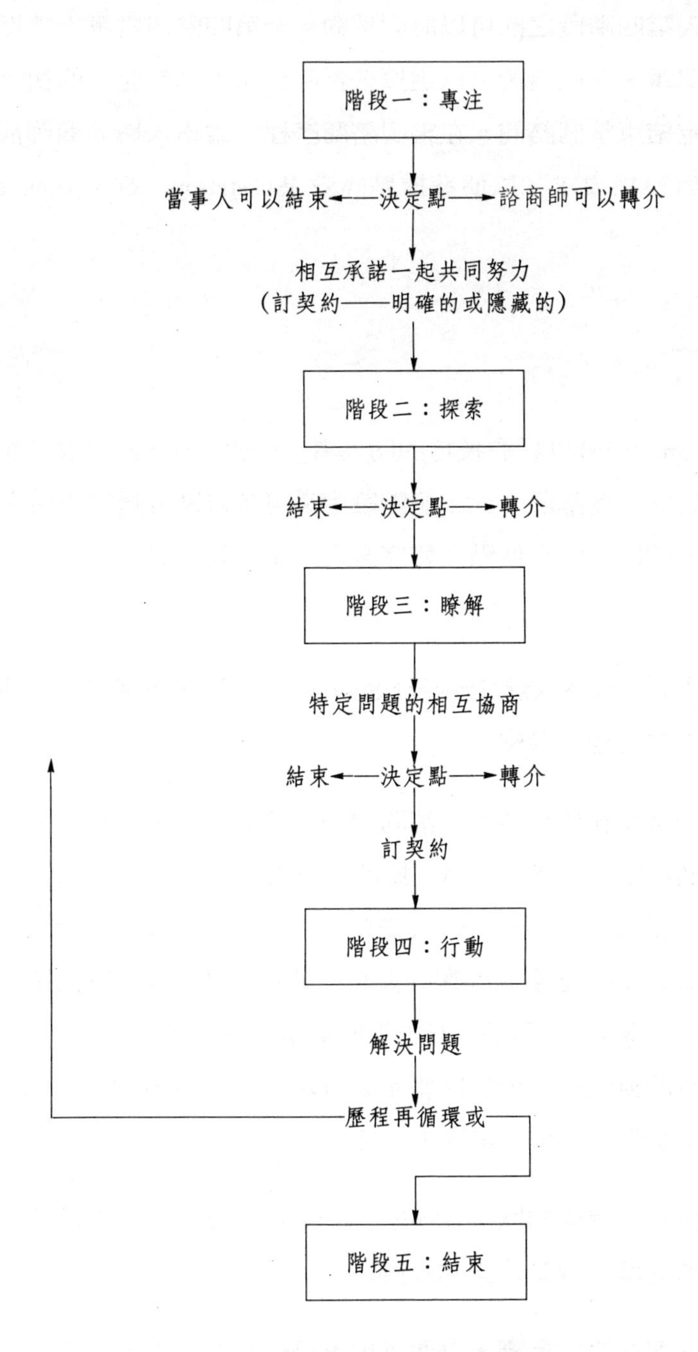

圖1-3　助人的歷程流程圖

(資料來源：Peterson & Nisenholz, 1991, p.32)

可能，在進入第四階段之前可以訂立契約。至第四階段當事人需採取行動，解決問題，在此階段可以選擇重新回到原先諮商歷程的初始階段，抑或決定結束整個諮商。在整個諮商歷程中當事人與諮商師都有一定的特質與行爲要求，以便發揮諮商效果(*Peterson & Nisenholz, 1991*)。

貳、模式二

艾根(*Egan, 1986*)以「有技巧的助人者」一書聞名，他認爲諮商助人歷程主要包括三個階段，此三個階段中又可各自區分爲三小段，艾根並以此三大階段、九小個階段貫穿全書，闡述如何成爲一位有技巧的助人者。

一、階段Ⅰ：現時狀況(Present Scenario)（目標在探討與澄清當事人的問題與機會）

本階段的重點在於辨識與澄清問題的情境與未被使用的機會，此階段又分三個小階段：階段 *I-A*：協助當事人訴說他們的故事，如此才能顯現他們問題的狀況與所失去的機會。階段 *I-B*：聚焦(*focusing*)：篩選(*screening*)當事人問題的重點，幫助當事人尋求解決複雜問題情境的方法或著力點。階段 *I-C*：幫助當事人找出盲點，並且發現新的領域，此時的重點即在於協助當事人發現「想像的資源」(*imaginal resources*)，使他們能想像問題解決與發展的機會。

二、階段Ⅱ：喜愛的狀況(Preferred Scenario)（目標在於確立對問題情境之行動導向的瞭解）

本階段亦即在設定目標，以便發現更可行狀況。本階段也分三個小階段，都與問題及機會的鑑定與澄清有關，以便協助當事人能對解決現實問題的目標建構一個較理想的狀況。階段 *II-A*：建構新的狀況：能對改進現狀形成具體的概念，助人的目標在於使行為更具建設性。階段 *II-B*：批判新的狀況：當事人行動的目標需要更加的清晰、明確與合乎現實，經由批判的歷程使當事人能夠對抉擇的可能後果作檢查。階段 *II-C*：抉擇與承諾：有效的助人者應協助當事人作最後的抉擇，同時承擔起抉擇的責任。當當事人的承諾不足時，助人者也應協助他找尋作承諾的各種誘因。

三、階段Ⅲ：行動——立即獲致新的狀況（目標在於修正與執行達成目標的各種行動策略）

第三階段是行動階段，重點在於協助當事人朝向喜愛的狀況之方向移動。因為諮商並非談話與計畫而已，它更需要起而行。本階段又分三個小階段。階段 *III-A*：發現行動的策略，行動是達成目標的手段，策略可簡單可複雜。另外目標可分成次級目標，每一個次級目標需要有一套對應的策略。諮商師應該協助當事人發展一連串具體、切合實際的行動抉擇，以便實現希求的目標，或達成第二階段的目標。階段 *III-B*：選擇策略與修正行動的計畫，當認識到行動有不同抉擇可能時，當事人與諮商師應共同的檢核它們，並試著選擇一個或多個最佳抉擇。「最佳」意謂著一個或多個策略能切合當事人的需求。策略需要依其現實性加以評估。同時策略也要轉變成一步一步（*step-by-step*）的計畫，以便逐步的加以執行。階段 *III-C*：行動：執行計畫與達成目標，諮商師必須幫助當事人立即準備採取行動。有效諮商師且要協助當事人預估採取行動可能面對的困難，發現障礙所在，並且要在當事人採取行動時給予支持與挑戰，以便當事人進而支持與挑戰自己。

艾根的三大諮商階段與九個小段正好可以圖 *1-4* 的三個圓形架構加以表示。

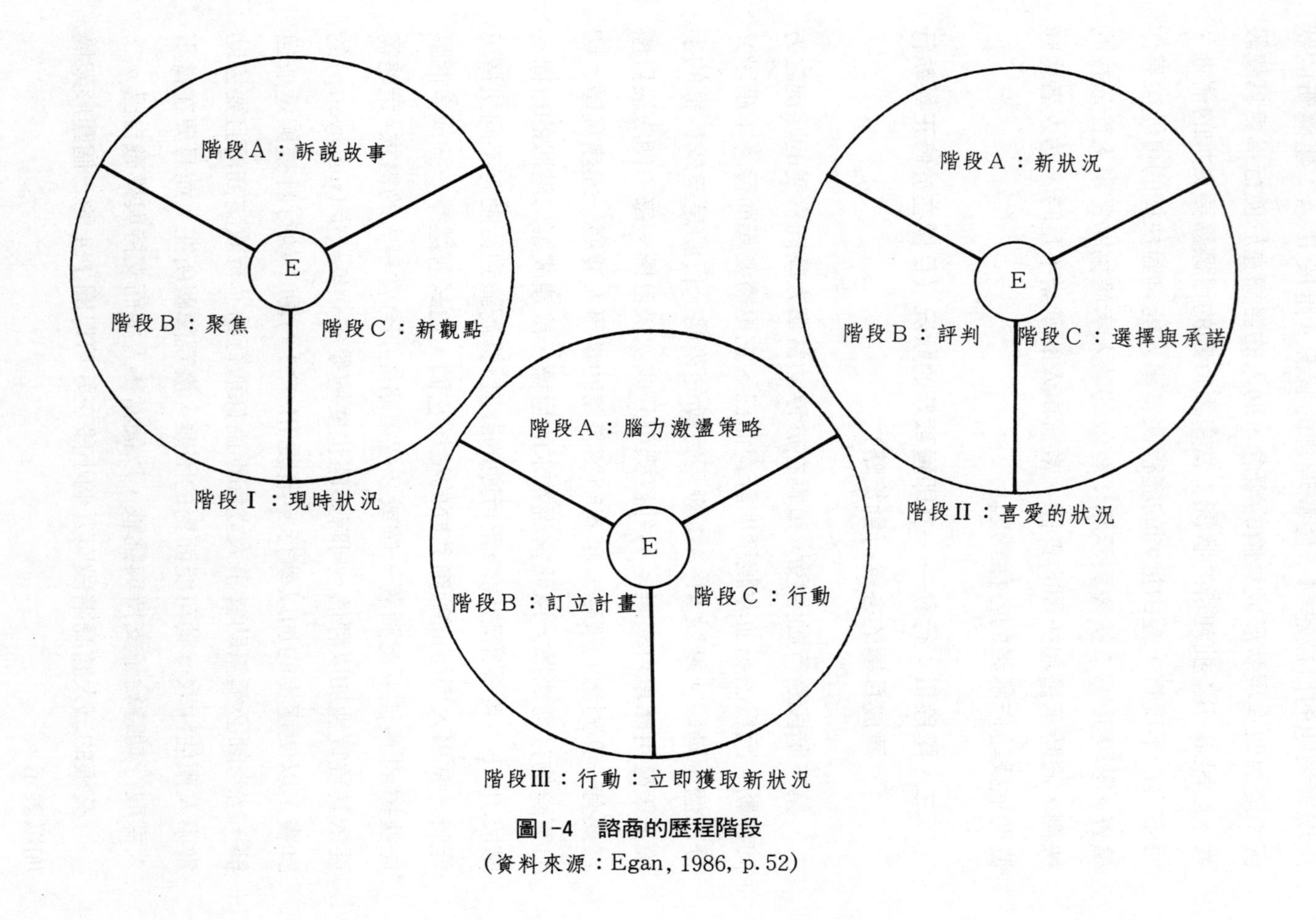

圖1-4 諮商的歷程階段

（資料來源：Egan, 1986, p.52）

叁、模式三

基里蘭等人(Gilliland et al., 1986)以折衷的觀點(*eclectic viewpoint*)建立一個兼容並蓄的諮商歷程模式，此一模式共包含了六個階段：(一)問題探索(*Problem Exploration*)；(二)雙層面問題界定(*Two Dimensional Problem Definition*)；(三)可能抉擇的鑑定(*Identification Alternatives*)；(四)計畫；(五)行動與承諾；(六)評鑑與回饋。此六個階段形成一個體系，基里蘭等人稱之為系統諮商模式，可用圖 *1-5* 加以表示。

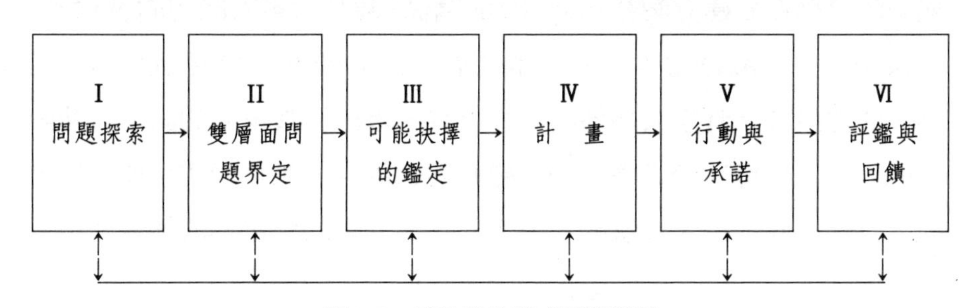

圖1-5　系統諮商模式歷程階段

(資料來源：Gilliland et al., 1986, p. 275)

基里蘭等人認為任何成功的諮商歷程，諮商師個人與專業的判斷是非常重要的，系統諮商模式的目的即在於專注當事人的成長，理由如下：(一)沒有任何兩個當事人或當事人的情境是相同的；(二)每一位當事人或諮商師在諮商中都是處於改變與流動(*flux*)的狀態，亦即沒有任何人或任何諮商情境是穩定的；(三)有效的諮商師應表現如有彈性的寶庫，可以處在非指導性至指導性的連續體中；(四)當事人本身是他個人問題的專家；(五)諮商師可以利用各種個人與專業資源幫助當事人，但是諮商師不能永遠為當事人負責；(六)諮商師與諮商歷程有犯錯的可能性，對於每一個諮商情境與當事人問題無法完全明確觀察到或立即的獲得成功；(七)有能力的諮商師應該瞭解本身的專業素質與不足，對於諮商歷程應負有倫理道德責任，並顧及公共與當事人的最佳利益；(八)當事人的安全甚於諮商師需求的滿足；(九)有各式各樣的方法與策略可以用來處理與鑑定當事人的問題，但也許沒有任何一個是最佳的(*no one best*)方法與策略；(十)人類有甚多的兩難問題是無法解決的，亦即某些問題是沒有完全令人滿意的答案，但問題永遠有各種可能的抉擇，或較好的可能選擇；(土)有效的諮商師應與當事人共同的處理與面對問題，而不是為當事人作決定。因此圖 *1-5* 也只是一個流動的過程，而非機械的，或固定不變的。

在基里蘭的諮商歷程中，第一階段，是以問題的探索為重點。諮商師的目標在於建立契合(*rapport*)的關係，傾聽當事人關切的事，並能以深層的反應激勵當事人去探索他們自己的問題，發展相互的信任感，此階段容許當事人盡情的發抒自我，專注於當事人的語言與非語言的行為，也專注於當事人的情感與問題內容，並且能儘可能的以真誠、實在、同理的、關懷的、讚賞的、非判斷的與接納的態度面對當事人。

第二階段是雙層面的問題界定。諮商師的目標應專注於當事人問題相關的情感、認知與行為等方面，尤其注意當事人對問題的感受(*feeling*)與事實(*factual*)的瞭解兩個層面，直到諮商師與當事人雙方都理解為止，亦即兩方面都對問題的界定有共識，且能以明確與具體的字眼加以界定。問題的界定有助於當事人與諮商師取得一致的看法，倘兩者缺乏共識，則要回到階段一。

階段三在於鑑定可能的抉擇。諮商師的目標在於鑑定與檢核各種現時的可能性，包括生理與情緒的安全性，並且對各種可能的抉擇作週延的與具彈性的檢驗，可能的話並把各種抉擇的可能性表列出來。另外要鼓勵當事人把他們認為適當、實際的與屬於他們自己的可能性用口語說出。諮商師除了可以使用開放式的問句澄清當事人的選擇外，諮商師也可以協助當事人在抉擇清單上加上新的可能抉擇，同時也可出家庭作業給當事人，或轉介有用的資源或諮商者給當事人，此階段目標是在於發現立即可行的有用抉擇。

階段四是計畫。諮商師的目標是要評定可能的抉擇，並訂立行動計畫，當事人的計畫包括演練(*rehearsal*)、角色扮演、暗示，或行動的情緒性想像，並且要協助當事人決定那些抉擇是適當的，並顯現對冒險與反應的準備度。諮商師可以像是一位教師、師傅，或楷模，應用建議、教導等技術協助當事人解決問題。本階段的重點在於發展一個實際的、成功導向的與可執行的計畫。

階段五是行動與承諾。諮商師的歷程目標是要協助當事人眞誠的投入行動步驟之中，當事人需要知道如何配合實際情境、時間、情緒、能力與需求滿足，採取必要行動。當事人需要明確的承諾，而諮商師應眞誠的投入與支持，但不能爲當事人採取行動。諮商師的角色是協助當事人達到成功、評估進展與重新訂立計畫、統合計畫、並能信守承諾，當當事人能採取行動與信守承諾時，諮商歷程則可以發展至第六個階段。

階段六是評估與回饋。此階段諮商師的歷程目標是整體性檢核當事人達到目標的進展情形，當事人與諮商師都要從當事人的需求、情感、現時的因應水準去回顧與評量目標達成的狀況，假如需要的話，可以深入討論與評量諮商目標層次，諮商師可以持續的監控與支持當事人。系統諮商模式的觀點是有彈性的，能針對當事人的需求作反應，諮商師可以立即由第六個階段回到其它階段，形成回饋圈。

總體而言，此一折衷模式的諮商歷程強調彈性、多方面的與敏銳的利用各種理論體系，以切合當事人的需求，頗能反映一般的諮商歷程。

第四節 有效諮商的要件

壹、有效諮商的要素分析

諮商如前所述，是一種助人的專業活動，如何才能使之有效或成功，成為眾多學者專家探討的重點，但不同理論取向的學者專家看法並不一致，如倡導非指導性(*non-directive*)、當事人為中心(*client-centered*)與個人中心(*person-centered*)的羅吉斯(*Rogers, 1967*)認為，有效的諮商關係需具備六個條件，方能促使當事人人格的改變：

一、兩個人（治療者或諮商師與當事人）有心理上的接觸。

二、當事人正感受到焦慮、抑鬱或不一致的狀態。

三、治療者（或諮商師）是眞誠的（眞正的自我）面對當事人。

四、治療者（或諮商師）能感受或對當事人表現無條件的積極關注(*unconditional positive regard*)。

五、治療者（或諮商師）表現同理的瞭解(*empathetic understanding*)當事人的參考架構(*frame of references*)，並能將此種瞭解傳達給當事人。

六、治療者（或諮商師）能成功的將最低程度的同理的瞭解及無條件積極關注與當事人作溝通。

此外，下列十一個標準，可以用來判定當事人是否有所改變，此亦可作為察看諮商是否成功的根據。

一、個人能有所不同的看待自己。

二、他能更充分的接納自己及其情感。

三、他能更自信與更具自我導向性。

四、他更能成爲他所希望的人。

五、他在知覺方面更具彈性、較少固著。

六、他更能採取適合他自己的現實目標。

七、他的行爲表現更具成熟。

八、他能改變他的一些不良適應的行爲，如慢性酗酒。

九、他更能接納他人。

十、他更能對事實開放，包括他內在與外在的自我。

十一、他能以更具建設性的方式改變他的基本人格(*Rogers, 1959; 1965; 1967*)。

阿德勒取向的治療者則認爲治療宛如教育的歷程，諮商的目標在於：

一、能增進或提高當事人的社會興趣。

二、幫助當事人克服失望與自卑感。

三、修正當事人的觀點與目標，能夠改變他們的生活型態。

四、能夠改變當事人的動機。

五、協助當事人感到與他人均等。

六、協助當事人能對社會有所貢獻(*Mosak, 1989*)。

另有些學者認爲諮商師應該具有吸引力與可信賴的，擁有較高層次的知識與自我覺察力(*self-awareness*)、具有能力與專家身份，能夠擁有良好的助人技巧，包括同理傾聽(*empathic listening*)、自我表露(*self-disclosure*)、專注、反應與引發(*initiating*)等技巧(*Nelson-Jones, 1988*)。

奧肯(*Okun, 1997*)認爲諮商共包含階段(*stages*)、技巧(*skills*)與課題(*issues*)等三個層面，有效的諮商就是要在此三個層面發揮功能。此三層面的諮商如圖 *1-6* 所示。

諮商的階段又可分爲關係建立與策略使用二個階段。在關係建立階段需要發展投契、信任、誠實與同理心的相互關係，其要素包括：㈠引導與進入諮商之中；㈡鑑定與澄清已顯現的問題；㈢助人關係的

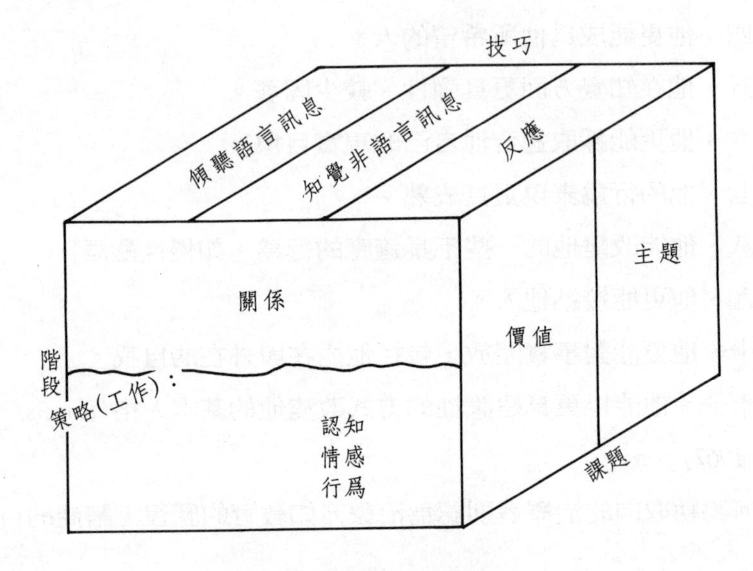

圖1-6　諮商的三層面模式
(資料來源：Okun, 1997, p. 15)

結構化與訂定契約；(四)密集的探索問題；(五)助人關係目標的建立。在策略工作階段則包括下列的要素：(一)相互接納助人關係所界定的目標；(二)策略計畫的訂立；(三)使用策略；(四)評估策略；(五)結束。

在諮商技巧層面，諮商主要需具有三種技巧：(一)聆聽口語訊息：能瞭解當事人口語訊息的認知與情感內容，以及口語內容中的隱含與明顯的意義；(二)覺知非語言訊息：能注意當事人口語訊息所伴隨的非語言訊息，包括身體語言、聲調、面部表情，及其它線索，並發現兩者之間的不一致性；(三)反應：諮商師需要立即、眞誠的、具體的與同理心的對當事人的口語與非口語訊息作反應。

諮商的第三個層面是價值與主題等的課題。所謂價值層面即是指諮商師與當事人必須爲自己的態度、信念與價值觀承擔責任，尤其諮商師應避免偏見與誤導。在主題方面以倫理、當事人志願與否、當事人是否被諮商師所喜歡與否等相關問題，直接影響諮商效果的成功與否。

表1-2　有效的助人行為

語言	非語言
1.使用被瞭解的字眼	1.聲調與被幫助者相似
2.反映與澄清	2.維持眼睛接觸
3.適當的解析	3.適時點頭
4.作摘要	4.微笑
5.對主要訊息作反應	5.適當手勢
6.使用口語增強	6.身體稍向前傾
7.適當提供資訊	7.說話中等速度
8.回答問題	8.親近被幫助者
9.幽默	9.注意力集中
10.不加批判	10.怡悅
11.深層瞭解	
12.回饋	

資料來源：Okun (1997), p. 24。

表1-3　無效的助人行為

語言	非語言
1.忠告	1.不看當事人
2.嘮叨	2.遠離被幫助者
3.安撫	3.輕視
4.責備	4.皺眉頭
5.欺騙	5.不悅
6.訓誡	6.緊閉嘴巴
7.密集探究與發問	7.手指頭指著別人
8.指導與要求	8.注意力分散
9.庇護	9.打哈欠
10.過度解析	10.閉著眼睛
11.使用艱深語句	11.語調不高興
12.偏離主題	12.說話速度太快或太慢
13.過於理智化	
14.過度分析	
15.過度談論自己	

資料來源：Okun (1997), p. 25。

也基於對諮商要素的分析，奧肯將有效的助人行為與無效的助人行為，依語言與非語言兩個部分，加以歸納成表 *1-2* 與 *1-3*，此二表有助於檢核一項諮商是否有效或成功。

貳、有效的諮商師

整體而言，本書作者認為，要成為一位有效的諮商師應該具備三個要件：㈠擁有豐富的諮商與輔導理論知識；㈡具備熟練與良好的助人技術；㈢具有良好的人格特質。本書的目標亦在於期望讀者們研讀本書之後，在未來的助人工作上都能在此三方面有所精進。以下將再就此三方面作闡述。

一、豐富的諮商與輔導理論知識

知識是行動的基礎，具備了豐富的諮商與輔導理論知識，事實上已成就了大半的諮商工作。沒有理論基礎的諮商，猶如建築在沙地上的房子，隨時有崩塌的可能。有了豐富的理論知識，才能充分瞭解當事人、預知諮商可能出現的問題、掌握諮商的歷程，並能適當的運用各種諮商技術與策略，為當事人提供最佳的協助，以促進當事人的適應、成長與發展。這也是諮商師教育所最為關注的焦點。有效的諮商師除了需要精研本書稍後要介紹的各家理論學說之外，一般的人類發展、社會變遷，甚至其它政治、文化、經濟等知識也需充分具備。表 *1-4* 係所有諮商師所應具備的核心知識，彌具參考作用。

由表 *1-4* 可見，有效諮商師所需具備的知識何其廣泛，因此，諮商師需不斷的自我充實，方能奠定良好諮商的基礎。

二、熟練與良好的助人技術

豐富的諮商與輔導理論是根基，而熟練與良好的助人技巧則是達

表1-4 諮商師的核心知識基礎

1. 助人關係(The helping relationship)
2. 諮商理論(Counseling theory)
3. 超個人諮商(Transpersonal counseling)
4. 改變理論(Change theory)
5. 學習理論與風格(Learning theory/styles)
6. 團體諮商(Group counseling)
7. 家庭系統理論(Family system theory)
8. 轉介歷程(Referral process)
9. 生活型態與生涯發展(Life style and career development)
10. 工作世界(World of work)
11. 國內與世界政治(Domestic and world politics)
12. 國內與世界經濟(Domestic and world economics)
13. 政治歷程(Political process)
14. 專業取向(Professional orientation)
15. 人格理論(Personality theory)
16. 變態行爲(Abnormal behavior)
17. 身體無能(Physical disabilities)
18. 人類行爲(Human behavior)
19. 統整性健康(Holistic health)
20. 個別評量(Individual assessment)
21. 個人潛能(Individual potential)
22. 人生歷程發展(Life span development)
23. 終身學習(Lifelong learning)
24. 發展方案(Developmental programming)
25. 藥物濫用(Substance abuse)
26. 預防(Prevention)
27. 社會趨勢(Societal trends)
28. 社會文化基礎(Social/cultural foundation)
29. 文化多元性(Cultural pluralities)
30. 人權(Human rights)
31. 性別均等(Sexual equality)
32. 道德課題(Moral issues)
33. 倫理(Ethics)
34. 系統管理(Systems management)
35. 技術分析(Technological systems)
36. 資源管理(Resource management)
37. 獎助論著(Grant Writing)
38. 評鑑(Evaluation)
39. 研究(Research)

資料來源：Nejedlo, Arredondo, & Benjamin (1985), p. 6.

成諮商目標的手段。沒有熟練與良好的助人技巧，猶如建築房屋空有藍圖，而沒有付之行動砌蓋房子。有效的助人技巧的範圍也極為廣泛，幾乎所有的諮商與治療理論都有各自一套的助人技巧或策略。綜合而言，有效的諮商師應具有下列六種主要技術：

(一)建立關係的技術(skills for establishing relationships)

諮商師與當事人關係的良窳關係著諮商的發展與效果，主要的建立諮商關係的技術有：專注、傾聽、同理心、接納、處理抗拒等。

(二)溝通的技術(communications skills)

主要包括語言與非語言的溝通技術，表 *1-2* 所示也即是重要的溝通技巧內涵。

(三)診斷的技術(diagnostic skills)

諮商師應能準確的診斷與瞭解當事人，並對當事人的問題成因與環境因素能加以掌握，方能對症下藥般的協助當事人。評量與測驗上使用的標準化與非標準化技術，即可在諮商歷程中加以應用，以正確的診斷當事人的問題，及其發展的可能途徑。

(四)激勵與社會影響的技術(motivational and social influential skills)

諮商就是社會影響的歷程，諮商師應激勵當事人探索自己的認知、情感與行動等各個層面的狀況與可能的抉擇，以促進當事人的改變。可使用的技巧包括：解析、自我表露、面質(*confrontation*)、催化(*facilitating*)、社會性支持(*social support*)等。

(五)管理的技術(management skills)

諮商師應能佈置有利於諮商的環境、管理諮商的歷程與當事人的資料，並且對時間的分配具有敏銳度，能掌握要點，作適當的反應。重要的管理技術有結構(*structuring*)、摘要(*summary*)、結束(*termination*)等。

(六)其他重要技術

面對特殊對象時，諮商師尙且需要具備相關的技術，如在對藥物成癮者的諮商時，需具有藥物鑑別與戒斷效應的可能技術，以便協助當事人適當的戒除藥癮。對於殘障者則需要具有復健諮商技術（*Gibson & Mitchell, 1990; Nelson-Jones, 1988; Young, 1992*）。

三、良好人格特質

人格是個人智能、性向、興趣、態度與價値的總合，擁有良好人格特質才能催化當事人作積極的改變與成長。羅吉斯（*Rogers; 1961; 1986*）即一向主張，諮商師的人格特質，如眞誠、一致、同理心、開放與信任等要素就是有效諮商的要件，他認爲以諮商師人格特質所形成的良好諮商關係比諮商的技術還要重要，在積極且氣氛良好的諮商關係中，當事人就有向上與向善積極發展的可能。羅吉斯並且認爲諮商師需要是一位健康且功能充分發展的人（*fully functioning person*），他主張當事人的健康狀況不會超過諮商師的健康狀況，所以擁有良好人格特質的諮商師就是激發當事人成長與發展的動力。

Gladding（*2000*）認為諮商師的人格和背景、諮商師所受的正式教育、諮商師的理論和系統架構及參加專業的諮商相關活動如督導、擴展、再教育等，都會影響諮商效果。

貝爾金（*Belkin, 1975*）更詳盡的以雙向度矩陣圖描述諮商師所應具有的人格特質，總共可分爲九大類：㈠心胸開放；㈡敏銳；㈢客觀；㈣眞誠；㈤非支配性；㈥積極關注；㈦溝通技巧；㈧自知；㈨尊重。這九大類別中分別與另一向度的 *25* 種特質密切關聯，計有：㈠有彈性；㈡溫暖；㈢接納；㈣同理心；㈤一致性；㈥誠實；㈦語言能力；㈧智慧；㈨興趣；㈩關懷；⑾誠實；⑿安全；⒀勇氣；⒁信任；⒂具體化；⒃責任；⒄奉獻；⒅承諾；⒆專業化；⒇認知彈性；(21)知覺；(22)非佔有；(23)自我表露；(24)不批判；(25)覺察限制。此雙向度的諮商師特質可以形成如圖 *1-7* 的關係。圖中的黑點係表示某一大類諮商師特

特質 ＼ 類別	心胸開放 (Open-mindness)	敏銳 (Sensitivity)	客觀 (Objectivity)	眞誠 (Genuineness)	非支配性 (Nondominance)	積極關注 (Positive regard)	溝通技巧 (Communication skills)	自我知識 (Self-knowledge)	尊重 (Respect)
彈性(Flexibility)	●		●		●		●	●	
溫暖(Warmth)		●		●	●	●			●
接納(Acceptance)	●	●		●	●	●			●
同理心(Empathy)		●						●	
一致性(Congruence)	●		●	●				●	
誠實(Honesty)			●	●					
語言能力(Ability to artic.)							●	●	
智慧(Intelligence)	●		●				●		
興趣(Interest)		●		●	●	●			
關懷(Caring)		●		●	●	●			
眞誠(Sincerity)		●		●	●	●			
安全(Security)			●					●	
勇氣(Courage)								●	●
信任(Trust)				●		●		●	
具體化(Concreteness)	●		●				●	●	
責任(Responsibility)								●	
奉獻(Dedication)				●				●	
承諾(Commitment)				●				●	
專業化(Professionalism)		●	●	●	●	●	●	●	●
認知彈性(Cognitive flex.)	●		●		●				
知覺(Perceptiveness)	●		●				●		
非佔有(Nonpossessive)	●				●	●			
自我表露(Self-disclosing)				●			●	●	
不批判(Nonjudgmental)	●	●	●		●	●			●
覺察限制(Awareness of lim.)		●						●	

圖 1-7 諮商師的人格特質矩陣圖

（資料來源：Belkin, 1975, p. 105)

質所包含的另一大類特質要素。由此可見各大類諮商師特質並非是相斥的，而是密切交互關聯的。由貝爾金的分析中亦可發現諮商師的人格特質要素事實上亦難以與其諮商技巧完全區分，如同理心可以是一種人格特質，也可以視為一種諮商技巧。有效的諮商師可說應具備豐富的，甚至是淵博的理論知識，倘涵詠其中，形之於外，則是諮商技巧，蘊含於內，則是一種人格特質。

叁、當事人的條件

關係諮商成效的另一個重要因素是當事人的條件，光有諮商師的努力並不能保證諮商的成功，當事人本身的意願、投入諮商程度與行動表現才是重要關鍵。認知取向的諮商理論更強調心智遲緩、年紀太小或年齡太高的當事人都難以從諮商中獲益。行為取向的諮商理論則重視當事人對作改變的承諾，與其主動投入諮商或治療歷程中的重要性。現實治療法及其它諮商理論也大都強調當事人主動與積極投入於諮商歷程中是諮商成功的要件。

卡克夫(*Carkhuff, 1971*)認為諮商助人工作中，被幫助者就有三大任務：一、自我探索(*self-exploration*)：被幫助者必須知道自己的問題所在，才能充分投入於解決問題的歷程中。二、瞭解與承諾(*understanding and commitment*)：被幫助者自我探索之後，要能有深層的自我瞭解，然後知道何者對自己最為有利，能有意願與準備度，承諾作改變或改善自己的缺陷。三、行動(*action*)：助人工作通常在解決問題，但是解決問題的關鍵在被幫助者，當自我與問題能被充分討論與探索之後，唯有被幫助者採取行動，才能期待個人的成功，諮商才會產生效果。

尼爾森瓊斯(*Nelson-Jones, 1988*)更以「抉擇」及「你我」(*You-Me*)的概念來說明當事人與諮商師或助人者的關係，他認為諮商本身就是一種抉擇的歷程(*the process of choosing*)。有技巧的諮商師需要不斷地作適當的抉擇，使當事人獲得最大利益，而當事人更需要持續地作抉擇，使自己能幫助自己(*self-help*)，並且承擔抉擇的責任，以便作最大的發展。在諮商關係中，諮商師擔任「我」(*Me*)的角色，當事人擔任「你」(*You*)的角色，「我」與「你」都必須作某些抉擇，兩者交互影響，而形成如圖 *1-8* 的關係圖。

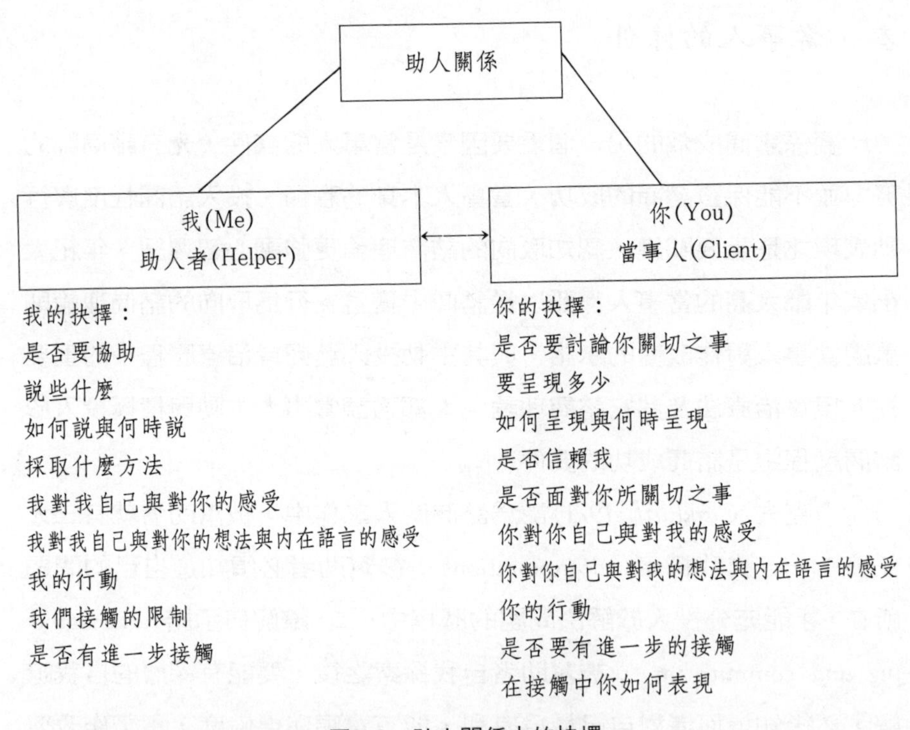

圖1-8 助人關係中的抉擇

(資料來源：Nelson-Jones, 1988, p. 10)

由圖 *1-8* 及上述的討論中可見，諮商中的當事人是需要有所作為與有所抉擇的人，諮商中的當事人絕非只聽命於諮商師或消極無為的人，相反的，諮商與助人工作要發揮效果，當事人的努力、付出、投入與行動是最重要的關鍵。

第五節　諮商專業的發展

諮商如果視同勸告與建議，則諮商存在的歷史應與人類同樣久遠，但本書更關切的是諮商專業的整體發展，本節將簡要的回顧諮商專業發展的歷史，並探討諮商專業的現況與未來發展的遠景。

壹、諮商專業的回顧

諮商專業工作於本世紀初期在美國興起，相關的背景因素有下列各項：

一、工業化發展與影響

美國約於 *1850* 年至本世紀初期逐漸由農業社會轉變至工業社會，工業技術文明帶來生活的便利與富裕，但同時也導致人口往都市集中、犯罪增加、青少年失業嚴重等社會問題，有識之士深以為憂，力倡要進行社會改革。帕慎思(*Frank Parsons*)首先挺身而出呼籲為青少年提供有組織的輔導服務，以協助青少年有效的就業。*1908* 年於帕慎思主導下成立了波士頓職業局(*Vocational Bureau of Boston*)，他訂下了輔導當事人的七個步驟：㈠蒐集個人資料；㈡自我作分析；㈢個人作選擇與決定；㈣諮商師的分析；㈤就業領域的概覽(*outlook*)；㈥指導與建議；㈦個人與工作適切的配合。隨後帕慎思再將這些步驟收錄於其所出版的「選擇職業」(*Choosing a vocation*)一書中。帕慎思的就業輔導概念非常簡要，主要有三項：㈠協助當事人充分瞭解自己；㈡協助當事人瞭解工作世界；㈢個人與工作的適配。此三要項至今仍是青少年就業輔導工作的核心。由於帕慎思的努力，使得青少年輔導工作大步邁出，帕愼思也被尊稱爲「輔導運動之父」。

稍後，*1910* 年美國「國家職業輔導協會」(*National Conference on Vocational Guidauce*)成立。*1911* 年波士頓教育廳長布魯克(*Stration D. Brooks*)開始訂立中小學的輔導計畫。同年布魯菲爾(*Meyer Broomfield*)於哈佛大學首開職業輔導課程。*1913* 年「全國輔導學會」(*National Guidance Associates*)成立，隨後於 *1915* 年第一份輔導專業刊物「職業輔導學報」(*Vocational Guidance Bulletin*)出版。使輔導工作日益專業化，諮商也併同成長與發展。

二、心理衛生運動與影響

美國在本世紀初期也開始推展心理衛生工作，蔚爲風潮。心理衛生運動目的在增進國民的心理健康與預防心理疾病。皮爾斯(*Clifford W. Beers*)於 *1908* 年首先出版「發現自我心靈」(*A Mind that Fund Itself*)一書，促使大衆覺察心理疾病的眞相。*1908* 年在皮爾斯努力下，「康乃迪克心理衛生學會」(*Connecticut Society for Mental Hygiene*)成立，隔年「全國心理衛生委員會」(*National Committee for Mental Hygiene*)成立。「心理衛生」(*Mental Hygiene*)一書於 *1917* 年出版。「全國心理衛生學會」(*National Mental Health Association*)也在皮爾斯奔走下成立。心理衛生與輔導諮商本質上互爲表裏，相輔相成，因爲心理衛生運動的影響，中小學生的諮商工作乃受到極大注意。

三、測驗運動與影響

帕愼思推展職業輔導之初就極力倡導編製評量工具。*1894* 年美國哥倫比亞大學首先對新生作心理能力測驗。*1905* 年比奈西蒙測驗(*Binet-Simon Test*)問世，*1911* 年比西測驗美國版發行，*1916* 年由推孟(*L. M. Terman*)編製、修訂了「史比測驗」(*Standford-Binet Test*)，*IQ* 的概念開始流行。第一、二次世界大戰美國軍方更以心理測驗作爲士兵甄選與安置的依據，帶動心理測驗的蓬勃發展。尤以「美國陸軍甲種與乙種測驗」(*Army Alpha and Beta Tests*)最爲著名。*1928* 年霍爾(*Clark L. Hall*)出版「性向測驗」(*Aptitude Testing*)，同年「史壯職業興趣量表」(*Strong Vocational Interest Blank*)出版。稍後各類型心理測驗陸續出版，使輔導工作如虎添翼，在個人能力、性向與職業等方面的甄別上日益精進，使輔導工作有了科學性的基礎。

四、進步主義教育的發展與影響

1900 年代初期美國教育專家杜威(*John Dewey*)開始推動人文取向的進步主義教育(*Progressive Education*)，希望藉以改進學校教育，促進學生心性發展。進步主義教育在杜威努力下，風起雲湧，影響及於今天。進步主義對中小學的課程與教學有極深遠的影響，尤其進步主義強調尊重兒童，以兒童爲中心的教育主張，更與輔導與諮商的理念不謀而合。推動進步主義教育的先後兩個組織：「進步教育學會」(*Progressive Education Association*)與「人文教育學會」((*Humanistic Education Asscciation*)都有大量學校輔導人員參與，間接帶動輔導與諮商的發展。

五、政府的大力推動

經由各方努力，美國政府在輔導與諮商的推展上也大力介入，二次大戰帶給美國政府對輔導與測驗新的體認，戰後大批退伍軍人回歸故里，其就業與心理輔導也受政府重視。*1921* 年美國政府就成立「退伍軍人局」(*Veteran Bureau*)，諮商的對象開始擴及退伍軍人。*1920* 年代經濟蕭條期間，美國政府先後成立「公民保守團」(*Civilian Conservation Corps*)與「國家青年局」(*National Youth Administration*)，從事國民與青少年的輔導與諮商工作。*1938* 年美國教育署設立了「職業訊息與輔導服務處」，*1939* 年勞工部出版了「職業分類典」，*1949* 年出版「職業展望手冊」都有助於輔導工作的發展。二次大戰以後，退伍軍人局更大力推展專業輔導服務。*1958* 年爲求與蘇聯競爭，國會通過「國防教育法案」，更使輔導運動獲得極大經濟與社會力的助益，全面帶動學校諮商、輔導、測驗與資優教育的發展。*1963* 年更有「社區健康中心法案」的通過，使輔導工作再擴及社區。

六、學者的努力倡導

輔導專業化的發展與衆多學者專家的努力也密切關聯，自 *1920* 年代起，心理學與精神醫學就在美國日益興盛，像佛洛伊德、阿德勒、榮格等的心理分析理論先後被介紹到美國。美國本土的學者如羅吉斯(*Carl Rogers*)、史肯納(*B. F. Skinner*)等所建構的諮商與心理治療理論也開始領先群倫。至 *1950* 年代以後各諮商學說並開始興起，呈現百家爭鳴的情況，帶動諮商新概念與新理論的發展(*Baruth & Robinson, 1987; Gibson & Mitchell, 1990; Peterson & Nisenholz, 1992*)。

格爾索與弗列茲(*Gelso & Fretz, 1992*)另以人一生的發展來比喻諮商專業的過去與現在的發展歷程，*1940* 年代是屬於諮商專業的嬰兒期，*1950* 年代近似兒童期，*1960* 年代至 *1970* 年代是屬於青少年期，*1980* 年代則屬於成人初期，*1990* 年代以後則是進入成熟期。

1940 年代是在二次大戰期間，全民皆投入戰爭動員之中，心理學家也不例外，諮商專業人員也協助選擇與訓練士兵及精神醫療工作，戰後美國心理學會(APA)擴展急速，尤其在 *1946* 年由威廉遜(*E. C. Williamson*)與達利(*John Darley*)聯合倡立在 APA 中成立諮商與輔導分會，其後 APA 再相繼成立了臨床心理學、諮詢心理學(*Counsulting Psychology*)、工業心理學、教育心理學與學校心理學等分會，這些分會的活動部分與諮商輔導有關，乃奠立了諮商專業發展的重要基礎。二次戰後的退伍軍人輔導工作也使諮商專業人員有一展身手的機會。

在 *1950* 年代諮商專業工作開始獨立成長，*1951* 年 APA 的諮商與輔導分會召開會議，正式界定了諮商心理學家的角色與功能，以及訓練與教育的要件。諮商人員此時也甚多受僱於退伍軍人局，從事退伍軍人諮商服務工作。*1950* 年代一些傑出的諮商與職業心理學家輩出，如舒波（*Donald E. Super*）、瑞恩（*C. Gilbert Wrenn*）等。另外，*1954* 年「諮商心理學雜誌」（*Journal of Counseling Psychology*）開始發行，這一本實徵性的專業期刊發行至今，極受專業人士肯定，評價甚高。

1960 年代至 *1970* 年代諮商心理學的發展稍有下降，這是 *1960* 年代至 *1970* 年代社會較混亂的一種反映，猶如青少年迷惘期。在此時期最重要的發展是 *APA* 認可的諮商訓練課程急速增加。另外，「美國人事與輔導學會」（*American Personnel and Guidance Association*）此一諮商輔導獨立的專業團體在此時發展迅速。

進入 *1980* 年代，輔導專業期刊更形多樣化，舉凡訓練與認可、研究、組織與政治結構、公共形象、專業實務工作等諮商專業領域的發展均極有成就。*1990* 年代至今，諮商心理學的專業地位已鞏固，應用的範圍與機構更形廣泛，它在本世紀末十年的發展具有下列的特色：㈠兼顧預防性與發展性，以及人與環境的調和；㈡教育與訓練，以及實務與研究成果豐富；㈢理論多樣化、工作場所增多並兼顧少數族群需求；㈣組織與個人權益受重視；㈤有勇氣與安全的說出專業工作者的需求；㈥專業自制力增加；㈦更能堅持倫理與道德。

貳、諮商專業的現況與展望

目前諮商專業的訓練與認可制度更加的精進，專業團體組織也更加確立。*1983* 年諮商輔導的舊專業團體「美國人事與輔導學會」（APGA）易名為「美國諮商與發展學會」（*American Association for Counseling and Development* 簡稱 AACD），至 *1990* 年為止 AACD 共約有 *58,000* 個會員，組織極為龐大，AACD 在 *1992* 年再易名為「美國諮商學會」(*American Counseling Association,* 簡稱 ACA),是目前美國最具規模的諮商與輔導專業組織。另一方面,在 APA 之內的「諮商心理學分會」(第十七分會) 仍然持續穩定的在發展中,也是 APA 之內影響力極為廣大的分會,此時期諮商加強健康與組織架構,並注重多元諮商應用在不同類型人們需要上,如情緒障礙、社區諮商、心靈輔導、家族諮商、生涯諮商、團體治療及危機預防與處理等(*Gladding, 2000*)。

然而,諮商專業在目前與未來正面臨著新的課題與挑戰,在即將邁入二十一世紀之際,下列領域的諮商工作在世界各國都日趨重要:

㈠職業諮商與輔導

就業問題會一直是社會與政府的重大課題,目前就業者之中的壓力、意外、情緒困擾、個人問題層出不窮,需要諮商人員在此方面扮演更積極角色。

㈡多元文化諮商

目前多元文化日益受尊重,文化差異的調適問題是多數人會有的困擾,培養更多多元文化諮商師也非常必要。況且國際交流頻繁,文化衝突也會增多,多元文化諮商具迫切性與前瞻性價值。

㈢婚姻與家庭諮商

離婚率增高是目前各國與各文化的共通現象,婚姻與家庭的穩定性降低,需要諮商專業人員積極協助調適,不論各年齡層,在婚姻與家庭諮商上的需求度會愈來愈高,相關諮商人員也會需求日殷。

㈣復健諮商

殘障者的人權與福利也日益受重視,除了政府立法保護之外,諮商專業人員預期也將積極介入,協助殘障者克服問題、開發潛能、自立更生。

㈤藥物濫用諮商

藥物濫用問題,可能是本世紀,甚至下一世紀人類的嚴苛考驗。

毒品的氾濫目前甚多國家與人民極度受苦。藥物濫用的預防與治療同時也是諮商專業人員的極大挑戰，此方面的知識與能力培養在過去的諮商師專業訓練上似有不足，有待改善。

㈥同性戀者諮商

同性戀受社會接納程度愈來愈高，成爲一種可被接受的生活型態。但同性戀者面對的生活挑戰與一般人相比，仍然偏高，他們極需專業的介入，協助他們發展。

至於其它如愛滋病（*AIDS*）的防治、青少年與老年人的輔導亦是目前與未來的重要諮商專業重點。

展望未來，諮商專業似有下列的發展趨勢：

㈠增加對特殊人群的服務

如前述對殘障者、同性戀或少數人群的服務，將日益殷切。他們的情況特殊，因此，諮商專業的需求也會不同。同時由於人權觀念更加受重視，對特殊人群的諮商服務也會被視爲其權益的一部份。

㈡利用電腦提供服務

目前電腦發展日新月異，電腦可協助測驗或接案資料處理，更可作線上諮商服務。預期在目前流行的電腦網路中會出現諮商專業資訊或交談式諮商服務，網路諮商亦為日益受重視之諮商方式（*Ingram, 1998*）。

㈢實施專業認可與證照制度

諮商師訓練的水準與品質將會受到更專業的檢驗，專業認可與證照制度將會廣泛實施。如至 *1999* 年爲止美國已有 *46* 個州實施諮商師證照制度（*Gladding, 2000*）。

㈣注重理論與技術的統整

有效的諮商需要有其諮商風格，以爲當事人提供適切的服務，因此，諮商理論與技術的統合甚爲必要。單一的理論與技術恐無法因應複雜的社會與多樣的當事人。

㈤重視諮商效益

諮商的成本與效益會日受注意，諮商人力與時間的投資是否有相對的成效向來甚受懷疑，今後所受的關注依然不減，諮商專業人員及其團體可能會對效益的評估更加重視，相關的評量工具可能也會日漸精密，欠缺成本效益觀念的諮商師可能難以立足（*Nystul, 1993; Stone, 1986*）。

本章提要

1. 諮商是一種以語言溝通為主的助人活動，其涵義各個學者觀點不同，整體而言，諮商就是幫助個人學習如何在日常生活中解決問題、做抉擇，並能在思考、情感與行動上做積極的改變，以便能自我成長、適應與發展的專業助人歷程。
2. 諮商有五層意義：(1)是一種專業；(2)是一種助人歷程；(3)乃在處理各種層面的問題；(4)目的在促進成長、適應、改變與發展；(5)強調自我幫助。
3. 與諮商相關連的名詞有「輔導」、「心理治療」、「精神醫療」、「面談與會談」、「對話」、「諮詢」等。
4. 諮商的對象一般以當事人的年齡以及特殊族群做區分。依年齡可分為兒童諮商、青少年諮商、老人諮商等；依特殊族群則分為婦女諮商、殘障諮商等。
5. 美國諮商師的教育有兩大系統：第一個系統是來自諮商師相關學系，或是教育學院所開設的諮商課程。此系統所畢業的人員，主要從事學校或一般諮商實務工作，習慣稱為「專業諮商師」。另一系統是諮商心理學系或心理學系所培養的，以從事研究、教學或實務工作的諮商人員為主。其工作重點在臨床、諮商與學校相關領域。
6. 諮商實施的方式可分為個別諮商與團體諮商。所謂個別諮商是指一對一的方式進行諮商，其主要變項有四：(1)諮商師；(2)當事人；(3)情境；(4)理論取向。而團體諮商是集合十個左右的人，加上諮商師，借助於團體動力的作用，以激發成員的互動，共同協助並解決個別或團體成員的問題。
7. 有關的諮商理論眾多，各諮商師所採用的理論依據各不相同，根據雍格的統計，目前諮商師大多是以折衷派取向的諮商理論為主要導向，其次是個人中心和家庭體系之諮商理論。
8. 基里蘭將重要的諮商理論分為七類、十種重要理論，分別如下：(1)心理動力論：精神分析治療法。(2)社會心理論：阿德勒式治療法。(3)人文、試驗與存在論：個人中心諮商法。(4)完形論：完形治療法。(5)認知、行為與行動取向：交流分析；行為諮商、治療與矯正；理性情緒治療；現實治療法。(6)特質、因素與決定論：特質與因素諮商法。(7)統整論：折衷諮商與心理治療法。

9. 大多數的諮商專家都強調諮商是一種助人的歷程，「歷程」一詞意謂著移動或行動、流通或交流。諮商本質是以理論為導向的助人專業工作，諮商師除了協助當事人達到自我幫助外，另一項任務是要將理論付之行動。

10. 諮商歷程是好幾次諮商的組合，不同的理論取向對諮商歷程的看法也不一樣。其中諮商的歷程較具代表性的模式有三：(1)彼得生和尼森霍滋之專注、探索、瞭解、行動、結束五階段。(2)艾根之現時狀況、喜愛狀況、行動（立即獲得新的狀況）三大階段。(3)基里蘭之問題探索、雙層面問題界定、可能抉擇的鑑定、計畫、行動與承諾、評鑑與回饋六階段。

11. 有效諮商師應具備三個要素：(1)豐富的諮商與輔導理論知識；(2)熟練與良好的助人技術；(3)良好的人格特質。

12. 有效的諮商師應具備六種主要技術：(1)建立關係的技術；(2)溝通的技術；(3)診斷的技術；(4)激勵與社會影響的技術；(5)管理的技術；(6)其他重要的技術。

13. 關係諮商成效的另一重要因素是當事人的條件，當事人本身的意願、投入諮商的程度、行動表現比諮商師的努力更具關鍵性。

14. 對諮商師與當事人而言，諮商亦即是作抉擇的歷程。

15. 諮商過去的發展與(1)工業化發展；(2)心理衛生運動；(3)進步主義教育；(4)政府的大力推動；(5)學者的努力倡導有密切關係。

16. 目前與未來的諮商重點有：(1)職業諮商與輔導；(2)多元文化諮商；(3)婚姻與家庭諮商；(4)復健諮商；(5)藥物濫用諮商；(6)同性戀諮商等。

17. 預期諮商專業在特殊人群、電腦服務、專業認可與證照、理論與技術統整、諮商效益等方面會更受重視。

班級活動

一、班上每位同學於本章研讀之後，分別找一位自己親近的人（如：老師、父母、同學、朋友、兄姊等），向他們請教日常生活中較感困擾之事的解決方法，並在請教之後寫下自己的感受。

二、由班上同學自由發表個人曾經有過的助人經驗，並具體的說明用什麼方法幫助別人？其效果如何？

三、班上同學分成三組，分別就有效諮商師的三大要件：理論、技巧與特質作充分討論，並列舉各要件內涵的優先順序，再將各組討論結果作全班性的報告。

四、請向有經驗的諮商師（或輔導教師）請教其諮商經驗，以及如何成爲一位有效的諮商師。

問題討論

一、諮商的意義爲何？

二、請說明諮商與輔導、心理治療、精神醫療、會談、諮詢等名詞的異同。

三、請說明主要的諮商內涵與類別。

四、請列舉一種諮商歷程模式，並加以評述。

五、請說明有效諮商的要件。

六、請說明諮商專業的過去、現在與未來。

第二章

諮商理論與技術綜觀

第一節　人的本質與諮商的哲學基礎

由於諮商的對象是人，因此對人性與人類本質的瞭解極爲重要。同時諮商師對於萬事萬物也需要有一些基本的假定與中心思想。本節將探討人的本質與相關課題、諮商的哲學基礎，及當事人問題的分析，以便澄清諮商的根本與終極性課題。

壹、人類本質的分析

諮商的對象是人，但人的本質爲何？從古至今，人言各異。

古希臘三哲對於人的本質有極精闢的論述，蘇格拉底認爲人生而有爲善的可能，人如果爲不善，是因爲欠缺知識的緣故，所以蘇格拉底主張知識就是道德。柏拉圖則認爲人的心理包含金、銀、銅三種特質，金質集中在頭部，使人有理智、能夠深思熟慮，銀質在胸部，使人有意志、勇敢、有榮譽，銅質在腹部，使人有慾念、注重物質追求。正常的靈魂應該以理智控制慾望。亞里斯多德則認爲人有理性發展的可能，智力甚於勞力，當理智充分發展時，個人就可以獲得幸福。

柏拉圖的哲學基本上是強調心靈的重要性，否認物質實體的存在。柏拉圖的思想被認爲是理想主義(*Idealism*)的先驅。理想主義數千年來一直是西洋哲學思想的主流。到了中古世紀，實在主義(*Realism*)興起，強調客觀實體存在的事實，知覺與經驗需依靠自然法則，而非主觀的思辨，實在主義基本上強調人是生物組體，深受物質的影響，人類需要瞭解與適應環境，依據科學客觀法則，才能發現事物的眞正本質。本世紀初期再興起存在主義(*Existentialism*)，認爲人生空無、孤單與焦慮，時時面臨在世存有的問題，但人類有自由可以不受環境限制(葉學志，民 74; *Gibson & Mitchell, 1990*)。

在中古世紀更多哲學家專注於探討個體與環境的關係，笛卡兒(*Rene Descrates*)相信心靈與身體是兩個分立的實體，我思故我在，但是身體本身會對外在各種刺激作反應。經院主義哲學家則全然相信上帝，以爲人類唯一的目的在於盡己所能，履行上帝的旨意。十八世紀自然主義興起，盧梭(*J. J. Rousseau*)主張回歸自然，當個體能夠自由的發展時，人的善性就能充分地發揮。斐斯塔洛齊(*J. Pestalozzi*)則認爲人的品格由環境所養成，只有透過社會改革，才能使社會中的個體得以充分發展，教育的目的就在於順乎本性，圓滿、和諧的發展。英國的哲學家史賓塞(*H. Spencer*)則提倡適應的觀念，認爲完美的生活寓於完美的適應。另一位哲學家洛克(*J. Locke*)相信感官與經驗的作用，認爲人的一切觀念與知識皆來自於後天的經驗(*Baruth & Robinson,* 1987; *Gibson & Mitchell, 1990*)

根據赫斯漢森(*Hershensen, 1983*)的分析，現代的諮商與傳統哲學在權力(*power*)、信仰(*faith*)與邏輯(*logic*)三個人類本質的概念上，有其連通之處。赫斯漢森認爲信仰來自於接納，邏輯起源於瞭解，權力則與控制有密切關聯，這三種概念在歷史上均被廣泛地探索過，也形成支配性的力量。在希伯萊文化、中古世紀、及十九世紀浪漫主義(*Romanticism*)裏，都把人視爲是非理性的(*irrational*)，亦即人的信仰具有非理性的成份。近代的精神分析理論對人性的看法與此觀點最爲接近。在邏輯層面上，希臘哲學家、文藝復興時期，以及十九世紀理性主義論者中，對於人的本質較傾向於主張人是理性的(*rational*)，心理學中的「特質與因素」(*Trait-and-Factor*)論也較相信人是理性的。另一方面，羅馬帝國、十七與十八世紀時期，以及十九世紀唯物主義(*Materialism*)論者，則把人視爲是機械的(*mechanistic*)，受制於外在環境。行爲矯正(*behavior modification*)理論也較傾向於人類本質是機械式的觀點(如表 *2-1* 所示)。赫斯漢森認爲每一種思想概念決定了每一時期的語言、信仰、思考模式、文化與法律，不同主流思考原則就決定了對人類本質的看法，同時也影響了整個思想體系。

表2-1 信仰、邏輯與權力的概念關係

順序	主流結構原則	基本思想類型	主要歷史循環 I	主要歷史循環 II	十九世紀哲學	人的概念	心理諮商理論
1	信仰	接納	希伯萊預言	中古世紀	浪漫主義	非理性	精神分析
2	邏輯	瞭解	古希臘哲學	文藝復興	理性主義	理性	特質因素論
3	權力	控制	羅馬帝國	十七、十八世紀	唯物主義	機械的	行爲矯正法

資料來源：Hershensen (1983), p. 4.

西方哲學上另一個受關注的焦點是人性(*human nature*)。在原始社會中，人類生存不易，個體的行爲如果有利於部落或自我的生存，就被認爲是「善的」(*good*)，否則就是「惡的」(*bad or evil*)。柏拉圖基本上也相信人性是善的，他認爲有能力思考的個體可以過善的生活，同時也可以使社會變善(*Baruth & Robinson, 1987*)。然而西方文明由於長期受到基督教教義的影響，因此，長久以來，一直有較多的人持性惡論的觀點。根據基督教的教義，人具有原罪，人類祖先在伊甸園犯了罪，使人性墮落，人必須仰賴上帝的救贖，才能於死後與上帝共享永生的幸福。基督教神學家聖多瑪斯(*St. Thomas Aquinas*)就認爲人如果取法於耶穌的言行，就可以使靈魂得到拯救，人必須依賴神的恩寵，吸收信、望、愛的德行，才能去除原罪、自我改善，以便得救。另一位神學家奧古斯丁(*St. Augustine*)更相信人除非求助於神的恩典，否則無法去除原罪，尤其神存在於每個人的心中，人需要順從上帝，才能洗清罪惡。宗教改革後的新教依然相信人性本惡，人需要努力爲善，以便榮耀上帝。

十八世紀自然主義興起以後，性善論才逐漸受到重視，尤其盧梭相信人性本善，但在人爲環境中卻受到污染而墮落。盧梭的自然主義人性觀受到極大的回響，對於往後的汎愛教育運動與兒童本位教育有積極的促動作用。

中國的思想家對於人性的看法亦各不相同。儒家基本上相信性是本善的。孔子強調「仁」、「生生之德」與「仁民愛物」是宇宙的根本，也是個人正心至平天下的基礎。孟子則明指人性本善，人人具有善端，如惻隱之心、羞惡之心、辭讓之心與是非之心。在另一方面，荀子則主張性惡論，人性是惡的，需要施以人爲力量方能使人性變善。韓非子爲首的法家也都相信人性是惡的，必須以嚴刑峻罰制止惡行表現。不過漢朝董仲舒則不偏於性善與性惡兩個極端，而認爲人可以爲善，但並不一定是善的。揚雄則認爲性善惡相混，修善就是善人，修惡就是惡人。另外東漢王充與唐朝韓愈則主張人性有上、中、下三品（王鳳喈，民 54）。

近代諮商理論對於人性的看法亦不相同，精神分析理論較傾向於人性本惡的觀點，存在主義與羅吉斯的諮商理論則傾向於人性本善的觀點，行爲學派較傾向人性本無善無惡，端賴環境而定善惡。

貳、人類本質的重要課題

由於人是複雜的個體，幾乎沒有一個心理學的理論可以完全描述人類的眞正特質，近代人格心理學者基於不同人性的假定，從不同層面對人類的本質與行爲有不同的解析向度，目前較受重視的人類本質重要課題有：一、意識對潛意識（*conscious vs. unconscious*）；二、制約對選擇的自由（*conditioning vs. freedom of choice*）；三、遺傳對環境（*heredity vs. environment*）；四、獨特的對共通的（*uniques vs. commonality*）；五、目的性對機械性（*purposive vs. mechanistic*）；六、少數動機對多重動機（*a few motives vs. multiple motives*）；七、正常對不正常（*normal vs. abnormal*）；八、早年發展對持續性發展（*early develop-*

ment vs. continuons development)(*Feist*, 1985; *Hall & Lindzey*, 1985; *Wallace*, 1986)。以下再加以申論。

一、意識對潛意識

人的行爲是否爲意識狀態所主導的理性歷程所控制，或是被潛意識狀態所主導的非理性歷程所控制？一直是心理學者關注與爭論的重點。佛洛伊德(*Sigmund Freud*)、榮格(*Carl Jung*)與杭爾妮(*Karen Horney*)等人相信潛意識決定了人類的行爲，但是像羅吉斯與阿爾波(*Gorden Allport*)就認爲人是受意識狀態所支配的，個人對於自己人生的方向事實上是主觀能感受到的，也可以自我作主導的。目前心理學上較傾向採取中間的看法，亦即情緒困擾的人較受制於潛意識歷程，而正常人的行爲是意識狀態可以控制的。

二、制約對選擇的自由

人的行爲是否受環境、過去，甚至是命運的約束，抑或人有選擇與決定自己人生的自由？同樣不同心理學者有不同的觀點。像佛洛伊德就認爲人是過去制約的結果，史肯納雖不重視過去的力量，但卻認爲人的行爲是環境制約的結果，個人的行爲就是環境的函數。另一方面，存在主義論者卻相信人有選擇的自由，羅吉斯也認爲人可以自我積極發展，甚至自我功能充分開展。

三、遺傳對環境

遺傳與環境對個人行爲的影響力何者爲大，在心理學，甚至精神醫學上的爭論至今猶未停止。遺傳論者通常認爲人的資質、性格都是遺傳的結果，個人於受孕的當時，就遺傳了一切行爲的特質，後天環境難以改變。環境論者則相信環境決定人的一切行爲，環境甚至可以改變遺傳的特質，因此，教育與諮商的重要性才能彰顯。遺傳論者以艾森克(*Hans Eysenck*)爲代表，環境論者則有羅吉斯、史肯納、班都拉(*Albert Bandura*)等人。目前的學者傾向於兼顧遺傳與環境兩種力量對人類行爲的共同作用。

四、獨特的與共通的

人類是各自獨立，各不相同，抑或具有共通的特質，相似與相近？在心理學上同樣有所爭議。獨特性論者認爲人類有極大的個別差異，世上幾乎沒有二個完全相同的人，個人的感受、認知與行動都是受主觀意識所支配，人人互異。存在主義論就主張人是獨特的，有各自的生命意義，有各自的成長責任。反之，行爲論者認爲人並無多大不同，人的差異是因爲環境不同所造成的結果。另外像馬斯洛(*Abraham Maslow*)也認爲人類的需求都相同，共同的目標就是追求自我實現。

五、目的性對機械性

以阿德勒(*Alfred Adler*)爲主的個體心理學(*Individual Psychology*)基本上認爲人的行爲是有目的的，人的一生不斷地在追求各式各樣的目標，如尋求超越、克服自卑，甚至於在找尋一個虛構的目標(*fictional goal*)。另一方面，行爲論者，如史肯納則認爲人的行爲是機械式的受制於外在環境，從環境事件就可以解釋或預測人可能會有的行爲反應，自然與生物法則可以準確的作爲探測個人行爲表現的結果。

六、少數動機對多重動機

有些心理學家如馬斯洛或凱利(*George Kelly*)認爲人的動機不多，他們以統整性的觀點認爲人類主要的動機在追求自我實現或是全然受個人知識系統的導引而已。另一方面，有些心理學者，如墨瑞(*Henry Murry*)就認爲人類有多重的動機，共同激發人類的行爲表現，墨瑞就認爲人類至少有二十種以上的個人需求。

七、正常對不正常

不同的心理學者把焦點置於不同特質的人身上，有些人關注於正常個體的探索，有些則以不正常的人爲研究重點，佛洛伊德精神分析的個案多數來自於精神不正常的個案，羅吉斯則傾向於正常個體功能發揮狀況的探索。另外對於正常行爲產生的原因，心理學者也看法互異。個體心理學認爲社會興趣較低者是行爲不正常的主因，行爲論者則認爲是在環境中學習不良特質的結果。

八、早年發展對持續發展

過去、未來或現時的作用，何者爲大，也是另一個受爭論的課題。精神分析學派主張過去決定一切，尤其幼年的生活經驗關係成人時期的適應。個體心理學者則認爲未來的目標導引著現時的生活。存在主義論者則以現時爲焦點，他們認爲過去已經逝去，未來遙不可及，唯有把握現在才是在世存有。另外個體的發展是否止於早年階段，抑或持續的發展，一樣有所爭議，佛洛伊德主張發展可能止於兩性期階段，而艾力克遜(*Erik Erikson*)則認爲人至終老階段都仍在發展之中，只是不同人生階段有各不相同的心理危機而已。

上述八個人類本質相關的課題至今仍有爭論，對諮商工作者而言，相信各種不同力量對人類的影響，允執厥中，不偏於某一個極端，可能是較佳的態度，如此，方能掌握不同當事人的問題性質，採取較佳的諮商策略。

叁、諮商的哲學基礎

哲學的目的在於探究宇宙與人類的基本性質，如前所述，不同學者對於人類行爲與活動的本質分析，觀點各不相同，人類本身尚有許多問題未獲解決。諮商的對象是人，對於當事人問題的成因與可能的解決策略無疑地會因爲諮商師不同的哲學觀點，而有所差異。哲學甚至是一種思想、思潮，或對萬事萬物的一種基本看法，諮商活動如果欠缺中心的思想、思潮或對宇宙與人類有基本的看法，則諮商可能流於膚淺，甚至只是一種耍嘴皮的活動(*lips services*)而已。有效的諮商師需要建立自我的諮商哲學，形成自我的理論體系，才能夠針對當事人的特性提供最佳的諮商協助，達成諮商的目標。能夠將各種諮商理論與諮商師本身的人格及哲學觀相互統整的人，即是具有諮商風格(*counseling style*)的人。如圖 *2-1* 所示，諮商師在將各種諮商理論應用在實務工作中，需要融入個人的價值與信念，再形哲學基礎，以便經由研究統合理論與實務。

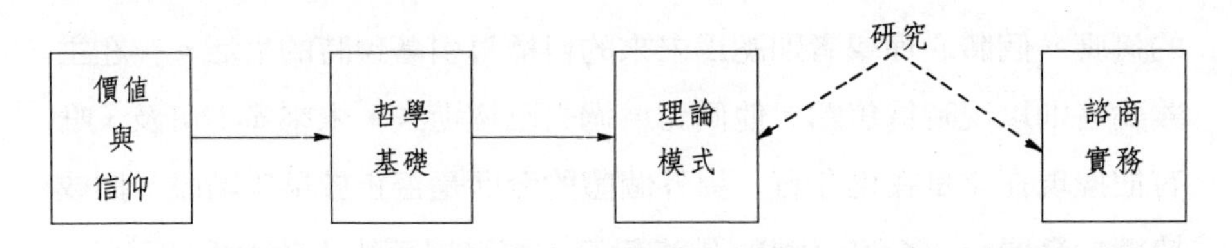

圖2-1　理論與實務的統合
(資料來源：Gibson & Mitchell, 1990, p. 125)

另一方面，在哲學上長久被探討的人生與宇宙的重要課題，也可以對於諮商的發展作深切思考的指引。如形而上學(*Metaplysics*)關切實體(*reality*)的性質，現時如何運作？人類的根本爲何？等相關問題，不同哲學取向對於此類問題的看法並不相同，理性主義認爲宇宙的實體是精神、心靈與心理的，人類具有先天理性，形成自由意志，能實現絕對的理想，心靈比肉體重要。實在主義論者則認爲宇宙由實體所建構而成，是具體客觀存在的，人類心靈只是物理作用的反映而已。康德(*Immanual　Kant*)的唯名主義(*Nominalism*)則認爲現實的本質是隱含不明的。

哲學另一個重要領域是知識論(*Epistemology*)，知識論關心知識如何獲得？何者才是眞正的知識？知識的標準何在？經驗主義(*Empiricism*)認爲經由感官所獲得的經驗才是眞知識，知識是客觀存在的，不因個人主觀心靈而有所改變。理性主義論者則認爲知識有賴於理性，因爲人有先天理性，才能思考與領悟眞理，知識本身是主觀與獨特的心靈感受。懷疑論者(*Skepticism*)則不認爲人可以無所不知，人的知識是有限的。

價值論(*Axiology*)則關心價值與倫理的課題，價值的性質爲何？個人應該如何作爲？什麼是正常與可被接受的價值？等，都是價值論關切的重點，目前尚有個人價值重要？還是社會福祉重要？工作價值與休閒價值何者重要？等的爭議。

與哲學相關的是人類學的研究，人類學也關心人類的本性、人際關係、人類情感、認知與行爲的動機，這些課題涉及的層面包括道德、責任、自由、理性對不道德、不負責任與決定論等。

根據李氏(*Lee, 1983*)的論點，形而上學與人類學對於諮商歷程、諮商員的角色、如何界定與診斷問題、改變的機制爲何、以及改變的程度、諮商的關係等課題密切關聯。知識論與價值論則對於諮商目標、諮商的歷程、以及諮商歷程的可能結果具有啓示作用。而整體的哲學辯證對於諮商與評鑑相關的問題有所影響，亦關切用何種方法與工具評鑑諮商歷程的效果，以及以何種標準判定諮商理論的有效性等課題。哲學與諮商理論的關係可以利用圖 2-2 加以表示(*Baruth & Robinson, 1987*)。

因此，欠缺哲學基礎可能就難以形成諮商理論體系，這亦將使諮商實務工作難以推展。如以綜合性的觀點而言，諮商對人性有下列的基本哲學性假設(*philosophical assumptions*)，這些假設使諮商助人工作成爲可能(*Belkin, 1975; Tolbert, 1972; 1982*)：

一、人是一個統一、完整的個體，個體某部分受到影響，會及於

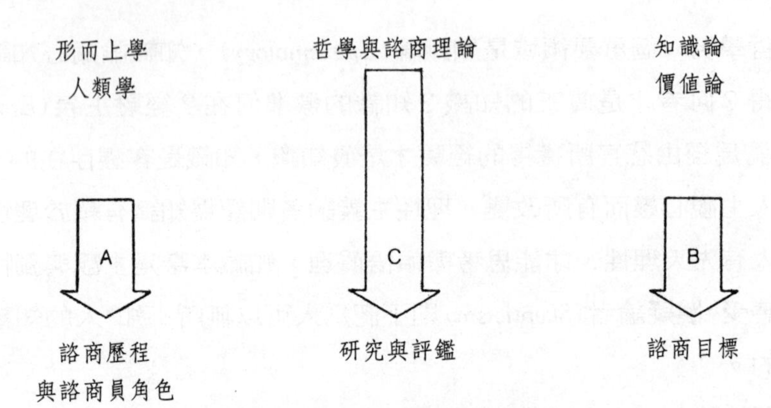

圖2-2 哲學與諮商理論的關係
(資料來源：Lee, 1983, p. 524)

整個個體。要瞭解一個人，必須瞭解他的全部。

二、每一個個體是獨特的、無法取代的，有其個人的價值。

三、我們無法全然地瞭解另一個人，個人世界的意義唯有在他願意和他人分享時，才有益於諮商或他人。

四、觀察者（助人者）的經驗、個人對觀察者的知覺，以及經由觀察者所獲得的洞察與意義，使個人能夠瞭解他人。

五、個人有積極的成長力量激勵個人能成爲個人所希望成爲的人，個人成長的概念化歷程，使個人的存在具有意義，個人必須爲自己作努力，建構自我。

六、每一個個體有責任爲他人、充分地發展自己，以及發現自我人生的意義負責，他必須要助人與被幫助。他需要別人，別人也需要他。

七、人有選擇成爲他所要變成之人的自由，但沒有一個人有完全的自由，雖然個人永遠可以作某些抉擇。

八、人可以超越過去的經驗，但也必須想到個人的限制，某一個抉擇可以成爲一個新的方向，或一個嶄新的目標，也可以代表個人的一種改變。

九、自由必須伴隨著責任，假如個人有選擇的自由，他必須爲他所作的選擇承擔責任。

十、人的本性是無善無惡的，經由與他人的互動而成爲現在的個體，個人本身需爲善與惡負責，人之所以爲惡乃是因爲侵犯了他人或不願意承擔自由之責任的結果。

肆、當事人問題的分析

諮商基本上假定當事人是因爲面臨適應、成長或發展的問題而求助於人，如前述，不同諮商理論對於當事人問題的形成與解決之道各有不同角度的論證，諮商理論所陳述的觀點應該成爲探索當事人問題的基礎。然而就整體而言，在實務工作上，諮商師更應該以綜合性、系統性或統整性的眼光看待當事人的問題，以便擷取各種諮商理論所敍述的諮商技術之優點，對當事人作適當的處置(*intervention*)，以便協助當事人克服問題，作最佳的適應，進而能充分的成長與發展，成爲一位健康且潛能充分發揮的人。以下將介紹當事人問題的幾個綜合性分析模式，以便在應用諮商技術時能夠切中要點，展現效果。

一、全人模式(The Whole Person Model)

卡茲達與布魯克斯(*Gazda, 1984; Gazda & Brooks,* 1980)從整體發展性的觀點出發，認爲個體問題的起源主要涵蓋七大類，分別是自我(*Ego*)、生理與性、道德、情緒、職業、心理社會(*psychosocial*)、認知等。在人生發展歷程中，不論各個發展層次都會或多或少遭遇這七大類問題。卡茲達與布魯克斯認爲在此七個層面發展問題中，個人需要具備十三種主要生活技巧，才能成爲一位適應良好或較爲健康的人，此十三類技巧分別是：㈠自我問題方面：1. 鑑別個人價值與團體關係技巧；2. 情緒覺察與自我評估技巧。㈡生理與性問題方面：1. 家庭關係技巧；2.生理調適與維護技巧。(三)道德問題方面：鑑別個人價值與自我評估技巧。(四)情緒問題方面：1.情緒覺察與團體關係技巧；2.家庭關係技巧。(五)職業問題方面：1.生涯發展技巧；2.社區資源利用技巧。(六)心理社會問題方面：1.人際溝通技巧；2.團體關係技巧。(七)認知問題方面：1.問題解決技巧；2.應用學習技巧等。此七大問題領域與十三種生活技巧可以用圖 *2-3* 加以表示。

針對全人發展性的觀點，卡茲達與布魯克斯認爲，對個人進行生活技巧訓練(*lifje-skills training*)是必要的。這些相關技巧是可以學習的，具有良好生活技巧的人就是在社會中能夠發揮良好功能的人。圖 *2-3* 的全人模式有助於諮商師在使用諮商技巧時有一較明確的問題著力點。

二、訊息指標模式(Information Index Model)

訊息指標模式強調諮商師應掌握當事人的問題訊息來源，並依照不同的問題訊息來源配合不同理論傾向的諮商技巧，協助當事人解決問題。訊息指標共包含三個連續體(*continuum*)，各自代表著當事人問題的可能程度 (如圖 *2-4*)。

在圖 *2-4* 的訊息指標模式中，A 至 *B* 的連續體代表著當事人問題的時間向度(*time dimension*)。在 A 方面顯示，當事人的問題可能來自於過去，如早年生活經驗與親子關係問題等，這些早年或過去的問題被帶入現時(*present*)之中。在 *B* 方面顯示，當事人的問題可能受到未來所牽引，如阿德勒理論所強調的，未來的人生目標會影響到現在的適應。諮商時，諮商師應對時間層面的訊息充分蒐集與瞭解，才能掌握當事人的問題核心。

在 C 至 *D* 的連續體中，代表著個人內外在問題。C 是內在心理(*intrapsychic*)的問題，如個人內在衝突、個人知覺、個人的思考、信念，以及對他人的看法或個人對自己的看法等。*D* 則是人際的資訊，包括

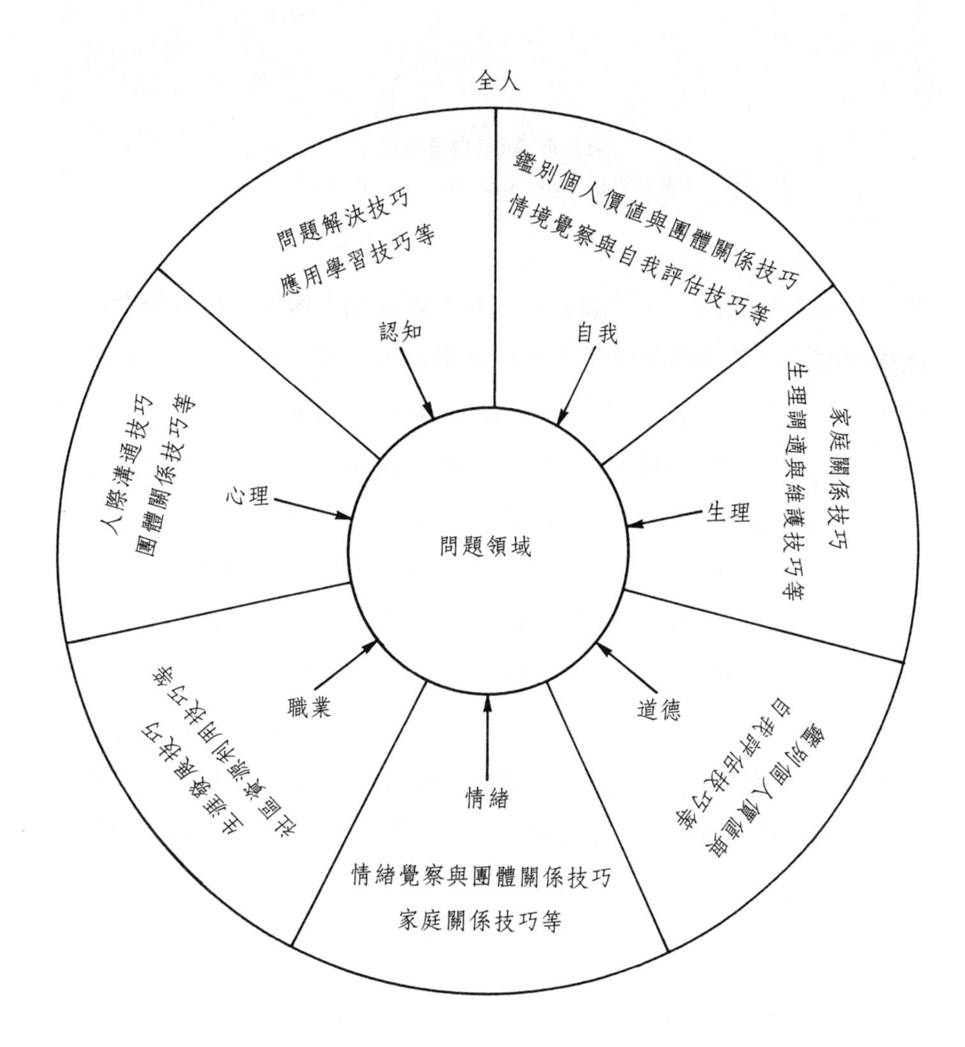

圖2-3　全人的發展問題與生活技巧

（資料來源：Gazda & Brooks, 1980, p. 124）

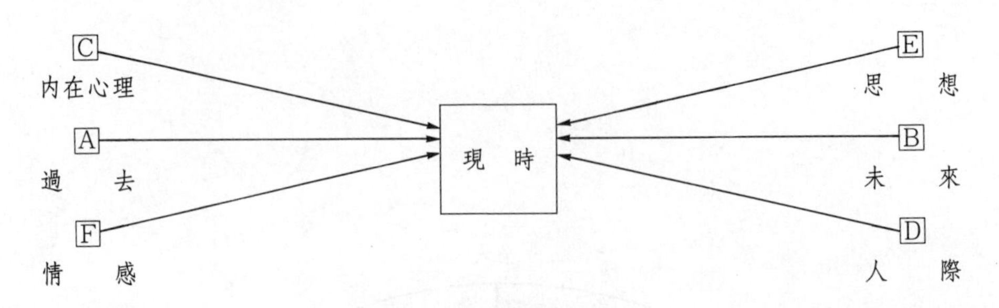

圖2-4　訊息指標模式

（資料來源：Cavanaugh, 1982, p. 106）

個人與他人的關係，人際關係的性質，以及個人與他人對人際關係的滿意程度。依諮商理論而言，精神分析理論著重於個人內在心理的探討，而人本主義心理學者則較重視人際關係的發展。

第三個資訊指標層次上，*E* 至 *F* 的連續體是代表著思想與情感向度，在 *E* 方面，當事人的問題可能來自於思考，個人對本身及他人的想法、或對事件的看法，一切的思想觀念都與個人問題有密切相關。*F* 則是代表情感、感受、或對人對事的情緒性反應，如喜歡、愛、勇敢或敵意等。理性情緒行為治療法特別注意個人思想對於情緒的作用，因此，在諮商上，要由改變個人的思考與信念著手，特別要利用理性信念來取代非理性信念。羅吉斯的個人中心治療法則注重發展諮商師與當事人的情感，當一個人感受到被關懷、接納與瞭解時，個人就會有積極發展的可能性。故圖 2-4 是蒐集與瞭解當事人問題來源，以及採取必要理論取向與諮商策略的重要參考指標。

三、人類發展模式（Human Development Model）

人類發展模式對當事人問題的分析近似全人模式，不過人類發展模式更強調個人成長的環境與相關人物的關係，並以個人爲發展的中心。

以圖 2-5 來看，在人類發展上，影響個人成長的因素有四大類：

(一)生理動作(*physical-motor*)；(二)社會情緒(*social-emotional*)；(三)認知智能(*cognitive-intelletual*)；(四)道德精神(*moral-spiritual*)等。這四大類因素並且成交互作用的狀態，如個人生理與動作有缺陷，會導致不安或失常的社會情緒狀態，影響個人的自我價值，同時也會對認知智能及道德精神產生影響。

生理動作因素包括個人的身裁、架構、大小、力量、生理成熟度、動作技巧協調、身體健康狀況等。認知智能因素包含記憶、思考、語言、知覺、問題解決與學業成就等。社會情緒要素涵蓋情緒發展、氣質、人際關係技巧等。道德精神因素則包括信念、價值、道德與信仰的發展等。

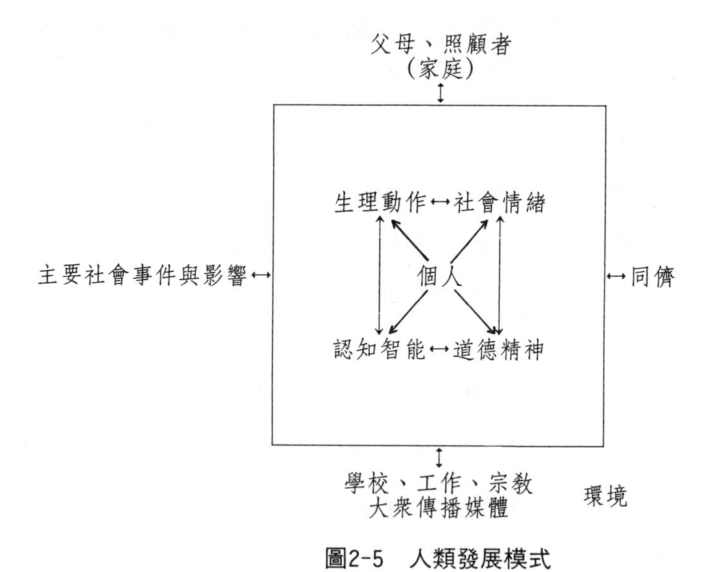

圖2-5　人類發展模式

(資料來源：Peterson & Nisenholz, 1991, p. 317)

由圖 2-5 又可以發現，有四大類環境力量對個人產生影響，分別是：(一)父母與照顧者(*caregivers*)：這是影響個人發展與問題形成的最重要力量，在青少年階段以前，家庭一直是個人的主要支配性力量，家庭的因素如離婚、虐待、近親相姦(*incest*)等都會使兒童與青少年受到傷害。(二)同儕：同儕是家庭之外的另一重大影響力量，同儕的言行與價值觀念對個人的影響也極為深遠。㈢學校、工作、宗教與大衆傳播媒體：學校與工作是當事人學習、生活與活動的中心，宗教則與性靈發展有關，大衆傳播媒體對個人日常生活與思考觀念的影響也極為深遠。㈣主要社會事件與影響：像經濟景氣與否、戰爭等對個人行為也影響重大。個人的問題是受大環境所影響、限制或牽引的。

四、多重模式（Multimodal Model）

多重模式治療法（*Multimodal Therapy*）是由拉澤勒斯（*Lazarus, 1984; 1989*）所倡導的系統性與綜合性心理治療模式，拉澤勒斯認為人格是由遺傳、生理環境與社會學習三種力量交互作用的結果，當事人問題的形成可以用二個不同模式加以解釋：㈠阻塞模式（*Blockaqe Model*）：此一模式強調個人在成長發展中因為受到阻礙，無法以正常路線發展，因而產生功能失常或情緒困擾的狀態。㈡缺陷模式（*Deficits Model*）：此一模式認為在個人成長發展歷程中，因為個人學習的鴻溝或不足（缺陷），而導致個人無法朝向正向或適應的生活方向前進。此二個模式可以利用圖 2-6 的(A)與(B)兩個圖形加以表示。其中 A 點表示個人在出生時是受到遺傳、子宮內作用（*intrauterine*）與環境交互影響的。*B* 點表示生活的軌道在起初即朝向正向社會性（*prosocial*）與適應性的生活方向前進。(A)圖的 C 點表示有衝突事件發生，或個人感受到創傷，結果在 *D* 點面臨前進的障礙或形成阻塞。以至於在 *E* 點偏離了正常人生軌道，而導致功能失常與情緒困擾。(B)圖的 A、*B* 點意義與(A)圖相同，但在 C 點時，個人因為在人生的學習史（*learning history*）產生鴻溝或缺陷，以致於與正常人生軌道無法銜接（*discontinuities*），因此走向 *D* 點，而使個體遠離了正常與適應的人生目標，並可能產生自我挫敗的行動。

圖 2-6 的問題分析模式有助於諮商師提供環境，協助當事人作自我表露、自我探索，以及分析導致個人問題的障礙或不足所在，進而

學習各種有用技巧填補缺陷或去除障礙，成爲正常發展的個體。

上述各個當事人問題分析的模式，基本上是相輔相成，而不是相互對立的，一個有效的諮商師是需要由不同角度、不同層面分析當事人問題的成因，進而採取有效諮商技巧，協助當事人克服問題，作最好的適應與發展。

第二節　諮商理論與技術概述

壹、諮商理論的重要性

諮商師除了需要有前述的哲學基礎外，也需要有自我的理論體系。而自我理論體系的建立，奠基於吸取各個理論模式的精華之上。由於目前各種諮商理論蓬勃發展，呈現百家爭鳴的情況，如何擷取各家的優點，使之切合個人的人格與哲學觀，形成自我的諮商風格，乃成爲諮商師教育的重要課題。

諮商理論就是對於當事人相關問題作分析的一個架構模式（*framework*），而理論架構的建立是以觀察與實驗或其它科學的方法所獲得的資訊爲基礎所形成的。簡單而言，諮商理論就是對諮商情境相關聯事件的系統性分析，同時理論也是一套經由邏輯推理所獲取的系統性與關聯性的假設組合。理論具有五大特性：一、組織已知的資料（*organizes known data*）：一個有效的理論可以將觀察、實際或實徵性探索所獲得的資料加以組織、分類或統整，用以當作深入探求相關知識的指引。二、引發研究（*generates research*）：理論並非眞理，需要不斷地加以驗證，有用的理論可以激發或導引更深層的研究，一方面作爲相關課題描述性研究的依據，另一方面也可作爲設立與考驗假設的基礎，假設

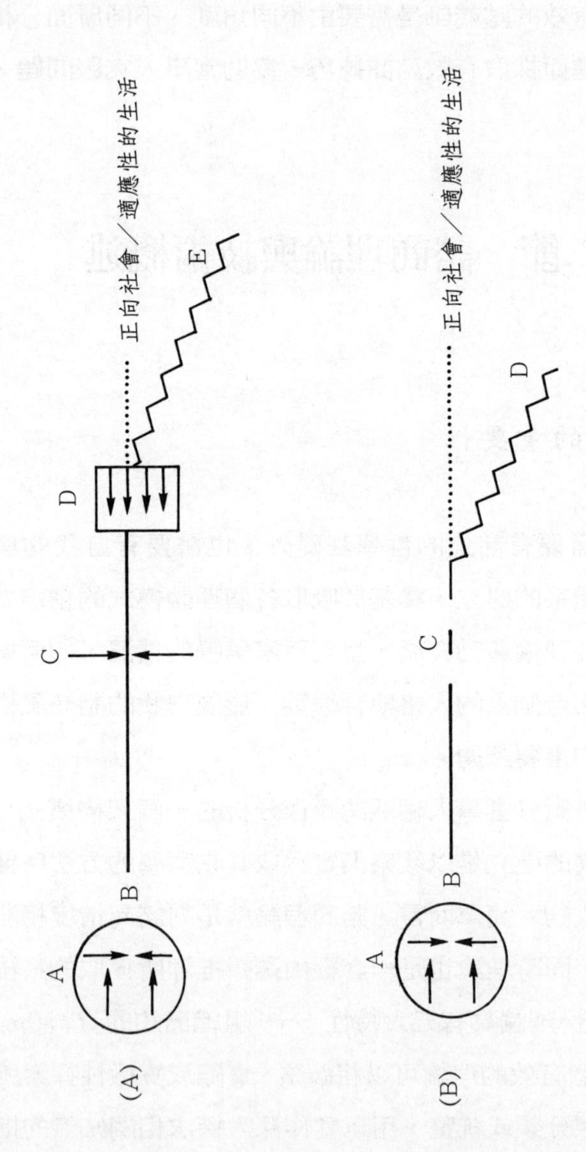

圖2-6　多重模式治療的問題分析雙模式
（資料來源：Lazarus, 1984, p. 505）

驗證的結果並不一定可以形成理論或修正理論，但卻可以擴增理論的內容，或彰顯理論的有效性。三、引導行動(*guide to action*)：有用的理論可以當作行動的南針，因爲有效的理論本身就是甚多現況問題的系統性架構，使實務工作者減少嘗試錯誤的時間與次數，並因爲有理論作引導，不致於走上歧路，誤導了當事人的問題。四、內部一致性(*internally consistent*)：理論本身需要具有邏輯與合理的內涵，並且要有系統性的結構，對於問題的界定要明確，相關問題的分析並且需要前後連貫與統整，亦即須具內部一致性的效果，不會因爲自我內部矛盾的觀點，而抵銷理論的有效性。五、簡明(*parsimonious*)：一個有效的理論應該清楚、簡單、經濟、能用簡單的概念與假設說明事件之間的關聯(*Feist, 1985; Hansen, Stevic & Warner, 1982, Hall & Lindzey, 1985*)。

葛拉丁(*Gladding, 1992*)也將有效的理論歸納爲下列六個要項：

一、清晰、容易理解、可以溝通：理論本身具一致性，且沒有矛盾。

二、綜合性(*comprehensive*)：理論可以解釋廣泛的現象。

三、明確、便捷(*heuristic*)：有效的理論因爲設計良好可以引發深入的研究。

四、明白地陳述方法與預期結果：好的理論本身可以達到良好的結果。

五、有利於實務工作者：好的理論可以作爲研究與實務工作的準則。

六、切合個人助人哲學：好的諮商理論能夠切合諮商師的個人助人哲學觀，諮商師本身也能夠知所選擇，猶如量身製衣，適合個人體型一般。

除此之外，諮商理論對於諮商師亦具有下列的功能：

一、諮商理論可以幫助諮商師發現各種複雜存在實體之間的統整性與關聯性。

二、理論可以促使諮商師整體性的檢核諮商關係。

三、理論提供諮商師一個操作性的準則，使他們能夠評斷專業發展的程度。

四、理論可以使諮商師注意顯著的資料，或者探尋重要的資訊。

五、理論可以幫助諮商師評估諮商歷程的效果，進而成爲建構新理論的基礎(*Gladding, 1992*)。

另外，黃德祥（民 83）也指出，理論就是一個或一組概念性架構(*conceptual framework*)，當概念性架構清晰、明確，同時具有系統性、完整性、統合性或實用時，就符合理論成立的要件。理論並且具有四大功能：一、描述性功能；二、界定性功能；三、關聯性功能；四、統整性功能。由於理論並非眞理，因此，理論也需要具有可驗證性(*testable*)與操作性(*operational*)的性質，以便關切相關課題的人，可以依照具體可行的研究步驟，考驗理論所呈現的概念性架構是否爲眞。

貳、主要諮商理論與技術的比較與對照

目前諮商理論繁多，對初學諮商理論與技術的學生而言，常有猶如走入迷宮，無法脫身的感覺。爲了幫助讀者先能掌握各類諮商理論的核心，下列將以比較與對照的方式，將往後各章所要介紹的重要諮商理論作一概括性的闡述，作爲相關理論與技術探索的前導性組體(*advanced organizer*)。當研讀往後各章的理論之後，亦可再回到本章作回顧性檢討。

本書依諮商理論性質的不同，參考相關學者的分類(*Corsini, 1990; Gilliland et al. 1986; 1994; Gladding, 1992*)，將諮商理論區分爲五大類：一、精神分析取向理論：包括佛洛伊德的精神分析論(*Psychoanalytic approaches*)與阿德勒式治療理論(*Adlerian Therapy*)；二、情感取

向理論：包括個人中心諮商法(*Person-Centered Counseling*)與完形治療法(*Gestalt Therapy*)；三、認知取向理論：包括理性情緒行為治療法(*Rational-Emotive Behavior Therapy*)與交流分析法(*Transactional Analysis*)；四、行為取向理論：包括行為治療法(*Behavioral Therapy*)與現實治療法(*Reality Therapy*)；五、其它重要諮商治療法：包括多重模式諮商(*Multimodal Counseling*)、認知治療法(*Cognitive Therapy*)、精微諮商法(*Microcounseling*)及折衷諮商(*Eclectic Counseling*)。亦即本書將選擇五大類共十三種的諮商理論模式加以分析與討論，不過重點置於前八大學派上面。本章的綜合分析亦以八大學派爲主，本書將各諮商學派視同爲理論體系(*theoretical system*)、取向(*orientation*)、方法(*approach*)或模式(*model*)。

本書作者認爲各類諮商理論體系因爲對人的本質與行爲問題的起因及消除觀點不一，而呈現理論與技術取向的諸多差異，此種差異只是人類問題複雜性與多樣性的一種反映而已，而非某一理論有缺陷，或某一理論優、而某一理論劣。諮商理論與技術的百家爭鳴猶如不同宗教對於人類心靈現象，以及對上帝或神的看法不同，但卻各自在其所建構的宗教世界中，發揮一定功能一般。因此，期盼讀者們秉持開放的心胸，兼容並蓄的擷取各家之言的精華，配合個人的人性觀、價值體系、人格特質與個別當事人的需求，建構一套自我的諮商理論與技術體系，形成自我的諮商風格，才能對自我成長與助人工作有所助益。

依作者的分析，各類諮商模式之異同，顯現在下列六個主要層面：一、哲學基礎：包含對人性的看法與基本假定；二、人格理論：涵蓋人格結構與人格發展兩大面；三、諮商目標：亦即對助人工作的終極體認與期盼；四、助人關係與歷程：即對助人的要素、步驟或程序的看法；五、諮商策略與技術：即工具性的達成諮商目標的手段；六、應用、貢獻與限制：亦即應用層面與本身的優點與不足之處。以下將根據此六個層面，簡要表列分析各理論模式的異同。自第三章開始，將再以單一模式爲基礎在各章之中闡述此六大層面的要義（如表 2-1 至 2-6 所示）：

表 2－1　哲學基礎的比較與對照

I、精神分析法

精神分析法強調生物決定論，重視個人早年生活經驗。認爲人受制於自然法則，驅力、需求、慾望是決定行動的要素。人性是動態的，可以經由意識、下意識與潛意識加以分析與解釋，但潛意識才是人格的主要動力所在。

II、阿德勒治療法

人格是個體獨特與一致性的統一體。人有目的導向。人的動力來自於自卑情感的超越。個體有追求成功與卓越的傾向。社會興趣是人格的重心。個體可以創造自我的生活型態。瞭解個體內在參考架構是瞭解個體行爲的基礎。

III、個人中心諮商法

人具有「形成性傾向」與「實現性傾向」的可能，會追求自我功能充分發展。每個人生活在自己的經驗世界之中，「現實」就是「知覺場」。人有目標導向，自我是人格的重心。心理的適應來自於經驗與自我的一致。瞭解個體要由參考架構著手。每個人都有其價值與尊嚴，有積極向上、向善發展的可能。

Ⅳ、完形治療法

世界任何事物都是一種歷程、有相互關聯性。存有是有機體的根本。人一直在追求完整與美滿。在現時之中，自我實現是核心。人是主動者，有主觀體驗，有自我覺察的能力，並相信人有積極發展的可能。

V、理性情緒行為治療法

人有理性與非理性思考的可能。人可以創造自己有意義的人生，過快樂的人生。人有追求過理性生活、自我實現與自我充分發展的可能。人生的本質就具有追求、開發、發展與探索的成份。理性與否是人的問題核心。人因爲有了情緒，才顯示人生的意義，人可以因理性的發展與非理性的消除或被替代而過有意義與快樂的人生，展現良好的行為。

Ⅵ、交流分析法

相信人可以重新決定人生，是反決定論者。人可以相信自己、思考自己、自我作抉擇與表達自己的情感。自我狀態是交流、溝通的基礎。透過辯證歷程可以統整個人思想與行動。人可以經由改變交流類型、改寫人生脚本、重新作決定而有所改變。

Ⅶ、行爲治療法

人所有的行爲均由學習而來。人性無善無惡。人的行爲受制於環境。人有能力獲得或學習新的行爲。個體的行爲非持久不變的。人可以自我影響，也影響他人，同時也受他人影響。改變人的行爲基本上是樂觀的。

Ⅷ、現實治療法

人必須爲自己的行爲負責。人生取決於個人的抉擇與行動。人的改變是有可能的，但要充分地瞭解自己的世界。不良適應是對自己及所處世界不負責任的結果。人人有善根，可以成長、健康與發展，人需要瞭解人生的眞諦與認定自我。

表 2－2　人格理論的比較與對照

Ⅰ、精神分析法
人格結構包含本我、自我與超我三個部份。本我受制於快樂原則，包含生與死的本能。自我受制於現實原則，是人格與外界接觸的部份。超我受制於道德與理想原則，約束個人行爲與意識。人格的發展則經歷口腔期、肛門期、性器期、潛伏期、兩性期五個階段。潛意識歷程是人格活動的重心。自我防衛是在保護自己的潛意識運作。
Ⅱ、阿德勒治療法
沒有對人格結構的要素作分析，因爲相信個體是統一，不可分割的整體，個體具有獨特性與一致性。人類心靈大部分是屬於意識狀態。人格中有五大課題：一、生活目標；二、自卑與超越；三、社會興趣；四、生活型態；五、家族星座。人格的發展也受這五大課題的影響極大。人格的發展是有目的的、受虛構目標所牽引，想要尋求超越或卓越，因社會興趣高低與不同生活型態而有不同適應。家庭排行也影響人格發展。
Ⅲ、個人中心諮商法
關切人的改變的可能性甚於人格結構。自我概念是人格的核心，是經驗、價值、意義與信念所形成。自我本身是一個動力與改變中的結構。理想我是自我的次級系統，是個人的期盼，理想的自我與知覺的自我之間的差距可作爲健康與否的指標。人格發展的最高境界是功能充分發揮。人具有理性、建設性、積極、獨立、合作、信任、接納與上進及充分發揮潛能等各種可能。人格發展並無階段之分，但相信人有自我導向、自我開發潛能的可能。
Ⅳ、完形治療法
人是統一、不可分離與複雜的結合體，人格中並沒有潛意識。人格的中心概念是「覺察」，覺察是個體存在的重要途徑，覺察也是對現在的主觀經驗。完全地覺察就是存有的歷程。心理或人格功能具有新陳代謝與自我調節功能。個人是有機體與場地所區分而成。衝突來自於優勢力量與劣勢力量的極化作用。由經驗與現時、形象與背景可以瞭解人格。人格發展是個人與環境互動的結果。成熟的個體能自我支持。
Ⅴ、理性情緒行為治療法
以 A－B－C－D－E－F 爲人格理論的核心。人有理性思考與非理性思考的可能。思考與思想是行爲與情緒的主因。人格是生物與社會力量並存的複雜與統一體系。人格的作用中心在腦部。人的思考創造了人生。人格成長與信念系統明顯關聯。學習與經驗是理性與否的關鍵，反對潛意識作用。
Ⅵ、交流分析法
人格結構包含自我狀態、撫慰、指令與決定、脚本形成、人生地位與遊戲、欺詐、囤積等要項。以結構化的觀點看待人格結構。自我狀態的Ｐ－Ａ－Ｃ是典型的人格結構體系，整個交流分析法基本上以Ｐ－Ａ－Ｃ作爲分析個體人格與人際交流的參照體。人格發展受家庭環境、性別、父母教養與撫慰、人生地位等的影響。正常人格發展需要Ｐ－Ａ－Ｃ三者都具有掌握個人生理與心理行爲的能力。
Ⅶ、行爲治療法
人格是個體成熟與學習交互作用的結果。人格理論家如學習理論，亦即利用學習的原則看待行爲的形成與發展，人格又是行爲的綜合體。相信人格是可預測的，行爲

是可控制的。人格的形成係由於受到增強的結果。人格的不良適應也是由學習而來，不良行爲的改變也需要一段反學習的歷程。人格的發展就是不斷學習與改變的歷程。

Ⅷ、現實治療法

沒有明確的說明人格結構爲何，但認爲腦、自我功能與行爲、控制及知覺交互控制的作用對人的行爲具有約束力量。新近以控制理論的觀點說明個人爲了滿足需求，必須對輸入的訊息加以掌握，以便外在行爲符合環境的需求。人格的發展著重於個人的自主與負責，積極與成功的自我認定是人格成長的動力。

表2－3　諮商目標的比較與對照

I、精神分析法

主要目標在於將個體的潛意識題材意識化，使當事人能洞察、統整與心理重組。另一方面，在協助當事人解決內在的衝突，激勵當事人將心理題材加以統整，重建人格結構。強化心理功能與洞察自己亦是目標之一。

II、阿德勒治療法

協助當事人探索生活目標、自卑與超越、社會興趣、生活型態與家族星座，並協助當事人重新導向、克服自卑、尋求健康的人生超越，發展積極的社會興趣，並且過正常的生活型態、發展自己、貢獻人群。

III、個人中心諮商法

目標在協助當事人充分地發展功能，期望當事人有積極與建設性的改變，能對經驗開放、相信自我知覺、自我探索與評估，並能接納自己與他人。協助當事人統整與利用資源，開發潛能，諮商重點在人的發展而非問題的解決，主要在協助當事人自我瞭解、自我探索與自我發展。

Ⅳ、完形治療法

最重要，甚至是唯一的目標是協助當事人覺察自我或提高覺察力，包括特殊領域內的覺察，與日常生活中的覺察力。協助當事人增加個體覺察力，以增加當事人自我調節與自我支持的能力，最後成爲一位統整的人。

V、理性情緒行為治療法

協助當事人利用認知控制的方法，改變與修正認知結構，或去除非理性信念，使當事人能自我發展或自我實現。教導當事人一些重建自己信念系統與建構個人價值、態度與信念的主動與積極策略。同時也在協助當事人認識與覺察自我的不適宜、非邏輯與不理性的思考，並有意願去加以改變，成爲有適應能力的人。

Ⅵ、交流分析法

協助當事人統整個人的自我狀態，以便獲取自我狀態的優點，作較佳的自我決定、解決自我問題，進而成爲能創造有意義人生、具有充分功能的人。另外，諮商也在協助當事人發現自己的策略與遊戲，重建人生脚本。協助當事人發現自我覺察力、自發性與親密性，使個人具有新穎性與生產性。

Ⅶ、行爲治療法

主要的目標有三：一、改變不良適應的行爲；二、學習作決定；三、強化良好或適應的行爲，以防止行爲問題的產生。諮商目標強調以具體、明確的方式描述與診斷行爲，最終目標在協助當事人發展自我管理的體系，能控制自己的行爲與掌握自己的命運，相信行爲改變或改善的積極可能。

Ⅷ、現實治療法

主要在協助當事人成爲一位心理強壯、具有理性與自主性，並能影響他人與爲自我之行爲擔負責任。協助當事人在不妨害他人情況下，達成個人目標，承擔個人行爲的責任。同時也要協助當事人發展積極的自我認定，過具生產性與均衡性的人生。

表2－4　助人關係與歷程的比較與對照

Ⅰ、精神分析法

治療者擔任被投射的角色，是一位分析師，能夠解析當事人內在與深層的心理慾求。治療者要重複解析當事人的潛意識內容、處理當事人的抗拒。能建立良好治療關係以引發移情作用。治療歷程有四個階段：一、開放階段；二、發展移情；三、處理移情；四、移情解決階段。

Ⅱ、阿德勒治療法

重視均等、尊重、信任、合作、主動參與的助人關係。治療有賴於雙方共同的努力。治療需要有接納、關懷、合作與投契的氣氛。當事人也要積極參與治療，呈現生活型態，重新社會化。治療且要有安全感與信任感。治療的歷程有四個：一、瞭解當事人；、二、評估與分析；三、洞察與解析；四、重新導向。

Ⅲ、個人中心諮商法

重視助人關係的建立，認爲諮商師與當事人之間的關係本身就是諮商成功的根本要素。諮商關係的建立能使當事人察覺到被充分地瞭解、接納、尊重，則當事人將能探索自我，增加成長與改變的力量。良好關係的建立可說是整個諮商的核心，也是最重要的催化力量。諮商歷程主要有七個層次：一、改變情感；二、改變對經驗的態度；三、改變個人結構；四、改變自我溝通；五、改變問題；六、改變人際關係；七、超於結束之體驗。

Ⅳ、完形治療法

諮商師具有高度主動性，是歷程導向的建議者，重視良好關係的重要性。諮商員必須覺察當事人的內在歷程，激勵當事人探索需求，協助其成長。本身要能坦誠、有熱忱、有活力、有同理心、眞誠與自發性。治療的歷程主要有三：一、建立與維持「我與你」的關係；二、協助當事人減低不安的症狀；三、利用各種諮商與治療技巧，協助當事人覺察與統整。

Ⅴ、理性情緒行為治療法

諮商師或治療者具有主動性、教誨性與指導性的功能，扮演教師或訓練者的角色。利用*REBT*原理原則使當事人學習如何使自己的語言、思考、信念、情感與行動趨於合理。助人關係重視合作、激勵、說服與面質的人際氣氛。諮商歷程以問題爲導向，具有高度結構性與教導性。主要階段有四：一、起始階段；二、建構階段；三、認知改變與行動階段；四、終結階段。

Ⅵ、交流分析法

強調諮商關係是以「我好——你好」爲基礎。諮商師與當事人共同設定目標、共同訂立契約、對等的促進改變。當事人需要承擔責任與涉險。諮商關係也需要寬容、支持的氣氛。諮商歷程主要有六個階段：一、提高當事人的動機與覺察力；二、訂立治療契約；三、去除覺察症狀的迷惘；四、重新作決定；五、再學習；六、結束。

Ⅶ、行爲治療法

治療關係如同增強作用，會影響助人效果。治療者的任務在協助當事人解決問題，並能鑑別、評量當事人的行爲，創造且維持有利於行爲改善的情境，能直接矯正當事人的行爲。治療者著重於指導、引導或矯正行爲，也是問題的解決者。治療歷程主要有六個步驟：一、操作性界定行爲；二、建立治療目標與行爲的基準線；三、安排行爲改變的情境；四、利用增強的效果；五、循序漸進改變行爲；六、保持行爲改變與治療的紀錄。

Ⅷ、現實治療法

諮商關係如同教學歷程，需要作有意義的投入。治療者必須尊重、關懷、接納與瞭解當事人，眞誠的與當事人溝通。治療者本身宛如教師與楷模，協助當事人控制自己的思想與行動，注重當事人的選擇。兩方面需要共同努力。諮商歷程有八大要項：一、投入；二、以現時爲焦點；三、評估現時行爲；四、訂立契約或採取行動；五、承諾；六、不接受藉口；七、不用懲罰；八、永不放棄。

表2－5　諮商策略與技術的比較與對照

Ⅰ、精神分析法

傳統的策略與技術有：自由聯想；夢的解析；解析；抗拒的處理；移情與反移情。現代的策略另有：成熟處理法；書寫式自由聯想；反映潛意識中自我負向部份；支持性處遇；大量時間治療法；短期治療法。

Ⅱ、阿德勒治療法

基本的技巧有：傾聽與反應技巧；解析；立即性；非語言行爲分析；矛盾意向法；面質法；檢核優先次序。特殊技巧則有：創造想像法；掌握自我；角色扮演；按鈕法；麥達思技術；行爲代價法。

Ⅲ、個人中心諮商法

主要技術有：專注；沈默；澄清與反映；尊重與接納；眞誠與一致；同理心。

Ⅳ、完形治療法

完形治療的策略與技術最豐富，計有：對話遊戲；誇張；倒轉；穿梭技術；演練；我可以送你一句話嗎；夢的工作；家庭作業；我負責任等。

Ⅴ、理性情緒行為治療法

主要的技術有：認知重建，包括：辯駁非理性信念；理性情緒想像；讀書治療；情緒控制卡等。

Ⅵ、交流分析法

主要的技術有：自我狀態分析；自我圖形分析。其它策略與技術有：質問；面質；解釋；示範；確認；解析；晶體化等。

Ⅶ、行為治療法

主要的技術有：系統減敏法；角色扮演法；行為契約法；肯定訓練與社會技巧訓練；代幣法；嫌惡治療法；自我管理法。

Ⅷ、現實治療法

主要的技術有：積極性技術；直接教導法；建設性辯論；角色扮演；幽默；支持；解決衝突；控制知覺。

表2－6　應用、貢獻與限制的比較與對照

Ⅰ、精神分析法

影響層面既深且廣，有助人類深層瞭解個人的內在世界。精神分析的概念與觀點已被應用到與人有關的相關領域中。是第一個有系統的治療理論，對潛意識、人格結構、人格發展與心理問題的治療有原創性的貢獻。但因過度偏重病人，且人格難以驗證，治療實施不易，因此也飽受批評。

Ⅱ、阿德勒治療法

是主觀、目的論與統整性的諮商方法，重視人文與社會力量的作用，近年來受評價極高。阿德勒式諮商法目前在兒童諮商、家庭諮商等方面也日益受肯定。不過其實徵性驗證仍然不足，甚多概念且難以具體評量。

Ⅲ、個人中心諮商法

將治療關係視為成長與發展的動力，注重治療者同理心、溫暖、尊重、接納與眞誠的特質，對整個助人事業有根本性的影響與貢獻。將諮商的責任加於當事人身上更是具革命性的導引作用。不過個人中心治療法所強調的關係與個人特質評量不易，諮商效果也難以立即發揮，因此，在應用上仍有限制。

Ⅳ、完形治療法

完形治療法強調統整、統合與個人充分地發展。由於除了關係的建立之外，更強調治療者主動積極的介入，因此，頗受歡迎。所建構的概念如極化、未竟事務、覺察等亦極具創意。各種策略與技術多樣且充實，亦受肯定。但其理論基礎較薄弱，未能推陳出新，目前有漸走下坡之勢。

Ⅴ、理性情緒行治療法

利用簡明的Ａ－Ｂ－Ｃ－Ｄ－Ｅ－Ｆ架構作為分析當事人問題與策略及技巧應用的核心，對實務工作者而言淺顯易懂，因此追隨者衆。重視認知的作用也符合目前認知心理學的研究趨勢。不過也由於*REBT*過於簡單，對人的問題分析有流於偏頗的可能。

Ⅵ、交流分析法

首創Ｐ－Ａ－Ｃ模式，對人際溝通的瞭解有積極的貢獻。相信人可以積極作為、主宰自己的命運、重新作決定、掌握自己，使人生充滿希望。目前在各種人際訓練中，交流分析法亦廣受歡迎。但交流分析的實徵性證據仍然有限，且人際溝通的分析似流於膚淺，其理論根基不足。

Ⅶ、行爲治療法

行爲治療法是建立在學習原理原則上的治療方法，獲得最多的科學性證據的支持。相關的治療策略與技術在矯治機構、精神醫院，及家庭與學校中被廣泛的應用者，是影響層面極爲深遠的方法。不過行爲治療忽視關係的建立，以及當事人的價值與尊嚴層面，因此也受到批評。

Ⅷ、現實治療法

現實治療法重視責任與自我成功的認定，具指導與訓練取向，在教育與矯正機構中應用廣泛。現實治療不同意疾病的概念。以現時爲焦點的論點，使當事人沒有藉口，因此具積極促進當事人改變的可能。不過諮商中太多道德與價值判斷，且過度主觀，因此也不全然受支持。

本章提要

1. 諮商的對象是人，所以我們必須先瞭解人的本質。但人的本質如何？人言各異。本章分別敘述古希臘時代、中古時代以及十八世紀至二十世紀各時代對人的本質所下的定義。
2. 因爲人是一個複雜的個體，所以幾乎沒有一個理論能完全描述人的本質。目前較受重視的人類本質的主要課題有八：⑴意識對潛意識；⑵制約對選擇的自由；⑶遺傳對環境；⑷獨特性對共通性；⑸目的性對機械性；⑹少數動機對多重動機；⑺正常對不正常；⑻早年發展對持續性發展。
3. 哲學的目的在於探究宇宙與人類的基本性質，其探討的領域主要有三：⑴探討人生與宇宙萬物的重要性；⑵知識論的探討：關心知識如何獲得？何者爲眞正的知識等問題；⑶價值論的探討：關心價值與倫理的課題。
4. 哲學思想是諮商理論與實務的基礎。諮商師是將各種諮商理論應用在實務工作中，而在此種實務與應用時，除了要有個人的價值與信念外，還要有哲學理念的基礎作爲依據。依據李氏的論點，哲學層面對諮商過程影響如下：⑴形而上學與人類學影響諮商歷程與諮商師的角色；⑵哲學辯證影響諮商研究與評鑑；⑶知識論與價值論影響諮商目標。
5. 有效的諮商師需要建立自己的諮商哲學，形成自我的理論體系。所謂具諮商風格是指諮商師能將各種諮商理論與本身人格及哲學相互統整。
6. 諮商沒有哲學基礎就難以形成理論體系，其實務工作也難以推展。以綜合性的觀點而言，諮商對人有十項基本哲學性假說。
7. 諮商理論是對當事人的相關問題做分析的一個架構模式，而理論架構的分析是以觀察與實驗，或其他科學的方法所獲得的知識爲基礎所形成的。即對諮商情境相關聯事件做系統性分析。
8. 理論除了是系統性的分析外，也是一套經由邏輯推理所獲取的系統性與關連性的假設組合。因此理論通常具有五大特性：⑴組織資料；⑵引發研究；⑶引導行動；⑷內部一致性；⑸簡明。
9. 葛拉丁認爲有效的理論有六個要項：⑴淸晰、容易理解；⑵綜合性；⑶明確、便捷；⑷明白地陳述方法與預期的效果；⑸有利於實務的工作者；⑹切合個人助人哲學。
10. 對於當事人的問題，諮商師必須以綜合性、系統性或統整性的眼光來看待，以擷取各種諮商理論所敘述之諮商技巧的優點；對當事人做適當的處置，以便協助當事人克服問題。本書介紹四種綜合性分析模式：(1)全人模式；(2)訊息指標模式；(3)人類發展模式；(4)多重模式。

11. 諮商理論對諮商師有以下六項功能：(1)幫助諮商師發現各種複雜存在實體之間的統整性與關連性；(2)促使諮商師以一整體性的觀點檢核諮商關係；(3)提供諮商師一個操作性的準則；(4)使諮商師注意顯著的資料，或去探索重要的資訊；(5)幫助諮商師協助當事人矯正其行爲；(6)幫助諮商師評估諮商歷程的效果，進而成爲建構新理論的基礎。
12. 本書認爲理論是一個或一組概念性的架構，當概念架構清晰、明確，同時具有系統性、完整性、統合性或實用性時，就符合理論成立的要件。並指出理論具有四大功能、兩大性質：(1)描述性功能；(2)界定性功能；(3)關連性功能；(4)統整性功能；以及可驗證性、操作性兩個性質。
13. 諮商理論繁多，本書依其諮商理論性質之不同，並參考各學者的分類，將諮商理論區分爲五大類：(1)精神分析取向理論；(2)情感取向理論；(3)認知取向理論；(4)行爲取向理論；(5)其它重要諮商療法。
14. 諮商理論對於主要課題的論點各家不一，故沒有誰優誰劣，須以兼容並蓄的態度看待每一種理論。我們可以從六個層次來瞭解各家理論：(1)哲學基礎；(2)人格理論；(3)諮商目標；(4)助人關係與助人歷程；(5)策略與技巧；(6)應用、貢獻與限制。
15. 目前各種諮商理論蓬勃發展，呈現百家爭鳴的情況，有效的諮商師需要擷取各家的優點，配合個人的人格與哲學觀，形成自我的諮商風格。

班級活動

一、舉行辯論會，辯論人性的本質爲何？人性本善、人性本惡、人性無善無惡或人性有三品嗎？

二、分組討論哲學是什麼？哲學與人生有何關係？哲學與助人工作有何關聯？諮商爲什麼需要有哲學基礎？

三、分組訪問老師、輔導老師、社工員或其它助人工作者，請教他們的人生哲學觀，再回到班級作報告。

四、就當事人問題的四大模式爲依據，說明個人目前所感困擾之事，所涉及的問題層面，並比較那些模式較具指引作用。

五、討論各主要諮商學派的優缺點，並全班進行表決，看看至目前爲止，那些理論派別最受同學們的歡迎？

問題討論

一、請說明哲學與諮商的關係。

二、評鑑有效諮商理論的要項有那些？理論通常具有那些特性？

三、何謂諮商風格(counseling style)？

四、精神分析取向諮商理論與情感取向諮商理論有何異同？

五、認知取向理論與行為取向理論有何異同？

第三章

精神分析治療理論與技術

第一節　精神分析治療法的發展

精神分析理論（或稱心理分析理論）是諮商、心理治療與精神分析醫學中成立最早的系統化理論，這也是第一個被社會大衆所認識到與接受的理論模式，不管後來的學者是否喜歡精神分析理論，但無不承認此一理論的開創性貢獻。

壹、佛洛伊德與精神分析治療法

佛洛伊德於 *1856* 年在奧地利的佛瑞堡(*Freiburg*)出生。是他父親再婚後所生的第一個兒子，佛洛伊德的母親非常寵愛他，*1860* 年佛洛伊德全家搬至維也納定居，此後佛洛伊德的一生多半在維也納停留。佛洛伊德由於天資聰穎，但卻受限於猶太人的背景及職業選擇的問題，乃決定攻讀醫學，他於 *1873* 年進入維也納大學，並於 *1881* 年獲得醫學學位。*1886* 年他與瑪莎伯瑞(*Martha Bernay*)結婚，二人共生養了六個小孩，最小的女兒安娜(*Anna*)繼承他的衣鉢，後來也成爲著名的兒童精神分析學家。

佛洛伊德自行開業，診療的重點在於歇斯底里(*hysterics*)的病人，他利用催眠法爲主要的治療技術，他發現他診療病人的成功之處在於與病人的關係有了發展，而非催眠本身，也因此導致佛洛伊德對於如何將治療關係與催眠加以結合非常感興趣。

佛洛伊德在醫學院求學時，曾與布魯爾(*Breur*)學習如何利用傾洩法(*cathartic method*)治療歇斯底里的病人，佛洛伊德稍後再發展出自由聯想法(*free association*)，用以探索病人長期遺忘的事件，他相信病人有一個潛意識世界，經由自由聯想與解析(*interpretation*)的歷程，病人可以對自己有較深層的瞭解。佛洛伊德經由多年的努力，乃創設了精神分析理論，其中包含他對自己作自我分析所獲致的成果，他特別強調潛意識歷程是瞭解人格的重要性。

佛洛伊德及其同事，尤其關切性與攻擊兩種力量在人格中的作用。*1902* 年他開始組織家庭式的精神分析群體，*1908* 年他再組織了維也納精神分析學會(*Viennese Psychoanalytic Society*)。*1908* 年佛洛伊德應邀到美國克拉克大學(*Clark Unirersity*)演講，佛洛伊德的理論乃流傳至美國，隨後此一理論迅速成長與發展。由於受到第一次世界大戰的影響，精神分析理論的傳播稍有停滯，但戰後精神分析理論又開始發展，相關的雜誌與研討會對此一理論廣泛地探討。佛洛伊德並先後訪問義大利、希臘及其他歐洲國家，*1938* 年他爲逃避納粹的迫害，舉家遷移到倫敦，但 *1939* 年病逝倫敦。享年 83 歲。

佛洛伊德一生著作等身，重要論著有「夢的解析」(*The Interpretation of Dream, 1900*)、「幽默及其與潛意識的關係」(*Humor and Its Relation to the Unconscions, 1905*)、「日常生活中的心理病理學」(*The Psythopathology in Everyday Life, 1901*)、「性學三論」(*Three Essay On Sexuality, 1905*)、「自我與本我」(*The Ego and the Id, 1923*)、「精神分析大綱」(*An Outline of Psychoanalysis, 1940*)(*DiCapprio, 1983; Gladding, 1992; Peterson, 1992*)。

在「夢的解析」一書中，佛洛伊德關心心靈的動力結構，以及夢的成因與解析方式。在「幽默及其與潛意識的關係」一書中，強調幽默是敵意的一種溝通方式。在「日常生活中的心理病理學」中，佛洛伊德認爲日常的失言、錯誤、事件、失眞的記憶都是潛意識的作用。在「性學三論」一書中，佛洛伊德則強調性的作用，以及性衝突對於神經病(*neurosis*)的影響。「自我與本我」則分析了基本的人格結構。「精神分析大綱」是他晚年的著作，於他死後出版，本書概述了精神分析的全貌(*Hall & Lindzey, 1985; Schultz, 1986*)。

貳、哲學基礎

精神分析理論基本上是以心理動力的觀點去探討人的問題，強調生物決定論，並且重視個人早年生活經驗的影響，尤其特別注重潛意識歷程在問題形成與診療上的作用。

整體而言，精神分析理論有下列的哲學基礎與基本假定：

一、精神分析理論採取決定論的哲學觀，認爲世界受制於自然法則，如有充足的知識，自然界的所有現象都可以被加以解釋。但精神分析理論否定超自然的力量，超自然只是科學形成之前的幼稚思想與期望而已。

二、精神分析也對人採取決定論的哲學觀，認爲人只是心理與生理兩部分的結合體而已。兩個部分都由自然法則所形成，也受制於自然法則，個體的驅力、需求、慾望是決定個人行動的要素。假如個體瞭解到影響行動的內在要素，則有可能將它們重新建構(*reconstructuring*)，但這需要由外人（治療者）的協助，因爲治療者比較能客觀的看待當事人的問題。

三、治療者「客觀的觀點」(*objective viewing*)是治療關係的要件，但它卻可能對當事人造成威脅或將當事人的問題過度象徵化。

四、早年的生活方式與經驗會以不同方式再現，它們通常隱藏在個體的潛意識之中，而浮現在意識與潛意識交界之處。

五、人受制於外在因素（如力量、驅力、本能、早年經驗等），因此，人難以自我負責，因爲個人的力量難以轉換。佛洛伊德也因而排斥絕對的、固定的道德，「應該」(*ought*)這個字眼對佛洛伊德而言，似乎並無意義。

六、透過傾洩與邏輯處理的歷程，治療者可以指出當事人有了那些作爲，並引導他可以如何作爲，至少可以減少當事人的痛苦，協助他們能夠面對自己的問題。治療者可以指出當事人可能發生的行爲與行動的方向(*Baruth & Robinson, 1987; Beck, 1963*)。

七、人性是動態的(*dynamic*),人格中的能源是會轉換與交流的。人性是可以經由意識、下意識(*preconscious*)與潛意識而加以分析解釋。潛意識是人格最強而有力,但卻最不被瞭解的部分(*Gladding, 1992*)。

八、人格的發展基礎在於性心理的發展。任何人的發展都有一定且相同的次序,個人倘無法正常的性心理發展,將會導致嚴重的人格問題(*Hansen, Stevic, & Warner, 1982*)。

第二節　精神分析法的人格理論

壹、人格結構

精神分析理論最偉大的創見之一,是對於人格的結構與人格的發展有一套獨特的看法,使心理學對於人類存在與發展有深一層的認識。

佛洛伊德認爲人格主要由三個部分所構成:㈠本我(*Id*);㈡自我(*Ego*);㈢超我(*Superego*)。本我係與生俱來,是個人心理能源、本能的泉源。本我之中以性及攻擊兩種力量作用最大。生的本能佛洛伊德稱之爲「艾洛斯」(*Eros*)(借用希臘神話「愛神」爲名)。死的本能則稱之爲桑那多斯(*Thanatos*)(借用希臘神話「死神」爲名)。後來佛洛伊德將一個人本我中的整體心理能源(*psychic energy*)稱之爲「慾力」(*libido*),亦即人類同時存有生存、養育下一代、求生的本能,以及具破壞、毀滅、攻擊的本能。桑那多斯並無法充分展現,但個體生活中的攻擊、危險動作、冒險就是它的一種表現。本我是一個無道德的(*amoral*)、衝動的、非理性的、與生俱來的實體，依照「快樂原則」(*pleasure principle*)運作著。本我是透過本能、想像（如夢、幻想、想像）在運作，因此是人格的「初級歷程」(*primary process*)。

自我是人格中唯一理性的成分，自我也是人格與外界接觸的部分，因爲自我能與現實接觸，因而能夠控制意識，並爲個體提供現實、邏輯思考與計畫的基礎。自我本身就在協調過度自我滿足與過度自我限制兩種極端，亦即本我與超我之間的衝突。自我發展於本我之後，超我之前。自我能夠避免本我失去控制，是個體心靈的執行者(*the execution of the mind*)。自我的最大功能在於使本我與超我能趨向於現實，並使個體能較符合現實的與外界溝通，因此，自我乃是依照「現實原則」(*reality principle*)在運作著。自我一方面在導引內在能源朝著個人目標前進，同時也在維持個體與環境之間的和諧。因此自我是個體思考的「次級歷程」(*secondary process*)，關係個人心理適應與健康，強壯的自我是正常心理功能所必需。

超我則是人格理想、理性與道德的部分，超我依照「道德原則」(*moral principle*)在運作著，個體接受了來自於父母及社會中的道德規範，而形成了「自我理想」(*ego ideal*)，並發展了個人的「良心」(*conscience*)，約束了個人的行爲與意識。超我有時候會限制行動，或是面對外力時，不爲所動。超我也代表著個人的道德與價值觀。超我能覺察本我的衝動，並能導引自我約束本我。也因此，個人的緊張、衝突、焦慮是三種人格成分爭戰的反映，每個人都會經驗到，而諮商的目標就在於降低緊張，使人格中的衝突減少，以免浪費個體的能源。

貳、人格發展

根據佛洛伊德的理論，人格的發展共會經歷五個階段：(一)口腔期(*oral stage*)；(二)肛門期(*aral stage*)；(三)性器期(*phillic stage*)；(四)潛伏期(*latency stage*)；(五)兩性期(*genital stage*)。口腔期約發生在兒童出生至 *1* 歲左右，此時兒童以口腔爲滿足中心，兒童的嘴與唇接受較多的外在刺激，吸吮與咬成爲兒童的基本滿足。口腔的記憶(*oral memory*)就變成兒童心理的中心，新的經驗主要來自於口腔記憶。佛洛伊德認爲口腔有五種功能模式：1.吃進(*take in*)；2.含住(*holding on*)；3.咬(*biting*)；4.吐出(*spitling out*)；5.閉(*closing*)。每一種模式就成了以後人格發展的一種典型，如吃進嘴巴就代表吸收的典型(*prototype for acquisitiveness*)，含住就代表頑固性格，吐出就表示拒絕性格，當個人面對壓力與焦慮的時候，就會以不同的口腔模式作反應。口腔期如果得不到滿足會形成口腔期滯留(*oral fixation*)性格，如焦慮、不安，或以過度的吃、喝等活動作心理的補償。肛門期約發生在 *2* 至 *3* 歲左右。兒童滿足的中心轉至肛門附近，此時兒童的肌肉控制與胃腸控制能力增加，自主的排泄使兒童有了滿足的感受。此時父母也會對兒童進行大小便訓練，對外在要求的適應與否，也關係著肛門期的發展，倘父母親大小便訓練過於嚴格，也會導致「肛門期滯留」(*anal fixation*)性格的形成，如過度愛乾淨與秩序、過度慷慨或小氣，或是常與權威人物起衝突。肛門期的排除(*elimination*)、保留(*retention*)、骯髒(*swearing*)或清潔等活動也會與日後性格類型有關。性器期大約在 *3* 至 *4* 歲，此時兒童滿足的中心轉至他們的性器官上，兒童經由性器官的操弄而發現有了快樂。在此時期最重要的性心發展，乃是「伊底帕斯情結」(*Oedipus Complex*)。伊底帕斯是西臘神話中弒父再與其母成婚的人物，佛洛伊德以此人物爲名，顯示在此階段中，兒童有愛戀異性父母，排斥同性父母的戀親情結。但男性隨後會因爲害怕被父親閹割(*castration*)，而壓抑對母親的愛戀，轉而認同父親，女生則因爲想像自己已被閹割，而產生陰莖嫉妒(*penis envy*)，因而不會害怕母親與父親。兒童假如能夠克服戀父或戀母情結，將有助於正常性別角色的發展，否則有可能長大後發展出同性戀行爲。潛伏期發生在 6 歲至青春期之間，此時兒童性的本能消失，同時由於他們已入學，因此自我成爲活動的主體，他們也開始與同性朋友交往，性的本能乃受到壓制，在潛伏期階段，兒童有較強烈的自戀傾向。直到兩性期，由於性器官日漸發育成熟，兒童轉而愛慕異性，並渴望與異性接吻、擁抱與性交。此一階段會持續至終老(*Feist, 1985; Gilliland et al., 1986; Hall & Lindzey, 1985; Wallace, 1986*)。

叁、潛意識歷程

佛洛伊德的另一創見是建構了潛意識的概念，他認爲潛意識是心靈的眞正實體，也是人格活動的中心。人的心靈包括意識、下意識與潛意識三個部分。有些心理與情緒活動個人可以在意識中感受到，但潛意識中的記憶、思想、觀念卻不易覺察到，只有透過精神分析才能被個人意識到，潛意識的題材對個人的影響極爲廣泛，個人的行爲常常受潛意識力量所支配而不自知，通常在社會中不被接受的思想觀念、性慾望、心理想像、不愉快經驗等，會被壓抑到潛意識之中，偶而會由筆誤、說溜嘴，或在睡夢中出現。

潛意識歷程在個體行爲上扮演重要的角色，個人的思想、情感與行動無不受潛意識的強烈影響。潛意識在經過轉換之後，會以扭曲的形式進入意識之中，像性與攻擊本能，由於不被社會完全容許，因此被隱藏在潛意識之中。

綜合佛洛伊德人格結構與潛意識歷程的論點，可以利用圖 *3-1* 來顯示心理層次與運作。

由圖 *3-1* 可以看到在潛意識中本我佔了大部分，潛意識到下意識之間有一個門房(*doorkeeper*)檢查站，不被社會容許的意念、慾望與需求可能會被壓抑到潛意識之中，意識與下意識之間會再作最後檢查，然後才再進入意識之中，國王就是意識的象徵，主宰了個人的行動。

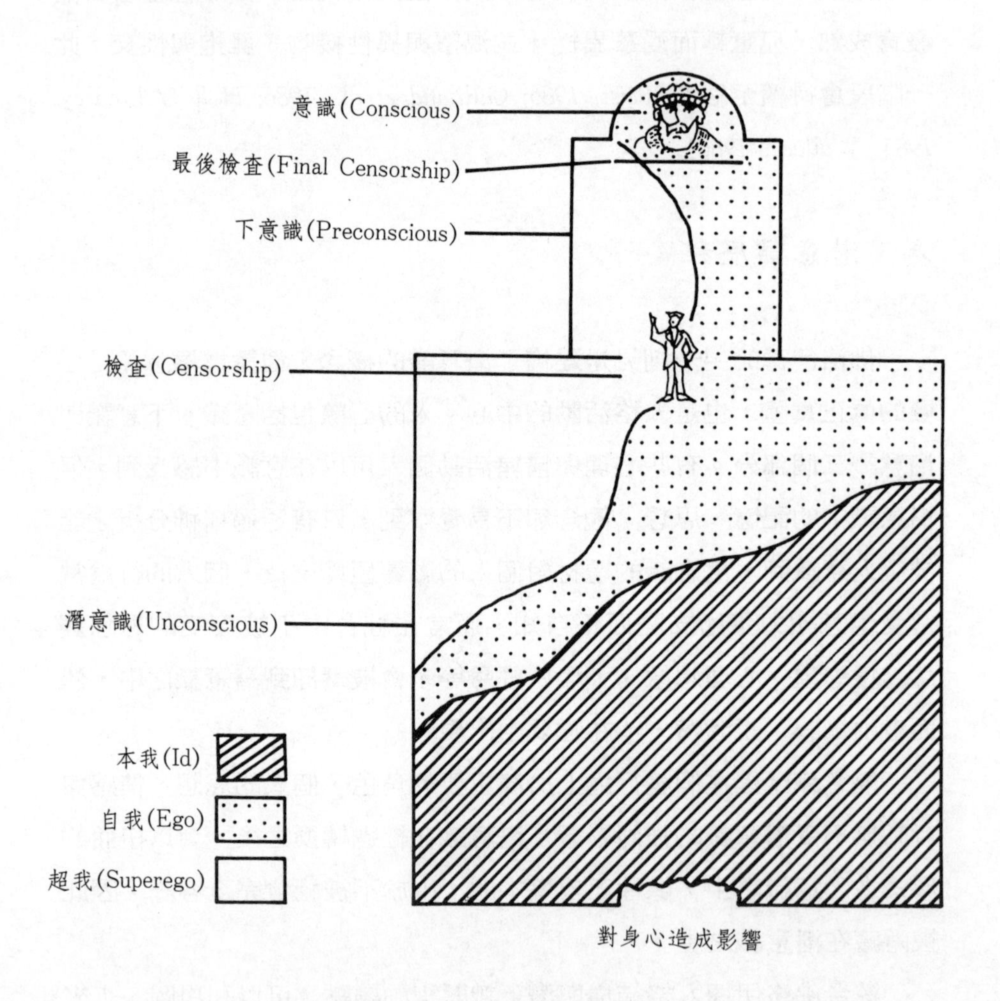

圖3-1 心理層次與運作
(資料來源:Feist, 1985, p. 24)

自我與超我經由檢查延續至下意識與意識之中，但要進入意識之中卻要經過層層的檢查。

肆、自我防衛

佛洛伊德的另一個重要論點是自我防衛機轉（*ego defense mechanism*）。自我防衛機轉可以保護一個人使他可以經由情境的適應或把事件扭曲與否定，免除過度的焦慮。自我防衛機轉通常在潛意識歷程中運作著。主要的自我防衛機轉有下列各項：

㈠壓抑（Repression）

壓抑是基本的防衛機轉，主要作用在於對痛苦或不希望的思想、情感、記憶與衝動從意識之中加以排除，壓抑可以保護個人，免於緊張與焦慮。如一位被性虐待之女生壓抑其痛苦經驗，以免產生焦慮。

㈡投射（Projection）

投射是個人擁有一些不想要的情緒與特質，卻以否定的方式諉之他人，認爲別人才是具有那些不當情緒與特質的人。如作弊的學生聲稱全班同學都在作弊。

㈢反向作用（Reaction formation）

反向作用型式是指個人將會導致焦慮的思想、情感與衝動加以壓抑，並以相反的方式表達。如憎恨母親的女兒，卻以愛的方式面對母親，以免因爲恨而引發內在的不安與焦慮。

㈣替代（Displacement）

係將能源轉向一個安全可替代的目標上面。如受老板指責的僱員，回家踢小狗出氣。

㈤昇華（Sublimation）

係以建設性、積極性或社會讚許的方式取代不被社會接受的驅力，或以間接但積極的方式表現性衝動或攻擊本能等。如藝術家致力於繪畫，取代性的衝動；性功能失常的人轉而極力關切兒童的福祉。佛洛伊德認爲昇華是人類文明發展的主要動力。

㈥退化(Regression)

退化是個人退回到早年發展狀況的一種防衛方式。如受斥責的小孩開始尿床，國小兒童心情不好時吃奶嘴等，都是退化的表現。

㈦合理化(Rationalization)

合理化係個人對於不被他人所接受的行爲找出各種理由加以辯解。合理化作用另有兩個次級機轉：1.酸葡萄(*Sour Grapes*)：當狐狸吃不到葡萄時，辯稱葡萄是酸的，顯示當個人無法達成目標時，會曲解或詆毀目標的價值。2.甜檸檬(*Sweet Lemon*)：檸檬本是酸的，卻辯稱是甜的，以免內在的焦慮與不安，或受他人取笑。如娶了醜太太的男士，辯稱太太醜才保險。合理化作用的主要目的在使個人的行爲看起來好像具有邏輯性，並可以被接受。

㈧否定(Denial)

否定的機轉目的在使不愉快的經驗或創傷經驗不會被個人意識到。否定作用可以保護個人，以免再面對痛苦的情境。如車禍餘生的人，否定看到有人死亡。

㈨認同(Identification)

認同係個人將他人的特質併入自己的內心之中，以減少恐懼或焦慮。如戰俘認同敵國的政策，以免除內在的不安，或青少年認同明星偶像，以增加自己的價值感。

㈩內化(Introjection)

係在自我結構中融入特定人物的觀點或象徵性符號，並將它們應用在現實情境中。如學生內化老師的價值觀念，同時視老師爲高尚職業，平時就以教師的口吻與人溝通，並希望以後當老師。與認同所不同的是，內化作用更強調價值或觀念的吸取，認同則可能只是支持與肯定他人，與之附和而已，深層的內在自我可能並未受影響(黃德祥，

民 *73; Schultz, 1986; Tosi et al., 1987*）。

第三節　精神分析諮商目標、助人關係與歷程

壹、精神分析諮商與心理治療的目標

精神分析的主要目標是在於使個體的潛意識題材意識化，以便當事人能洞察、統整與心理重組（*psychic reoganization*），並能免於焦慮。精神分析的另一個目標是在協助當事人解決內在心理的衝突（*intrapsychic conflicts*）。此外，精神分析也激勵當事人將失去聯繫的心理題材加以統整，並能產生根本性的改變，重新建立新的人格結構。整體而言，「重組」（*reoganization*）是精神分析的最高目標。而其次級目標尚包括：

一、建立治療的關係，以引發移情（*transference*）歷程，使當事人早年與他人的激烈情緒衝突再現，並將這種情緒轉移至治療者身上，治療者再以反移情（*countertransference*）方式解決當事人衝突的情緒。

二、教導當事人作自由聯想，以便潛意識題材能進入意識之中，以探索當事人現在困境的根源。

三、擴大潛意識使之進入意識之中，以便能使當事人減少被壓抑的題材、減少症狀的形成，並將病態的衝突（*pathogenic conflict*）轉變成正常的衝突（*normal conflict*）。

四、強化自我的功能，以使自我能更與現實切合。

五、幫助當事人經由移情歷程洞察自己，能成爲比以前更負責任與獨立的人（*Gilliland, James, & Bowman, 1994*）。

貳、當事人與治療者的角色與關係

在精神分析歷程中，治療者的主要任務是擔任被投射的角色，使當事人能將過去對重要人物的一切感受投射到治療者身上，同時治療者也宛如一位分析者，能夠客觀、中立與相對地解析與當事人神經症相關聯的症狀、內在衝突與隱含的挫折、慾望、需求。以便當事人能自由地愛與工作，免除內在的緊張與焦慮。同時治療者也要協助當事人自我覺察、瞭解與洞識內在的衝突根源，以便加以改變，進而能更理性的控制自己的生活。同時治療者也需要重複的解析當事人的潛意識內容與題材，並且能處理當事人的抗拒，使他們有意願作自我分析與停留在治療過程之中。另外在必要時，治療者也可以教導當事人認識治療的歷程，以便他們也能瞭解自己問題的可能解決與克服方法。在分析過程中，當事人多數的時間在陳述自己，而治療者則是注意聽，以便對當事人所說出的題材加以解析。

在另一方面，當事人在治療過程中，本身就是一個主角，他必須有意願停留在治療過程之中，同時本身願意去面對自己，對自己作剖析，否則治療無法發揮效果。尤其精神分析常常持續數個月，甚至數年，當事人如果沒有治療的承諾，治療通常半途而廢。

相對於治療者在治療中擔任被投射與解析的角色，當事人則是投射者與被分析者。為了呈現潛意識題材，當事人的首要任務是盡其可能的作自由聯想，尤其要不經檢查的將自己對過去人、事、地、物相關的情感、記憶、幻想、期望、慾求等隨想隨說的呈現出來。此外，相對於治療者在治療中較被動的角色，當事人則要較主動的展現自己，但是當事人卻不被要求對現在與過去的問題作立即的決定，治療的目的在於自我瞭解與解決內在衝突，而非馬上作行動的抉擇。當當事人具有前述成功與進步的標準時，當事人也可以考慮是否結束治療。「認識自我」(*knowing thyself*)是精神分析的重要目標，倘當事人充分的認識自己的內在心理層面及其相關的影響與作用時，治療即可終了。

叁、精神分析助人歷程

精神分析的典型情境是病人躺在長椅上，自由地表達心理所想到的任何題材，而治療者並不看當事人(*looking away*)，以便不干擾與影響當事人自由的將心理所湧入的景像，不管如何無意義，都能在諮商與治療中顯現出來。治療者的角色是觀察與解析當事人自由聯想的題材與內容，當事人再進而對治療者的解析作評述，以便當事人能將被壓抑的題材導入意識狀態中，經由口語的覺察而能檢核、解析潛意識題材的作用，最後能將心理的衝突加以解決。精神分析的諮商與治療歷程主要有四個階段：一、開放階段(*the opening phase*)；二、發展移情階段(*the development of transference*)；三、處理移情階段(*the working through the transference*)；四、移情解決階段(*the resolution of transference*)(*Auld & Hyman, 1991; Gilliland et al., 1989; Tosi et al., 1987*)。以下再對此四個階段加以闡述。

一、開放階段

開放階段又分爲二個部分：㈠對當事人的問題作誘發式的會談，以決定如何採用適宜的分析方式，解決當事人的問題，當當事人的問題大致呈現後，並要對治療者與當事人之間的責任作分析性的描述。㈡要求當事人躺在長椅上，當事人被容許繼續呈現潛意識內容與題材，而治療者也繼續試著去瞭解當事人潛意識衝突的動力狀況。在此階段中，治療者處理當事人明顯呈現的課題，但並不催化當事人將潛意識題材重組，治療者只是注意聽當事人所說的話，並加以觀察與記錄。

二、發展階段

移情發展階段是精神分析法的基石，在此階段中，治療者就成為當事人人生中的重要人物，當事人可以將他的情感投向治療者，治療者協助把當事人對過去人生中重要人物的知覺、情感、解釋與反應，以相同的方式反映到治療者身上，治療者再協助當事人去瞭解他與過去重要人物之間的關係，隨之再請當事人決定過去的行為如何影響了他的現時行為，當事人也因而可以採取較寬鬆的方式或作較適當的抉擇，重新面對重要人物。治療者就宛如空白螢幕(*blank screen*)容許當事人將一切影響投射到螢幕上。

經由移情的分析，治療者再以反移情的方式面對當事人，治療者本身對人生重要人物同樣有未解決的情感，可能也會移情到當事人身上，此種反移情的作用也需要在此治療過程中加以分析與處理，以便治療者能增加治療的信心，並使個人未解決的情感不會干擾對當事人移情的分析。

三、處理移情階段

在第三階段中，治療者持續對移情作分析，並且能與上一階段重疊。此時的主要的治療目的在於協助當事人作深層的體會、洞識與瞭解自己，同時也對過去人生的重要人物、重要事件有較深刻的回憶與認識，最後能更加的洞察。此種移情的處理過程是一個漸進發展的歷程，經由逐步的移情分析與處理，使當事人過去人生中的重大人、事、地、物更加清楚地被瞭解。

四、移情解決階段

當當事人過去人生中的衝突經由移情與反移情而加以解決時，治療雙方就可以決定結束的日期。

在最後治療的階段，最重要的任務是要解決當事人對治療者的神經症依附(*neurotic attachment*)，因爲當事人會因有明顯的症狀而放棄治療關係，或是會對治療者產生依賴，如果能克服此種神經症依附就表示治療已接近尾聲，在前面解析與移情處理階段所獲得的記憶，如果當事人把它視爲是恩物，則代表當事人已同意治療即將終結。此時對當事人在治療結束後的任何幻想或希望再加以處理，倘當事人結束治療後的可能衝突也獲得解決時，治療就結束。

基本上，精神分析治療法著重於當事人的內在心理歷程，治療者則是在移情情境(*transference context*)中對當事人的潛意衝突加以解析，治療者的觀點並不強加在當事人身上，治療者處理移情的能力與意願成爲治療成功與否的關鍵。唯有當事人擴展了對自己內在原始力量的掌控能力，並增加自主性之後，精神分析治療才能視爲成功(*Arlow, 1979; Gilliland et al., 1989; Schultz, 1986; Wallace, 1986*)。精神分析治療成功或進步與否並有下列的判斷標準：

㈠當事人能擴大潛意識的意識化，能對於自己被壓抑與防衛的行爲有新的洞察，能增加對自己的瞭解。

㈡當事人能將自我導引至現實之中，能夠對自我、他人及世界以較現實的標準加以對待，並且有較好的辨別能力。

㈢當事人放棄幼稚的要求，擁有較理性的行爲。

㈣當事人能將病歷的衝突轉爲正常的衝突，能清除症狀的形成。

㈤當事人能增加功能的自主性，能夠放棄對父母親等重要人物的要求與移情。

㈥當事人能增加愛與工作的能力，達成人生目標(*Feist 1985; Wallace, 1986*)。

第四節　精神分析策略與技術

傳統精神分析理論所使用的諮商與治療技術，相對於其他諮商理論而言，並不太多。不過近代精神分析學者則延續精神分析理論的精神，新創了一些治療技術與策略，使精神分析有了一些新的面貌。以下將探討傳統與現代精神分析學者所使用的技術與策略。

壹、傳統精神分析技術與策略

一、自由聯想

自由聯想通常被視為精神分析的基本規則(*rule*)，自由聯想就是一種催化被壓抑情緒與早年生活記憶的分析技術。如前所述，運用自由聯想技術時，病人或當事人被要求躺在長椅上，治療者則坐在病人後面，使病人看不到治療者。治療者儘量鼓勵當事人放棄平常對自己的檢查活動，能自由地將他們的感情、思想，利用口語立即地與自發性地將出現在心理上的任何事情一一呈現出來，而不必去顧慮是否荒謬、不理性、色慾、痛苦、荒唐、邪惡與狠毒等等。自由聯想的功能是在於激勵當事人將潛意識題材引入意識之中。但是當事人所偽裝的或以象徵性符號進入潛意識之中的題材，治療者需要加以解析。

為了避免當事人抗拒，在自由聯想剛開始時，分析者就向當事人保證每一種思想與情感都被容許說出來，同時每一種思想與情感都和當事人的進步有關，當事人被鼓勵再體驗過去的景象。在自由聯想中，倘事件導致當事人的焦慮，容易再引起當事人的抗拒，治療者仍需再支持與保證，使當事人暢所欲言，進而發現與解析當事人衝突的根源。

二、解析

解析是與自由聯想相伴隨的重要精神分析技術，治療者的主要任務亦在於解析當事人潛意識歷程。解析也是其它治療技術，如夢的解析、抗拒的處理與分析、移情與反移情等的基礎或互補的技術。

解析當事人潛意識題材有下列要點：㈠當事人要有適當的準備度與投入；㈡適時：在氣氛良好時作解析；㈢態度適宜：只有在確定當事人是否對自己所發生的事能夠洞察時才使用；㈣對當事人有益：解析也要考慮當事人是否準備要加以辨識或接納，解析才能發揮效果；㈤解析要恰當：太快進行解析只會引起當事人的抗拒與進一步的壓抑而已，假如當事人焦慮太高，會使解析爲之提早中斷。

三、夢的解析

夢的解析技術是佛洛伊德精神分析理論的重要工具，佛洛伊德一直相信夢可以顯示被壓抑的記憶，夢代表著個人被壓抑的慾望、恐懼與衝突，由於這些被壓抑的內在慾望、恐懼與衝突可能非常強烈，因此，無法進入個人的意識之中，也只有在睡眠時，以象徵性的形式浮現，夢的解析就是在深入瞭解個人潛意識的題材。

精神分析所進行的夢的解析分爲二個部分：㈠明顯的內容（*manifest content*）：亦即夢中的眞實事件。㈡隱含內容（*latent content*）：此即夢中事件所代表的象徵性意義。佛洛伊德本身即利用此種方法來分析自我的夢境，他習慣於早上起床時，記下前一晚上的夢，並且作自我分析，他相信夢對每一個人都具有重要意義，不過相同的夢境對不同的病人具有不同的意義。

表 *3-1* 係夢的事件及其精神分析的意義，佛洛伊德認爲任何單一的夢的事件可能有甚多的根源，但也有可能好多個夢只有一個原因。並非每個夢都會導致衝突，唯有夢中所顯現的衝突非常強烈，才要對夢加以解析。夢也會受到物理環境的影響，如氣溫；夢也會被內在刺激所引發，如胃不舒服。不過此方面論點不易驗證，因此並非人人信

表3-1　夢的象徵與意義解析

夢的象徵或事件	解析
前庭寬敞的房子	男性身體
有突出部分的房子、陽台	女性身體
國王與皇后	父母親
小動物	小孩
小孩	生殖器官
與小孩遊戲	手淫
禿頭、無牙齒	閹割
長形物體(如：樹幹、雨傘、領帶、蛇、蠟燭等)	男性生殖器
封閉的空間(如：盒子、火爐、櫥櫃、小洞、袋子等)	女性生殖器
爬樓梯或上梯子、開車、賽馬，過橋	性交
洗澡	生產
開始旅遊	死亡
在公開場合裸體	渴望被注意
飛	渴望被喜愛
墜落	渴望回到兒童時代，或到滿足與被保護的地方

資料來源：Schultz (1986), p. 59.

服夢的解析的原理與技術。

四、抗拒的處理

精神分析把當事人的抗拒視爲具有重要意義，這是使治療者瞭解當事人潛意識動機、慾望、態度、逃避與防衛方式的一個機會。當事人抗拒時，治療者可以利用解析與面質的方法，激勵當事人洞察他們情感與行動中隱藏與虛僞的部分。

當事人的抗拒在整個治療過程中都可能發生，他們一直想更改會談時間、抱怨、故意遺忘、拒絕付治療費用、阻塞、檢查與打斷自由

聯想的歷程，以及不訴說夢的狀況等，都是當事人抗拒的表徵。抗拒就是當事人防止威脅性的題材進入意識之中的反應，治療者有必要加以指出，並引導當事人去面對它，使當事人瞭解抗拒的理由，至能自己加以處理，才能造就好的生活。

五、移情與反移情

在前面治療者與當事人的關係中，已述及移情與反移情的歷程。移情可說是精神分析治療法中最重要的技術之一，治療者擔任當事人過去人生歷程中重要人物的替代性角色，容許當事人對重要人物的情感與慾求直接轉移到治療者身上，使當事人有機會重新體驗過去人生事件的經驗，經由移情的作用，使當事人對於與重要人物的關係能獲得新的感受。治療者也在移情關係形成之後，解析移情的作用，幫助當事人去解決潛意識中的老舊衝突，以對自己的人生有新的洞察。在移情作用的分析過程中，治療者最重要的是要認識當事人的正向與負向的情感，並以客觀及冷靜的態度面對當事人，並帶領當事人將早年潛意識歷程中的情感與衝突加以克服。

反移情則是治療者本身過去未完成事務(*unfinished business*)的情感轉向當事人的歷程，治療者本身也要對反移情作分析，如瞭解自我過去的不愉快經驗或當事人可能與其過去重要人物相似，所形成的情感轉向或吸引力，以避免干擾當事人移情關係的形成（黃德祥，民 *73*；民 *76*；*Gilliland, James, & Bowman, 1994; Wallace, 1986*）。

貳、現代精神分析技術與策略

精神分析目前仍然深受甚多治療者的喜愛，尤其精神分析對深層人格結構的探究與處理仍然不是新興諮商與心理治療理論所能及，不過現代精神分析學者所採取的技術與策略已有了某些改變，以下是現代精神分析工作者採用的重要技術與策略：

一、成熟處遇法(Maturational Intervention)或成熟溝通法(Maturational Communication)

成熟處遇或成熟溝通法係經由治療者與當事人作長時間的溝通的一種處遇策略，在一系列的溝通之中，當事人可以將情緒釋放（如攻擊、性衝動等），當事人除了言談之外，也被鼓勵給治療者寫信，以便治療更爲有效。經由成熟處遇或成熟溝通，治療者與當事人也形成移情關係，容許當事人將潛意識中的衝突情感直接發抒，進而解放心理能源，將它導向建設性的管道中(*Gilliland et al., 1986; Kirman, 1980*)。

二、書寫式自由聯想(Written Facilitation of Free Association)

傳統精神分析中的自由聯想技術通常只應用在治療之中，並用口語作表達，新式的精神分析法則兼採用書寫的方式，容許當事人用文字、日記等方式作自由聯想，在兩次治療的間斷時間裏，當事人也可把自己所想到的一切內在歷程，用書面資料送給治療者。以自我撰述的方式表達自己，可以協助當事人對自己有較深層的瞭解。

三、反映潛意識中自我負向部分(Negativitic Portion)

當事人自我如果有明顯的衝突或敵意存在，自我可能不會加以接納，並會壓抑到潛意識之中，並形成自我破壞的行爲類型。此時治療者可以擔任權威者的角色，創造一個讓當事人厭惡的情境，同時當事人又無法擊倒這位權威者，因此不得不順從治療者，透過表達自我非理性的情感，而能深層的自我瞭解，最後採取成功導向的生活型態(*Kesten, 1980*)。

治療者的策略就是對當事人潛意識中負向、非理性或衝突的部分反射給當事人、挑戰當事人，並提供新的行爲楷模。

四、支持性處遇(Supportive Intervention)

支持性處遇策略是在幫助當事人面對攻擊性與挫敗的行爲，以及病態的防衛機轉，同時在當事人因爲解析而感到痛苦時給予支持與安慰。另外也鼓勵當事人內在作積極的改變，並遠離衝突，使當事人貶抑破壞性的行爲，代之以更健康的思想、態度、行爲與幻想去面對自己(*Langs, 1973*)。

五、大量時間治療法(Massed-Time Therapy)

大量時間治療法係以密集延續的時間，經由治療者與當事人的互動，而使當事人的自我防衛明顯出現，以便能夠立即處理當事人的內在防衛或潛意識題材。不過大量時間進行治療需要有良好的移情關係作基礎，否則只會擴大當事人的神經症防衛或找更多的藉口而已(*Reiss, 1972*)。

六、短期治療法(Brief Psychotherapies)

現代精神分析法掌握傳統精神分析的要項，利用較短的治療時間，協助當事人將潛意識題材意識化。短期治療法共有六個步驟：(一)鑑定問題。(二)蒐集當事人生活史，並能確定所蒐集的資料能顯示當事人的經驗。(三)建立因果關係。(四)要求當事人作改變，並評估自我的功能，此時並應用談話治療(*talking therapy*)技術，以發洩當事人的驅力與衝突，並把治療者的自我強度傳給當事人，另外亦使用環境支配(*envi-ronmental manipulation*)的方式，促使當事人環境中的相關人物採取配合措施。(五)學習新的行爲，並消除不適應行爲。(六)讓當事人作積極的移情，治療者要能成爲當事人喜歡、信任、瞭解與接納的人(*Bohart & Todd, 1988; Gilliland et al., 1986; 1989; Small, 1972*)。

叁、個案示例

一、個案描述

卡拉，16 歲女生，4 歲時被父母遺棄，7 歲時被人領養，養父母家庭是穩定、有宗教信仰的家庭，從 14 歲開始，她開始夢見養父想要佔有她，卡拉難以區分幻想與現實之間的不同，她因而對養父有恐懼感，15 歲時她開始有偏差行爲產生，包括逃家、吃藥、與男生發生關係，卡拉對自己的行爲有明顯的罪惡感、焦慮、無助與恐懼，而求助於精神分析治療。

二、治療歷程

治療主要有三個階段：(一)夢的解析：帶領卡拉分析她夢見養父想要與她性交的夢的意義；(二)自由聯想：使卡拉能將她的親子關係自由地呈現出來；(三)利用心理想像治療法（*Psycho-imagination therapy*）協助卡拉重建正常的父女關係，以下是三個主要治療過程的部份對話。

1.夢的解析：以夢的內容及意識思考之間的混淆爲分析重點。

治療者：妳對夢有何反應？

當事人：我知道這些只是個夢，但是我對這些夢有好笑的感覺，我猜想我現在對養父有一些害怕，我發現我想逃避他。

治療者：所以妳並不能確定這是否只是妳的想像，或確定妳對夢中養父想與妳作愛的恐懼，只是妳的意識思想的投射而已？

2.自由聯想：引發當事人自由聯想夢與意識經驗相關題材。

治療者：卡拉，妳可以自由聯想妳與養父之間健康關係的相關題材。

當事人：（沈默片刻）好，我發現我與養父共處一個房間，他沒有任何性的思想，我喜歡他，也信任他，我能擁抱他，也被他擁抱，他親我的臉頰，我沒有推開，也沒有不好的感受，我猜想我自己仍然受夢的影響，而存有想逃離的感覺。

治療者：這聽起來好像妳試著想把妳的夢中想像與幻想和妳的意識經驗相分離，但卻受到阻礙。妳能自由聯想所遭遇的阻礙嗎？

當事人：（思考暫停）我正感受被兩種感情所撕裂（暫停說話）。我渴望再成爲一位小女生，能被撫慰、擁抱與愛，另一個圖像是，我希望與他有較成熟的愛的關係，這最困擾著我，他眞的不像我的父親，他只是在某些方面像我的父親而已，他具有我所想要的男朋友的所有特質，我猜想我希望有一位像我父親一樣的男朋友。

3.心理想像治療：協助建立較健康的父女關係。

治療者：（此時卡拉已 17 歲），妳說妳想像能與養父較坦誠的相處，能夠有較深入的談話，而不受到威脅，妳能接觸妳的幻想，把妳自己投射到所希望的與養父相會的情境中，並描述當時妳的行動與情感嗎？

當事人：我與我的養母在家，我們二人談得很愉快，我正幫助她準備晚餐，我看到爹地正在停車，他進入廚房，吻了我媽媽，然後吻了我……我覺得一時感到眼前一片模糊，我記得我正計畫讓我的父母高興，而不去想像夢中發生的事。

治療者：妳能將妳的情緒投入到情境之中，並讓妳家庭的情境盡可能的鮮明與實際嗎？

當事人：(思考片刻) 我也奇怪我有與過去數個月並不同的舒適情感，我很自在，我正想像我現在爲何有所不同，我看到我正在說話、笑、傾聽父母的談話，……並沒有將隱藏的動機投進他的言談與行動之中，……我猜想我很高興……高興我被看成是一位有價值與可愛的人，即使我有錯，我仍然是一位好女兒，值得他們的信任。

治療者：妳已充分擁有妳的夢與幻想，妳也可以對每一個積極的圖像加上油彩，妳對父親、母親與妳自己說了那些話？妳有那些情緒，並對他們投射了些什麼？

當事人：好，我正談到他們感興趣的話題，……我要媽咪說說她辦公室中的事，也要求爹地談談他看電影的心得，我對父母感到興趣，讓我感覺很好，我和爹地相處自在，但是我也希望均等的取悅父母與注意他們，……我感覺很好（思考停止）。

治療者：這聽起來好像妳已經演練了一種「完美」的情境，我正思考，是否我們能共同檢查妳早年的兒童經驗，並以「希望」的心情來處理妳的問題與焦慮，我們可以對妳所演練的幻想情境作一些較實際的檢查嗎？

當事人：我也正作如此想。我不想要防衛自己，但我希望在這一點上，我能有所進展，我還有其它我關心的事；……我也許醒來發現我和以前並無不同，這眞讓我害怕，我眞想保持在此所得到的東西，我不再讓自己退步，也不再迷惑自己

（個案資料來源：*Gilliland et al., 1986, pp. 25－27*）。

第五節　精神分析治療的應用、貢獻與限制

壹、精神分析治療法的應用與貢獻

精神分析治療理論是二十世紀人類的偉大思潮之一，在心理學、心理諮商與治療、精神醫學，甚至在文學、藝術等各方面的影響，既深且廣。假如欠缺了佛洛伊德所建構的夢的解析、潛意識、心理分析等的概念，可能使我們目前仍無法對人類行爲作較深層的瞭解。各個領域的學者，不管是否喜歡精神分析治療法，沒有人能否定佛洛伊德的重要性與貢獻。目前世界各國連一般社會大衆都知道他的名字，也知道一些他的觀點。佛洛伊德本人也因而是影響本世紀的偉大人物之一。

在美國，由於佛洛伊德早年生活經驗之重要性的論點普受肯定，因此一般社會大衆對於幼兒的保護與教養轉而極爲用心，像大小便訓練的方式也不再過度嚴苛。*1930* 年代起美國大學並紛紛設立幼兒或兒童發展中心，兒童心理診療服務也日益普及。*1930* 年代並且吸引一批學者投入人格研究，使人格理論蓬勃發展，甚多目前所盛行的人格理論大都於 *1930* 年代開始探究所引發的成果。*1940* 年至 *1950* 年，精神分析理論並帶動了對動機的研究，此一研究領域至今仍是心理學的重要熱門研究領域。多年來，佛洛伊德一直是心理與精神醫學學者所公認的在他們學術與實務領域中最具有影響作用的人之一（*DiCapprio, 1983*）。

精神分析方法的概念與觀點可以應用到任何與人有關的層次與各個領域之中，精神分析的心理動力觀點不只在個別心理治療上可以使

用，在組織與團體、教育與文化、歷史與宗教等各個領域中亦可以加以應用。

整體而言，佛洛伊德的精神分析法是第一個有系統的心理治療理論，基本上它是一種人生哲學、一個人格理論，也是一種治療方法。它的另一個貢獻在於相信人受制於非理性與潛意識力量，同時人格是由本我、自我與超我所形成，性與攻擊是兩大人類本能。精神分析理論也重視早年的生活經驗，認為後期人格問題根源於兒童期的衝突。人格發展且經歷了五個階段，心理疾病是某些性心理發展階段所遺留下來的。

精神分析治療的主要目標在於將潛意識意識化。克服潛意識衝突與將衝突表面化而重建個人特質與人格也是治療的重點。治療者的角色較被動與隱匿，以便當事人能將情感投射在治療者身上，治療是以解析、夢的分析、抗拒、移情等為重點，當事人需要透過治療洞察自己的問題。

貳、精神分析法的限制

不過精神分析法亦有其限制：一、人格理論難以驗證：精神分析理論的人格體系雖具有創意，但難以驗證其為眞，例如本我的動力難以評量，戀母情結也非人人都有經驗。二、重視病態甚於常態：佛洛伊德建構理論的題材主要來自於他自己的自我分析與歇斯底里的個案，可能過度偏重人格發展的神經症層面，而較少顧及人類的潛能、創造力、眞誠與善良的一面。三、過度相信潛意識與夢的作用：潛意識與夢固然會對人造成重大影響，但人類的文化、人際關係、認知作用都同樣會對人的行為產生影響，但佛洛伊德卻少觸及此方面。四、治療耗時與費力：精神分析治療強調長期的治療過程，對於治療者與當事人而言都是耗時與費力之事，因此推廣不易，只能當作瞭解當事人問題的一個思想模式而已。不過近代的精神醫療已創立一些新的策略與技術，可能有助於精神分析治療法新的發展。

本章提要

1. 佛洛依德 1856 年出生於奧地利，其剛開始執業時利用催眠法治療歇斯底里的病人。1902 年組織家庭式精神分析群體；1908 年組織維也納精神分析學會，並應邀至美國講演，其理論乃流傳至美國。
2. 精神分析理論基本上是以心理動力的觀點去探討人的問題，強調生物決定論，並且重視個人早年生活經驗的影響。尤其重視潛意識歷程在問題形成與診療上的作用。
3. 精神分析理論有八項哲學基礎與基本假定：(1)採取決定論的哲學觀；(2)認為人是心理與生理的結合體；(3)治療者「客觀的觀點」是治療關係的要件，但卻可能對當事人造成威脅，或將其問題過度象徵化；(4)早年的生活方式和經驗會以不同的方式再現；(5)人受制於外在因素；(6)透過傾洩和邏輯處理的歷程，治療者可以幫助當事人；(7)人性是動態的；(8)人格的發展基礎在於性心理的發展。
4. 精神分析法的創見之一乃是對人格的結構與人格的發展有一套獨特的看法。佛洛依德認為人格由本我、自我、超我三部分構成，並將人格發展分為五個階段：(1)口腔期；(2)肛門期；(3)性器期；(4)潛伏期；(5)兩性期。
5. 精神分析創見之二：是建構了潛意識的概念；認為一個人的思想、感情和行為皆受潛意識強烈的影響。佛洛依德認為潛意識是心靈的真正實體，也是人格活動的中心，人的心靈包含意識、下意識、潛意識三個部分。
6. 佛洛依德另一個重要理論是提出了自我防衛機轉。自我防衛機轉是經由情境的適應，或把事件扭曲與否定來保護個人。他提出的自我防衛機轉有以下各項：(1)壓抑；(2)投射；(3)反向作用；(4)替代；(5)昇華；(6)退化；(7)合理化；(8)否定；(9)認同；(10)內化等。
7. 精神分析的主要治療目標有二：一是使個體的潛意識題材意識化，以便當事人能洞察、統整、與心理重組，並能免於焦慮；另一目標則是協助當事人解決內在心理的衝突。同時也激勵當事人將失去聯繫的心理題材統整，以產生根本性的改變，重新建構新的人格結構。而「重組」是精神分析的最高目標。

8.精神分析典型的情境是病人躺在長椅上，自由表達自己所想的。精神分析諮商與治療主要有四個階段：(1)開放階段；(2)發展移情階段；(3)處理移情階段；(4)移情解決階段。

9.精神分析治療認爲，唯有當事人擴展了對自己內在原始力量的掌握力，並增加自主性後，精神分析治療才能視爲成功。對於治療成功進步與否本書提供了六項判斷標準：(1)當事人能擴大潛意識的意識化；(2)當事人能自我導引至現實之中；(3)當事人放棄幼稚的要求，擁有較理性的行爲；(4)當事人能將病態的衝突轉爲正常的衝突；(5)當事人能增加功能的自主性；(6)當事人能增加參與工作的能力。

10.在精神分析的歷程中，治療者的任務是擔任被投射者的角色，同時也是一個分析者。而當事人大多數的時間在於陳述自己，其本身就是一個主角；相對於治療者，他是一個投射者、被分析者。

11.精神分析者所使用的諮商與治療的技術和其他理論比較起來並不多，本章將傳統與現代精神分析學者所使用的技術分類敘述之。傳統精神分析學者所用之技術與策略有以下幾種：(1)自由聯想；(2)解析；(3)夢的解析；(4)抗拒的處理；(5)移情與反移情。而現代精神分析學者使用的技術與策略則有：(1)成熟處遇法；(2)書寫式的自由聯想；(3)反應潛意識中自我負向部分；(4)支持性處遇；(5)大量時間治療；(6)短期治療。

12.精神分析理論在心理學、心理諮商與治療、精神醫學，甚至文學、藝術上的影響極爲深遠。不過，精神分析法亦有以下限制：(1)人格難以驗證；(2)重視病患甚於常態；(3)過度相信潛意識與夢的分析；(4)治療耗時費力。

班級活動

一、寫一封信給佛洛伊德，告訴他你對他的認識與瞭解，並說明他的理論有那些對你有幫助，有那些你不同意的，最後將這封信帶到班上與其他同學分享。

二、對自我的成長作深入的回顧與探索。請進行下列的活動：

(一)回到自己出生的地方，看看那兒的景物，如果可能的話，訪問一些在你嬰兒時期照顧過你的人，瞭解你嬰兒時期的狀況。

(二)每個人携帶一張嬰幼兒時期的照片，先放在一起，再逐一猜猜是誰的嬰幼年照片，被猜中者說出父母心目中的個人嬰幼兒時期的趣事與糗事。

(三)說出個人成長至今所發生的社會上的重大政治、經濟與社會大事，及個人與家庭所受的影響。

三、寫一份報告，陳述自己成長至今個人對性、兩性關係、情愛與親子關係等的個人體驗，如果可能的話，分組作分類報告。

四、以一週爲單位，每日睡醒時記錄晚上所作的夢，再將它們帶至班上與同學分享，或請老師作解析。另自我說明這些夢所代表的意義及其與佛洛伊德所述的潛意識作用是否相似？

問題討論

一、請說明精神分析治療法的哲學基礎、對人性的看法與基本假定。

二、精神分析治療法有那些治療歷程？治療者與當事人的關係為何？

三、傳統與現代精神分析治療法各有那些重要的治療技術與策略？

四、請說明精神分析治療理論的貢獻與限制。

第四章

阿德勒治療理論與技術

第一節　阿德勒治療法的發展

阿德勒治療法(*Adlerian Therapy*)或稱阿德勒學派治療法是以阿德勒所建構的個體心理學(*Individual Psychology*)爲基礎所發展而成的治療理論模式。儘管近代阿德勒式治療理論與技術有甚多並非阿德勒(*Alfred Adler*)所創，但阿德勒個體心理學的人格理論與思想重心仍然被此一治療理論相關學者所支持與擁護，尤其近二十年來此一理論受重視的程度甚至高於精神分析理論。

壹、阿德勒與個體心理學

阿德勒於 *1870* 年在奧地利維也納郊區的潘茲格(*Penzig*)地方出生，與佛洛伊德一樣都是猶太人。阿德勒的家庭屬中產階級，他在家排行第二，阿德勒與母親的關係非常密切，但當他的弟弟出生後，他卻有被遺棄的感覺，並轉而尋求父親的支持。

阿德勒年幼時體弱多病，患有佝僂病，且時常受傷。他在 5 歲時罹患肺炎，幾乎喪命。在他 *3* 歲時目睹弟弟去世，十分哀傷，這使得阿德勒後來立志當醫生，以便救人。

阿德勒年幼時由於體能狀況不佳，因此生活並不快樂，上學後他的成績不佳，數學更差，一度他的學校老師建議他的父親將他領回，並送他去當製鞋學徒。阿德勒經此刺激，發奮圖強，努力讀書，後來克服了學習障礙，並成爲一位數學成績優秀的學生。

阿德勒後來進入維也納大學攻讀醫學，*1895* 年他獲得醫學學位，主修眼科學，但是他的興趣後來卻轉向神經學與精神分析，並成爲一位著名的精神分析學者，當他在維也納開業作精神診療時，應邀加入了佛洛伊德所創立的維也納精神分析學會，他立刻在精神分析學會中嶄露頭角，阿德勒鑑於本身的生活體驗，不認同佛洛伊德的理論，他也聲稱自己是佛洛伊德的同事，而非門生，他尤其反對佛洛伊德的性學(*sexuality*)觀點，他強調個人主觀意識與經驗的重要性，認爲未來的人生目標與尋求超越的力量大於生物決定力量，由於他與佛洛伊德之間歧見甚大，遂於 *1910* 年請辭精神分析學會主席，而自創了個體心理學會(*Society of Individual Psychology*)。

在第一次世界大戰期間，阿德勒於奧國軍中擔任軍醫，戰爭結束後，他於維也納設立了兒童輔導診所，此後他的理論在歐洲與美國流傳開來，聲名日益遠播，並有與佛洛伊德分庭抗衡之勢。*1935* 年阿德勒爲逃避納粹迫害，移居美國，此時美國已有甚多個體心理學分會。*1935* 年阿德勒並成爲美國紐約州立大學醫學心理學的教授。他仍然到處演說，宣揚他的理論，*1937* 年至英國蘇格蘭亞伯丁大學演講之前心臟病發作去世。

阿德勒與佛洛伊德一樣也著作等身。他的重要著作包括：「個體心理學的實務與理論」(*The Practice and Theory of Individual Psychology, 1927*)、「神經症的組織」(*The Neurotic Constitution, 1912*)、「神經症的問題」(*Problems of Neurosis, 1929*)、「生活的意義」(*What Life Should Mean to You, 1931*)、「機體自卑與心理補償之研究」(*Study of Organ Inferioity and Its Pychical Compensation, 1917*)(*Gladding, 1992; Hall & Lindzey, 1985; Schultz, 1986*)。

阿德勒的主要貢獻有：(一)建立了個體心理學；(二)激勵了後來人文心理學運動的發展；(三)建立了系統心理治療法；(四)以統整性的觀點看待人性與人的問題。

貳、哲學基礎

阿德勒的個體心理與希臘的斯多亞主義(*Stoicism*)及康德與尼采的哲學有密切關聯。斯多亞主義重視人經由理性邏輯歷程，找尋自我的人生方向，並訂立計畫達成目標。康德學派強調人生虛構的目標(*fictional goals*)對人生方向的支配作用。阿德勒並借助於康德學派的論點，認為人有自己清楚的信念系統(*belief systems*)，並對自己與其生活的世界有自己的看法。而尼采「追求權力的意志」論也影響了阿德勒，尼采認為人類有尋求超人的慾求，阿德勒後來將人的慾求擴大至個人能力、情感與態度、均等與社會興趣之追求上。

阿德勒個體心理學的哲學基礎，以及對於人性的看法有下列的主要論點：

一、人格是個體獨特性與自我一致性的統一體。

二、人的行為具有目的性與目標導向性，所有的個體都有自己的目標。

三、人類活動的基本動力是由一種尋求由「減的情境」(*minus situation*)轉向「加的情境」(*plus situation*)，亦即由自卑的情感轉向超越、完美與整體。

四、個體有追求成功的解決個人問題的傾向，此種追求深繫在人生的每一個結構之中。

五、人是社會性的，能夠與他人互動，假如個人要能被他人瞭解，他必須在社會情境中被人知覺，我們拒絕被視為是孤獨的人。

六、社會興趣是對他人的一種關懷，在與他人合作中會表達出來。社會興趣是解決人生問題之所必需，社會興趣宛如個人與生俱來。

七、每個人可以經由對自己與對他的環境，以及個人的成功經驗，創造屬於他自己的獨特生活理想。

八、健康的個人社會興趣是人類至高的情懷，是一種正常的觀念、也是人生追求的導引，心理障礙的人缺乏社會興趣，是處在社會無效的一邊。

九、自卑感仍然存在於所有的個體之中，「減的情境」促使人有行動的希望。

十、人生因爲活動程度的不同而有不同類型。

十一、隸屬感是人類生存的基礎。

十二、欲瞭解個體的行爲必須先瞭解個體的內在參考架構(*internal frame of reference*) (*Belkin, 1975; Corey, 1991; Dreikurs, 1950; Han-*

表4-1　佛洛伊德與阿德勒的主要哲學觀點與概念的比較

佛洛伊德	阿德勒
1.哲學觀點是悲觀的。	1.哲學觀點是樂觀的。
2.個體分割對抗自己。	2.個體是統一的。
3.過去對個體有決定性作用。	3.未來、目標與目的對個體有決定性作用。
4.自我受超我與本我所壓制。	4.個體會積極的面對社會。
5.自我有防衛機轉。	5.生活型態受到對他人之態度的影響。
6.幼兒有全能(omnipotence)的感覺。	6.兒童有自卑的情感。
7.慾力是心理能源的核心。	7.尋求超越是能源動力所在。
8.強調親子關係與戀親情結。	8.強調手足關係與出生序。
9.神經症是無法文明化(civilization)的結果，同時也可能是遺傳而來。	9.神經症是個人無法履行社區責任的結果。
10.治療的目標在使個人潛意識歷程意識化，重視移情作用與心理歷程分析。	10.治療的目標著重於人生目標的重新導向(re-orientation)。
11.基本上認爲人是性惡的，透過治療可以將人的本能昇華。	11.人性非善非惡，人是一個可以自我選擇善與惡、生活型態的個體。透過治療可以使人選擇充分發展自我。
12.人是相互敵對的，主要在保護自我，神經症與性密切關聯，人的內在問題是探討的重點。	12.人是均等、合作與群性的個體。神經症是學習不良與知覺扭曲的結果，與性無關，人際問題才是瞭解行爲的重點。

資料來源：Belkin (1975), p. 203; Gladding (1992), pp. 78-79.

sen, Stevic, & Warner, 1982)。

倘將阿德勒的哲學觀點與主要概念與佛洛伊德的理論相比較可以歸納成表 *4-1* 的要項。

第二節　阿德勒治療法的人格理論

壹、人格結構

個體心理學不同意精神分析理論將人格內容作區分的觀點，強調人是一個統一體(*unity*)，是不可分割的整體，個人具有獨特性與一致性。人是一個高度自我意識的個體，人的終極目標在於尋求超越與完美，人擁有期望、積極、樂觀與希望的自由意志。

對於人格結構的概念阿德勒與佛洛伊德也有顯著的不同，佛洛伊德認爲心靈主要由意識與潛意識所構成，宛如冰山，浮現在水面的意識部分只占心靈的一小部分而已，而阿德勒則將心靈視爲一顆綠樹，潛意識是根，意識是綠葉，心靈大部分是屬於意識部分。兩種理論的觀點可以用圖 *4-1* 加以表示。

阿德勒相信，個體不單獨受滿足個人慾望的驅力所支配，同時個人也受到社會責任與尋求成就的力量所影響。個體一直努力在追求自我實現，同時也期望子孫能夠過較好的生活，個人是一致與統一的獨特體，努力向個人所選擇的人生目標前進，每一個人生目標也與衆不同，瞭解一個人要從瞭解他的人生目標著手，其次是瞭解他的生活型態。

阿德勒相信人格是環境與遺傳交互作用的結果，但是個人可以決定自己的行爲，外在的不良事件，如家庭破碎、身體殘障、教師不良

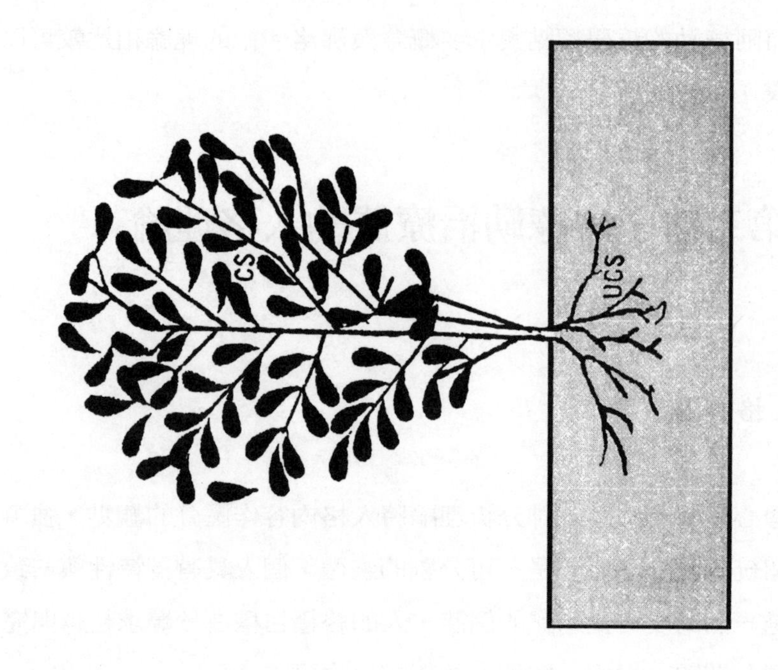

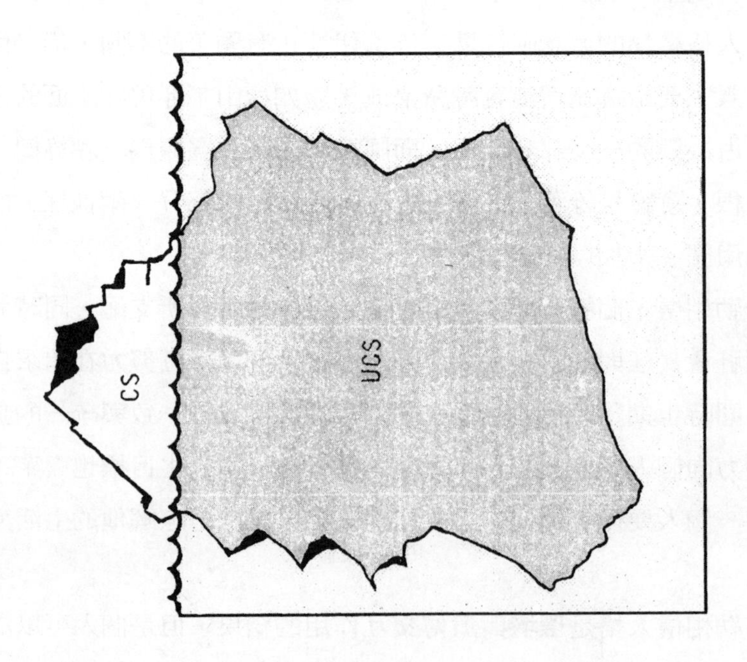

註：CS：意識；UCS：潛意識。

圖4-1 佛洛伊德與阿德勒人格結構的比較

（資料來源：Hall & Lindzey, 1985, p.146）

等都不是影響個體發展的主因，個人對外在事件的知覺與反應才是直接的作用力量。不過阿德勒認爲個人的知覺是虛構的(*fictions*)，不會受到現實所迷惑，個人的行爲亦虛亦實，所以個人主觀的看法才是人格形成的關鍵，基本上，阿德勒的人格結構觀點較近似現象學的觀點，而非如佛洛伊德的決定論。

整體而言，阿德勒對人格有下列主要的觀點：

一、人文觀點：重視個人福祉與社會利益。

二、統整性觀點(*holistic view*)：認爲人是不可分割的。

三、現象學觀點：重視人的主觀意識。

四、目的論(*teleological*)：重視人生的目標與主觀的未來。

五、場地論(*field-theoretical*)：認爲個人的情感、思想、與行動和社會及物理環境密切關聯。

六、社會導向論：認爲人可以在社會中積極活動，並對社會有所貢獻。

七、選擇性觀點(*selective*)：人可以自我決定與自我選擇，善與惡取決於個人的選擇。

八、精神性觀點(*spiritual*)：認爲人的精神層面是個人必須面對的問題，對宇宙與神，個人需要有一定的看法。

九、家族性觀點(*family*)：重視家庭對個人的影響與個人在家族中的地位。

十、操作性論(*operational*)：相關的概念都有明確的界定，可以驗證與考驗(*Anshacher, 1967; 1991; Mosak, 1984*)。

貳、主要人格論點

阿德勒學派人格理論有五大重點：一、生活目標(*life goal*)；二、自卑與超越(*inferiority and superior*)；三、社會興趣(*social interest*)；

四、生活型態(*life style*)；五、家族星座(*family constellation*)。此五大人格重點同時也是諮商與治療者需要關切的領域，此五大方面的發展狀況與個人的適應及健康密切關聯。諮商與心理治療的目標之一就是協助當事人將人生重新導向(*re-orientation*)，以便當事人有較適應的生活。以下就此五大重點作深入闡述。

一、生活目標

阿德勒學派基本上是屬於目的論者，認為人格的形成與適應並非受制於過去與潛意識歷程的作用，而是受到個人的人生目標、對未來的期望與終極理想的影響。

阿德勒相信人存有一個「虛構的目標」(*fictional goal*)，這一目標「好像」(*as if*)眞實存在著，但卻又非眞正的實體，是由個人的信念所構成，因此，個人的主觀思想、觀念與理想就影響了虛構的目標的形成。每一個個體都有能力與權力創造自己虛構的目標。此外，虛構的目標雖然是遺傳與環境作用的結果，但卻又非遺傳與環境所完全掌控的，個體本身對於虛構的目標具有自由創造的權力。兒童自四、五歲開始就開始創造與設定自己虛構的目標，因為此時兒童已經感覺到自己的不足、缺陷、柔弱與無能。他們為了補償與克服本身的弱點，就開始設定目標，以便能克服、補償、超越或獲得成功，一般而言，兒童期開始，個體就希望自己能成為一位強壯、有權勢、卓越的與成功的人。兒童與青少年經由模仿父親或其他有權勢的人，而形成了尋求超越的幻想與期盼。此種幼年時期即已日益形成的虛構的目標並且會成為潛意識的動力，影響個體一生的行為。

個體虛構的主要目標之外，另會形成次級的目標，主要目標與次要目標之間的關係並不被確知，但卻是與個體的人格一致的。例如，想要成為偉大音樂家的人，其次級目標可能是創造名曲供人表演，當治療者已掌握了當事人的主要目標時，次要目標與其行為的關聯，就容易被察覺。但個體虛構的目標並非一定要眞實與具體，也不需要被意識與被瞭解到。阿德勒的人生目標觀點由於非常重視虛構的目標的作用，因此其概念就被稱之爲「虛構的終極主義」(*fictional finalism*) (*Dinkmeyer, 1982; Schultz, 1986*)。

二、自卑與超越

自卑與超越是阿德勒首創的人格概念，他認爲人類行爲的基本動機是要克服自卑感與成爲一位卓越的人。人的行爲受自卑感所促動，但卻受尋求超越的力量所牽引，人的一生即在於試圖成爲一位完美的人。

阿德勒認爲自卑是個人無能、無技巧、脆弱、缺陷與不足的一種感受，自卑感每個人均有所不同，但通常是個體與生活中相關人物比較的結果。超越則是在力求補償自卑，追求成就、完美、能力，與自我實現。阿德勒強調自卑感是人類正常的現象，所有的人都是脆弱與渺小的，有了自卑感才會引發尋求超越的力量，人類文明才會不斷進步。兒童時期因爲受到忽視或嬌生慣養，有可能形成「自卑情結」(*inferiority complex*)或「超越情結」(*superiority complex*)。自卑情結是指個人有密集與強烈的自卑感，已經無能力去解決個人的問題，因此有必要接受治療。自卑情結是因爲身體缺陷，被過度溺愛或被忽視的結果。相反的，倘若個人試圖過度去補償自卑，誇大個人的能力與成就，就形成了超越情結。有超越情結的人會以自我爲中心，會自誇、自負、侮辱他人。有此種超越情結的人也需要尋求治療。因此，自卑與超越倘若形成情結將不利於個體的發展。

阿德勒認爲尋求完美、整體、成就是個體的終極目標，但終極目標卻是難以評量的。不過尋求超越會增加個人的緊張，也會消耗個人的能源，另一方面，由於人是群性的個體，尋求超越與完美會受到社會的影響，社會的價值與成就標準會影響虛構目標的設定。

三、社會興趣

阿德勒所倡導的社會興趣並不易界定，但可視爲是個人關心、關懷他人福祉的一種心理狀態，也是一種社會情感或社區情感。阿德勒認爲社會興趣與生俱來，但是在年幼時社會興趣仍很微弱。與兒童社會興趣發展最關鍵的人是母親，倘若母親沒有協助兒童擴展其社會興趣，將使兒童無法充分地在社會中解決各種問題。社會興趣也是個人尋求超越的核心，倘若缺乏社會興趣，將使人無法以健康的方法尋求超越，並可能導致各種不良適應行爲的產生，如神經症、精神症、犯罪或自殺等。有社會興趣爲基礎的尋求超越將可以引導自我完美感、勇氣、生產性的生涯、社區參與，以及愛家庭等正常特質的發展，反之則會形成支配性、希望被關懷、被保護與被免除責任等不正常特質。良好適應的人就是有高度社會興趣的人，因此，阿德勒諮商與治療的重要目標就是協助當事人發展社會興趣。社會興趣較高的人具有下列的特質：

一、有價値感、有勇氣、也較樂觀。

二、不易受他人意見影響。

三、能克服自私的自卑感。

四、能與人交往，有友伴。

五、平等、合作的與人相處。

六、熱愛人類。

七、有利於家庭，並且當家庭的後盾。

八、有和諧的宇宙觀。

九、有宗教與倫理情感。

十、有較佳的美學判斷，有進步的心靈與自發性的社會努力(*DiCapprio, 1983*)。

阿德勒進而以個體的活動程度(*degree of activity*)與社會興趣高低

將人分爲四類：

㈠支配型(The Ruling Type)

此類型的人有高度活動性，但卻低度社會興趣，因此有能源與進取心去追求個人的目標，但因爲欠缺社會興趣，因此形成自私心態，會利用別人、剝削他人或支配他人。

㈡取利型(The Getting Type)

此類型的人低活動性、高社會性，以他人爲導向，被人喜歡或喜愛，他會利用取悅他人或追求個人權力的方法去建立寄生的關係，但他的施低於受。此類型的人由於活動力低，因此無法解決自己的問題與需求，因此轉而需要他人的關照。

㈢逃避型(The Avoiding Type)

此類型的人低活動性，社會興趣也低，他們會逃避責任，也不想付出，以避免失敗、失望或得到痛苦經驗。他們的生活調適狀況不佳，因爲他們既不去處理自己的問題，也不想與人有關聯。

㈣正常型的個體(The Normal Person)

此類型的個體有高度的活動性與社會興趣，有能源去面對自己的問題與生活上的要求。他們能面對現實，並從錯誤中獲得教訓。正常型的人會維持自己的人生目標，並與他人有密切關聯，在社會情境中去達成個人目標，在家庭、社區與工作場合維持良好的社會關係(*Feist, 1985; Mosak, 1989*)。

四、生活型態

阿德勒認爲每一個人都有自己的人生目標，會有自卑感，並期望能獲得超越與成就，同時也擁有社會興趣，但是每一個人會以不同的方式去追求人生，此種個人獨特的人生選擇與生活方式就形成了不同的生活型態。阿德勒相信人生是在移動之中的，而不是靜止的。

阿德勒也認爲人生百態，各不相同，每個人都是獨特的個體，每一個人會自我安排他們的人生，並用獨特的方式去追求自我，生活型態也因此是個人內在、自我驅力、行為方向的產物。又經由知覺判斷與對自我與世界的瞭解，個人會形成行為的類型，並終至由一系列的行為組成生活型態，所以生活型態也可視為是個人喜歡的生活方式。前述由活動性與社會興趣所區分的四種類型的人，也代表著四種不同生活型態的人。

阿德勒認為要瞭解一個人的生活型態，必須要瞭解他的早年的記憶(*early recollections*)。早年記憶與個體目前的生活型態有密切關聯，早年的生活經驗與對重要人物與事件的看法是早年記憶的主要內容，某些早年記憶似乎微不足道或毫無意義，但經由適當的解析仍可作為瞭解個人生活型態的參考資料，如一位成功但處處懷疑與不信任他人的人可能就是因為在年幼時不被母親充分關愛，或因為出生序的關係，有不好的手足情誼所形成的。假如個人的早年記憶是不愉快的，將會使人產生負向態度，因而形成負向的生活型態。

太多負向、適應不良的生活型態將會使個體形成「基本性錯誤」(*basic mistakes*)，常見的基本錯誤的生活型態有：㈠扭曲自我：覺得自己不如別人、自己愚笨等；㈡扭曲世界與對人類看法：認為世界即將毀滅、人心險惡等；㈢扭曲目標：覺得人生一定要有權勢、力求完美等；㈣扭曲行為運作方式：如過度與人競爭、利用別人、為達目的不擇手段等。㈤扭曲理想：如把當英雄視為理想；㈥扭曲結果：如成為一位憤世嫉俗者、征服者或狂熱者(*Adler, 1958; Dinkmeyer, Dinkmeyer & Sperry, 1987*)。反之，生活型態正常發展者，會被他人喜愛，改善自己的生活，在工作中受同儕與上司喜愛，能尋求生活的和諧。

五、家族星座

阿德勒相信家庭是塑造人格的最重要場所，家族不同的個體，就宛如繁星，形成一個星座，個體就是家族星座中的一顆星星。家族星座也可視爲是家族的一種組型或類型，也是家族團體的社會心理結構。

在家族星座的作用中，阿德勒基於個人早年生活的體驗，認爲以出生次序對於一個人的人格發展影響最大。阿德勒認爲家庭中的每一個兒童的出生，在遺傳、環境，以及情境上各不相同，因此不同出生排行的個體，會形成不同的人生經驗，個人對此經驗的解釋又各不相同，也因此塑造了不同的人格，出生排行乃成爲瞭解個體人格的關鍵。阿德勒家族星座的論點中，將出生別分爲五類：㈠長子女；㈡次子女；㈢中間小孩；㈣最小（么）子女；㈤獨生子女。各類型出生別具有下列不同的人格特質：

㈠長子女

長子女通常能受到父母無限的關照，他們也受到較多的期望，需要承擔較大的家庭責任，當父母不在時，也要擔任父母替代性的角色，但是長子女在父母生下第二個子女時都會有失掉地位的感受，此種「失去王位」的感覺會使他們覺得不安，但卻有助於他們更瞭解權力與地位的重要性。長子女一般而言，比較會保護與關懷別人，但同時也會有不安全感、害怕命運改變、敵意、悲觀、保守、不良適應等特質。

㈡次子女

次子女的地位也受人欽羨，他們比較不會像長子女般的恐懼失去權力或權勢，他們相對的較進取、粗心、有創意、較不關切規約，他們會追求長子女所沒有承擔的角色。

㈢中間子女

中間子女常感到受人擠壓，被不公平的對待，他們比較不會與人建立密切的人際關係，不過中間子女會學到家庭中的權力作用與協商的技巧，這些技巧有助於他們未來生活與事業的成功。中間子女通常較有野心、較高社會興趣、較佳生活適應，但也會有較多的叛逆、善嫉妒、想要壓制別人、也較難與人相處。

㈣最小（么）子女

家中老么通常會有較多的困難，但也有較多的機會，由於他們在家中受到較多的寵愛，因此可能嬌生慣養，成為問題人物。不過最小子女有較多楷模，有較多與人競爭的機會，也會有較多的外在刺激，但也會有較多的自卑感。

㈤獨生子女

獨生子女或是七年以上沒有兄弟姊妹者，會接受到較多來自父母的愛與注意，由於沒有兄弟姊妹，因此常以父親為競爭對象，他們較富想像力，因為多數時間獨自一個人，他們會以為他所擁有的東西與權力地位是理所當然的，也是無可挑戰的。

除了出生別之外，家庭的環境也是影響人格發展的重要因素，如果家庭氣氛是屬於獨斷、拒絕、壓制、物質主義、過度保護時，將會對子女造成不良影響。不過對家庭氣氛的感受是主觀的，而非某種家庭氣氛一定導致某種後果，關鍵取決於個人的知覺(*Gladding, 1992; Mosak, 1989; Sweeney, 1989*)。

綜合阿德勒的人格理論與個人動機原則，可以用圖 4-2 加以表示。最根本的個人動機是自卑，由於自卑乃尋求補償(*Compensation*)，在補償過程中可能會有「正常」(*normal*)與「不正常」(*abnormal*)的發展，而顯現不同特質，再次是尋求超越與受社會興趣所調節(*Tempered by Social Interest*)。再往上發展則是個人的生活型態，同時有正常與不正常的特質產生。個人生活型態受「導引性的虛構體」(*Guiding Fictions*)、「創造性的自我」(*Creative Self*)與「自我實現」三大力量所牽引，由圖 4-2 可見阿德勒理論將人視為有積極向上發展的動力，最高境界是追求自我實現，但在發展過程中，難免會有不正常發展的可能。

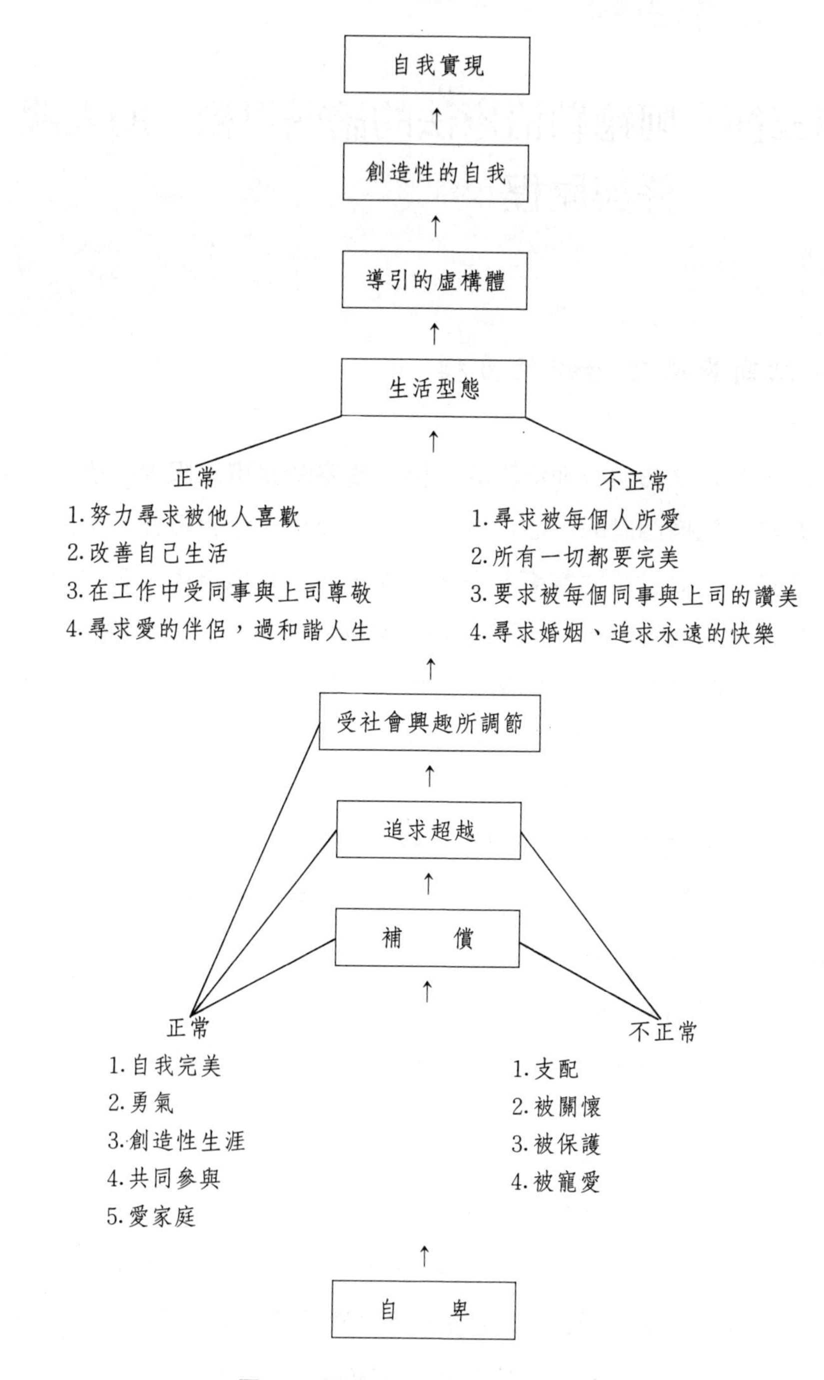

圖4-2 阿德勒人格體系與動機原則

（資料來源：DiCapprio, 1983, p. 227）

第三節 阿德勒治療法的諮商目標、助人關係與歷程

壹、諮商與心理治療的目標

阿德勒式諮商與心理治療的目標在於協助當事人探索前述的人格影響要素，包括個體的生活目標、自卑與超越、社會興趣、生活型態與家族星座，並且協助當事人重新導向、能夠克服自卑，尋求較健康的人生超越，發展積極的社會興趣，並且能夠發展較正常的生活型態。具體而言，阿德勒式諮商與治療目標有下列十個要項：

一、建立與維持均等的諮商關係。

二、分析當事人的生活型態。

三、解析當事人的生活型態，藉以協助當事人能夠洞察自我。

四、重新導向，並且教育當事人，使之有積極的行爲改變（*Gladding, 1992; Kottman & Warlick, 1990*）。

五、激發社會興趣。

六、減低自卑感、克服沮喪、認識與運用個人資源。

七、改變人生的知覺與目標。

八、改變錯誤的動機。

九、鼓勵當事人認識人際間的均等性。

十、幫助當事人對人類有所貢獻（*Mosak, 1984; 1989*）。

整體而言，阿德勒學派的諮商與治療目標就是再教育（*reeducate*）當事人，使他們有健康與適應的生活，並且提高社會興趣，貢獻人群。

貳、助人關係與歷程

阿德勒式諮商與治療重視均等、尊重、信任、合作、主動參與的助人關係，諮商與治療的成功繫於雙方的共同努力，如果沒有合作的氣氛，諮商與治療並無效果可言，諮商治療倘要有進展必須有一個接納、關懷、合作與投契的人際關係，當事人也被鼓勵積極的參與治療，他們必須自訂計畫、契約或陳述他們本身想要達成的目標，以及如何利用個人資產，改變破壞性與不具生產性的行爲。不過形式化的契約並非阿德勒式治療之所必須。

阿德勒式諮商認爲由諮商師或治療者與當事人所形成的人際關係可以促使當事人將他們的生活型態呈現出來，所以諮商與治療就是一種社會人際情境。當事人問題產生的主要原因在於沒有社會心，諮商與治療關係基本上就是在重新協助當事人建立社會心，使當事人不害怕人際情境，並使他們能充分地面對自己的自卑感。爲了營造良好的人際氣氛，諮商師與治療者所給予當事人的安全感極端重要，當當事人有了安全感以後，才能發展信任感，馴至去除個人的抗拒與防衛。

阿德勒式諮商有四個主要的歷程：一、瞭解當事人；二、評估與分析；三、洞察與解析（*insight and interpretation*）；四、重新導向（*reorientation*）。以下再加以討論：

一、瞭解當事人

阿德勒式諮商強調以整體性方法（*holistic approach*）對當事人全盤瞭解。包括當事人所說、所做的每一件事、他與重要人物的關係、對諮商師或治療者的反應、有那些明顯的症狀、已經採取了那些方式去消除症狀等，都有必要詳細的加以瞭解，一個有效的諮商與治療是建立在對當事人的充分瞭解之上。阿德勒甚至認爲當事人的每一個表情、所說的每一句話、思想、感情都與他生活型態的動機與目標有關，非語言行為與語言行為同樣都是生活目標的一種表示方式，也就是說當事人的一言一行、一笑一顰都有重要的治療意義（*Adler, 1958; Ansbacher, 1977*）。

二、評估與分析

阿德勒諮商關注的焦點在於前述的五大人格要項，在諮商的第二個歷程中，必須對影響當事人適應的各個人格層面加以評估與分析。但阿德勒學派並不完全採用標準化的心理測驗，作為評量與分析當事人的工具，不過後來的學者有人利用諸如「家族星座問卷」（*Family-Constellation Questionnaire*）蒐集當事人的資料（*Dinkmeyer, Pew, & Dinkmeyer, 1979*）。

在評估與分析階段，諮商師需要有良好的同理心，與當事人建立良好的關係，並能充分瞭解當事人的信念、情感、動機與目標，進而評估當事人的家族星座、早年記憶、生活型態、鑑定當事人的「基本錯誤」，並且向當事人分析相關的人格要項對他現時人生的影響（*George & Cristiani, 1990*）。

三、洞察與解析

阿德勒式諮商的第三個階段強調經由對自己錯誤的人生目標、自我失敗的行為的瞭解，而洞察自己。諮商師或治療者的工作重點就在於對當事人的夢、溝通方式、幻想、行為、症狀、人際互動與治療者的關係等作解析，以便當作當事人的一面鏡子，使當事人能更清晰的看到自己的人生。此外，解析也要試著去發現當事人隱藏著的邏輯觀念、知覺模式、不成熟的生活方式，以便當事人對自己有新的洞察與領悟。倘若當事人有所抗拒，則視為是當事人欠缺重新過有效生活的勇氣，同時也是懷疑、批評、過度要求等的一種症狀反應。當事人有所抗拒時，諮商師或治療者最需要的任務是協助當事人瞭解此種抗拒與其對他人的態度的異同，並以更深層同理與瞭解的方式，鼓勵當事人面對自己。

四、重新導向

重新導向的歷程主要在於說服當事人改變他們的人生目標、生活方式與興趣。阿德勒式諮商認爲人生要有進展，個人必須冒險，冒險意謂著當事人必須放棄某些自以爲是的滿足、快樂與喜悅。新的人生方向是要鼓勵當事人能有更適當的信念、知覺、情感與人生目標，以及適當的與他人相處的態度與信念。當事人新的行爲、自我涉險、對自己負責與作新的決定是達成自己所期望的人生目標之所必需。

在重新導向階段有下列的重點：㈠鼓勵：諮商師或治療要能激勵當事人重新導向新的人生目標。㈡承諾與意願：當事人必須在經過前述三個歷程之後，本身有意願作改變，並且能有所承諾，否則效果有限。㈢行動導向（*action-orientation*）：在此階段亦即是起而行的時刻，當事人必須作決定與作新的選擇，也要作新的嘗試與冒險（*Dinkmeyer, Pew, & Dinkmeyer, 1979*）。

第四節　阿德勒治療法的策略與技術

阿德勒本人對於人格理論與治療過程曾提出完整的架構，但對於實務上如何諮商與治療病人卻著墨不多。以下將要討論的一些諮商策略與技術，基本上是本學派後來的追隨者所倡導的，阿德勒的理論是此一學派諮商與心理治療的思想中心，但其發展卻有賴於後來學者所注入的活力。

阿德勒式諮商有下列主要的技巧與策略：一、基本技巧；二、矛盾意向法(*Paradoxical Intention*)；三、面質法(*Confrontation*)；四、檢核優先次序法(*Priorities*)；五、特殊技巧等。以下再加以申述。

壹、基本技巧

阿德勒式諮商與心理治療被強調的基本技巧有：一、傾聽與反應技巧(*Listening and Responding Skills*)；二、解析(*Interpretation*)；三、立即性(*Immediacy*)；四、非語言行為分析法(*Nonverbal Behavior Analysis*)。

一、傾聽與反應技巧

阿德勒式諮商重視諮商師與當事人之間良好關係的建立。諮商員要注意聽當事人所陳述的一切，包括語言與非語言訊息，同時要讓當事人感受到諮商中具有安全、信任與被接納的氣氛。可以使用的反應技巧包括：㈠複述(*restatement*)：重複說出當事人所關切的主要內容。㈡反映(*reflection*)：能夠反映當事人言談之中所隱含的情感。㈢猜測與假設(*guess & hypothesis*)：利用開放式與試驗性的語句，試探當事人虛構的目標或行為問題中的思想與情感。

二、解析

解析的目的是在深入瞭解當事人行為的原因。雖然阿德勒式諮商與治療不認同佛洛伊德對夢與潛意識的看法，但是阿德勒式諮商與治療仍然使用夢的解析的技術，以瞭解當事人的人生目標，阿德勒式諮商與治療把夢的解析當作是獲取當事人資料的一種方式，而非在於瞭解當事人的潛意識歷程，人生的目標常常會在夢中浮現，是個人未來期盼的一種反映，因此在諮商與治療中，也會要求當事人記錄日常所作的夢。至於其它相關行為的背後原因也是分析的重點，用以探究個體行爲症狀的根源。

三、立即性

立即性技術是用來處理諮商當時所發生的一切，以使當事人知道他的言談與行爲之間的關聯，亦即協助當事人意識到此時此刻的經驗，同時把諮商情境當作具體而微的世界，能反映當事人眞實的一切。

四、非語言行爲分析法

阿德勒式諮商與心理治療雖然不將非語言行爲當作診療的一個重點，但卻非常注意當事人在諮商與治療中的非語言行爲表現，如緊張、握拳、閉嘴、流汗、吐舌頭等非語言行爲，都被認爲是個體內在心理狀況的一種反映，諮商師可以擴大當事人的非語言行爲，以使當事人能意識到自己語言與非語言行爲之間的關聯，進而瞭解自己行爲背後的原因。

貳、矛盾意向法

矛盾意向法是利用矛盾的策略，引導當事人意識與誇大自己不當的思想與行爲，以使當事人更清楚的瞭解到他的不當行爲或思想是如何地荒謬與歪曲，以致於唯有改變或放棄這些行爲或思想，才能有較滿意的生活型態。此種技術又稱之爲「反暗示法」(*antisuggestion*)與「症狀處方法」(*prescribing symptom*)。阿德勒曾經利用此種方法診療失眠與過度緊張的病人，他告訴病人是否可以自殺，或住院醫病，亦即要病人誇大病情，使他們強烈的認識到行爲的不當，以及自己對這些行爲後果的責任，最後使當事人知道自己有關的症狀看起來是如何地愚蠢與微不足道，而有意願想改變自己的行爲與症狀(*Corey, 1991; Tosi et al., 1987*)。

以下是矛盾意向法的一個諮商片斷實例：

當事人：我和別人相處不錯，但一旦和我姊姊在一起，我就感到不安與憤怒，她憑什麼擁有比我多的寵愛，還有比我好的成績。我不知如何是好？

諮商師：爲什麼不能恨她？她霸占了你的一切，使你失掉了父母的關愛，也使你感到渺小，你是可以在此把她罵個痛快。

當事人：沒有那麼嚴重啦！我只是對她有些不滿而已。

諮商師：我的意思是你可以完全地發洩妳的不安、憤怒、或不滿。你如果認爲事情沒有那麼嚴重，我們現在來看看你有那些可能改變妳對她的情感與反應的機會。

叁、面質法

阿德勒式諮商經常使用面質法去指出當事人說與做之間的不一致，並且挑戰當事人矛盾與歪曲的地方。基本上，面質法是在諮商員與當事人關係建立之後，以不具懲罰的方式，協助當事人發現自己不當的思想、情感與觀念的一種有用技術。

阿德勒式面質法共有四個要項(*Gilliland et al., 1989*)：

㈠面質主觀看法

當事人的行爲症狀常來自於隱私的偏差邏輯觀念，面質的方法就在於點出當事人所存有的主觀看法。例如：

當事人：沒有讀一流高中與大學的人，不是能力最強的人。

諮商師：難道所有成功的企業家、政治家、科學家都來自一流的高中與大學？恐怕不是吧？

㈡面質當事人錯誤的信念與態度

當事人錯誤的信念與態度不利於當事人社會適應的發展，在諮商與治療中有必要加以指出。如：

當事人：我對女人並不瞭解，女人的心眞的難以捉摸，我眞的無所適從。

諮商師：可能不是因爲女人難以理解，而在於你都獨來獨往，不試著去與女人相處、多瞭解她們。

㈢面質個人目標

個人隱私的目標可能是行爲症狀的根源，可能與當事人否定的情感有關。如：

當事人：我只想早一點去賺錢，書不想唸了。

諮商師：你有沒有想過以你目前的條件，能找到有多少待遇的工作？

㈣面質破壞性的行爲

當事人可能會以破壞性的行爲面對自己或治療者，因此，倘若當事人的言行不具建設性時，應加以指明。如：

當事人：我不想再讀書，只是不願意讓我的父母計畫得逞。

諮商師：你這樣做，除了傷父母的心以外，你又得到些什麼？

肆、檢核優先次序

阿德勒學派學者(*Dinkmeyer, Pew, & Dinkmeyer, 1979; Kefir, 1981; Mosak, 1989*)認爲諮商過程中必須協助當事人評估與建立生活型態的優先次序。個人生活型態的優先次序主要有四大類：

一、卓越型(superiority)

此類的人有能力，有權力、有成就，且具有領導才華，但是其代價是過度投入、過度負責，會疲憊與感到壓力，同時對自己與他人的關係不明確。

二、控制型(control)

此類型的人既控制自己也控制別人，努力想追求自己的目標，但同樣地，他們對他人的控制也付出了代價，如喪失了自發性與創造力。

三、舒適型(comfort)

此類型的人不等待他人的取悅，只想獲得他們所要的，不想干擾別人，其代價是喪失了生產性。

四、任意型(pleasing)

此類型的人既不尊重他人，也不尊重自己，關係一久就會產生拒絕、厭惡、挫敗、絕望、動怒等結果，其代價是阻礙個人的成長、與人疏離與受人報復。

治療員的任務就是要檢核當事人人生類型的優先次序，並要求當事人詳盡的描述他們的需求，以使當事人能評估他們所要付出的代價。檢核優先次序的目的就是在增進當事人自我覺察的能力，以便利用替代性的健康方法，去追求人生的目標，使自己有價值感與顯出意義。

伍、特殊技巧

阿德勒式諮商與治療的技巧與其它理論相較，乃相對的多。目前較受肯定的特殊技巧尙有下列各項：

一、創造想像法(Creating Images)

此法乃利用視覺想像的方法，幫助當事人澄清與具體地發現自己行爲中的荒謬所在。創造想像與矛盾意向相似，由諮商師或治療者引導當事人產生一種心理圖像或某種情境的意像，然後協助當事人去發現這些圖像或意像並非他們所想像的那般具有威脅性或可怕性。例如：

當事人：我進入教室就有自卑的感受，我覺得處處不如人。

諮商師：讓我們做一個實驗，你想像你是一個超人，進入到教室中，你正走上講台，全班同學熱烈地爲你歡呼。每當你感到自卑時，你就自己對自己説：我是超人，我能自在的來去，我能受人敬重與喜愛。

二、掌握自我(Catching Oneself)

此種技術是由諮商師提供一種心理上「停止」的標記，使當事人能停下來瞭解自己所追求的虛構的目標、生活型態與自我破壞的行爲。此種技術也在協助當事人在行爲的過程中，以沒有藉口、罪惡感、譏諷的方式，用口語的方法去掌握或抓住自己，以便停止不合理的行爲。以下就是掌握自我的例子：

當事人：每當我和姊姊談話的時候我就不安，手心也會流汗。

諮商師：是的，我注意到你使用了「不安」的字眼，因此你可以將「不安」兩個字當作「停止」的標幟，每當你手心出汗，並感到不安時，你就在心理喊「停止」兩個字，然後想想你自己，告訴自己發生了那些事，並有那些可資替代的方法。

三、角色扮演(Role Play)

要求當事人作角色扮演，引導當事人使用「假如我能夠的話」的字句，去演出他所希望的角色，以改變情境，使當事人能有所改變。例如：

當事人：假如我能夠的話，我要邀請我的姊姊去看一場電影、吃一吃消夜，我要告訴她，我非常喜歡和她在一起。

諮商師：對的，你可以演出你所希望的角色，你不必讓你與姊姊的關係都像過去一樣的僵硬。

四、按鈕(Push Button)技術

按鈕技術是協助當事人控制自我情緒的一種方法，諮商員或治療者可以引導當事人想像愉快與不愉快的經驗，並要求當事人選擇按鈕，以便呈現他們所想要的圖像，進而能控制情緒。例如：

諮商師：現在請你想像你與姊姊爭吵及一同看電影的景像，請注意二個景像有何不同，你有那些不同的感受，請注意你如何創造了這些景像，現在請你按下按鈕，選擇你所要的圖像。

五、麥達思技術(Midas Techniques)

此種技術最早由舒爾門(*Shulman, 1973*)所倡導，是借用麥達思國王(*King Midas*)的故事所發展而成的技術。麥達思國王曾發現他渴望黃金，但他的祈禱不如他的咒語來得有效，因此形成了神經症需求。麥達思技術就是用以誇大當事人的神經症需求，以使當事人自我挖苦，而有改變神經症需求的意願。例如：

諮商師：這眞是膽大包天、眞是災難，竟然有人敢將你寫給姊姊的字條弄丟，讓她不瞭解你的心意。

當事人：不對的，是我自己沒有勇氣把字條給姊姊，是我自己把它丟棄的，我覺得很愧疚。

六、行為代價法(Behavior's Payoff)

行為代價法又稱為「湯中吐口水法」(*spitting in the client's soup*)(*Dinkmeyer, Pew, & Dinkmeyer, 1979*)。

此一技術目的在協助當事人揚棄不良功能的行為，使某種行為因為趨避衝突而加以放棄。有如在當事人的湯中，吐口水，使他們不敢喝這碗湯，也許當事人還會喝這碗湯，但卻會有不良的感受。最終目的在使當事人對不良行為的興趣減低，終至改變他的行為。例如當小孩年齡夠大足以反省自己時，父母要糾正他們不良的吃相時，可以對他們說：「像豬在吃東西」，以使他們知道自己不良的吃相，而改正行為(*Gilliland et al., 1986; Tosi et al., 1987*)。

陸、個案示例

一、個案描述

當事人李伯，*13* 歲，就讀於城市的一所大型國中，他幽默且機智，能夠寫作，在班上受人矚目，他有很多朋友，但他覺得與他們格格不入。李伯也喜歡運動，由於他最近退出球隊，他開始顯得退縮與沮喪，成績也開始退步，他父親是汽車零件商，母親是家庭主婦，精於繪畫，李伯有一位讀高中的哥哥，父母要他以哥哥為榜樣。當李伯成績退步且有明顯行為問題時，導師將他轉介至輔導室。

二、諮商歷程

諮商師：你好，李伯，請坐。

當事人：詹老師把我送到這裡來。

諮商師：你的老師說你在班上有些行為問題，你能不能說說有那些問題？

當事人：噢！（暫停）我停止參加籃球隊已有二個星期，而我的哥哥卻被選為隊長，我感到憤怒與沮喪，他是我父親的寶貝。

諮商師：你似乎嫉妒哥哥，你覺得他受到你父親很多的關注。

當事人：是的，他享有了所有的榮耀，……與注意。他們一直在談申請大學獎學金的事，而妹妹們也在體操上表現不錯，我在家中如廢物。

諮商師：即使懦弱與無權勢仍然會受到社會的關注，你似乎想經由參加運動球隊，以便獲得父母及兄妹的注意。你認為你如果是籃球明星，你又將如何？

當事人：這將是我所願，父母將會熱切地看我的表演，每一個人都會為我喝采。

諮商師：我想多數的人都會注意與喜歡你的，每一個人都希望受到注意。李伯，當你的父母與同學都在注意你的時候，你將會做什麼？

當事人：他們會注意我，當然很好啊！

諮商師：那你又如何吸引他們的注意？

當事人：在班上我沒作任何事，我只是坐在後面等待，我會作一些好笑的動作，其它同學會哈哈大笑，而老師會顯得很生氣。

諮商師：然後呢？

當事人：老師說我不如我哥哥，我表現不佳。

諮商師：你不像你的哥哥？至此你好像很有力量似的，但你在班上表現一些負面的行為想引起人家注意，所以當然會與你哥哥的不一樣。

（諮商師在強調李伯在班上仍擁有權力，隨之再轉向李伯的家庭與社會興趣）。

諮商師：你如何在家中被人注意？

當事人：我對父親與哥哥開玩笑，我會誇大他們所犯的錯誤，我想那很好笑，但他們認為我很狂妄，也不理我，他們說我像小孩。

諮商師：你要試著用玩笑僞裝你的憤怒，但卻疏遠了他們，這似乎不是你所願。

當事人：這不會傷害他們，他們不在乎我所作所爲。

諮商師：這就是要點，你想要人家注意，但你的方法卻打敗了你的目標，並且疏遠了你與父兄的關係，也許你的幽默是你想超越你哥哥的一種補償方式，你的方式代價太高，你似乎想讓家人覺得你很優秀，你想要擁有權力去掌握此種關係。

當事人：我不知道我爲何要比別人優秀，我害怕他們不喜歡我這樣。

諮商師：這可能是你想要補償你的自卑的一種方式，我想你可以用較適宜的方式去獲得他人注意與達成自己的目標。

當事人：我同意，……我一直想干擾他人，我想我的目標是：我想成爲一位明星。

（此時李伯開始注意到他是如何試圖經由超越他人，以便補償自己的懦弱。諮商師隨之再重新界定李伯的目標，以及個人的資產與不足之處。）

當事人：我已經不會再在班上開玩笑了，也不會對兄姊開玩笑。事情似乎很好，我想我有運動天分，同時我的短篇故事別人也說寫得不錯，我可能是全校寫得最好的人。

諮商師：我想這些活動的報償有助於你把它們納入生活型態之中，你想在寫作上面超越他人嗎？

當事人：我想向雜誌投稿，如此我會顯得優於他人。

諮商師：你的文章如果被發表了，你會怎麼辦？

當事人：別人與家人會繼續讚美我，看重我。

諮商師：所以你一直想要他人知道你是一個不錯的人，而非單單想滿足自己的願望而已？

當事人：我知道你的意思，我仍想要別人更多的注意與認同。

（李伯後來知道他想要尋求超越，以便自我補償，諮商協助他導向較健康的人生目標上，使他經由與同學及家人的良好關係，而維持社會興趣）（個案資料修改自：*Tosi et al., 1987, pp. 67－70*。）

第五節　阿德勒式諮商的應用、貢獻與限制

壹、應用與貢獻

個體心理學是一個重視主觀、目的論與統整性的諮商方法，重視個人的家庭與社會文化，以及個人獨特生活經驗的影響力，雖然不忽視過去與早年記憶的作用，但更強調個人虛構的目標、尋求超越、社會興趣與未來期盼的功能，個人有自由與自主權力去爲自己作抉擇，過自己喜歡的生活方式，人是具有積極發展、並朝向自我實現的方向的可能。

在諮商過程中，阿德勒式諮商重視平等、安全、瞭解、承諾與投契氣氛的建立，諮商的目的在於協助當事人重新導向，是具有教育性、積極性、前瞻性與樂觀性的諮商或治療方法。

另外，由於阿德勒式的諮商技術與策略多樣化，因此，它受重視的程度日復一日，對後來的諮商理論，如個人中心治療法與完形治療法等都有極大的影響作用。阿德勒式諮商目前也被廣泛的應用在兒童與青少年諮商、家庭治療、教師團體、遊戲治療、一般團體諮商之中，其貢獻非常卓著。

整體而言，阿德勒式諮商法有下列的貢獻：

一、對人性採取積極的看法。

二、重視目標與未來的重要性。

三、看重諮商師與當事人關係之建立。

四、所創建的人格結構論點，有助於檢核個人的問題。

五、重視再導向與再教育的功能。

六、各種諮商技術與策略具體可行(*George & Cristiani, 1990; Gilliland et al., 1986; 1989; Tosi et al., 1987*)。

貳、限制

阿德勒式諮商雖然是一個日益受重視與推崇的諮商模式，但其缺點亦不可免。其缺點之一是相關實效性的驗證效果仍然不足，阿德勒所建構的人格理論，如自卑、社會興趣、虛構的目標等仍難以具體評核。某些名詞與概念仍不甚清晰亦是缺點之一，如基本錯誤、家族星座等仍不甚明確。另外，阿德勒式諮商模式強調社會興趣與個人的人生導向，忽視潛意識、親子關係、個體認知與思考等的作用，亦有所不足。

在諮商歷程方面，阿德勒式諮商基本上是屬於教育性的，欠缺深層的情感投入，雖然也強調支持與鼓勵的環境氣氛，但諮商技術與策略有太多批判意味，可能只適宜年齡較大的當事人。

本章提要

1. 阿德勒式治療法乃是以阿德勒所建構的個體心理學發展而成的。阿德勒的個體心理學與希臘的斯多亞主義、康德與尼采的哲學有密切的關係，他的哲學基礎與論點與佛洛伊德學說有明顯不同。
2. 阿德勒為猶太人，1870 年生於維也納潘茲格，因幼時孱弱與弟弟去世，乃立志學醫。最初加入佛洛伊德之維也納分析學會，但基於自身之生活體驗而不認同佛洛伊德理論，尤其反對佛洛伊德之性學觀點。他強調個人主觀意識與經驗的重要性，因而於 1910 年請辭精神分析學會主席，自創個體心理學會。
3. 阿德勒的著作眾多，其主要貢獻有四項：(1)建立個體心理學；(2)激勵後來人文心理學運動的發展；(3)建立系統心理治療法；(4)以統整性的觀點看待人性與人的問題。
4. 阿德勒的個體心理學重視理性邏輯歷程與虛構的目標。阿德勒個體心理學的哲學基礎，以及對人性有下列主要論點：(1)人格是個體獨特性與自我一致性的統一體；(2)人的行為具有目的性與目標導向性；(3)人類活動的基本動力是由一種「減的情境」轉向「加的情境」，亦即由自卑轉向超越、完美與整體；(4)個體有追求成功，解決問題的傾向；(5)人是社會性的；(6)社會興趣是對他人的一種關懷；(7)每個人可以創造屬於自己的生活型態；(8)健康的個人社會興趣是人類至高的情境；(9)自卑感仍存在於所有人之中；(10)人生因活動程度不同而有不同類型；(11)隸屬感是人類生存的基礎；(12)欲瞭解個體的行為必先瞭解個體內在參考架構。
5. 個體心理學強調人是一個統一體、是不可分割的整體，個人具有獨特性與一致性。對於人格結構之概念，阿德勒將心靈視為一棵綠樹，潛意識是根，意識是綠葉；而心靈大部分屬於意識部分。
6. 阿德勒相信人不只受滿足個人慾望的驅力所支配，還受社會責任與尋求動機的力量所影響。而個體一直在追求自我實現，同時也期待過較好的生活。
7. 阿德勒相信人格是遺傳和環境交互作用的結果，但是人可以決定自己的行為。

阿德勒對人格有以下幾個觀點：(1)人文觀點；(2)統整性觀點；(3)現象學觀點；(4)目的論；(5)場地論；(6)社會導向論；(7)選擇性觀點；(8)精神性觀點；(9)家族性觀點；(10)操作性觀點。

8. 阿德勒學派的人格理論有五大重點：(1)生活目標；(2)自卑與超越；(3)社會興趣；(4)生活型態；(5)家族星座。此五點同時也是諮商與治療者需要關切的領域，諮商與心理治療的目標之一，就是幫助當事人對自己的人生重新導向。
9. 阿德勒學派基本上是屬於目的論者，認為人格的形成與適應並非受制於過去與潛意識歷程的作用，而是受到個人的人生目標、對未來的期望、與終極理想的影響。阿德勒相信人存有一個「虛構的目標」，而且每一個個體都有能力創造自己虛構的目標。
10. 阿德勒依據個體活動的程度與社會興趣的高低將人分為四類，分別是(1)支配型：高活動程度、低社會興趣；(2)取利型：低活動性、高社會興趣；(3)逃避型：低活動性、低社會興趣；(4)正常型的個體：高活動性、高社會興趣。
11. 阿德勒諮商與治療的目標如下：(1)建立與維持均等之諮商關係；(2)分析當事人之生活型態；(3)解析當事人之生活型態；(4)重新導向；(5)激發社會興趣；(6)減低自卑感；(7)改變錯誤動機；(8)改變人生知覺與目標；(9)幫助當事人認識人際均等性；(10)幫助當事人對社會有所貢獻。
12. 阿德勒學派治療的目標是「再教育」，其諮商主要有四個歷程：(1)瞭解當事人；(2)評估與分析；(3)洞察與解析；(4)重新導向。
13. 阿德勒諮商有下列幾項技巧與策略：(1)基本技巧；(2)矛盾意向法；(3)面質法；(4)檢核優先次序法；(5)特殊技巧。
14. 阿德勒諮商與治療較強調的基本技巧有四種，依序是傾聽與反應技巧、解析、立即性、以及非語言的行為分析。
15. 阿德勒認為個人生活的優先次序有四大類：(1)卓越型；(2)控制型；(3)舒適型；(4)任意型。
16. 阿德勒諮商之特殊技巧有：創造想像法、掌握自我、角色扮演、按鈕技術、麥達思技術、以及行為代價法。

班級活動

一、寫下個人五項最感自卑的特質或事物，再分析此種自卑的來源，隨之再將個人的體驗與他人對照、比較，並歸納全班同學最感自卑的項目。

二、說明自己有那些長遠或虛構的目標，並分析爲何有此目標，它們有可能達成嗎？如果不能，要如何調適？

三、分組分享個人的社會興趣，並討論社會興趣與社會關懷、社會參與、社會奉獻、社會改革相同嗎？

四、下列有一個個案，請共同分析與討論：

「我是林火生，今年十九歲，去年大學聯考沒考上，到台北來補習，其實補習是我爸爸的意思，我一直對重考提不起興趣。我爸爸在菜市場賣菜，我看他賺錢辛苦，一直想早一點去賺錢爲家裡分擔經濟上的困難。從小我就有很深的自卑感，我羨慕其他同學有當課長、校長、主任的爸爸，而我沒有，小學畢業典禮時，爸爸來參加了，我一直感到這是我最大的一次創傷經驗，因爲爸爸是穿拖鞋來的，而我們老師曾經說過，好國民不可以穿拖鞋上街。我也害怕我們班上同學到我家，因爲我家連一套沙發都沒有，我也害怕以後交女朋友，我害怕她有一天發現了我的窘境會如何地逃走。雖然最近坐在我附近的王淑娟對我很關心，但我一直離她遠遠地，一直冷漠的對待她，其實她是一位善體人意的可愛女生，但我就是想離她遠遠地，我害怕……」（資料來源：黃德祥，民 76）。

林火生他來找你諮商，在他談了上面一段話以後，你如何來協助他？你想阿德勒學派的理論，可以用在這個案例上嗎？現在請你作下列的分析：

㈠對林火生的問題成因作分析。

㈡爲林火生訂立輔導計畫。

㈢如果你是林火生，你如何力求自我成長？

㈣依你看，林火生有自卑感嗎？這些是他生長所必須經歷的嗎？抑或他個人所特有？

㈤當環境無法改變時，林火生應當如何自處？

問題討論

一、請比較說明佛洛伊德與阿德勒人格理論的異同。

二、請說明阿德勒治療法的過程。

三、請說明個人生活型態與諮商的關聯。

四、請敘述阿德勒治療法的主要策略與技術。

五、請評述阿德勒治療法的優缺點。

第五章

個人中心諮商理論與技術

第一節　個人中心諮商理論的發展

個人中心諮商與心理治療理論對於整體諮商與心理治療之發展貢獻卓著，影響層面極爲廣泛，近代諮商與心理治療工作者不管是否奉行個人中心理論，但無不承認個人中心理論的觀點與技巧對他們的啓發與指引作用。羅吉斯(*Carl Rogers*)一生所建構的個人中心諮商與心理治療理論，體系嚴謹、立論能旁徵博引、在實務上又具體可行，稱它爲所有諮商與心理治療理論的核心亦不爲過。在心理學上，羅吉斯的理論又與精神分析及行爲學派鼎足而三，號稱心理學的第三大勢力(*Third Forces*)，在教育、精神診療、企業管理、團體工作、宗教、政治與種族問題等各方面，都有廣泛的影響力，可視爲本世紀偉大的思想體系之一。

壹、羅吉斯與個人中心諮商法

羅吉斯於 *1902* 年出生於美國伊利諾州一個具宗教信仰的大家庭，他的父母是虔誠的基督徒，父親是一個土木工程師，由於二位哥哥致力於宗教服務，羅吉斯在幼年時也受他們影響，勤研聖經與宗教教義。他曾與文豪海明威(*Ernest Hemingway*)就讀同一所小學，在小學時，羅吉斯就是一位成績優異的學生，由於他感受敏銳，在小學時顯得孤單，並有些反社會行爲，且常受同學與兄弟的嘲笑。高中時代，他的父母搬家至芝加哥西部，羅吉斯開始對農學與科學感到興趣，蒔花種草成爲他一生的嗜好。

1919 年羅吉斯高中畢業，進入美國威斯康辛大學就讀，主修農學，大一開始，他非常喜歡宗教，對農業的興趣漸少，大三那年他參與了

甚多的校園宗教活動，並且花了六個月時間，參加基督教學生宣達團(*Federation of Christian Students*)到中國北京傳教。此次出國訪問使他接觸了一些年輕的宗教領袖，並使他的思考更加的自由，宗教觀點也與父母日益不同，此次的出國也使得羅吉斯表現得更加自信，當他重回威斯康辛大學就讀後，他就參加了兄弟會(*Fraternity*)，成爲一位積極進取的學生。

羅吉斯早年很害羞，因此在交女朋友上勇氣不足，直到後來認識了海倫伊莉奧特(*Helen Elliott*)，才展開追求，兩人於 *1924* 年結婚，羅吉斯時年 *22* 歲。此後兩人搬至紐約，並參加了神學研究班，此時羅吉斯並至哥倫比亞大學選讀了一些心理學與教育的課程，他深受當時正興盛的進步主義的影響，因此就與宗教的固定信仰漸行漸遠。*1926* 年羅吉斯乃下定決心進入哥倫比亞師範學院就讀，主修心理學與教育，*1927* 年他獲聘擔任紐約市兒童輔導研究所的研究員，並繼續在哥大攻讀博士學位。在兒童輔導研究所工作期間他參加了阿德勒的一次演講，他頗受感動。

1931 年羅吉斯自哥倫比亞大學畢業，獲頒哲學博士學位(*Ph. D.*)，他先前已轉任紐約羅徹斯特(*Rochester*)受虐兒童預防學會工作，他非常喜歡教書，*1935* 年至羅徹斯特大學教授社會學。此時他出版了生平第一本著作「問題兒童的臨床治療」(*The Clinical Treatment of Problem Child, 1939*)。*1940* 年他應聘至俄亥俄州立大學任教，*1944* 年他回到紐約擔任聯合服務組織諮商服務部主任，一年後他再獲聘至芝加哥大學籌設諮商中心，直到 *1957* 年。在芝加哥大學期間是他一生著作生產的高峰，「非指導技術」(*non-directive technique*)就是在此時所發展的。*1957* 年他再獲聘回威斯康辛大學任教。*1964* 年再至加州西部行爲研究所(*Western Behavioral Science Institute*)工作，隨後創立個人研究中心(*Center for Studies of the Person*)於加州拉佐拉(*La Jolla*)。羅吉斯晚年都在俄亥俄大學任教。羅吉斯的論著與思想的發展主要有下列四個階

段：

一、非指導治療階段

1940 年代羅吉斯出版「諮商與心理治療」(*Counseling and Psychotherapy, 1942*)一書，倡導非指導性的治療法，當時治療界以精神分析及特質因素論為兩大陣營，羅吉斯將心理治療開啓了另一扇窗。

二、當事人中心階段

「當事人中心治療法」(*Client-Centered Therapy, 1951*)一書出版後，又將羅吉斯的理論帶入另一個層次，本書更加深入的討論人格與自我觀念、目標與個體的關係，羅吉斯在這本書中特別強調治療者只是如鏡子般在反映當事人的內容而已，敏銳的同理心是促使當事人成長的動力，治療的責任在於當事人而非治療者。

三、個人中心階段

1970 年代開始，羅吉斯又將他的理論擴展成為個人中心治療法，著重反映式心理治療(*reflective psychotherapy*)，以及經由治療者的態度與行為促進當事人的成長，他強調治療是人對人的關係(*person-to-person*)而非助人者對被幫助(*helper-to-helpee*)的關係。因此，他的理論改稱個人中心治療法。

四、權力探討階段

在第四個階段中，羅吉斯注重個人在治療中與生活環境中權力的運用，以及權力對個人適應的影響。他也開始由權力的觀點出發，致力於宣揚和平的觀念，甚至期望經由諮商與治療能解決人類的紛爭(*DiCapprio, 1983; Gilliland et al., 1986; Goodyear, 1987*)。

羅吉斯的其它重要著作包括「論人的成長」(*On Becoming a Person,*

1961)；「學習的自由」(*Freedom to Learn, 1969*)；「卡爾羅吉斯論會心團體」(*Carl Rogers on Encounter, 1970*)；「存有的方式」(*A Way of Being, 1980*)；「卡爾羅吉斯論人的權力」(*Carl Roger on Personal Power, 1977*)等，可說洋洋灑灑，成就非凡。羅吉斯不幸於 *1987* 年逝世。

貳、個人中心諮商的哲學基礎

羅吉斯思想的發展雖經歷了前述的四個階段，但基本上都是以人爲本位、胸懷人文精神，堅持人有積極向上、向善發展的可能。他認爲人有「形成性傾向」(*formative tendency*)與「實現性傾向」(*actualizing tendency*)的兩大可能性。形成性傾向是指個體或宇宙事物都有由簡單形成更爲複雜的傾向，尤其人類的意識是由原始的潛意識逐漸成爲高度有組織的覺察狀態。實現傾向則是指人類有朝向實現個人潛能、創造自我、改變自我概念與增進自我導向的積極可能，個人成長與發展的動力在於是否能處於眞誠、無條件接納與有同理心的環境中。眞誠、接納與同理心是個人成長必要且充分的要件。

羅吉斯(*Rogers, 1959a*)曾指出，他的理論體系共有下列 19 個命題，這些命題形成了他的理論的根基，也是他思考的重心。

一、每一個人都存在於一個持續改變的經驗世界中，個人同時是這個世界的中心。

二、有機體會對他所經驗與知覺的場地作反應，對個人而言，知覺場(*perceptual field*)就是「現實」(*reality*)。

三、個體的反應是以有組織的整體對現象場(*phenomenal field*)作反應。

四、有機體有基本的傾向與追求，亦即在追求實現、維持與擴展有機體的經驗。

五、行爲基本上是具目標導向性的，主要在滿足需求。

六、情緒會伴隨並催化著目標導向行為的發展，情緒與維持和擴展個體的行為有關。

七、瞭解個人行為的最佳方式是瞭解他的內在參考架構（*the internal frame of reference*）。

八、整體的知覺場會逐漸地分化成自我（*self*）。

九、由於與環境互動，尤其是與別人評論性互動（*evaluational interaction*）的結果，自我的結構乃形成，自我是一個有組織、流動性的，但一致的知覺類型，並與主格的我（*I*）或受格的我（*me*）有關。

十、價值與經驗相隨，價值是自我結構的一部分。

十一、個體的人生體驗具有下列特質：㈠具象徵性、知覺性與組織性；㈡倘與自我並無知覺的關係，則將被忽視；㈢如果經驗與自我結構不一致，則會否定象徵性或歪曲象徵性。

十二、多數的行為會由個體加以調適，並使之與自我概念一致。

十三、行為在某方面是由個體的經驗與需求所帶動，這些行為與自我的結構不一致，不過不一致的行為不歸個體所有。

十四、心理的不適應來自於個體否定重要的知覺與感官經驗，不被象徵化並形成自我結構的一部分，此種情況發生會造成基本上與本質上的心理緊張。

十五、心理的適應來自於個體將所有的知覺與感官經驗以象徵性的方式融入了自我結構之中，並與自我概念一致。

十六、任何與自我組織或結構不一致的經驗，會被視為是一種威脅，此種知覺愈多，自我結構就愈頑固。

十七、在特定的情況下，自我結構會經驗到不一致，並會加以檢查，自我結構會自動加以修正，以吸收這些不一致的經驗。

十八、當個人要將他的感覺與感官經驗納入成為一致與統整的體系時，個人必須更加瞭解他人，並把他人視為一個分離的個體。

十九、當個人的知覺納入自我結構之後，他的現時價值體系也會隨之改變(*Rogers, 1959a; pp. 483-524*)。

基本上，羅吉斯認爲人要有所改變，成爲適應良好或功能充分發揮的人，需要有下列的條件：

一、個人必須把自己視爲與衆不同的人。

二、他需要充分地接納自己與他的情感。

三、他能更自信與自我導向(*self-directing*)。

四、他更能成爲他所希望變成的人。

五、他的知覺能更有彈性、較少頑固。

六、他能調整更適合自己的現實目標。

七、他的行爲更有成熟度。

八、他能改變不良適應的行爲。

九、他更能接納他人。

十、他更能對內外在自我有關的資訊開放。

十一、他能以建設性的方式改變他的基本人格特質(*Rogers, 1959b; p. 232*)。

基本上，羅吉斯是借助於現象學的觀點，重視個人的現實知覺，他的人性觀接近阿德勒的論點。羅吉斯並以「自我」爲關注的焦點，因此他的理論又被稱之爲「自我理論」(*self-theory*)。羅吉斯相信每一個人都有其價值與尊嚴，自我概念是自我知覺的中心，每個人都有自我主觀的世界，可以成爲成長、健康、適應、社會化、獨立與自我實現的個體。自我實現傾向是人類的根本動機所在，個人有能力去實現自我，成爲一位功能充分發揮的人(*fully functioning person*)。羅吉斯也相信人是善良、可信賴的、且有建設性發展的可能(*George & Cristiani, 1990*)。

第二節　個人中心諮商法的人格理論

壹、自我概念與功能充分發展

羅吉斯對於人格改變之可能性的關心甚於人格特質結構。依照個人中心治療法的論點，個人是有獨特的能力去充分發揮他的潛能，人具有天生的智慧(*inherent wisdom*)，在嬰兒時期甚至就可以區分好與壞，遺傳的力量促使個體努力去維持與擴展人生。兒童時期自己對自己的看法就逐漸形成，羅吉斯認為自我概念是由經驗、價值、意義與信念所形成，自我概念形成之後，個人就會有二種伴隨著的需求：一、自我實現傾向；二、積極的自我關注(*positive self-regard*)。因此自我概念是整個人格的核心，自我概念的發展來自於持續地與環境互動，在自我概念形成中，個人會併入重要他人的價值觀念，但同時會有錯誤知覺或歪曲他人價值觀念的可能，個體會努力地尋求平衡與一致性，把與自我結構不相符的經驗加以排除。自我本身就是一個歷程(*self as process*)，羅吉斯認為自我經由經驗不斷地修正，自我也是一個動力與改變中的結構(*Rogers, 1959a*)。

基本上，自我概念就是個人對我是怎樣的一個人的整體看法，自我概念形成之後，改變並非簡單，除非在被接納的氣氛中，容許個人自由地表達焦慮、恐懼與被拒絕的經驗，否則自我觀念容易固著。

理想自我(*ideal self*)是自我的次級系統，理想自我就是指個人所想要變成的理想樣子。理想自我與知覺自我(*perceived self*)之間的差距可以顯示人格的不一致與不健康狀況。心理健康的人理想我與知覺我之間的差距很小。羅吉斯認為唯有個人能夠覺察，否則自我概念與理想我都不存在。覺察是指我們經驗到的象徵性表徵(*symbolic representation*)，覺察亦即是意識，或是象徵性作用。羅吉斯認爲能夠覺察到他正在經驗之中，則可以成爲功能充分發揮的人。

功能充分發揮的人擁有較積極的人格特質，如，自我瞭解、具創造性、自發性、對經驗開放、自我接納、自我決定，不受限制、生活在現在之中、潛能有發抒管道、信任自己的機體、擁有堅固的認同感、避免僞裝、能自由選擇、不會投射、能自我導向、有處於歷程之中的意願、能存在式的生活(*DiCapprio, 1983; Rogers, 1961*)。相反的，自我不一致的人則沒有與自我接觸、缺乏堅固的認同感、會投射、有挫折的衝動、負向情緒、扭曲式的自我破壞、反社會行爲、戴面具、不切實際地評量潛能等。羅吉斯相信，當人有獨特的覺察能力時，就較能充分地發展自我。

羅吉斯相信，人是非常理性的動物，當人能適當的發揮功能，他們的行爲就不會恐懼、不會反社會、不會自我破壞。甚多的人要求達成太多不可能達成的目標，或者行爲過於僵硬。羅吉斯相信，良好的人生需要有各式各樣的體驗，生活必須敏銳、有變化、豐富與具深度經驗，良好生活本身難以用字句加以描述，因爲好的生活是有勇氣去追求、掌握與發展個人的潛能(*Rogers, 1961; 1980*)。

除此之外，倘個人往積極的人生方向發展，將會具有下列的特徵：

一、持續地處於改變與行動歷程之中。

二、信任直覺、情感、情緒與動機。

三、能參與經驗而非當經驗的老板，或控制它。

四、讓經驗能有所進展，能與複雜的經驗如水流般漂動，不致導向錯誤界定之目標上。

五、能朝向行爲目標前進，但不強迫計畫與選擇。

六、順從感覺良好的途徑前進。

七、生活在此時此刻中（亦即有存在的生活著）。

八、對經驗有較高度的開放。

九、更能眞誠、眞實與一致性。

十、更能接近情感與自我，自己是人生旅行的重心。

十一、接納與鑑賞眞實的自我。

十二、增加積極自我關注（眞誠的喜歡與同情自己）（*Rogers, 1963; 1980*）。

貳、成長的條件與人的發展

羅吉斯的自我人格理論有三個相關聯要項：一、有機體(*organism*)；二、現象場(*phenomenal field*)；三、自我(*self*)。有機體是個體的全部總合，現象場是代表個人經驗的總合，自我則是能區分現象場，能意識到主體與客體的我。有機體對現象場作反應，主要的動機在於維持與實現自我。現象場則包含意識與潛意識的經驗，自我的發展來自於與環境不斷地互動。

綜合而言，個人中心治療法相信人是具有理性、建設性、積極、獨立、現實性、合作性、信任、接納、向前移動與充分發揮潛力等特性。對於人的成長，涉及下列十五個重要概念：

一、實現的傾向(*actualizing tendency*)：羅吉斯認爲實現的傾向是個人與生俱來，具有實現傾向是維持與促進個人的成長之所必需。

二、價值的條件(*conditions of worth*)：個人的價值繫於個人能以重要他人的價值經驗爲基礎，形成自尊。重要他人的價值經驗蘊含正向與負向的可能。

三、一致性(*congruence*)：當個人的行動、思考與情感狀態能夠協調一致時，就具有一致性，此時個人的經驗能統合進入自我概念之中。

四、同理的瞭解(*empathic understanding*)：羅吉斯認爲當一個人在認知與深層情感上，能與他人有相似的感受，同時尚能維持個人的獨立，就具有同理的瞭解，亦即感覺「好像」(*as if*)與他人一樣。

五、經驗(*experience*)（名詞)：經驗是所有認知與情感事件的要素，經驗使人能夠深入的覺察自己。

六、體驗(*experience*)（動詞)：體驗是對於發生於現實狀況中的各種事件能有感官與生理知覺。

七、眞誠(*genuiness*)：一個眞誠的人，在理想我與知覺我之間並無差異，他的行爲與情感是透明沒有僞裝的。

八、有機體的價值歷程(*organismic valuing process*)：有機體的價值既不固著，也不頑固，他能敏銳的知覺，不斷地更新、評價，並以實現的傾向當作價值評定的標準。

九、積極關注(*positive regard*)：積極關注乃是對於他人能以溫暖、喜愛、尊重與接納的態度加以對待，亦即是能以積極的方式看待人我的不同。

十、積極自我關注(*positive self-regard*)：積極自我關注係個人能不依靠重要他人的知覺而能以積極的態度看待自己。

十一、自我實現傾向(*self-actualization tendency*)：自我實現傾向是個人朝向充分發展的方向前進，以便發展潛能。

十二、自我概念(*self-concept*)：如前所述，自我概念係個人對於自己的看法，也是個人整體內在自我的總合。

十三、自我經驗(*self-experience*)：自我經驗乃是個人知覺場中任何與自我、主體我與客體我有關的事件。

十四、無條件積極關注(*unconditional positive regard*)：無條件積極關注是完全接納另一個人的要件，係指能沒有歧視的看重、關切別人，積極的尊重與關心別人的福祉。

十五、無條件自我關注(*unconditional self-regard*)：係指對自我能不加條件的尊重與關切(*Gilliland et al., 1986; 1989; Rogers, 1959; 1961*)。

相對的，適應不良的人就是經驗知覺扭曲或否定、自我與經驗不一致、現實與理想差距過大、社會經驗與自我概念不一的人。

羅吉斯對於人格的發展並沒有提出階段性的看法。他對人格發展的論點集中在經驗與知覺上面，假如個人自我觀念負向、自我價值感低、或否定自我形成一種型態，則個人會感受到威脅與焦慮，將因而增加個人的不安。會逃避認識個人的威脅性經驗，並會把自我破壞性的感受投射到他人身上，例如當個人對自己感到憤怒時，會以為別人也在生氣，當個人看不起自己時，會認為別人也看不起他。個人經驗與知覺的不一致也會干擾人際關係。

羅吉斯認為當事人能自我導向、開發個人內在的資源與潛能時，才能成為一位具有功能的人。心理健康的人就是具有自發性、渴求去實現自我的理想、不否定與歪曲現實的人。心理適應良好的人意謂著能夠調適自我的知覺，使之與經驗一致，他們並且能不斷地尋求經驗，以擴展自我、更能接納自己、積極地關注他人，並使理想我與現實我相聚合，自我功能充分發展的人就是能積極體驗人生、瞭解自我、擴大自我覺察力與不斷探索人生各種可能性的人（*Greve, 1985; Rogers, 1961; Tosi et al., 1987*）。

第三節　個人中心諮商的目標、助人關係與歷程

壹、諮商目標

個人中心諮商的目標在於幫助當事人充分發展他們的功能，是關心「人」而非「問題」，期望當事人能成長與改變，能對經驗開放、相信自我的知覺、自我探索與評估，同時也希望當事人能更加地接納自我與別人，並且能在此時此刻中作最佳的抉擇，最終目的是協助當事

人能認識、使用與統整他們的資源，並發揮潛能(*Rogers, 1961; 1977*)。

個人中心諮商或治療，事實上就是以現實的情感、經驗與人際互動爲焦點，相信健康的人需要別人積極的關注，如愛、溫暖、接納與關懷。諮商與心理治療目標不在於協助當事人解決問題或作立即的改變，而是以協助他們澄清自我概念，以便自我瞭解、自我探索與自我發展。個人中心諮商的目標在於催化或激發當事人本身成長的動力，而不是診斷與解決問題或症狀。個人中心諮商理論最與衆不同的是，相信當事人具有積極向上、向善發展的可能，當他能處於接納、同理、眞誠、一致的人際氣氛中時，他就能積極的成長與發展，基本上，相信諮商的關係甚於諮商的技術，是典型的情感取向的諮商理論(*Gladding, 1992; McWhirter & McWhirter, 1991*)。

此外，個人中心諮商的目標是在於協助當事人能成爲具有現實自我知覺、更相信自己、能自我導向、能更積極的評估自己、較少壓抑自己的感受與經驗、能有更成熟、具社會性與適應的行爲，並且統合現實我與理想我，最後成爲一位功能充分發揮的人(*Gladding, 1992; Tosi et al., 1987*)。

貳、助人關係與歷程

個人中心諮商與心理治療特別重視諮商助人者與當事人之間良好關係的建立。羅吉斯相信，諮商師與當事人的關係本身就是諮商歷程的根本要素，當當事人能知覺到他能同理地被瞭解、能接納自我、能探索自己的各種可能，當事人本身就能成長與改變。諮商歷程就是一連串或一套「片刻對片刻」(*moment to moment*)的經驗、思想、情感與心理反應的組合，由諮商師與當事人良好關係所形成的情境就是一種「動力」(*dynamic*)的經驗，有助於當事人擴展自我的覺察力與探索自我的各種可能性(*Rogers, 1961*)。

在個人中心諮商與治療的歷程中，就當事人的經驗而言，會經歷七個層次，這七個層次也是諮商進步的歷程現象：

一、在諮商關係中改變情感（Change in the Relationships to Feelings）

在諮商的早期階段當事人尚不能認識個人的情感。情感與思想和他人孤立，當事人處於不一致狀態（*incongruence*），稍後才會慢慢地知道自己的情感與思想，並能較正確與敏銳的和自己溝通。

二、改變對經驗的態度（Change in the Manner of Experience）

在較深層階段，當事人能考慮本身的體驗與信任較深層的情感，當事人變得較少對自己負向的思想、情感與行爲感到恐懼，同時當事人也有較高的願望去認識與經驗自我的情感，當事人會逐漸地認識與面質個人現實自我與理想自我的不同。

三、改變個人結構（Change in Personal Constructs）

在諮商或治療開始，當事人的自我及其世界的結構或體系較爲頑固與教條化（如我要追求完美，別人恨我等），隨著諮商的進展，當事人開始面質自己的個人結構，並開始較不頑固的重新建構自我與其世界，當事人也開始能反映個人的信念。倘當事人有較高層次的體驗，則當事人會把自己的個人結構視爲是具試驗性與有彈性的，而非一成不變的。

四、改變自我溝通（Change in Self-communication）

諮商開始，當事人可能只會談論影響他們的外在條件，他們沒有太多意願談論他們自己，隨著諮商的進展，當事人會較有彈性的作自我溝通（如，事實上是我在欺騙別人），以「主體我」（*I*）當作知覺場的主角，而非把自己當作是失去意識的「客體我」(*me*)，同時當事人能更瞭解自己主觀與獨特的經驗。

五、在關係中改變問題(Change in Relationship to Problems)

在改變的連續體中，當事人並無法全然的瞭解他們的問題對他們的影響。在諮商關係中，當事人會逐漸地正視來自於他們內在的問題，而非來自於外在的問題，他們也體察到他們對問題的情感，假如當事人能接納問題相關聯的情感，將會有較建設性的行動。

六、改變人際關係(Change in Interpersonal Relations)

在諮商進展中當事人的體驗會移向人際親密的課題上，當事人慢慢地不會害怕與人作親密的接觸，當事人也逐漸地學習到冒險表達眞實的情感是安全的。當事人進而發現到他們有勇氣在諮商之中與諮商之外與他人較自在與坦然的接觸。

七、超於結束之體驗(the Upper End of Experience)

在諮商最後階段，個人會較充分與細密地表達親密的情感。當事人會在諮商的「此時此刻」(*here and now*)中解析與瞭解自己的經驗，因而，當事人會更加的一致性、更能統整正向與負向的情感，同時也能更加有效的作溝通，進而成爲更有充分功能的人(*Rogers & Wood, 1974; Tosi et al., 1987*)。

個人中心治療與諮商理論相信，關係氣氛良好的環境一旦存在，個人就能自由地去學習，他們會停止負向與批判的態度，能更充分地經驗自我、會思考一些具建設性的行動。在每一個諮商階段，當事人要自我承擔責任，探索自我。只要關係氣氛良好，當事人就會學習接納自己的思想、情感、經驗、行爲與症狀，並逐漸將新的體驗統合進入自我概念之中。在最後的諮商歷程中，當事人倘有下列的表現，就意謂著諮商接近結束階段，這些表現也意謂著是個人中心諮商與治療的具體目標，或諮商師與治療者對當事人的期盼：

一、個人能有較高的自我關注。

二、心理防衛減少。

三、個人能覺察到經驗的不一致，並加以降低。

四、個人能爲自己的價值體系承擔責任。

五、個人能表現眞誠的情感，而不害怕失去他人的尊重。

六、個人能因防衛的減少而對自我有較現實的看法。

七、理想我與現實我能更密切的結合。

八、個人更能以現實的觀點看待他人，也更能接納自我與他人(*Rogers, 1961*)。

個人中心諮商與治療法的歷程綜合而言，就是在諮商師所提供的關係條件下，協助當事人自我覺察、自我探索、自我接納與自我成長和發展。個人中心諮商的關係要件在第一章中曾述及，包括：二個人心理上的接觸、當事人處於不一致狀態、諮商師一致與統整、積極關注、同理心瞭解，以及溝通瞭解及無條件積極關注。另羅吉斯本人也不斷地指出，諮商的必要與充分條件包括：

一、同理心(Empathy)

諮商師有能力感知(*feel*)當事人，能瞭解當事人的內在參考架構，並將對當事人的瞭解傳達給當事人，高度同理心是促進當事人改變與成長的最根本要素。

二、積極關注(Positive Regard)

諮商能深層與眞誠的關懷當事人，讚賞當事人的存有(*being*)，接納當事人的價值與尊嚴。

三、一致性(Congruence)與眞誠(Genuineness)

諮商師能坦誠與誠摯，放棄角色與面具，「透明」的與當事人相處(*Rogers, 1961; 1975; 1980*)。

倘若諮商要有積極的效果，諮商師需要有先於當事人的要件：一、能有內在自由與眞誠的情感，並且能表現有容許當事人感受自由與眞誠的意願；二、不將外在的價值與標準加諸於當事人身上；三、努力在諮商過程中展現對當事人的眞誠；四、聆聽與對當事人作反應，並能溝通同理心的情感；五、透過文字、語言與非語言溝通，將他們對當事人的接納、瞭解、尊重、讚賞傳達給當事人；六、對每一個新的諮商關係都視為一個新的、有趣的與積極的冒險；七、努力將無條件的積極關注傳達給當事人；八、相信他們的眞誠表現；九、讓當事人知道，他們的語言與非語言線索與訊息正被「敏銳地」(*accurately*)與「完全地」(*fully*)傾聽著；十、確信他們的語言與非語言訊息與反應能敏銳的反映當事人的情感與訊息；十一、讓當事人知道，他們被相信是一位負責任與自我導向的人；十二、營造良好的氣氛，使當事人在此氣氛中能體驗到新的行為(*Gilliland et al., 1986; Gilliland, James, & Bowman, 1994*)。

至於當事人的改變歷程則有七個主要階段，羅吉斯曾發展了一分歷程量表對當事人的七個改變歷程作評量：一、情感與個人意義；二、經驗的態度；三、不一致的程度；四、自我溝通；五、解釋經驗的態度；六、與問題的關係；七、與他人關係的態度(*Meador & Rogers, 1979*)。另外，個人中心諮商也利用 Q 分類技術(*Q-sort technique*)作為評量當事人的改變與成長情形，當當事人的現實我與理想我一致時，則表示諮商有了效果。

第四節　個人中心諮商法的策略與技術

個人中心諮商法重視諮商師的特質、諮商關係的建立與諮商歷程的重要性，對於諮商技術就少單獨闡述，羅吉斯甚至認爲諮商關係的必要與充分要件，如同理心、積極關係、眞誠與一致，本身就是技術(*Rogers, 1961*)。甚至個人中心取向的諮商策略與技術是後來信服羅吉斯學說的學者所發展而成的。如卡克夫(*Carkhuff, 1969a;1969b*)曾指出要發揮人際功能有七個基本的條件：一、同理心；二、尊重；三、眞誠（一致性）；四、自我表露(*self-disclosure*)；五、具體化(*concreteness*)；六、面質(*confrontation*)；七、立即性(*immediacy*)。卡克夫並發展了系列量表，用以檢核這七種重要助人技術的層次，卡克夫的助人技術訓練內容與評量表成爲爾後各學派諮商師教育與訓練的基本技術（本書第十二章中將會再詳述）。卡克夫之後仍有甚多學者對個人中心諮商技術作甚多的闡述與引伸應用（如：*Comier & Comier, 1985; 1989; Egan, 1975; 1986; Ivey, 1988; Ivey, Ivey, & Simek-Downing, 1987*）。以下將只敍述羅吉斯本人常用的諮商技術，包括：專注(*attending*)、沈默(*silence*)、澄清(*clarification*)與反映(*reflection*)、尊重與接納、眞誠與一致、同理心，其餘後來學者所引伸發展的技術將於第十二章綜合性諮商策略與技術中再加探討，隨後並以一個實例說明個人中心諮商的技術與策略應用狀況。

壹、主要諮商策略與技術

一、專注

前面已述及，個人中心諮商與心理治療著重營造良好的人際氣氛，讓當事人感受到安全、被接納與被理解。專注技術就是營造此種投契(*rapport*)的一種技術與態度。專注表示專心、一致、集中精神或不分心的充分關注當事人的全部表達或反應。專注技巧可以細分爲：㈠眼睛接觸；㈡面注表情；㈢身體儀態(*body posture*)；與㈣物理基礎(*physical fundametals*)四個要素。艾根(*Egan, 1982*)亦曾以 *SOLER* 一詞代表專注的要項，包括：㈠ *S*（面對面地，*squarely*）：面向當事人；㈡ *O*（開放，*open*）：身體姿態開放自然；㈢ *L*（傾斜，*Lean*）：身體稍向前傾；㈣ *E*（眼睛，*Eye*）：與當事人目光接觸；㈤ *R*（放鬆，*Relaxed*）：態度放鬆。基本上，專注的諮商師能目光與當事人自然地接觸，他們的身體儀態應開放自然，面部表情溫馨關注，身體稍向前傾，且能自然地面對當事人，同時諮商師的態度也要放鬆、不緊張、心無旁騖地聆聽當事人的陳述。

專注的目的就是將諮商師的關注與同理心傳達給當事人，同時也能催化當事人，使他們願意自我陳述與自我探索。

二、沈默

對個人中心諮商法而言，「沈默是金」（*silence is golden*）。沈默的目的是促使諮商師與當事人共同思考所說的話與所看到的事，沈默本身就是一種深沈地同理反應，意謂著當事人需要時間面對自己的問題，諮商師相信當事人有能力處理個人的問題，以及諮商師正處於當事人的面前，準備給當事人充分地支持。沈默的另一功能是能促使當事人作更多的自我表露，願意對諮商師作開放，能夠經驗自我。

沈默技術仍需以專注技術爲基礎，具有專注性沈默(*attentive silence*)效果的諮商，才不致使當事人感到不安、抗拒或偏離主題。由於個人中心諮商與治療強調諮商與治療的焦點在當事人，成長與改變的責任也在於當事人，沈默技術的適當使用，通常都能促使當事人成爲諮商與治療的中心。

三、澄清與反映

羅吉斯特別強調在諮商過程當中，諮商師最重要的責任之一，就是當一面鏡子，能反映當事人的思想、情感與行動，以便當事人能瞭解自我與經驗之間的不一致、現實我與理想我的不協調，以及歪曲或矛盾的自我概念(*Holdstock & Rogers, 1977*)。

澄清就是能在諮商中顯現當事人談話或問題的重點，使當事人能把相關問題的主題或反應表露出來。如下例：

當事人：我不認爲來此與你談話有何效果可言，長久以來，平常我所聽到的與感受到的，好像一切都錯在我。

諮商師：你的意思是說，別人都錯怪了你。

當事人：也不全然是啦，像我媽媽就不會認爲錯在於我。

諮商師：你的媽媽對你比較特別。

澄清的另一種功能就是縮小當事人的現象場(*phenomenal field*)，以便當事人更能察覺自己主觀世界與情緒後果。澄清主要在於重述當事人的思考與情感，能凸顯當事人所述說的話語與相關課題。

反映被認爲是個人中心諮商最有力量的技術(*powerful technique*)，因爲反映技術可以捕捉當事人主觀的經驗，並能使當事人更能知覺諮商師對他的接納與同理瞭解，反映除了如鏡子般的反射當事人的個人意義之外，並強調能激勵當事人更深層的探索情感與內在世界(*Tosi et el., 1987*)。

反映有下列二個重點：

㈠反映情感(reflecting feelings)

將當事人的情感（而非思想、觀念、行爲或意向）反映回去，以不加批評的方式將諮商師對當事人情感的瞭解，反映給當事人，如：

諮商師：從你的表情看來，你對學校與系裡目前的一些措施，非常地不滿。

當事人：的確如此，你看看，我們的設備都不如我以前讀的高中。

㈡反映意義(reflecting meaning)

諮商師能將問題或事件對當事人的意義反映給當事人，協助當事人自我瞭解。卡克夫(*Carkhuff, 1987*)曾提出如下一個有用的反映技術公式：「你覺得（　　），因爲（　　）」，第一個空格可以塡上情感或內容字句，第二個空格則塡上意義，作爲對當事人的思想、觀念、行爲或意向的解釋。例如：

諮商師：對這次期中考心理學的分數，你非常不滿意（情感反映），因爲你很認眞的準備這次考試，而且考題大出你意料之外（意義反映）。

總之，澄淸與反映技術主要在於協助當事人覺察不一致的經驗，鼓勵當事人自我探索與自我表露。

四、尊重與接納

尊重與接納嚴格說來是一種諮商態度與精神，而非技術，但尊重與接納卻是羅吉斯所強調的無條件積極關注與同理心的核心部分，因此有時也被視爲是一種技術。

顧名思義，尊重與接納就是看重當事人的價值與尊嚴，重視當事人的觀點，並能接受當事人這個人，即使他的思想與行爲是多麼的不合邏輯與荒謬。如下例：

當事人：這世界壞人眞多，我眞的厭煩極了。

諮商師：我並不完全同意你的看法，但我能體會你的感受。

當事人：有時候想想，我也不是一個好人。

諮商師：從我的觀點來看，你是個少見的能手，且能反省自己的人。

尊重與接納強調注重當事人的積極面、悅納當事人，使當事人能感受溫馨、溫暖或被關愛。

五、眞誠與一致

眞誠與一致係指在諮商中，諮商師能自由地、坦誠的、誠摯地、眞心的表現自己眞實的經驗，不虛假的面對當事人。眞誠與一致有兩個向度，一是眞誠的與當事人相處，另一是諮商師眞誠的面對自我。艾根(*Egan*, *1975*)認爲眞誠與一致有五個要項：(一)角色自由(*freedom from roles*)：表示諮商師是活生生的個體，不是藏在專家的角色之下，不是以角色地位和當事人溝通。(二)自發性(*sponteneity*)：諮商員能自由、自信、自發性的與當事人溝通，沒有衝動，但也沒有壓抑。(三)不防衛(*nondefensiveness*)：不掩蓋個人的弱點或自誇，也不攻擊他人。(四)一致性(*consistency*)：諮商師能表裡如一，不自相矛盾或言行不一。(五)分享自我(*sharing to self*)：能適時自我表露，容許當事人開放自我。如下例：

當事人：在感情路上，你難道都一帆風順，無怨無悔？

諮商師：我也是有血有肉，有感情的人，我的初戀一樣給我蠻大的傷害，慢慢的才調適過來。

六、同理心

同理心或同理瞭解、擬情瞭解(*empathic understanding*)是個人中心諮商的核心，也是羅吉斯所稱當事人成長與改變的基本要件之一。同理心是指在諮商過程中，諮商師能敏銳的覺察當事人的情感、經驗與個人意義(*personal meanings*)，能從當事人的觀點看待當事人，能進入當事人的內在參考架構中，能與當事人感同身受，卻又不會陷入情感的泥淖中。良好的同理心能促使諮商師與當事人的認知與情緒一致，同理心強調不使用批評、判斷、建議、忠告等指導性方法。

艾根(*Egan,1975*)曾將同理心分爲二個類型：㈠初層次同理心(*primary empathy*)：係指利用專注的技巧，直接地反映當事人的情感與思想觀念，讓當事人有被瞭解的感受。㈡高層次敏銳同理心(*advanced accurate empathy*)：係指諮商師能在初層次同理心之上，利用自我表露、解析等技巧，協助當事人作更深層的自我探索。

同理心的有效應用需顧及下列的要項：㈠心胸開放；㈡把諮商員的判斷都視爲試驗性的，而非固定或經驗的；㈢將諮商師對當事人的臆測與當事人的狀況相配對；㈣提醒自己，諮商師對當事人的瞭解是有限的(*Gazda et al., 1984*)。

下列是在同理心表達上，在視覺、聽覺、膚覺、嗅覺、味覺，及其它方面，在語首與語尾可資參考應用的同理心引導語句。

I、語首引導句

㈠從你的觀點來看（視覺）

1. 依你看……
2. 依我看你的意思是……
3. 你好像要告訴我什麼……
4. 我從你所說的得到一種印象。
5. 要你注意某一焦點，對你來說很困難。
6. 你好像對某些事視而不見。
7. 你好像從一隻眼睛看某些事。
8. 你開始注意某一件事。
9. 你的目標是怎樣……
10. 從我看起來你怎樣……

11.這是一個很明顯的例子。

㈡聽覺方面

1.聽起來好像……

2.依我所聽到的……，你……

3.你所說的是……

4.你好像是說，他……

5.你內在的自己……

6.當你……，那聽起來好像不是很好。

7.當……，你保持沉默（沒太多反應）。

8.當……，你好像沒有說很多的話。

9.我可理解你想要做……

㈢膚覺

1.你感到……

2.雖然……

3.你覺得好像……

4.當你……，某件事打擊了你。

5.當你……，對你來說很殘酷（不公平）。

6.當你……，你握緊你的雙手。

7.假如……，你會覺得反胃。

8.當……，你覺得要撞牆。

9.你要試著去捉住個中的意義。

10.你全身感覺……

11.從你的立足點來看……

12.你覺得他很冷淡，因為……

13.你想要伸出你的援手。

14.當……，你覺得負擔過重。

15.你好像十分倦怠（厭倦）。

16.你好像要試著去捉住某些東西。

17.當你……，那是對的。

18.當……，你想把他撕得粉碎。

19.當……，你覺得很難過。

(四)嗅覺

1.對你來說，那好像聞起來……

2.有一種香味。

3.你似乎對某一種氣味很敏感。

4.某些東西聞起來很難受。

5.當……，你的嗅覺遭遇……問題。

(五)味覺

1.你認爲某種東西很難吃。

2.你認爲她很甜蜜。

3.嘗起來酸酸的。

4.你好像回味了一下你的過去。

(六)其它

1.你認爲（相信、以爲）似乎……

2.你的意思是……

3.那看起來……

4.你注意（知道）……

5.依你的經驗來看……

6.我瞭解你的意思是……

7.你確信……

8.那對你是很大的打擊……

9.你的身體繃得很緊。

10.你的心理感受……

II、句尾引導句

㈠視覺

1. 不曉得是否綜合你的觀點？
2. 上面所說的，是你的意思嗎？
3. 我所描述的，是你眞實的情境嗎？
4. 我能夠眞正掌握到你的意思嗎？
5. 讓我們來看看，我是否瞭解你。
6. 不曉得我的反應（幻想）正確嗎？
7. 對你所說的事，我好像得到一種印象。
8. 我能分享你的觀點嗎？
9. 你是否對他有扭曲的觀點呢？
10. 我是否掌握你的重點（察覺你的觀點）？

㈡聽覺

1. 我猜我聽到的是……
2. 如果我沒聽錯，你的意思是……
3. 你……，聽起來合理嗎？
4. 剛剛所說的，就是我所聽到的。
5. 有些事告訴我，好像你……
6. 我這樣聽得正確嗎？
7. 你能不能告訴我……
8. 你好像要再說些什麼？
9. 據我所聽到的，你……，我聽得正確嗎？
10. 據我所聽到的，你……，我有誤解你嗎？

㈢膚覺

1. 這是你的感受嗎？
2. 我有這樣的感受，也許……
3. 也許你覺得……

4. 我不能夠確定我所瞭解的，你的感受……

5. 我覺得你有……的感受。

6. 我能觸及你的觀點嗎？

7. 你看起來好像有……感受。

8. 也許你的感受……

9. 你没有很多的感受。

10. 我猜你有……的感受。

㈣嗅覺

1. 也許你覺得聞起來很新鮮。

2. 當……，也許你聞起來不好受。

㈤味覺

1. 是不是有點苦？

2. 是不是讓你茶不思、飯不想？

㈥其他

1. 我不能確定，是否瞭解你。

2. 假如有錯的話，就糾正我。

3. 還有其他的機會（選擇）嗎？

4. 我懷疑是否……

5. 我猜你很少……

6. 這是你的意思嗎？

7. 那對你……

8. 你能不能說說看……

9. 對我來說，那是很荒謬的事。

10. 也許你不知道……的情況。

（資料來源：*Gazda et al., 1984; pp. 242-247*）

貳、個案示例

一、個案描述

當事人爲男性，二十八歲，現就讀大二，家庭屬傳統式權威保守型，其父在外工作常將所受的氣發洩在家人身上，因此父母經常爭吵，父母感情不睦，當事人身爲長子首當其衝，親子關係緊張，加上當事人自幼體弱多病及升學壓力影響，於高中時形成抑鬱個性，曾在某著名高中就讀時多個學科被當，因即將被退學而轉至私立高中，畢業後未考上大學，當完二年兵再重考進大學。求學期間因功課壓力大及人際疏離，情緒焦躁不穩，再度發病，經醫師診斷爲躁鬱症，間斷休學二年後再度復學。其後每當考試接近時，當事人失眠、焦躁與不安情況頻繁，目前仍定期服藥以控制病情。

二、諮商歷程

當事人：我爸爸可以講是很忠厚老實的人，但是他有一個缺點，就是他在公司受的氣或委屈常拿回到家裏來發洩（諮商：嗯嗯），而卻不敢對別人發洩，因此常跟我媽媽爭吵。

諮商師：你的爸爸常將在外面所受的氣和委屈發洩到家裏，而造成與你媽媽的爭執。〔專注與反映〕

當事人：是啊！（語氣越來越激動），他不只罵我媽媽，也常罵我没出息，養我有什麼用，讓我好幾天都吃不下飯！

諮商師：你的表情十分激動，眼中也含著淚，可看出你父親的責罵令你十分難受，甚至讓你難過得吃不下飯。〔情感反映〕

當事人：我的表情是這樣的嗎？我也會有像我爸爸一樣的表情

嗎？

諮商師：你可以試著去感覺你的反應與情緒，在這種情況下，人都難免會有情緒激動的時候。〔接納與引導覺察情緒〕

當事人：……（沈默 45 秒）嗯！想起來……好像我對我爸爸蠻不滿的。……

諮商師：嗯嗯！你覺得你不滿意你爸爸對待家人的方式？〔引導〕

當事人：其實不只是這樣，過去我爸爸對我比較好一點，只是自從得了這種病，又休學了兩次，我爸爸就比較不信任我，有時還會罵我都二十八歲了，還不會想，不會用功，讓我覺得很自卑，自己一點用處也沒有！

諮商師：聽起來，好像不只是你不滿意爸爸對待家人的方式，他對你不信任和責罵，令你覺得自卑，甚至覺得很無用是不是？〔聽覺上的同理心〕

當事人：是阿！有時候想一想就很難受，書也不想去唸，課也不想上了，不知人生有什麼意義！

諮商師：你爸爸對待你的方式不但影響你的情緒，也影響你念書求學的心情，甚至懷疑到人生的意義！〔深層同理心〕

當事人：嗯……我想我都這麼大了，病也拖了這麼久，做什麼事都是三分鐘熱度，我也不知道能不能唸畢業，如果我再不努力，可能會「二一」被退學，那就完蛋了，但是我還是靜不下心來上課，我自己也沒辦法啊！

諮商師：父親的指責、功課及疾病的壓力，帶給你情緒上的不穩，讓你覺得更焦急，卻又無法加以控制。〔情感反映〕

當事人：老師！你看我該怎麼辦呢？期末考越來越近，我卻越來越糟，如果我太多科不及格，被退學了該怎麼辦？

諮商師：我可以感覺到你現在的心情很焦慮也很亂，但我也想不出解決的方法。那你有沒有想過該怎麼做最好？〔眞誠與

同理心〕

當事人：有啊！只是我想不一定會有效的，如果失敗怎麼辦？

諮商師：你很想找出解決的方法，做一番改變，可是又害怕失敗，對自己也缺乏信心。〔接納與同理心〕

當事人：……（沈默 23 秒）我想大概是吧？我常常想去做，卻又都沒有去做，有時候眞恨自己這麼差勁。

諮商師：人在作決定與做事情時難免會猶豫或退縮，這樣的反應使你對自己更生氣了。〔眞誠與接納〕

當事人：我有很多的理想和希望，但常是半途而廢，做沒幾天就不做了，像考試快到了，現在也很少去上課。

諮商師：你的理想和抱負常跟實際的做法不符合，也造成你半途而廢，例如翹課的情形發生。〔眞誠與澄清〕

當事人：事實上也是我離開學校太久了，像理科成績都不好（諮商師：嗯嗯），我是有心想把它唸好啦，不過——噢！那恐怕要從頭唸起，因爲我——很懶（微笑），我這個人本來就很懶。

諮商師：你認爲「懶」也是造成你成績不理想的原因？〔引導〕

當事人：嗯！現在考試也快到了，我現在就是——能夠自己看的話，我就從同學那邊借來上課的筆記，能借就儘量借。那——其他的，那些借來的也沒有用的就——因爲我本來就看不懂啊，大概那幾科可能就放棄掉了（嘆口氣），可能就是看我自己能看得懂的。

諮商師：現在你正爲考前的準備儘量努力，也瞭解自己學科的弱點在那裏，又有一些無奈，只好放棄某些學科成績。〔反映〕

當事人：因爲——怎麼講？因爲——我是覺得蠻奇怪的，像有些老師就是強調一定要到，有些人到其實也沒有在聽課嘛！有的做自己的事，有的就趴在那裏睡覺，我想與其要這樣我不如回寢室，要做什麼事也做得舒服一點，要睡覺也睡得舒服一點。

諮商師：你認爲與其在課堂上做自己的事不如翹課回寢室舒服一點，所以這是你翹課的原因。〔引導思考〕

當事人：所以我是覺得老師的觀念可能跟我的觀念不太一樣。我是覺得當場做那些事情包括睡覺對他是不太尊重，而同學跟我的想法就不太一樣，他寧可在課堂上睡覺。〔反映〕

諮商師：老師跟同學對在課堂上課的想法跟你不同，而你的作法也和同學不一樣，也是造成你翹課這麼多的因素嗎？

當事人：對啊！像有的老師說二次、三次不到，那就一定死當了（苦笑），我是覺得嚴格要求學生出席是他……反正我考試是會去考啦！看老師怎麼樣……反正我是不會在乎啦！

諮商師：你瞭解老師對出席的要求嚴格，說是不在乎，但我看到你的表情很無奈，好像仍然很在意的。〔同理心〕

當事人：嗯！——應該是這樣子。——也可能是我自由慣了。我可能不太願意這樣從早坐到晚，等下課啊！可能也是這樣，但是不去上課又令我很不安，不知道老師會不會當掉我。

諮商師：你不去上課又擔心被當，這樣的心情使你焦慮不安，卻又不想改變這個習慣。〔意義反映〕

當事人：是啊！所以我在想說，那一年我聯考考完，我有去北部報考夜大，或許我可能應該去讀夜大才對。

諮商師：你認爲或許你讀夜間部會比現在讀日間部還好？〔澄清〕

當事人：想法是這樣子，問題是——很難講啦，這種事情也不一定如我們所想的這樣子。

諮商師：的確很多事情不是如我們所想的，或許走那一條路，那一條路又有另外的障礙。〔接納與反映〕

當事人：吔！對對！以前我就是幾乎到考試時書還都不想看，現在就是說，多多少少看一點，然後考試去考這樣子。你說——成績如何啦！老師怎樣去評分，根據那個出席率怎樣，那我就——我也管不了了，反正多多少少會準備啦！考試會去考這樣子。

諮商師：到目前爲止，你對自己的問題整理出一些頭緒，也提出了處理的方法，你會看些書、參加考試，至於成績就看老師的評分了。〔摘要與具體化〕

當事人：是啊！就是這樣，反正考試時不要空白，多少寫一點，一定會有分數的。

諮商師：你認爲把試卷多寫一點，老師就會給分數。〔複述〕

當事人：其實我想並不是每個老師都這樣子。我開學時是很想把書讀好啦！但是一方面因爲懶啦！很多想唸的，想去上課也都沒去，現在連聽也聽不懂；學校也有學校的立場。如果說，如果因爲我缺曠課太多或者考試成績太差的話，我可能會因不及格成績太多而被退學。如果是被退學的話，我是在想，那個並不會出乎我意料之外的啦！不過我已經決定即使我被退學掉的話，我還是會留在中部找工作的。

諮商師：你對目前功課的情況相當瞭解，也作了打算及心理準備。然而你也對未來作了退學的預測。〔同理心〕

當事人：吔——對！反正最後的情況就是被退學掉，就是這個樣子，……當然最好是不要這個樣子。

諮商師：聽起來你心中似乎很矛盾，一方面想把書讀好，卻力不從心；另一方面預知成績不好可能會被退學，也打算如果被退學，就會開始就業。然而你也沒有想去努力挽回可能被退學的命運。〔高層次同理心、具體化〕

當事人：嗯……（沈默 *15* 秒）其實我是覺得一方面我年紀太大了，又離開學校那麼久，再拿起書本唸書總是有不想唸的感覺；另外一方面也可能是有些老師上課的方式，不能引起我的學習動機。

諮商師：你認爲不想唸書除了個人因素之外，老師的教學方式也是重要原因。〔摘要與澄清〕

當事人：對啊！尤其像我們一般上過補習班的，會覺得大學教授有些跟高中補習班老師差很多……，講得我都聽不懂。

諮商師：你認爲大學教授講課應該比高中補習班老師講得更清楚，讓你更瞭解。〔引導探索問題〕

當事人：應該是這樣子……（沈默 *18* 秒），也可能是我們自由習慣了，我可能不太願意說這樣從早坐到晚，等下課啊，可能也是這樣。……

諮商師：（沈默 *21* 秒）……〔沈默〕

當事人：所以我也曾想說，那一年我聯考考完，我有去北部報考夜大，或許我應該去讀夜大才對。

諮商師：你懷疑當初選擇這所學校對你是不是合適。〔反映與澄清〕

當事人：想法是這樣子，問題是——很難講啦，這種事情也不一定就如我所想的這個樣子。

諮商師：從剛才談到現在，我有一種感覺，在這兒的學習你覺得不適應，而想逃避，卻又對其他的選擇缺乏信心。〔澄清〕

當事人：嗯！很多事情也不是如自己所想，或許走別的路，那一條路又有另外的困難存在。

諮商師：嗯嗯！的確理想與現實是會有差距的，或許去讀夜大也會有其他的問題。〔接納〕

當事人：是啊！所以現在我想只要不被退學就好了，反正我都已經在這兒斷斷續續念了一年多，以後多去上上課，考試不要空白，多少寫一點，還是會有分數的。

諮商師：聽起來你也蠻希望在這兒唸畢業，也願意為成績作些努力，然而你的方法好像還不夠積極。〔澄清〕

當事人：嗯！……其實我也眞的想混畢業，也不是很在乎分數的高低，只要能過關就好了。

諮商師：……（沈默 8 秒），你認為能混畢業就好了。……〔沈默〕

當事人：其實我開學時是很想把書讀好啦！但是一方面懶啦，很多想唸的、想去補習英文什麼的都沒做，連課都沒去上，現在連聽也聽不懂，學校也有學校的立場，如果我因為缺曠課太多或考試成績太差的話，我可能會因不及格科目太多而被退學，那個是不會出乎我意料之外啦！

諮商師：你常常不能持之以恆達成當初唸書的計畫，而可能會面對你最不願意想像的退學結果。〔意義反映〕

當事人：其實我覺得如果我眞的想唸。唸起來功課也應該算蠻不錯的，要不然也不可能當完兵那麼久了還考上這所學校。

諮商師：你覺得你有能力唸好書，只是不願意去做。好像你的理想與實際作法有段差距，而導因都在你的努力與意願。〔同理心〕

當事人：對啊！就是這樣，我常常列了一大堆計畫，可是到最後都不了了之，只有三分鐘熱度，這大概是我最失敗的地方吧！

諮商師：你很懊惱自己的知行不一，認為這是自己最失敗的關鍵，事實上你知道怎麼做，只是都沒去實行，造成今日的矛盾和痛苦。〔高層次同理心、澄清〕

當事人：對了，我常常說的是一回事，做的又是另一回事，有時好氣自己，卻又沒辦法改變。

諮商師：你很不喜歡這樣的自己，卻又不想去努力克服，不願去做改變，常造成矛盾與懊悔。事實上你很有心想把書唸好

的。〔澄清與具體化〕

當事人：嗯，的確是這樣。老師，我現在努力還來得及嗎？我眞的很不想被退學掉啊！

諮商師：你覺得呢！…… （沈默 *16* 秒）〔沈默〕

當事人：我想只要我現在開始努力用功，不會的問同學或借筆記來看，以我的能力，相信我可以過關的。

諮商師：你對自己的能力頗有信心，如果能再接再厲，把握現在開始用功，相信正如你所說的能過關，當然更需要持之以恆，克服惰性，理想和實際合一，我想你是知道如何去做的。〔同理心〕

當事人：我想我已經知道怎麼辦了，也很謝謝老師這麼有耐心的聽我講，我會努力克服我的毛病的。

諮商師：也很高興聽到你的這番話，努力是永遠不嫌遲的。如果以後你發現任何問題，歡迎你隨時來找我談談。〔摘要與結束〕

當事人：好的，謝謝老師，希望我會滿意自己的努力和改變。

（本個案會談結束）（註：諮商師之後〔　〕所述係指相關諮商技巧）

（個案來源：作者實際接案之個案記錄，經當事人同意刊登）

第五節　個人中心諮商的應用、貢獻與限制

壹、應用與貢獻

個人中心諮商法延續早期非指導性諮商、當事人中心諮商的論點，擴及各個人類層面，重視以人爲本位，以個人爲中心，以人的積極發展爲關注的對象，對整個助人事業的影響是無以倫比的。目前各諮商與心理治療學者不論他所採取的理論觀點爲何，無不以個人中心

的理論與技術爲基礎，作爲與當事人建立良好關係的依據。

目前在個別與團體諮商，甚至各種特殊團體的諮商，如：兒童、老人、婦女、殘障者的諮商，個人中心諮商與治療法都被廣泛的應用，歸納而言，個人中心諮商法有下列的革命性貢獻：

一、重視人的價值與尊嚴，使諮商與心理治療能彰顯人性的積極層面，也使人的善性得以充分發揮。

二、強調關係建立的重要性，使諮商由技術層面的考慮轉向人際互動本質的考量，開拓了諮商與心理治療的視野。

三、把諮商的責任置於當事人的身上，倒轉了傳統的諮商與心理治療的觀點，使傳統諮商師需要「無所不通」或「萬能」(*know best*)的看法受到挑戰，同時也使諮商的效益評估能回歸到當事人身上。

四、重視諮商師與治療者的人格特質，促使諮商師養成教育有了重大改變，諮商師教育上乃因而將準諮商師的本身的成長與健康置於首位，對諮商師的教育內容與課程有了深遠的影響。

貳、限制

當然個人中心諮商法也有其不足的地方，一如其它的諮商理論模式。整體而言，個人中心諮商法有下列的不足：

一、過度強調關係本身即能促進當事人的成長與發展，但是關係的本質極難掌握，甚至評量，使得諮商關係的品質成爲一種偶然，而非必然，限制了諮商效果的發揮。

二、當事人通常有問題存在，他們尋求諮商可能更迫切需要知道解決燃眉之急的策略，而非自我的成長，因而，個人中心諮商通常不是在助人實務機構最常被使用的諮商方法，原因在於它需要有長時間的人與環境的配合，也因而使有立即困擾而尋求諮商協助的當事人裹足不前。

三、個人中心諮商雖強調諮商師人格特質的重要性，但由於人格特質很難免於先天的影響，因此，即使受過良好諮商師養成教育，仍難保證每個人都有相似特質，同樣適宜採用個人中心諮商法當作主要的理論與策略依據。

四、個人中心諮商也重視諮商中當事人的責任，但是諮商師本身的投入與參與仍極爲必要，只重視關係建立與特質催化，恐仍難使當事人體認自己的諮商責任。對於某些諮商師而言，可能又會以此作爲推卸諮商不成功的藉口。

本章提要

1. 羅吉斯一生所建構的個人中心諮商與心理治療理論，在心理學上與精神分析學派、行為學派鼎足為三，號稱心理學的第三大勢力。
2. 羅吉斯 1902 年出生於宗教信仰虔誠的家庭，原來主修農學，後來積極參與校園宗教活動，並參加基督教學生宣導團至中國六個月。出國之機會使他的思考更自由，對自己更有自信。1931 年獲得哲學博士學位，1957 年發表「非指導技術」，1964 年創立個人研究中心。
3. 羅吉斯的論著與思想的發展有四個階段：一是非指導治療階段；二是當事人中心階段；三是個人中心階段：注重反應式心理治療，強調治療是人對人的關係；最後是權力探討階段：注重個人在治療中的環境權力之運用，以及權力和個人適應的影響。
4. 羅吉斯認為人有「形成性傾向」與「實現傾向」的兩大可能性。而個人的成長與發展的動力在於是否能處於真誠、無條件接納與有同理心的環境中。
5. 羅吉斯指出他的理論共有十九個命題，這些命題是形成他的理論的根基。並認為人要有所改變，成為適應良好或功能充分發揮的人，需具備十一個條件。基本上，羅吉斯是借助於現象學的觀點，重視個人的現象知覺，其人性觀接近阿德勒的論點。羅吉斯並以「自我」為關注的焦點，故其理論又稱「自我理論」。
6. 羅吉斯對於人格改變可能性的關心，甚於人格特質結構。羅吉斯認為自我概念是經由經驗、價值、意識與信念所形成的，自我概念形成之後，個人就會有兩種伴隨著的需求：一是自我實現的傾向；二是積極的自我關注。
7. 羅吉斯的自我人格理論有三個相關聯要項：(1)有機體；(2)現象場；(3)自我。有機體是個人全部的總和，現象場代表個人經驗的總和，自我是能區分現象場，能意識到主體與客體的我。
8. 個人中心治療法對於人的成長，有十五個重要概念：(1)實現的傾向；(2)價值的條件；(3)一致性；(4)同理的瞭解；(5)經驗；(6)體驗；(7)真誠；(8)有機體的價值歷程；(9)積極關注；(10)積極的自我關注；(11)自我實現傾向；(12)自我概念；(13)自我體驗；⑭無條件積極關注；⑮無條件自我關注。

9. 個人中心諮商的目標，在於幫助當事人充分發展它的功能，是關心「人」而不是「問題」，期待當事人能成長與改變。個人中心的諮商治療，事實上是以現實的情感、經驗與人際互動為焦點。故諮商與治療的目標，在於協助當事人澄清自我概念，以便自我瞭解、自我探索與自我發展。

10. 在個人中心諮商與治療的歷程中，就當事人的經驗而言，會歷經七個層次，這七個層次也是諮商歷程進步的現象：⑴在諮商關係中改變情感；⑵改變對經驗的態度；⑶改變個人結構；⑷改變自我溝通；⑸在關係中改變問題；⑹改變人際關係；⑺超於結束的體驗。

11. 羅吉斯指出諮商溝通的必要與充分條件包括：⑴同理心；⑵積極關注；⑶一致性。

12. 諮商過程要有積極的效果，諮商師必須具有十二個要件。而當事人改變的歷程則有七個主要階段：⑴情感與個人意識；⑵經驗的態度；⑶不一致的程度；⑷自我溝通；⑸解釋經驗的態度；⑹與問題的關係；⑺與他人關係的態度。

13. 卡克夫指出要發揮人際功能有七個基本要件：⑴同理心；⑵尊重；⑶真誠；⑷自我表露；⑸具體心；⑹面質；⑺立即性。

14. 個人中心諮商的技術與策略有以下幾種：⑴專注：其技巧可細分為眼睛接觸、面部表情、身體儀態與物理基礎；⑵沈默；⑶澄清與答應；⑷尊重與接納；⑸真誠與一致；⑹同理心。而羅吉斯本人常用的諮商技術包括：⑴專注；⑵沈默；⑶尊重與接納；⑷真誠一致與同理心。

15. 個人中心諮商重視人的價值與尊嚴、關係的建立、當事人的責任與諮商師人格特質的重要性，對諮商事業有著革命性影響，但它的限制仍在所難免。

班級活動

一、請寫一封信給羅吉斯，告訴他你對個人中心諮商法研讀的心得，並特別說出你對羅吉斯與佛洛伊德的論點有何相似或不同的感受。

二、每位學生回想，並列出五位過去印象最深刻的老師，並分析他們令人印象深刻的特質，再與其它同學比較，有何異同。

三、每位學生套用同理心的語首與句尾引導用語，向班上同學說一句話，看看和平時與同學溝通時有何不同？

四、請討論本章個案實例是否切合個人中心諮商法的原則？利用角色扮演的方法，在班上來由另一個人扮演諮商師，看看有何不同發展？

問題討論

一、個人中心諮商法有何目標？

二、個人中心諮商中，諮商師與當事人有何關係？

三、個人中心諮商法有何重要技術？

四、如何在人際之中，與他人建立良好的關係？

第六章

完形治療法的理論與技術

第一節　完形治療法的發展

「完形」(*Gestalt*)一字的德文本意是形態(*configuration*)、完整圖像(*whole figure*)或完整形狀(*whole forms*),引伸為具有統整、整體、一致、統合或協調的狀況。完形治療法與完形心理學(*Gestalt psychology*)密切關聯，後者重視人類心理歷程的結構、組織、形象與背景、統合與整體等的概念，強調人類的知覺經驗是有組織的整體，部分的總合不等於全體，心理現象是個體重現選擇與組織的結果。完形治療法則是利用完形心理學的基本概念所形成的一個以存在為基礎(*existentially-based*)的助人理論。

壹、皮爾斯與完形治療法

完形治療法的創始人是皮爾斯(*Frederik Perls, 1894-1970*)。完形治療法的發展幾乎全是皮爾斯個人努力的成果，雖然皮爾斯去世已久，但是完形治療的理論仍甚受推崇，完形治療的技術極多，也仍被諮商工作者廣泛使用。不過由於完形治療法並無後繼的大師，因此，完形治療法有發展停滯的現象。

皮爾斯誕生於德國柏林的一個中產階級家庭，於第一次世界大戰期間曾於德國陸軍服役，戰後他於 *1921* 獲得柏林 *Frederich Wilheilm* 大學醫學學位，他曾在柏林、法蘭克福與維也納接受精神分析的訓練，影響他最深遠的是杭爾妮(*Karen Horney*)與瑞奇(*Wilhelm Reich*)兩位後來也自創天地的精神分析大師。

1933 年皮爾斯為了逃避納粹政府迫害，携妻女逃至阿姆斯特丹，隨後由於生活不適應，隔年移居南非，在那兒他開診所擔任精神分析

師。他們全家在南非停留十二年，*1946* 年他們由於害怕南非的種族主義浪潮，再移民至美國。在南非期間皮爾斯融合了完形心理學、人格發展與心理治療的理論，撰述了第一本著作「自我、飢餓與攻擊」(*Ego, Hunger and Aggression, 1947*)一書。

皮爾斯完形治療法的受到重視在於他移居美國之後，在美國紐約他仍擔任精神分析師，但開始大力創導他的完形治療法，他與黑斐林(*Ralph Hefferline*)及古曼(*Paul Goodman*)兩人於 *1951* 年合撰了與第一本著作相同書名的完形論著。從 *1950* 年開始，皮爾斯巡廻美國大城市宣揚他的完形治療理論，並曾於紐約開設完形研究所，*1964* 年並於洛杉磯創設完形治療私人診所。*1964* 年開始並定居加州，約在此時期完形治療法經由皮爾斯的鼓吹，已經被普遍的接納，並被視爲是心理治療的另一學派。*1969* 年皮爾斯並至加拿大英屬哥倫比亞創設完形研究所，在 *1970* 年代完形治療論著、相關研討會與訓練工作蓬勃發展。但他不幸於 *1970* 年因心臟病逝世於芝加哥。皮爾斯的太太羅拉(*Laura Perls*)對他的完形學派有極多助益，但兩人不幸後來仳離。

皮爾斯的著作同樣非常豐富，主要論著除前述的二本完形著作以外，尚有：「完形治療字義」(*Gestalt Therapy Verbatin, 1969*)、「完形方法與治療見證」(*The Gestalt Approach and Eye Witness to Therapy, 1973*)、以及自傳式論著「垃圾桶的進出」(*In and Out of the Garbage Pail, 1972*)等(*Gladding, 1992; Maddi, 1989; Tosi et al., 1987*)。

貳、完形治療法的哲學基礎

完形治療法被視爲是一個心理治療的理論甚於是一個諮商方法，但其理論與技術卻在諮商上被廣泛地使用。完形治療法基本上是以存在哲學爲中心所發展而成的，它有下列的基本假定：

一、每一件存在於世界的事物都是一種歷程(*is a process*)，即便是物質或原子也都是不斷移動與改變的歷程。

二、所有存在的事物相互間都有關聯。

三、世上雖有靜止的事物，這些事物只能說是在某個時間是穩定的，當他們本身或環境改變時，這些事物仍會改變。

四、具體事物的存有，唯有人能知覺到才能存在。

五、存有是有機體改變、適應與維持的唯一理由。

六、現實是由人所界定的，因此經驗的順序、意義與結構也都是由界定而來。

七、知識並不存在於完形治療之中，因爲個人的世界觀是各不相同的，知識是現時、實際的中心而已。

八、善惡或對錯只有在環境之中才能顯示意義，善惡或對錯非與生俱來。

九、人一直在尋求完整與圓滿，每一個人都有自我實現的傾向，自我實現是現時的中心。

十、每個人能作改變，同時也要爲自己負責，人是世界的主動者，而非被動者。個人的經驗最爲重要，現時是最珍貴的，人的問題來自於過度依賴知識，欠缺個人的情緒體驗。

十一、每個人都存有早期的思想、情感與反應等「未竟事務」(*unfinished business*)，干擾了現時生活的功能與品質。

十二、每個人可以在意識狀態中自我偵察，健康的人就是最能覺察自我的人，同時也是能知道自我限制的人(*Gladding, 1992; Perls, 1973; Thompson & Rudolph, 1988; Van De Riet, Korb, & Gorrell, 1980*)。

整體而言，完形學派重視人的存有、主觀體驗、情緒經驗、成長與改變，以及自我覺察的能力。完形學派與羅吉斯一樣相信人有積極成長與發展，達成自我實現的可能。這些相關課題同時也是個體心理學、存在主義與人文取向心理學者所關注的課題。

至於對人性的看法，完形治療法有下列八個主張：

一、人是由物質、情緒、認知與知覺等部分所結合而成，每個部分都是相互關聯與相互依賴的。

二、人存在於他自己的環境中，不能由他們所處環境之外去加以瞭解。

三、人可以啓動他們世界中的內外在刺激。

四、人因爲可以感覺、知覺、思考與有感情，因而形成一個整體。

五、透過覺察，人可以以負責任的方式選擇自己的行爲。

六、經由人本身所擁有的資產，人可以有效的生活。

七、人只能體驗現在，過去與未來都是在現在被體驗著。

八、人存在於經驗之中，基本上無善惡可言(*Passons, 1975*)。

除了基本假定與人性看法之外，完形治療法也有其獨特的宇宙觀。完形理論認爲宇宙就像是一條持續不斷、充滿能源與物質的河流，人就是河流中的獨特細小部分。而人也爲了理解宇宙，所以將宇宙切分爲細小碎片(*bit*)，並分別加以標記，並視之爲分離的實體。也由於這樣，不同的人、事、地、物、時間等等的觀念就產生了，人類與這些瑣碎概念相處，進而發現這些概念之間的關係，並且發現了存有的「歷程」。依照皮爾斯的看法，所謂「歷程」就是兩個細小碎片(*bits*)同時「發生」(*happening*)，「發生」兼有吸引與退卻兩種作用，亦即同時存有「融合的傾向」(*tendency-to-merge-with*)與「努力去維持差異」(*urge-to-remain-different-from*)兩種力量，所有宇宙間的二個細微部分都有此種特徵。

也因此，完形治療法認爲人類內在心理形式(*intrapsychic form*)就是一種衝突模式，人類的心靈會有統合的經驗，但也會有敵對的關係。個體衝突的經驗是人類活動的動力，衝突是一種內在心理分類(*intrapsychic sort*)，沒有對應力量的衝突，無法理解世界(*Maddi, 1989*)。

第二節　完形治療法的人格理論

壹、人格結構

完形治療法與個人中心治療法一樣並無較成體系的人格理論，但由皮爾斯的相關論著中，也可以看到他對人格結構及人的成長與發展有著與衆不同的見解。

根據完形治療的理論，人是由無數分化與成長中的生物、社會與精神歷程（包括：需求、潛能與功能）所形成的統一、不可分離的與複雜的集合體，人類是完整的實體(*complete entities*)，也是一個整合的有機體。人同時受到生物與社會決定的作用，雖然人是一個生物體，可是如果離開了生存的環境，成長、成熟與生存就變得不可能。既然生物與社會力量共同影響了人；因此，人就兼有生物性與社會性需求，生物性需求，包括空氣、食物、水、屏障、性、愛與攻擊的表達。社會性需求則是透過與環境的互動所學習而來，包括與他人交會、保持自我認同感，以及因應環境的限制等。健康的個體本身能維持均衡狀態(*homeostatic state*)，同時人也會自我作調節，力求平衡。在每一片刻，個體都在尋求自我生存，能成長，以及發展潛能。人同時也力求秩序、完整、與實現，任何不統整的情況，都會帶給個體的緊張。人生來就有將經驗象徵化的傾向，人既生活在物理世界中，但同時也會建構抽象的世界，如觀念與意義，在象徵性的世界中，我們可以自我溝通，也可以與他人溝通。基本上，人就是生存在實現與幻想之中(*Passons, 1975; Perls, 1969*)。

一、覺察(awareness)

皮爾斯排斥人格中存有潛意識的說法，同時也不認為壓抑是人格的一部分的見解。皮爾斯不認為，所有存在的事物都是可以用意識加以解釋的，他排斥意識與潛意識兩個名詞，另創「覺察」(*awareness*)的概念，他相信人具有覺察力。人的覺察力雖然並非完全準確，但卻是認識我們存在的重要途徑。皮爾斯認為個體的覺察決定了個人知覺與行為的準確性。不過人並非被動的對環境作反應，而是自我賦予意義，實體的存在並非問題，問題在於我們對存在的覺察程度，覺察也就是我們對現在的主觀經驗。從皮爾斯的論點來看，覺察就是人格的核心，甚至「現在＝經驗＝覺察＝現實」(*now*＝*experience*＝*awareness*＝*reality*)(*Fagan & Shepherd, 1973*)。

皮爾斯認為覺察就是經驗的一種形式，完全地覺察(*full awareness*)就是存有的歷程，亦即是在個人與環境場中擁有充分感覺動作、情緒、認知與能源支持的力量。而洞察或頓悟就是覺察的另一種形式，能立即將現象場中分離的要素立即地加以統合。有效的覺察是以有機體現時的需求為基礎，不只具有自我知識，同時對自己與政府情境能夠瞭解，否定自我需求與情境將妨害覺察力的發展。有意義的覺察(*meaningful awareness*)使自我存在於世界，能與世界溝通、對話，並能覺察他人的存在。覺察伴隨著「擁有」(*owing*)，亦即能知悉個人的掌控、選擇與對個人行為與情感應負的責任。人倘若只知道情境，但沒有眞正去看、去瞭解、去反應、去感受，仍不能全然地覺察。具有覺察力的人能知道他做了些什麼、如何做、有那些選擇，並選擇了那些。覺察的行動永遠存在於此時此刻之中。整體而言，覺察兼具認知、感覺與情感三大要素。與覺察相對的觀念是自我排斥(*self-rejection*)。拒絕自我就是覺察扭曲的結果(*Perls, 1973; Simkin & Yontef, 1984*)。

二、心理新陳代謝(mental metabolism)與自我調節(self-regulation)

完形治療借用生理學上食物新陳代謝的觀念來解釋人的心理功能改變情形。生物有機體會以個體內在的需求、喜好和外在的資源爲基礎形成一個能源使用的新陳代謝環，經由咀嚼、吸收而吸取養分，同時排出廢物或有毒物質。個體的心理功能亦同樣有類似的新陳代謝環，我們會把關係或思想觀念細分（如同咬碎東西），再加考慮（如同咀嚼），最後加以吸收。面對外在環境，如同面對食物，有些具有毒性，個人需要加以辨別與排斥，即使是具養分的東西，也需要考慮是否爲目前所需求，能源的使用即需與需求配合，生活本身就是在需求與滿足需求之間尋求平衡，在新的時刻會有新的需求，個體需不斷地去維持平衡。新陳代謝本身就是受制於均衡法則。

同時個體本身也具有自我調節的功能，能將心靈與肉體統合，能知道自己需求與應有的作爲。不過有機體的自我調節需要充分地覺察本身的需求，否則不能採取必要的行動。心理治療的目的就在於尋求個人的內在與心理的均衡與統整，增加覺察力，獲得有意義的選擇與擔負應有的責任，也是在增強有機體自我調節的能力(*Simkin & Yontef, 1984; Wallace, 1986*)。

三、場地區分(differentiation of the field)

完形人格理論的另一個重要概念是場地區分，每個人都是由有機體與環境場地所分化而成，人經由區分自己與他人的不同，再將自己與他人聯結，而顯現出人的存在。每個人都有一個無形的疆界(*boundary*)，自我疆界具有保護自我統整的功能。

然而場地卻時常被區分成細微或極化(*polarities*)部分。完形學派最注意場地中的極化現象。宛如正負電極一般，人類生存場地中，存有普遍的極化現象，如陰與陽、肉體與心靈、生物與文化、潛意識與意識、善與惡、內在與外在、貧乏與豐富、社會需求與個人滿足等等。

皮爾斯即曾經指出個人內在衝突即源自於「優勢力量」(*topdog*, 一個人所認爲應該做的)與「劣勢力量」(*underdog*, 一個人想要做的)之間的極化力量衝突所致。優勢力量經常扮演父母權威的角色，而劣勢力量則表現宛如不完全與無助的代罪羔羊，經常尋求協助。完形治療主要在於統整此兩種極化力量，以激勵個人充分覺察自我的兩個層面(魏麗敏，民 *81; Gilliland et al., 1989*)。

四、經驗及形象與背景

完形治療注重現時的經驗與現時的覺察，基本上完形治療注重個體的此時此刻與個人對現時的體驗，並且要爲自己承擔責任，否定責任就是放棄對自己人生的掌控。

此外，完形治療也重視人與自我及環境的接觸(*contact*)，透過接觸，個人可以試著作改變，經由接觸，「我」與「非我」(*not me*)都可以被經驗到（魏麗敏，民 *81*)。

另外，完形心理學形象與背景(*figure-ground*)的概念也被用來解釋人格狀況。形象與背景就是知覺的動力作用，形象就是知覺到的圖像、有完整的形象，具有封閉的特質，形象是起自於背景，引伸在治療之中，諮商治療就是在促使當事人有新的覺察，必須改變形象，但背景卻是治療所重視的題材，如前述的「未竟事務」時常會停留在背景之中，影響了個體的現時行爲。對完形治療而言，人的一生就是無數形象浮現的歷程(*Gilliland et al., 1986; Gilliland, James, & Bowman, 1994; Passons, 1975*)。

貳、人格的發展與不良適應

完形治療理論認爲人的發展歷程就是個人與環境互動的結果，在起初人爲了滿足需求而與環境接觸，當有了接觸，需求提高，透過吸收的過程使人獲得滿足，人生的均衡是不斷地有新需求與滿足需求所獲致之短暫平衡所結合而成。皮爾斯就認爲，人生無他，只是一連串無止境未完成情境、不完全的完形(*incomplete gestalts*)而已，每當我們完成了一個情境，另一個情境又產生了(*Perls, 1969*)。

完形學派雖然與個體心理學及個人中心治療法都強調成長與發展的重要性，但完形學派個體的成長發生在需求獲得滿足，個人有足夠的彈性，適應改變中的需求與環境之時。如果個人的需求沒有獲得滿足，或過於頑固與無彈性，則成長難以發生，同時也會使形象與背景混淆，導致產生成長的問題。皮爾斯重視成熟(*maturity*)在發展中的重要性，所謂成就是團體能將環境的支持轉變成自我的支持，成熟的人就是能接受自我支持的責任，能爲自己的行動、需求與期望承擔責任，皮爾斯即指出，成熟的人不爲他人的期望而活，同時也不希望世界爲他而存在，成熟的人能接納自己的獨特潛能，並以眞誠、一致的態度在世界中展現自己(*Perls, 1969*)。

在個體成長過程中，會面臨不同的成長任務，當改變過於大、太過迅速、情緒反應不當，個體就會感到焦慮，此種焦慮就是問題的根源，倘現時與過去差距過大，或完全寄情於未來，人將會感到焦慮。完形治療法把個體視爲持續發展的歷程，並沒有明顯地階段性，在成長過程中，個體不斷地有新的體驗與新的自我。有功能性的人是以現在爲中心、有統整性的行爲，有能力去形成新的完形、適應新的結構與新的環境壓力，當然，有功能的人也是能以個人的意願爲基礎，有能力在社會情境中，負起行動的責任(*Tosi et al., 1987*)。無法自我支持的人就為使自己形成僵局(*impasse*),妨害個人成長。皮爾斯認為神經症就是不良適應的主要症狀,神經症主要來自於三個原因:(一)發展了攻擊性;(二)在維持均衡狀態;與(三)人與環境互動上產生了問題(*Perls, 1969; 1973*)。

當兒童時期開始咬、嚼與撕裂食物時,人就產生了攻擊性,當攻擊性無法有效化解時,就會對未來人格產生不利影響,就像食物在胃中不能消化,就形成「塊狀人格」(*lumps of personality*),對他人有所需求與期望,亦即形成囫圇吞棗的結果,人格無法正常發展,就形成了神經症。

在另一方面,如前述,個體有維持均衡狀態的動機需求,個體會從環境中選擇適當物質或方法去維持均衡,倘需求得到滿足,完形就達成,否則不平衡產生,會形成神經症。神經症者主要在於不知道何時接觸人生。在人生之中存有太多未竟事務,同時有失去選擇之自由的結果。此外,完形學派認為個人是有機體與環境場(*organism-environmental field*)的函數,當個體無法利用或選擇有效的技術對改變中的場地作反應,則神經症於焉產生。當個人一直退步、容許社會侵害他們的權益、或對他們有過度要求,或個人與社會嚴重疏離,就是典型的神經症(*Polster & Polester, 1973*),雖然創傷經驗會造成神經症,但通常神經症起源於日常生活的受到干擾,因此個人無法學習如何自我支持,神經症就被當作一個防衛體系,以便維持均衡狀態。

神經症有四個主要類型:(一)吞入(*introjection*);(二)投射(*projection*);(三)彎曲(*retroflection*);(四)合流(*confluence*)。

吞入型機轉可以用生理現象作參照,在生理方面,人需要吃、消化與吸收才能維持生命,同樣人也需要在環境中接納、消化與吸收概念、事實、倫理與標準等,如此人才能成長與改變,但是如果人只顧吞入,而不加以消化與吸收,則外在的概念、事實、倫理與標準在個人內在只是個異物而已,囫圇吞下概念、事實、倫理與標準的人就是吞入型神經症的人，他們無法發展獨特的人格(*Patterson, 1980*)。

投射型的人就是將責任諉之於環境中的人與事。投射型的人不能覺察自己，無法接納他們自己的情感，因此依附他人。過度投射的人會成爲妄想症患者。

彎曲型的人則照他人所喜歡的狀況表現自我，採內向式活動，並以環境替代自我，凡事委曲求全，產生甚多內在壓力，導致形成僵化與障礙的人格，成長與發展的能源都用來阻塞彎曲的情感。

合流型的人則人與環境之間缺乏疆界，也不能覺察人我之間的界限，因此也不能與他人適當的接觸，他們也過於要求與別人一致，無法忍受人我之間的歧異(*Patterson, 1980; Polster & Polster, 1973*)。

第三節　完形治療的諮商目標、助人關係與歷程

壹、諮商目標

基於上述的哲學基礎與人性假定，「完形治療的目標只有一個，且永遠都是這一個，那就是覺察」(*the goal is always awareness and only awareness*) (*Simkin & Yontef, 1984, p. 294*)。具體而言，完形治療的目標就在於提高當事人的覺察力，包括在特殊領域內的覺察力與在日常生活習慣中的覺察力兩個層次，前者屬於內容覺察，後者則是歷程覺察。不管是內容或歷程的覺察，都包含對環境的瞭解、對選擇負責任、能自知與自我接納，具有能力與外界接觸。完形治療環繞著增加個體覺察力的中心目標，希望協助當事人能增加自我調節與自我支持的能力，而不單單在解決問題而已。完形治療特別適用於焦慮、沮喪、自

我拒絕、欺騙自己和與自己疏離的人，完形治療主要在催化病人，使他們能自我覺察，並且作自我選擇，能瞭解自己內在的障礙與抗拒，因此治療以探索自我爲焦點，能對行爲直接的矯正，或立即的解決問題，重點在於能接觸自我與以覺察爲焦點(*Simkin & Yontef, 1984*)。

皮爾斯認爲治療的終極目標就是在使個體成爲一位統整的人，當治療達到統整一致時，就算是治療獲得成功。病人要能獲得成功，本身需要辨別自我各部分的功能，包括思想觀念、情緒與行動，任何拒斥接觸自我的思想觀念、情緒與行動的人都會成爲疏離的人(*Perls, 1970*)。

完形治療強調此時此刻，以及對立即經驗的認知，同時也兼顧語言與非語言行爲反應，希望協助病人解決未竟事務，而將之統合於現時之中。完形治療並且以接納內在的極化現象爲焦點，使個體的情緒、認知與行爲能結合(*coalescence*)與統整(*integration*)。在治療中除了鑑定前述的四大類神經症的人之外，皮爾斯並探索五種干擾個人眞誠接觸自我的神經症：㈠欺騙(*phony*)：僞裝自我、常玩幻想的遊戲；㈡恐懼(*phobic*)：害怕瞭解自己、否定自己；㈢僵局(*the impasse*)：懷疑自己、沒有方向、無助與無活力；㈣內爆(*the implosive*)；㈤爆烈(*the explosive*)：第四與第五兩項常同時存在，常使個人有受害的感覺、防衛自己、或自我暴露在不安之中。因此，治療時也要經由提昇自我覺察力，以化解這些不利於個人成長的神經症現象。

整體而言，完形治療的目標在於增進當事人的覺察力，期望經由覺察力的提昇而能統整與接納自我，將環境支持轉爲自我支持、自我學習、試驗新的行爲，並降低神經症行爲，成爲更加統整與更具充分功能的人(*Perls, 1973; Tosi et al., 1987*)。

貳、助人關係

完形治療的諮商師或治療者是高度主動、歷程導向(*process-oriented*)的建議者，諮商師與治療者仍需要與當事人建立良好的關係，有了良好的關係才能擴展當事人的覺察力。完形治療強調諮商師或治療者本身必須能覺察當事人的內在歷程，並且能觸及當事人與諮商師之間的接觸疆界(*contact boundary*)。諮商師與治療主要就是承擔創造氣氛，激勵當事人探索他們的需求，進而協助當事人成長的角色。諮商師與治療者爲了建立良好的助人氣氛，本身要充分地投入，並且能夠坦誠、有熱忱、有活力。諮商師與治療者的充分投入於諮商現時之中，有助於當事人以受阻塞的能源爲焦點，並能學習以積極與適應的方式運用自己的能源。因此，完形治療諮商師的同理心、自發性與眞誠極爲重要(*Wallace, 1986*)。

完形諮商在協助當事人更能覺察現時，有四個基本原則：㈠現時原則(*The principle of now*)：諮商中永遠都使用現在式的語句；㈡我與你(*I and Thou*)：永遠直接稱呼某人，而不使用他或她等第三人稱，以我與你爲主體；㈢我的運用(*The use of I*)：在諮商中，尤其談論到自己的身體時，使用「我」取代「它」；㈣運用覺察之連續體(*The use of an awareness continuum*)：以此時此刻爲焦點，不問爲何或爲什麼；㈤問句轉換(*The conversion of questions*)：要求當事人將問句轉變爲陳述性語句(*Gladding, 1992*)。

至於當事人的成長、提高覺察力，或能將疏離的人格恢復有下列四個要件：

一、感覺與行動(sensation and action)

感覺是代表個人的生理經驗與情感，由於覺察力低的人時常感覺與行動疏離，或有感覺而沒有行動。因此完形治療乃與當事人探索所關心之層面的感覺，擴展對現時的覺察、並恢復兒童時代的覺察力。完形治療認爲兒童的覺察力與感覺最爲純眞，最具有自發性與想像力。

完形治療希望當事人感覺與行動能夠一致，在現時有豐富的統整情感，有統合性經驗及創造力，亦即期望當事人有活力、整體性、自發性、並湧現覺察力。

二、情感(feelings)

完形學派重視情感成分，認爲情感豐富的人方能將生活中的各種極化現象加以統整。因此治療的目的之一就是在建造容納情感的空間，塡補經驗與情感之間的空隙，假如當事人有成長的律動(*tempo*)，就能創造經驗。在諮商過程中，可以問當事人有關情感層面的話題，如：「你現在的感受如何？」或「可否停留在現時的情感之中？」或要求當事人在感到憤怒的時候，就「進入到」(*get into*)統整憤怒情感之運作中。

三、希求(wants)

「覺察的希求」(*Wants of awareness*)具有引導的功能，可以指導、移動或形成管道，導向於個人的自我實現之中。希求具有聯結現時經驗與未來滿足之功能，因爲病態的人常常沒有覺察的希求，也沒有未來。完形治療法認爲唯有覺察到現時的希求，個人才能爲被遺忘的事件與經驗負責，當知道了自己的希求之後，個人才有行動的動機，因此在諮商中，可以問當事人：「你有那些希求？」，此一問句可以界定當事人的期望與需要，並能凸顯個人形象與背景形態中的形象，進而協助當事人作決定。

四、價值與評估(values and assessmant)

完形治療的功能之一是要蒐尋當事人的價值觀與評估標準，以便當事人的行動能以現時爲基礎，而非以過去的要求爲基礎。諮商時，可以以當事人的整體判斷與內在的矛盾爲重點，並幫助當事人建立新的價值媒體，使過去的價值與評估能結合進入現時之中，以便當事人能由現時開始，採取新的行爲方式，不再受制於過去。

整體而言，完形治療就是在充分體察與擴展當事人的過去、現時與未來的事件、經驗、情感、信仰、知覺、希求、感覺與行動，以及價值體系，以便增進覺察力，促進當事人的成長與發展。當前述四個成長要件都受到探索之後，當事人就是一位較爲統整、一致、統合與充分發展的人(*Gilliland et al., 1986; 1989; Polster & Polster, 1973*)。

完形治療對諮商師與治療者特質與諮商關係的要求與個人中心治療法相似，但完形治療卻比個人中心治療法更強調當事人與諮商師主動地參與或投入到治療歷程之中，同時完形治療不主張對當事人無條件的積極關注，諮商師或治療者甚至可以有意向與技巧的挫敗當事人，使他自能正視自己的缺陷，而願意去發現他們自我支持地生活之所可能有的選擇。此外，完形治療的諮商師與治療者也可以「挑剌」(*challenging*)當事人，使他們的優勢力量與劣勢力量之間、社會我與自然我、理智與直覺之間更加的緊張或有更多的自發性。總之，完形治療的諮商師與治療者有下列的任務：

一、催化與增加當事人現時取向的感官察覺力，並體驗自我與環境的關係。

二、集中焦點於當事人現時行爲所能有的作爲或如何作爲。

三、誘導當事人進入與穿過極化所形的僵局，以便自我有較高的覺察力。

四、有技巧的挫敗當事人，並維持當事人處在此時此刻的經驗之中，進而能有更多的自我探索與自我發現。

五、提供現時的機會，使當事人解決已封閉、或未竟事務、或不完整的形態。

六、鼓勵當事人經由自我發現，知道自己所可能的作為，超出他們的想像，而能將環境支持轉為自我導向。

七、透過意識與負責任的抉擇，使當事人能發展自我支持系統。

八、經由自我發現與瞭解個人所失去的功能，而能激發動機與個人的統整（黃德祥，民 *74; Wallace, 1986*）。

叄、助人歷程

由於皮爾斯對於完形治療的助人歷程沒有明確的陳述，因此，對於完形助人歷程的階段區分，後來學者有不同的引伸。

坎普勒(*Kempler, 1973*)認為完形治療有三個主要歷程：一、治療者與當事人建立與維持「我與你」(*I-Thou*)的關係，在支持與挫敗當事人之間維持平衡，有了良好關係，治療才會有良好效果。二、協助當事人減低不安的症狀，指出他們尋求治療的理由，此時當事人通常會認為治療者會為他們做一些事，而且自己也要做一些努力。三、治療者利用各種完形知識與技巧，辨知當事人的各種極化與僵局，並創造極化之間對話的環境，再催化當事人察覺立即的經驗，充分表達他的情感，並以此時此刻為焦點，注重眞正的感受，同時儘可能減少當事人的認知功能，增加談論自己的經驗，最後使當事人能統整自我。

另凡德瑞等人(*Van De Riet, Korb, & Gorrell, 1980*)指出，完形治療有下列的階段：

一、表達內在經驗階段

在第一階段中，諮商員設定場景，容許當事人表達他們內在的經驗，當事人的表達當事人本身與諮商師都能客觀的觀察到，諮商師此刻最重要的任務就是指出他所看到可能對當事人具有重要關聯的部分，只有當事人能明顯的表達他們的內在經驗時，治療性處置才正式開始。

二、分化階段

分化(*differentiation*)階段的功能是將導致當事人衝突的內在對立或極化力量加以分離開來，以幫助當事人認識先前並不屬於他們的部分。此階段主要是由諮商師創造有異於當事人之經驗、覺察與學習的「試驗」(*experiments*)。主要在協助當事人，那些是屬於他們自己的，那些並非他們的，那些能滿足他們，那些在阻礙他們，進而將內在的極化加以統合。

三、肯定階段

完形諮商的第三階段是肯定、接納與認識在諮商中所發現的自我，鼓勵當事人去認識隱藏在他們內在的各個部分，如不一致的思想、情感與信念。單純接納這些不一致是什麼(*what is*)，而非應該要如何(*should be*)，最重要的是要當事人體會到要對自己的行爲負責任與作反應。

當事人肯定地覺察到先前未知的部分時，當事人就可以自由地選擇表現與造成他們功能失常相反的一些行爲(*Perls, 1973; Van De Riet, Korb, & Correll, 1980*)。

另外，艾根(*Egan, 1975*)認爲完形治療的歷程階段與其它治療法相近，主要有三個階段：一、催化覺察力階段；二、工作階段(*working-through stage*)；與三、結束階段。在催化覺察力階段治療者要協助當事人探察被隱沒的覺察力、內在的極化力量，以及未竟事務。工作階段則處理現時相關的題材、情感、事件或抉擇，使當事人在治療中能夠努力去維持均衡狀態。

第四節　完形治療法的策略與技術

完形治療最受稱道的是，發展了無數生動、活潑與具體可行的諮商與治療策略及技術，不管諮商師或治療者是否屬於完形治療學派，完形治療的相關策略與技術，在個別與團體諮商，甚至家族治療、精神診療上都被廣泛的應用。以下將討論完形治療法的重要策略與技術，最後並以一個案例作佐證。

壹、完形治療法的主要諮商策略與技術

一、對話遊戲(Games of Dialogue)與空椅技術(Empty Chair Technique)

對話遊戲或空椅技術是完形治療法最著名的技術。目的是在促使內在極化的兩端力量能夠經由對話，而能被個體覺察、接受或使兩個極化相互的瞭解。完形治療最普遍的對話技術是用來處理優勢力量與劣勢力量之間的極化，另外其它的個人內在極化，如，主動與被動、認知與情感、謹愼與冒險、善與惡、男性氣慨與女性行爲、自然我與社會我、生理需求與道德標準等都可以使用相互的對話，以便增加個體覺察力。倘當事人於諮商中能促使自己內在的極化進行對話，諮商本身就會帶來效果，不過由於多數當事人不敢面對或直接探索極化的情感，因此完形治療通常設置空椅的情境，引導當事人兩個極化之間的相互對話，也因此，對話遊戲乃被稱之爲空椅技術，此一名稱就較普遍爲人所知。

空椅技術通常是要當事人坐在一張椅子上，然後再在他面前擺放一張空椅子，每一張椅子代表個人內在的一個極化部分，由自我的一個極化對空椅上的另一個極化談話，當對話主體改變時，就更換座位，換成另一張椅子空著，再將方才接受對話的客體轉爲主體，向空椅上的另一個極化談話，此後視對話的主體更換座位，直到兩個極化的對話充分，且能顯現內在的衝突爲止，此時治療者或諮商師就扮演催化的角色，引導當事人願意進行自我內在極化間的對話。前述良好諮商氣氛與關係的建立頗爲重要，如此方能使當事人有自我對話的安全感受。以下是空椅技術的一個實例：

諮商師：過去我們已經談了甚多關於你目前感到適應不佳的一些情況與原因，現在我想再幫助你更能夠觸及你內在的情感，我將在你面前擺一張空的椅子，請你想像這張空椅就是你內在的劣勢力量，而你目前所坐這一張椅子就代表你的優勢力量，請你促使此二種內在力量相互對話，當你要改變談話對象時，就換坐另一張椅子。

當事人：

優勢力量：（對空椅說話）你應該堅持下去，雖然目前讀得很苦，但只有四個暑假，就可以修完研究所學分，對於晉級、加薪、考校長都有極大的幫助。

（當事人換位置向空椅說話）

劣勢力量：我才不這麼想，想想看，暑假二個月可以做多少事，像今天我們學校的紐澳旅遊團我就被迫放棄了，過去暑假可以辦才藝班，賺一些外快，全都沒了，更重要的是，這裡的暑期班要求太多，讓我幾乎受不了，尤其我的英文太差，回去吧，讀這個班實在苦不堪言。

（當事人換位置，再對空椅說話）

優勢力量：別那麼沒志氣了，想想要進暑期班是有多少人排隊申請，何況暑期班結業對考校長有極大幫助，那時名與利都有了，還管目前這些小利，何況英文比你差的在班上還很多呢！

（當事人換位置，再對空椅說話）

劣勢力量：讓我再想想，你說的也許有道理，過去考師專、考預官、考主任不也都很苦，也都曾經想放棄，還好沒有放棄，不然也沒有今天了，不過我還是想要這二個月長假，好好做一些自己想做的事。

（當事人換位置，再對空椅說話）

優勢力量：如此炎炎夏日，你又那裡可以去？在此上課至少還有冷氣可以吹，更何況還有那麼多新朋友，忍忍吧！

（當事人換位置，再對空椅說話）

劣勢力量：讓我再想想看……

諮商師：很好，剛才的對話基本上已經把二個極化顯現出來了，先休息一下，我們等一會再繼續。

（個案來源：作者輔導案例，經當事人同意刊登）

二、誇張（Exaggeration）

完形治療注重經由身體的覺察而引發對心理內在的覺察，個人的身體動作、口語、行為都非常重要，但經常受到忽略，誇張活動就是引導當事人誇大自己肢體、語言行動，進而促進當事人自我覺察的一種策略。

對話策略可以應用的技巧如下：㈠用微笑的方式說出恐怖的經驗；㈡用嚴肅的態度說出一個興奮的故事；㈢用要揍人的手勢向對你重要的人說話；㈣用手足舞蹈的方式表示上榜的狀況；㈤用歡笑的方式表達嚴重的意外事件等等。主要都在誇大身體語言，使當事人覺察到自己內外的不一致或想逃避的事項。在誇張策略運用中，諮商師本身也可以模仿當事人的肢體動作，甚至以更誇大的方式表達，再反映給當事人。

三、倒轉(Reversals)

倒轉技術是要求當事人表現或扮演一個極端相反的角色，以協助當事人覺察另一個人的角色或扭曲與隱藏的自我。如要求文靜的當事人，在諮商中表演聒噪、外向與活潑的人，或要求一味自責的媽媽當事人，改口指責環境的不當。經由對極端不一樣角色的倒轉演出，可以協助當事人體會到過猶不及的缺點，而能將兩個極化統整，或更加覺察自我。

四、穿梭技術(Shuttle Technique)

穿梭技術是不斷地、重複地或來回地引導當事人注意一個活動或經驗，以擴展對某些事情的覺察力，以發現經驗或活動中的相同相異之處、情感與行爲、接觸與退縮、幻想與實際，過去與現在等等，如此可以使當事人發現自己的不足與僵局。如無聊、厭倦的當事人，可以學習到如何分配能源，緊張的當事人知道如何放鬆，健談的當事人懂得如何傾聽別人講的話。

五、演練(Rehearsal)

演練或預演技術是協助當事人在諮商中在自己的內心，或利用想像的方式，練習一些適宜的行爲，如，參加考試、要求加薪、約會等個人較感難以面對的情景，直接想像可能的情況，並將自己適宜的行爲先預演一番，諮商師可以示範較佳的行爲方式，或對當事人的恰當表現給予支持與鼓勵，以增加覺察力。

六、我有一個祕密(I Have a Secret)

當事人可能因爲一直保持個人的某些祕密，而不當的使用能源去僞裝，失去了自我。完形治療法利用我有一個祕密的技術，協助有祕密的當事人，在想像之中，將祕密顯現，並想像當別人知道他的祕密時的反應。其方式爲：(一)請當事人閉上眼睛；(二)想像自己的祕密；(三)想像自己的祕密已被他人所知；(四)想像別人的反應。經由此程序，多數當事人會覺察到其實他們的祕密並非如此可怕，也並非每個人都在意，因而可以減低個人的憂慮。

七、我可以送你一句話嗎(May I Feed You a Sentence?)

當當事人不願意或害怕做某些事情時，諮商師就以此技術，告訴當事人：「我可以送你一句話嗎？」，然後要求當事人重複這句話，並感受一下將此話說出的情緒。如要當事人跟著說：「一次失敗不代表永遠的失敗」、「完成這件事只是有困難，而非不可能」、或「被人嘲笑又何妨，我還是我」等。送給當事人一句話的目的亦在增加當事人的覺察力，尤其當當事人在諮商中難以表白自己、下定決心或判斷事物時，就利用此技術，幫助當事人自我思考。不過此技術之使用，應先確定這句話是否當事人眞正需要。

八、夢的工作(Dream Work)

皮爾斯雖不認爲夢有潛意識的意義，但卻相信從夢中可以瞭解當事人甚多的過去事件，夢的相關人、事、地、物可能就是個人內在的一種投射，因此在完形諮商中也可以對夢的要素加以辨認與分析，甚至以空椅法讓當事人的自我和夢對話。夢的工作主要是用來幫助當事人發現個人的可能性、認識潛能或統整自我。

九、家庭作業(Home Work)

家庭作業主要目的是用來協助當事人將諮商中所獲得的洞察、領悟、意義與各種可能性，在日常生活中加以身體力行，如要求害怕與女性說話的當事人，先邀請女性親屬外出用餐，再邀請多位女性同事用餐，最後再邀約少數或單一女性。諮商中所呈現的衝突情境通常都可以出家庭作業，讓當事人在諮商之後演練。

十、我負責任(I Take Responsibility)

要求當事人說出：「我要負責」、「我要對……負起責任」的句子，以使當事人能在覺察之後，承擔自己的責任，改善自己的行爲，如：「我要對我仍沒有女朋友負起責任」、「我不歸咎他人，我要負責」，當當事人能大聲、肯定的說出自己要負責任時，當事人會有較多的勇氣作新的努力或嘗試(*Perls, 1973; Simkin & Yonfef, 1984; Tosi et al., 1987*)。

貳、個案示例

一、個案描述

當事人李珊珊因爲一直感到憂鬱、沮喪，對人生感到無意義而尋求諮商，她過去是一位高成就的學生，受大家的尊敬，但目前她陷入低潮，無以適從，以下是第一次尋求完形治療諮商的記錄。

二、諮商歷程

當事人：我也許必須告訴你，我爲何來這裡。

諮商師：我想請你停下來舒緩一下，當你感覺到你自己和這個地方熟識時，我們再開始。

當事人：（停了片刻，看著諮商員，作深呼吸）在過去幾個月來我十分低沈，過去我所感興趣的事情，如工作與家庭，目前都引不起我的興趣，我必須要改變，我不認爲我能忍受太久。

（開始小聲哭泣）

諮商師：讓這些情感表現出來。

當事人：（停止流淚）我不常如此地……哭，我不知道我有那些差錯。（開始繼續哭）

諮商師：是的，讓你自己去感受它。（注意當事人阻塞的情感）

當事人：（哭得更大聲）我對自己很不滿，讓我快發瘋！在這裡我是聰明、成功、有才華的人，但這仍不夠。

諮商師：對誰而言仍然不夠？

當事人：我不知道，我想是我自己。

諮商師：所以你一直有妳仍然不足的觀念。

當事人：我猜想我是一個完美主義者。

諮商師：而且你感到挫敗，因爲你腦中有這種想法。

當事人：是的，我就是不能加以排除。

諮商師：珊珊，請再說一遍。

當事人：我就是不能加以排除。

諮商師：再說一遍，但以「不想」代替「不能」。

當事人：（慢慢地）我不想加以排除。

諮商師：你對這種說法有何感覺？

當事人：這樣讓我有挫折感。

諮商師：爲何不說：「我被挫敗」。

當事人：我被我的完美主義所挫敗，我眞的是如此，我知道我可以控制它，假如我作一些努力的話。

諮商師：什麼阻礙了妳？

當事人：我猜想我一直告訴我自己必須把一件事做好，而忘了家庭與其他重要的事，這是夠挫折的！

諮商師：這聽起來好像妳的一個極端是要工作與成就，但另一個極端是要妳少做些。

當事人：的確是如此。

諮商師：讓我來做一些事，妳可否冷靜些。

當事人：你的意思是什麼。

諮商師：我要妳的高成就與求安靜的兩個部分相互對話，讓他們碰面。

當事人：我不知道如何開始。

諮商師：妳的一方試著去安慰另一方，知道嗎？

當事人：好。

諮商師：好，請將妳的感受告訴另一方。

當事人(I)：好，妳知道，我已厭倦了妳永遠在衝刺、衝刺、衝刺，某些時候妳只是一部機器，妳並不知道應該停止。

諮商師：現在另一方對另一方作回應。

當事人(II)：好，我也許努力衝刺，但假如我沒有妳扯後腿，我沒有無法到達的地方，假如妳仍然如此，我想我要回到我的第一分工作上，蹣跚前進。

當事人(I)：這聽起來不錯，至少我可以有更多的時間享受自己。

當事人(II)：這聽起來像是爸爸的話，永遠要放鬆自己。

當事人(I)：也許妳必須從他那裡學習一些事，他一輩子很快樂，他知道何時放鬆自己。

當事人(II)：但是我與他不同，我不能……不想與他一樣。

諮商師：我希望妳能轉換一下，在此對著空椅和妳的父親說話(指著一張空椅)。

當事人：爸，我不想像你一樣，但我不快樂，我不知道如何停止。

諮商師：（指著椅子）現在轉過來，妳當父親。

當事人（父親）：妳想要停止什麼，珊珊。

當事人：我不想不快樂，我想退出競賽，就是這樣。

當事人（父親）：算了吧，珊珊，妳知道妳如何停止自己的。

當事人：不，我不知道，你總是這樣說，我不曾讓你高興。

諮商師（當父親）：所以妳決定比我更成功，所以妳想要感動我、愛妳。

當事人：（哭泣）是的，是的，但這並非如此，你去世前你並沒看到我所作的，我並沒有讓你以我為榮。

諮商師：我希望妳能停留在此刻之中，珊珊，讓妳體會一下妳正發生了什麼事。

當事人：（仍然小聲的哭，安靜的坐一會兒）我過去不曾如此想過，我一直想取悅我的父親，但我不曾眞正去做。

諮商師：妳現在覺得如何？

當事人：很自在，好像有些重量從我身上除去，我感覺很好，好像我能放鬆了些。

（個案資料來源：*Tosi et al., 1987; pp. 143－145*）

第五節　完形治療法的應用、貢獻與限制

壹、應用與貢獻

完形治療強調協助當事人統合與接受人生的各個層面，並且協助當事人解決未竟事務，尤其完形治療法的策略與技術豐富，強調作為

甚於談話，甚多完形活動頗能積極促使當事人進入諮商歷程中，並有新的體驗。同時完形治療對其他有利於當事人的諮商策略與技術並不排斥，對於各類型的當事人，如身心性疾病，甚至精神病人都被認爲有其功效。

本質上，完形治療法宛如是存在取向、現象學、行爲取向、精神分析與系統化觀點的一個諮商治療方法。完形治療法與衆不同的是特別注重個人去觸及內在的自我，將極化的思想、情感或經驗加以統整，以發展自我支持與自我調節的力量、適應環境與自我需求的改變。諮商的另一層面是協助當事人去除成長與發展的障礙，克服僵局，以便能經由覺察而功能充分的發展。

完形治療的中心目標在於覺察，爲促進當事人覺察自我的活動目前已被廣泛的應用到團體諮商之中。完形治療雖亦屬人本主義的理論方法，但它比個人中心更注重諮商師的主動介入及積極引導，因此，比較受到一些當事人的歡迎，畢竟甚多求助者一直渴望有專家的指引及協助。

在另一方面，完形治療甚重視個人內在對話、極化、衝突、問題、未竟之務，以及個人的情感與經驗，從個人內在的探索、自我覺察力的提昇而促進個人的改變與發展，極具特色。同時完形治療法兼顧當事人語言與非語言行爲，注重此時此刻的情感與體驗，既不迷戀過去，也不憧憬未來，以現時爲諮商的焦點，積極面對當事人，是頗值得在其他助人領域工作中加以推廣應用的諮商方法。

貳、限制

當然，完形治療法也非完美無缺，歸納而言，完形治療有下列的不足：

㈠沒有體系完整的理論基礎

本章之中雖然也陳述了甚多完形治療的人格理論，但與精神分析或個人中心方法相較之下，完形的理論基礎，稍嫌淺薄，甚至是單一觀念不斷引伸而已。

㈡完形治療法欠缺實徵性證據

完形治療的策略與技巧雖多，但是甚多欠缺實徵性資料作佐證。也由於此，完形治療法在正統心理學上，不若精神分析、個人中心與行爲學派有較受肯定的地位。

㈢完形治療法過度以自我爲中心

完形治療法雖然也重視環境的作用，但整體而言，完形治療的焦點，都是以自我爲中心，幾乎不顧及當事人的家庭、人際關係與生長的背景對他現時行爲的作用，因此，有把當事人問題孤立化的危險。

㈣完形治療法的發展日趨停滯

完形治療法幾乎是一人一派的學說，近年來幾乎後繼無人，不若個體心理學有一波波新人繼續發揚光大。目前所被應用與討論的完形方法幾乎都是皮爾斯夫婦所倡導的，似嫌陳舊。

本章提要

1. 「完形」本意是完整圖像或完整形狀，引伸為具有統整、整體、一致、統合或協調的狀況。完形治療法與完形心理學有密切關連，它是利用完形心理學的基本概念而形成的以存在為傾向的助人理論。
2. 完形心理學之創始人為皮爾斯。皮爾斯是德國人，曾移居南非十二年，在南非期間他自己開診所擔任治療師，並融合完形心理學、人格發展與心理治療的理論，撰寫第一本著作「自我、飢餓與理解」。完形治療理論，是在他到美國之後才受到重視。
3. 完形治療法是以存在哲學為中心所發展而成。其基本假定如下：(1)每一存在世界上的事物都是一種歷程；(2)所有存在的事物相互之間都有關連；(3)世界上沒有眞正靜止的事物；(4)具體事物的存有，唯有人能知覺才能存在；(5)存有是有機體的改變；(6)現實是由人所界定的；(7)知識並不存在於完形治療中；(8)善惡或對錯只有在環境中才能顯示意義；(9)人一直在尋求完整與圓滿；(10)每個人能做改變，同時也為自己負責；(11)每個人都存有早期的思想；(12)每個人可以在意識狀態中自我覺察。
4. 完形學派重視人的存有、主觀體驗、情緒經驗、以及自我覺察的能力。完形學派與羅吉斯一樣，相信人有積極成長與發展，達成自我實現的可能，此點同時也是個體心理學、存在主義與人文取向心理學者所關切的主題。
5. 對於人性的看法，完形治療法有八個主張：(1)人是由物質、情緒、認知與知覺等部分所結合而成的；(2)人存在於自己生存的環境中；(3)人可以啓動自己世界中的內外在刺激；(4)人因能感覺、知覺、思考與有感情，所以成一個整體；(5)透過覺察，人可以以負責任的方式選擇自己的行為；(6)人經由本身的資產，人可以有意義的生活；(7)人只能體驗現在；(8)人存在於經驗之中。
6. 根據完形治療的理論，人是無數分化與成長中的生物、社會與精神歷程的結合。人是完整的實體，也是一整合的有機體。人同時受到生物與社會決定的作用，而且在每一刻，個體持續地尋求自我生存、成長、以及發展潛能。

7. 基本上，人就是生存在實現與幻想之中。完形治療法對人格結構主要有以下幾點：(1)覺察：排斥意識與潛意識，相信人有覺察力；(2)心理新陳代謝與自我調節：此以生理學觀念來解釋人的心理功能改變的情形；(3)場地區分：每個人都是由有機體與環境場地所分化而成的；(4)經驗及形象與背景：注重個人此時此刻與個人對現實的體驗，並為自己負責任。
8. 完形治療理論認為人的發展歷程就是個人與環境互動的結果。皮爾斯認為：人生無他，只是一連串無止境未完成情境、不完全的完形而已。完形學派與個體心理學及個人中心治療法都強調成長與發展的重要，但完形學派個體的成長發生在需求獲得滿足。皮爾斯重視成熟在發展中的重要性，所謂成熟就是個體能將環境的支持轉變成自我的支持。
9. 在個體成長的過程中，會面臨不同的成長任務，當改變過大或過小，都會造成問題。無法自我支持的人，就會為自己形成僵局，妨害成長。皮爾斯認為神經症就是不良適應的主要症狀，其原因主要有三：(1)發展了攻擊性；(2)為維持均衡狀態；(3)人與環境互動產生了問題。
10. 基於完形理論之哲學基礎與人性假設，完形治療的目標只有一個，且永遠只有一個，那就是覺察。覺察包含特殊領域的覺察力與日常習慣中之覺察力兩個層次，前者是內容覺察，後者是歷程覺察。
11. 皮爾斯認為治療的終極目標是：使個體成為一個統整的人。強調此時此刻，以及對立即經驗的覺知。同時兼顧語言與非語言的行為反應，希望協助個人解決未竟的事務，而將其統合於現實之中。
12. 完形諮商在協助當事人覺察現時有四個基本原則：(1)現實原則；(2)我與你；(3)我的運用；(4)運用覺察之連續體。
13. 對於當事人的成長，提高覺察力或將疏離的人格恢復，有四個要件：(1)感覺與行動；(2)情感；(3)希求；(4)價值與評估。
14. 因為皮爾斯對於完形治療的助人歷程沒有明確陳述，所以對助人階段歷程的區分，後來學者的引用不一。坎普勒將之分為三個歷程，而凡德瑞則分表達內在經驗階段、分化階段，以及肯定階段三階段。

15. 完形治療最受稱道的是發展了無數生動、可行的技術與策略，常用技術如下：⑴對話遊戲與空椅技術；⑵誇張；⑶倒轉；⑷穿梭技術；⑸演練；⑹我有一個祕密；⑺我可以送你一句話嗎？⑻夢的工作；⑼家庭作業；⑽我負責任。
16. 完形治療法之缺點：⑴沒有體系完整之理論基礎；⑵缺乏實證性證據；⑶過度以自我為中心；⑷發展日趨停滯。

班級活動

一、下列有六個完形相關技術，試著依照提示演練這些技術。

(一)對話遊戲：

案例：有一個當事人在結婚與獨身之間掙扎著，治療者把他安排坐到房子的中央，旁邊放了二個枕頭，然後要求他讓衝突的雙方對話：

承諾的一方：「我覺得我很特別，深獲女人歡心，我想擁有屬於自己的家。」

不承諾的一方：「這言之成理，但是婚姻有時是毒藥，它也像是枷鎖一般，我想保持自由，要快樂些。」

承諾的一方：「但是我認爲，一切都値得冒險，我喜歡我所擁有的，我無顏獨身見老朋友。」

不承諾的一方：「那也許也很快樂，但你現在並不自由，你現在甚至想要掙脫束縛。」

承諾的一方：「把婚姻置於一邊而想尋求快樂是不智的。」

不承諾的一方：「你的婚姻値得你去冒險嗎？想想獨身能做的事有多少啊！」

現在轉而來看看你內在有那些掙扎，並把它們放在一起使之面對面，例如，你現在的掙扎可能是我需要他人愛的滋潤與我很堅強不需要他人的關愛；或是我很柔和有禮與我是堅強頑固；或是我要繼續工作或要辭職而去等之間的諸多爭戰。再依照上面對話的方式讓自我衝突的雙方以口語突顯出來。

(二)誇張遊戲：

這個遊戲是要喚醒你注意當事人的身體語言與非語言線索。這種遊戲主要是重複地誇大某些舉動，如態度或手勢。舉例來說，假如你習慣性的微笑（即使你受到傷害），請誇大此種微笑。假如你緊張性地皺眉，就誇大這種舉動，然後繞過每位班級同學或團體成員的前面。再說出誇大這種行爲會有那些感受？你認爲這種技術有那些價値與限制？

其它可以應用誇張遊戲的舉動有：以手指指人、雙手交叉、雙腳抖動、握手等。

(三)倒轉技術：

當一個人去否定或拒斥他自己的人格時，就可以使用這個練習。舉例來說：一位表現惡劣角色的人，可能也有溫柔的一面，一個善良的人，可能也會對他人有負向情感。挑選出你的一項特質，然後儘可能的假設它具積極與消極特質，再說出你的感受如何？你認爲這種技術有何價值與限制？

(四)演練：

人的很多情感是正在預演之中，在此練習中，選擇你想預演的事情，然後大聲的喊出「演練開始」，把你內在的各項經驗完全的說出，然後體會這種情感。舉例來說，你也許可考慮這些情境：如與朋友約會、求職等，或面對你所害怕的事時即可予以演練。

(五)我有一個秘密：

這個練習的目的是在幫助當事人探索恐懼、罪惡感，以及災難性期望。想想自己有那些私人秘密，不想公開給他人，但是要想像把這些秘密公開的情況，你想像他人會對你有那些反應？

(六)我負責任：

這個練習的目的是幫助你負起自己情感的責任，大聲的向團體說出你的情感，然後加上「我爲此負責」的尾語。舉例來說：假如時常感到無助，你可以大聲說道：「我覺得很無助，但是我爲此負責」。其他可以練習的情感有：無聊、煩憂、孤單、被拒絕、愚笨、不被愛等等（資料來源：黃德祥，民76）。

二、下列有二位個案的諮商陳述，請你據此思考完形治療的相關課題。

當事人(1)：「當我童年階段，父親並不常在我身旁。我曾希望他給我讚賞與認定我的存在。然而，他說是有事忙著，我知道我怕他，也恨他沒有盡到父親的責任，但是我害怕被他拒絕，我猜想爲何幼年的創傷一直在我眼前重現的原因——我不曾眞正的得到他的愛，你想我現在又如何能與他親近？」

現在假設你是完形治療者，不要直接回答他最後所提出的問題，而要求他直接與他的父親談話——也就是說，回到十六歲時的樣子，並以幻想的方式向他的父親說些他未曾向他說過的話。要求他重視被拒絕的情感，使之宛如發生在現在一般，並且告訴父親他的感受。

當事人(II)：「爸爸，你知道我受到很大的傷害，因爲我眞的很想聽你說我對你非常重要，我試著取悅你，而且不管我作了多大的努力，你卻不曾注意我，眞是糟透了，我想沒有任何可以挽回你的關愛的了。我怕你，因爲我害怕你知道我的感受後，你會打我。我只知道取悅你要付出代價。」

你從上兩例中，是否看到兩者間的歧異了？你認爲讓當事人重現過去被拒絕的情感較爲明智嗎？現在你自己選擇一個困擾著你的問題，以後做下列二件事：(1)陳述你的問題，(2)透過幻想把問題帶入此時此刻之中，看看此兩種方法有何不同？（資料來源：黃德祥，民 76)。

問題討論

一、請敘述完形治療法的治療目標何在？

二、完形治療中心的治療者有何角色與任務？他可以有那些作爲？

三、完形治療的助人關係重要嗎？助人關係與治療技術有何關聯？

四、請舉例說明完形治療法的重要技術。

第七章

理性情緒行為治療法的理論與技術

第一節　理性情緒行為治療法的發展

理性情緒行為治療法（*Rational Emotive Behavior Therapy*，簡稱 *REBT*）是由艾里斯（*Albert Ellis*）所創設的以認知為導向，顧及認知與情緒或情感與行為之關聯，重視諮商師與治療者主動、積極介入的人文、教育與治療模式。艾里斯並認為 *REBT* 就是一種人格理論、一個哲學體系與一項心理處遇技術（*Ellis, 1996a*）。與其他諮商與心理治療體系相比較，*REBT* 似乎單純、明確了許多，它的中心概念清晰、諮商與治療步驟具體可行，在短期治療與一般教育、社會服務及諮詢工作上頗受歡迎，*Ellis* 從 *REBT* 理論中將認知行為情緒關係加以擴展成為現今十分受重視的認知治療法。

壹、艾里斯與理性情緒行為治療法

艾里斯於 1913 年在美國賓州匹茲堡的一個猶太家庭出生，他另有一位弟弟與妹妹。在他早年，父母移居紐約，五歲時，艾里斯罹患扁桃腺炎，幾乎喪命，也因此，種下他後來爲腎炎與糖尿病所苦的原因。艾里斯的家庭經驗並非愉快的，他形容他的父母是對他「仁慈的忽視」（*benign neglect*）（*Dryden, 1989; Gladding, 1992*），他認爲他的家人「十分瘋狂」（*pretty crazy*）。在他 *7* 歲時他就學會獨立，*12* 歲時父母離婚，中斷了他成爲一位希伯來文教師的生涯計畫，從那時開始，他認爲自己幾乎成爲一個無神論者（*probabilistic atheist*），不過他雖不相信上帝的存在，但仍不全然排斥宗教。

在青少年階段，艾里斯夢想成爲一位作家，他一直期望存夠了錢，退休之後全心投入創作之中。他於 *1934* 年畢業於紐約市立學院，主修商科，至 *1940* 年代中期以前，他也一直從商，後來他停職，從事小說創作，不過他的創作並沒有太大成就，因此他決定轉攻心理學。他於

1943 年自紐約哥倫比亞大學獲得碩士學位，再於 *1947* 年獲得臨床心理學博士學位。

完成博士學位以後，他曾經開業當精神分析師，儘管他認爲自己是一位很有才能的分析師，但他卻發現精神分析有它的缺陷，一切精神分析的技術全然依賴於治療者的功力，他對精神分析的效果深表懷疑。因此，艾里斯將研究的重點轉向新佛洛伊德學派，像蘇利萬(*Sullivan*)與杭爾妮的人際關係論點，即深受艾里斯的青睞。他一直認爲正統精神分析法過於抽象、難以操作，且效果又難以驗證，因此乃立志要自立門戶，希望能創造一個較主動與指導取向的治療理論。

事實上，在他獲得博士學位以後，他希望在婚姻、家庭與性治療上所有發揮，甚至期望成爲全世界最卓越的婚姻與性專家，不過他後來發現婚姻與家庭的失常來自於情緒的困擾，他乃盼望有一幫助當事人解決問題的理論與技術。*1955* 年他開始自創理性情緒治療法，在 *1962* 年出版 *RET* 的第一本論著「心理治療的緣由與情緒」(*Reason and Emotion in Psychotherapy*)。

艾里斯爲了推展他的 *RET*，創造了不少訓練機構，*1959* 年他創立了理性生活研究所(*Institute for Rational Living*)，*1968* 年再創設理性情緒治療研究所(*Institute for Rational-Emotive Therapy*)，前者是一個科學與文教基金單位，以推展通俗的 *RET* 生活方式爲主，後者是做爲專業訓練與臨床服務的機構。從 *1960* 年代開始，*RET* 就開始在諮商與心理治療領域異軍突起，成為一個新興的理論模式，直到 *1993* 年，*Ellis* 參考先前的認知行為諮商方法，把理性情緒治療法（*RET*）改成理性情緒行為治療法（*REBT*）。

艾里斯本身婚姻也不順利，他曾結婚二次，第二任太太(*Janet Wolfe*)於 *1964* 年與他結婚，幫助他建立與維持理性情緒治療研究所，助益甚大。除了 *REBT* 之實務推廣外，艾里斯本身仍然是一位出色的性治療者，同時在性治療上有相當多的論著。

艾里斯是一位多產作家，至目前爲止，他已經出版了將近 *500* 篇論文、*50* 本書籍，以及無數 *REBT* 電影、錄影帶與錄音帶，每年的研討會、工作坊不計其數，目前仍忙碌異常。他是主要諮商模式創始者中少數仍在世而且又論著不斷的人。現在世界有近十個國家設有 *REBT* 研究所的分支機構。

艾里斯的主要論著有：「透過緣由之成長」(*Growth through Reason, 1971*)、「執行領袖：一個理性方法」(*Executive Leadership: A Rational Approach*)、「人文心理治療：理性情緒方法」(*Humanistic Psychotherapy: The Rational Emotive Approach, 1973*)、「理性情緒治療的理論與實徵性基礎」(*Theoretical and Empirical Foundations of Rational Emotive Therapy, 1977*，與 *J. Whiteley* 合編)、「理性情緒治療：理論與實務手冊」(*Rational Emotive Therapy: A Handbook of Theory and Practice*，與 *R. Grieger* 合著)，「理性生活的新指引」(*A New Guide to Rational Living*，與 *R. H. Harper* 合著）以及「更好、更深入長久的短期治療——理性情緒行為治療法」(*Better, deeper, and more enduring brief therapy: The Rational Emotive Behavior Therapy approach, 1996b*）。

貳、哲學基礎

REBT 的哲學基礎根源於希臘與羅馬的斯多噶哲學（*Stoic Philosophy*)，如艾皮帝特斯(*Epictetus*)與奧瑞里奧斯(*Marcus Aurelius*)，以及近代的理性哲學家，如史賓諾莎(*Spinoza*)與羅素(*Russell*)，同時也受語意學者寇茲布斯基(*Korzybski*)與邏輯經驗論者休姆(*Hume*)的影響。*RET* 把人視爲高度象徵性的生物體、能找出理由去爲個人與社區爭取最大福祉。希臘斯多噶學派甚早就認爲當人類以較冷淡的態度接納與處理情緒時，情緒就可以轉好。艾皮帝特斯就說過，人不爲事所困擾，而是被對事的看法所困擾。斯多噶學派也重視冷靜、理性思考的重要性，

認爲理性思考與情緒狀態有密切的關聯，並且會對行爲有所影響。此外，近英國哲學家羅素更強調事情的狀況會隨著思考而改變，羅素認爲減少恐懼的方法是冷靜的思考，集中焦點於恐懼的目標之上，直到熟識了恐懼目標爲止。語意學者寇茲布斯基認爲人類利用語文「意義」表達思想、情感與行爲，語意或語言的運用狀況與個人的適應情形密切關聯。另外，艾里斯也相信「自我接納」與個人適應也相互關聯，「好」與「壞」只存乎一念之間，假如人認爲自己是有價值的人，他就比較會看重自己。艾里斯的主要論證基礎即在於人兼有理性與非理性思考與行爲的可能。很多時候人卻對情境加以扭曲、挫敗自己、過度類推與過度受誘導，以致於對細微末節容易焦慮與產生敵意，進而對自己及世界都產生焦慮與敵意（*Ellis,1973; 1979; 1996b; Tosi et al., 1987*）。

艾里斯更進而指出，人是通常先有了情緒困擾，再暴露在環境情境中，而強化了此種傾向。艾里斯認爲人的生存與快樂有四個必要的歷程：一、知覺或感覺；二、情感或情緒；三、移動(*moving*)或行動；四、推理或思考。他認爲這些歷程的功能相互關聯，人幾乎很少由單一歷程去體驗生活，因此，人的功能發揮有賴於知覺、行動、情感與思考的同時統整性作用。舉例而言，學生說道：「我正想著這次的考試。」以*REBT*的觀點來看，應該就是表示著這位學生正在說：「我正知覺、移動、感受與思考著這次的考試」。這位學生的思考有可能認爲考試太難，因而情緒上感到焦慮、行動上不想作答，因而對考試的知覺不佳。艾里斯從此觀點出發，認爲要瞭解一個人的行動必須知覺、思考、情緒與行動各方面兼顧，方能對個人有整體性的認識(*Ellis, 1979; 1996b*）。

艾里斯認爲*REBT*是所有治療理論中最具人本傾向的一種，因爲*REBT*強調人能充分接納自己是因爲他們能生活、有生命、能存有，而並非要假於外求，證明自己的價值。他深信人可以充分創建自己有意義的人生，人類既不需要上帝，不需要神奇力量，人本身就可以建構一個有意義，甚至是快樂的世界。

艾里斯的哲學論點事實上是落實在具體層面的，而非如完形學派的抽象，他最關注的二個重點就是人的思考與情緒。人能理性思考才能增進個體的快樂，減少情緒的干擾。同時由於思考是主觀的，因此，人生要如何生活，過得快不快樂就可能全然操在自己手上，亦即是思考之中。而情緒雖然可能困擾個體，但情緒本身也具有積極的功能，有了情緒人才可以感受喜悅、愛、快樂與其它正向內在感受，這是人充分覺知生命與生活的關鍵。基本上，情緒是使個體生存或生活得有快樂的最重要作用力量。可是艾里斯認爲人有三個思考與情緒的障礙：一、缺乏智慧；二、欠缺作明智思考的知識；三、因爲有神經症行爲，因而無法充分運用智慧與知識。艾里斯戲稱，神經症就是不笨的人所表現的愚笨行為（*Ellis & Harper, 1979; 1996b*）。艾里斯對於非理性的本質共有下列的主張：

一、每一個人都存有非理性成份，無人可免。

二、非理性行爲幾乎在任何社會與文化中都可以發現到。

三、人具有叛逆傾向，並且容易反抗權威。

四、較高智慧的人也不能免於非理性的作用。

五、對非理性的洞察並不能完全消除非理性。

六、不論人如何努力去克服非理性的傾向，終將發現非理性是根深蒂固，難以拔除的。

七、過度類推是人類行爲的特徵之一。

八、人有自然地尋求逸樂(*hedonistic*)、追求快樂的傾向(*Ellis, 1976*)。

不過艾里斯也並非全然的悲觀，相反的，他積極的主張人具有一種追求過理性、自我實現與自我充分發展的人生。這種積極人生特質正是*REBT*所要追求、開發、發展或探索的部分。

整體來看，理性情緒治療法時常採取「快速救火、主動——指導

——說服——哲學式的方法學」(*rapid-fire ative-directive-persuasive-philolosophic methodology*)，常直接由當事人的非理性信念下手，立即去挑剌當事人的思考觀念，讓當事人知道他們不合邏輯的前提或設定是如何的無效，再進而使用較幽默的態度，解釋如何用理性思考方法加以替代的策略，同時也教導當事人如何作科學與理性的思考，以便減少不合邏輯的推論與觀點，終而能減少或消除自我挫敗的情感與行爲(*Ellis, 1996b*)。

艾里斯(*1976; 1991*)特別強調*REBT*與衆不同，他認爲*REBT*有下列三個重要的基礎，使此一理論體系經得起考驗。

一、生物基礎

艾理斯認爲生物力量佔人的行爲*80%*的解釋變異量(*explained variance*)，其餘*20%*是環境的作用。基於生物的觀點，他認爲人類問題有下列共通特徵：(一)所有的人都會有某些非理性成份；(二)沒有任何社會或團體可以避免非理性的行爲；(三)很多非理性是由重要他人及社會所教導的；(四)不管聰明才智如何，都會有非理性表現；(五)愈是反駁非理性的人，愈有可能掉入其中；(六)人放棄了某些陳舊的非理性時可能會產生新的非理性，久而久之難以消除。

二、社會基礎

艾里斯認爲人花太多時期在迎合他人的期望，成爲「他人導向」(*other-oriented*)，因而疏忽花時間去發展人際技巧，以便能有健康的自我觀念與社會適應。要能在社會適應良好，則需要學習，或自我教導。

三、心理基礎

艾里斯認爲人有可能發展健康的人格，作有效的思考，但是人卻常形成自我挫敗的思考，受制於外在事物，進而認爲自己情非得已。

艾里斯認爲此種循環是個人困擾的主要來源，是不健康的。常見的自我非理性信念有：㈠「好可怕」(*awfulizing*)：如，「我沒有考上大學、沒有工作非常可怕，這簡直是災難」。㈡「自我譴責」(*self-damnation*)：如，「我太差勁了，我一無是處，我一事無成」。㈢「我不能忍受」(*I-can't-stand-it*)：如，「我不能忍受他們白眼看我，我要自我毀滅，我受不了了」。

艾里斯認爲西方社會有十一種非理性信念，這些非理性信念是個人神經症的根源，以下再分述之。

一、一個人被周遭的人所愛與讚美是絕對必要的：這是一個不容易達到的目標，而且假使一個人努力去作追求的話，必會迷失方向，會變得不安全、自我失敗。

二、一個人必須有充分的能力、良好的適應與最大的成就時，人才有價值：這也是不可能的，強迫去求取，則會導致精神病、自卑、無生活的能力、持續的恐懼與失敗。

三、某些人是壞的、邪惡的、或是罪惡的，因此這些人必須受到責備與處罰：這是一個非理性的觀念，因爲世上沒有絕對的「對」與「錯」的標準，而且兩者之間差距甚微，「錯誤」與「不道德」的行動是愚蠢、無知與情緒困擾的結果，責備與懲罰於事無補，因爲責備與懲罰並不會使之較不愚蠢、更明智、或更好的情緒狀態，事實上，可能會變本加厲。

四、假如事情非己所願，則是一種可怕的災禍：這是非理性的，因爲挫折是正常的事，如有了挫折就以爲可怕，導致了嚴重的混亂，則是非邏輯的。

五、不快樂肇因於外在環境，非個人所能支配：外在力量和事件可能會給個人造成影響，但事實上，往往不會造成傷害，除非自身心理受到影響，否則無大礙的。

六、危險或可怕的事情必須加以非常的關切，而且必須時時注意其發生的可能性：這也是非理性的，因爲擔憂和焦慮，㈠阻礙了一個人對一件可能是危險的事情作客觀的評估；㈡假如這種危險或可怕的事眞的會發生，有了如是觀，則會阻礙個人有效率的去面對它；㈢也許又會促使危險或可怕的事眞的發生；㈣會誇大它發生的可能性；㈤不能阻止終究會發生的事；㈥只會使可怕的事變得更糟而已。

七、逃避困難與自我的責任比去面對困難與責任容易：這是非理性的，因爲逃避工作常常是比眞正去做它來得艱辛與痛苦，並且會導致問題發生和不舒適感，甚至失去自信，況且，容易過活的人生不一定是快樂的人生。

八、人應該依賴別人，而且必須有某些大人物足以依賴：然而，人在某些方面儘管依賴別人，但也沒有理由要擴大我們的依賴心，因爲依賴會失去獨立、個性和自我表現，依賴會導致更大的依賴，失去學習能力和不安全感。

九、過去的經驗和事件決定了目前的行爲，過去的影響是無法根除的：但相反的，在某一環境中，曾經發生的行爲，也許不會在現在發生，過去已經解決的事情，可能在現在重現，認爲過去影響了現在的人，常會成爲避免改變個人行爲的藉口。

十、人應該爲別人的問題和困難而煩亂：這是錯誤的，因爲別人的問題常與我們無關，沒有必要嚴重加以關切，即使別人的行爲影響了我們，也唯有我們對它加以界定，才會使我們煩亂，爲別人的事情所煩惱的人，常以爲有能力去控制別人的事，事實上，我們鮮有能力去改變別人的問題，且常因而忽視了自己的問題。

十一、對每個問題都會有正確完美的解決方法，否則會帶來災禍：這是非理性的，因爲：㈠沒有完美的解決方法；㈡以想像失敗的結果來求解決問題，是不眞實的，相反的，產生了焦慮與痛苦；㈢如抱完美主義會使眞正的問題變得更糟（黃德祥，民70；民73，魏麗敏，民79）。

第二節　理性情緒行為治療的人格理論

壹、人格結構

嚴格說來*REBT*也沒有體系完備的人格理論，但*REBT*所獨創的*A-B-C-D-E-F* 理論卻頗受肯定，甚至 *A-B-C-D-E-F* 理論就是*REBT*的代名詞。在此理論中，A 代表促動、觸發的事件或經驗（*activating event or experience*），B 代表信念（*beliefs*）、想法或看法，C 代表情緒反應、情緒結果（*emotional consequence*），或行爲效果，*D* 表示駁斥（*disputing*）、檢查、處理、辨別或改變，*E*表示諮商效果，*F* 表示新的情感（*new feeling*）。此一體系可以利用圖 *7-1* 加以表示：

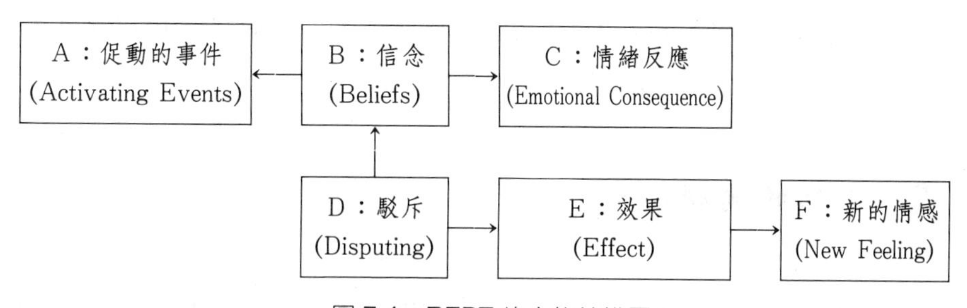

圖 7-1　REBT 的人格結構圖
（資料來源：Corey, 1991, p. 331; Ellis, 1996b, p. 205）

事實上，圖 *7-1* 的人格模式原僅被稱之爲 *A-B-C* 理論，後來也有人稱之爲 *A-B-C-D* 理論，新近的引伸則增加了 *E* 與 *F* 兩個論點，而擴展成 *A-B-C-D-E-F* 理論，但通稱之爲 *A-B-C* 理論者較多。

A-B-C 理論的觀點在於表示，促動的事件或個人的生活經驗，或人

生之中的事件 A，係透過思考歷程、個人信念、思想觀念或個人看法的作用於 B，才導致情緒或行爲反應。情緒困擾與情緒障礙，關鍵在於 B 點的運作，所以 A 與 C 並非直接的關聯，B 才是一個中介的力量，更由於人有理性思考（*rational beliefs*，簡稱 *rBs*）與非理性思考（*irrational beliefs*，簡稱 *iBs*）的可能，*iBs* 常常是導致 C 的主要根源，因此要減輕或去除 C 的不良情緒結果，必須對 B 加以駁斥、改變、辯駁或區別，導之以 *rBs*，才能發揮諮商與治療的效果（*E*），有了效果即表示當事人有新的情感、情緒或感受（*F*）。此一理論架構不只可以當作 *RET* 諮商與治療者的指引，同時也可用來教導當事人瞭解本身問題的重要變項及其因果關係，而能在諮商師或治療者的協助下，改變信念系統，重新過正常或適應的生活。

艾里斯認爲多數的人都認爲促動、觸發的事件是導致行爲與情緒後果的直接原因，他對此種觀念加以挑戰，認爲「思考」或「思想」才是個人情緒與感受的直接因素。因此，在圖 *7-1* 中的 *B* 點才是輔導與治療的焦點，他相信只要 *B* 有了改變，自然有良好的 C、*E* 與 *F*（*Ellis, 1967; Ivey, Ivey, & Simek-Downing, 1987*）。也因此，圖 *7-1* 可以當作解析個人人格結構的一個基本參照體系。

貳、人格的關聯因素

與其它諮商與心理治療不同的是，*REBT* 非常重視人格適應的生理作用，艾里斯認爲生物力量與社會力量是並存的，使人格成爲一個複雜與統一的體系。他認爲人就是一個生物社會體（*biosoical creature*），在知覺、思考、情緒與行爲作用上都同時受到生物與社會的影響（*Ellis, 1975, Ellis & Abrahams, 1978*）。

REBT 理論相信本能傾向與生理力量對人的支配性作用，人的理性與非理性思考、挫折容忍力、自我評估、追求成就、快樂，以及與他

人相處等都與生物作用有關，人同時相互間也有共通的生理現象，所以我們可以預測人的思想、情感與行動的共同性。另一方面，我們也有相似的社會生長條件，如社會中存有甚多的「絕對性信念」(*absolutistic beliefs*)，如，必須、應該、必要、需要、一定等用詞或理念，這些絕對性的社會信念對於人類非理性與不良適應的經驗有極大的作用，個體的生理傾向常會受到社會文化經驗的催化，而增強了人類的非理性與不良適應的經驗。此外，艾里斯相信生物與社會力量共同對人的自我覺察(*self-awareness*)產生影響，其特徵有：

一、人是一個統整性生存體(*holistic being*)：具有能互動性與交流性地知覺、思考、感受與反應的自然趨勢。當我們知覺到一個事件或目標時，我們會對它加以思考、對它會有情感或感受，並配合我們的情感與感受作反應，或採取行動。

二、因爲人生理上高度依賴頭腦，因此，自然地我們一切以思考爲先。同時我們對自己的思考狀態也能加以思考，也由於我們經常思考，我們有可能作理性與非理性思考的可能，因爲這是人類強烈的遺傳傾向。

三、因爲我們有作理性思考與非理性思考的可能，我們自然會發展各種的觀念、態度與習慣類型，我們能自我建構一些高度個人化與獨特的價值體系與信念，這些價值體系與信念再影響了我們的意念、態度與思考類型。

四、我們可以透過想像、幻想與夢作思考，我們也可以學習使用語言、話語、句子去擴展或限制我們與自己或與他人的溝通。我們的想像、幻想、夢、話語、句子等包含認知與中介的訊息，對個人的情緒與行爲造成強烈的影響。

五、人是經驗性的生存體(*experiencing being*)，我們不會限制我們的經驗，反而我們可以將經驗概念化，當我們碰到了事情，我們會有對自己說話的自然傾向，亦即「自我說話」(*self-talk*)，有些認知心理學將此種現象稱之為「平行思考」(*parallel thinking*),我們的內在自我語言,以及價值系統的聲音都會影響我們對事件、事情的感情與行動。

六、我們的思考創造了我們的情感,並決定了我們對特定情境的反應,我們的信念、態度與價值中的自我談話,形成了刺激與個體之間的中介體,決定了對事件的反應與情緒作用,人的情緒或情感作用並非自動或自主的,它們必須由自我加以創造,以切合我們生活的價值體系。

七、我們不必太努力就能回憶自我談話的內容,我們重複或習慣性的自我談話存在於自我意識覺察的表面之下,我們容易回憶到,我們人有自我覺察的能力,也可以有意識的自創意義,並賦予經驗性意義,我們基本上是自己創造與生產(*productions*)的結果(*Ellis, 1974; 1975; Ellis & Abrahams, 1978; Wallace, 1986*)。

叁、人格的成長、發展與改變

REBT 的理論基本上可視為一種「自我理論」(*self-theory*),非常重視自我概念化(*self-conceptualizing*)的作用,艾里斯同時也贊同自我概念對行動與情緒的影響,不過艾里斯認為自我概念化常伴隨著非理性思考,由於自我概念化是由自我評量、自我判斷、自我合理化(*self-justification*)的結果,因此會形成自我的價值感與內在的動機。自我評量或自我的各種衡鑑與自我的成就水準有關,當我們在自我作判定時,我們會耗去寶貴的時間與精力,去找出自己的缺陷與弱點,由於我們面對新的事務或工作,難免會有低成就與失敗的時候,因而我們常會低估自己、降低自尊,而形成高度的焦慮與憂鬱,最後惡性循環,成為不良的自我概念化(*poor self-conceptualization*)。艾里斯認為倘若我們一直求高度成就、完整、絕對標準與高度期望,我們會自我形成創傷與個人不當的錯覺。人多數是經由我們本身的成就與在世界中的地

位來界定我們自己，因此，個體要為自己的一切負最大責任(*Ellis & Abrahams, 1978*)。

艾里斯相信人的行為是個人——社會——環境(*personal-societal-environmental*)與本能傾向共同作用的結果，個人存有的因果要素(*causal factors*)常超出個人意志之外，難以控制與掌握，但我們都有免於非理性思考的自由。維持理性思考、情感與行為，我們是有選擇的自由。其理由有下列各項：

一、我們是經驗的存有體，我們可以感覺、感知或體驗自我，人可以不必自我限制經驗。

二、人具有思考的能力，可以對自己的思考進行再思考，可以對自己的思考與經驗加以概念化。

三、人可以經由學習，而改變思考，進而過著理性生活，學習是*RET* 的理論與治療的中心。

四、個人的信念系統是由自我談話、自我內在強制性與絕對性用語所形成，因此，可以再經由學習與練習的過程，重建自己的自我談話與自我覺察，使我們重新過有功能、有效能與快樂的生活。

五、對*REBT*治療者而言，治療與諮商就是教學的歷程(*teaching process*)，教學的重點在於質問、挑戰、辯駁、區辨或爭論當事人的價值、態度、信念與行動，使當事人的認知與情緒能加以重建，以提高理性的敏感度，過有效的生活方式。

六、就個體成長與發展的觀點來看，個人並非命運的犧牲者，反而我們可以選擇我們自己的思考方式與對世界的態度。

七、當個人不對自己作對與錯，或善與惡的判斷，能接納現實與自我的不完美時，我們就有了較佳的心理建設，如果我們能維持理性的平衡，我們就能眞正的存有，最後能較充分地掌握我們自己的價值、態度與行動。

八、當個人減少完美主義與絕對主義傾向、減少對被他人所愛與讚美，以及成功的需求，我們就會接納自己與生活的世界，並將能減少生活的痛苦，而增加快樂(*Ellis, 1974; 1984, Wallace, 1986*)。

理性情緒行為治療與個人中心治療法一樣對人格的發展著墨不多，同時也沒有明顯的階段區分。由於艾里斯關心一個人的信念系統的作用，因此，倒是曾經述及個人信念系統的形成過程。艾理斯認爲在兒童期階段，我們就被鼓勵，甚至被迫接受家庭、朋友、老師的態度、信念與價值觀，艾里斯認爲早年所接受的這些態度、信念與價值觀卻常常是非理性的，如太多的「必須」、「需要」與「完美」或「絕對」，使個人過著非理性的生活方式，因而有較多的情緒障礙與不良適應或不良功能的行爲產生。因此，理性與非理性信念乃是根源於早年生活經驗，受生活週遭重要人物，甚至大衆傳播媒體所影響的結果。*REBT*在治療中雖也探討非理性信念的形成過程，但*REBT*卻反對潛意識的作用，認爲學習與經驗才是重點所在。

第三節　理性情緒行為治療的目標、助人關係與歷程

壹、諮商目標

理性情緒行為治療法的最重要目標在於利用認知控制（*cognitive control*)的方法，改變或修正認知結構，或去除非理性信念，以使當事人達到最大的自我發展或自我實現。*REBT*最受肯定的地方乃是強調經由認知覺察(*cognitive awareness*)與哲學重建(*philosophic restructuring*)的方法，使人格改變與重組。此種重視邏輯與理性思辨歷程的諮商與治療方法與目前心理學上重視認知作用的發展趨勢頗爲吻合。

具體而言，*REBT*有下列的主要目標：

一、協助當事人覺察自己先入為主的思考與信念，以及自我的對話，並知道自己內在對話（*inner dialogue*）所產生的情感、行動與反應。

二、經由溝通，使當事人相信自己有能力重建自己的信念系統。

三、協助當事人發現自己作決定之時的自我談話（*self-talk*），以便瞭解自己的語言對非理性知覺、思考、情緒與行動的作用。

四、鼓勵當事人去質疑、辯駁、駁斥自己的非理性信念，尤其是自己已存在的絕對主義信念（*absolutist beliefs*），如必須、應該、一定、不能、不該、必要、不應當等。

五、主動與積極地教導當事人一些質疑、挑戰（*challenging*）、辯駁個人價值觀、態度與信念的一些方法。

六、相信當事人可以努力與勤快地作自我改變，能以理性的思考替代非理性的思考。

七、向當事人說明，倘若他們仍持續地維持相同的非理性自我談話，他們將會有無止境的困擾存在著。

八、鼓勵當事人面對現實，並能以無怨無悔的態度，面對自己、他人，以及這個世界。

九、鼓勵當事人放棄完美主義，接納事實，並能瞭解所有的人都有缺陷或不完美的地方。

十、使當事人知道多數的人都會有非理性信念，以及非理性信念和情緒困擾、個人的不適應與不快樂的關係，並能知道如何以更理性的信念或邏輯與科學的思考方式，替代非理性的思考方式，以減少自我挫敗的情感與行為，最後成為一位自在、自我充分發展、適應良好或快樂的人（*Bohart & Todd, 1988; Ellis, 1996a; Ellis & Harper, 1979; Maddi, 1989; Wallace, 1986*）。

本質上，理性情緒行為治療法就是一個主動教導、邏輯分析、影響說服，以及自我理性建構的諮商與心理治療模式，目標就是使當事人認識、覺察到自我的不當、非邏輯與不理性的思考與信念所在，並有意願與決心去加以挑剔或改變，以便成為較適應的人。

貳、助人關係

理性情緒行為治療法的諮商師與治療者具有主動性與指導性的功能，整個助人關係亦可說是一種教導、矯正與學習的過程。*REBT* 的諮商師與治療者通常需具有聰明、有知識、具同理性、堅持性、科學性、信仰 *REBT*，以及對當事人感興趣等性質，明確的說，*REBT*的治療者或諮商師就宛如扮演老師與教練的角色，利用*REBT*的一套原理原則，使當事人學習如何使自己的語言、思考、信念，情感或行動更趨於合理。當然*REBT*仍不否認助人關係的重要性，但*REBT*似乎仍未建立一套助人關係的準則。*REBT* 所希望的助人關係主要是能具有合作性、激勵性、說服性與適宜作面質的人際氣氛。另外，由於 *REBT* 假定人都會犯錯，都有缺陷，因此，諮商師或治療者要能接受當事人的現況，能忍受當事人的錯誤，尤其要以人的立場看待當事人，不管他們的思想與行動是多麼的荒謬與不理性。諮商師與治療者本身要相信當事人有能力去建構自己的信念系統，能合理且有效的思考、感覺與行動，同時也要承擔自己所作選擇的責任。儘管*REBT*曾受人批評欠缺溫情與愛，但 *REBT* 諮商師與治療者尚能秉持無條件接納當事人的精神，同樣仍具人性與溫暖。

此外，*REBT* 基本上是一個問題爲導向(*proplem-oriented*)的治療與諮商法，在治療過程中，注意當事人的問題根源，同時要協助當事人洞察情緒困擾的個人相關資源。使當事人成爲一位有效能的人。依照*REBT*的觀點，有效能的人具有下列的特質：㈠自我興趣(*self-interest*)：有效能的人就是健康的人，他們能關注別人的需求，也重視個人的自由與福祉。㈡自我導向(*self-direction*)：健康的人有內在自我導向的能力，求諸自己甚於他人，能對問題獨立，而不涉入其中。㈢寬容(*tolerance*)：健康有效能的人不會譴責別人，容忍他人有犯錯的權利。㈣有彈性(*flexibilty*)：有效能的人具有開放的心胸，能接納新事物與新觀念，思考具有彈性，不固執。㈤接納不確定性(*acceptance of uncertainty*)：健康的人能容忍不確定性、矛盾與曖昧的情境，能思考各種可能性，而不是絕對主義者。㈥科學思考(*scientific thinking*)：有效能的人能具有客觀性與推理能力，能運用邏輯與科學方法解決內外在問題，面對各種事件。㈦承諾(*commitment*)：健康的人能信守承諾，能全心全意地投入個人事務與職業之中。㈧能涉險(*risk-taking*)：適應良好的人能作冒險，能努力去追求人生的各種目標，不怕失敗。㈨自我接納(*self-acceptance*)：健康的人能喜歡自己及自我的價值觀念，能接納自己所擁有的一切。㈩非烏托邦主義(*non-utopianism*)：健康有效能的人不期望社會非常的完美，也不相信有十分完美的人。這十大項健康、適應良好與有效能的人的特質，就是*REBT*諮商師與治療者本身所應具備的特質，這同時也是*REBT*所期盼當事人經由諮商與治療之後所能擁有的特質（*Tosi et al., 1987; Walen, DiGuiseppe, & Dryden, 1992*）。

叁、助人歷程

*REBT*的助人歷程是具高度結構性與教導性的歷程。治療者或諮商師愈能發揮指導、說明、建議、主動、邏輯分析、教導與引導等的力量，效果愈高。也由於此，*REBT*的治療歷程與其它理論相較，相對的縮短許多，每一次的諮商與治療也大多少於50分鐘，甚至只有半個小時。在諮商過程中，當事人通常會被要求去理解*REBT*的基本假定與A－B－C－*D*－*E*－*F*架構，並請當事人閱讀一些相關教材，以便能對自己信念與困擾之間的關聯性能有更深刻的認識，此外，*REBT*也會出一些家庭作業，由當事人在家中自我作分析與演練，錄音帶與錄影帶

也常被當作教材。整體而言，*REBT*的助人歷程就是一系列的教學或訓練的過程，目的在使當事人經由認知的改變與重組，成為一位健康或有效能的人。

*REBT*事實上並沒有明確的諮商與治療階段區分，只要當事人能達成諮商與治療的目標，諮商與治療就可以結束。不過大體而言，*REBT*似乎有下列的主要歷程：

一、起始階段

在諮商與治療開始階段，諮商師與當事人能有起始性的溝通，兩者相互間的第一印象與陳述非常重要，由於*REBT*強調諮商師與治療者的教導者與專家的角色，因此，在起始階段諮商師與治療者要能使當事人有信賴的感覺，相信個人能經由諮商師與治療者的幫助可以得到好處。在諮商與治療開始階段兩者可以作社交性的會談，彼此之間能有較深入的認識，以建立較為投契的關係。

二、建構階段

當當事人有了起始經驗，同時諮商師或治療者對當事人的期望有初步的認識之後，諮商師與治療者要建構與界定諮商與治療的歷程，包括：㈠介紹 A－*B*－C－*D*－*E*－*F* 理論模式，使當事人能有分析認知與情緒關聯性的依據。㈡規定治療者與當事人相互間的行為與責任。㈢明確的舉出諮商與治療的目標。㈣提示諮商與治療的有限性或限制。㈤對於治療的次數與收費作說明，並簽立合同。㈥對保密作規定。㈦對作業或演練、閱讀題材、或觀看錄影帶、或收聽錄音帶等作明確的約定。

三、認知改變與行動階段

第三個階段是要利用 A－*B*－C－*D*－*E*－*F* 模式評量當事人的問

題所在，並能使用各種認知、情緒與行為技術使當事人的認知結構有所改變。本階段亦即是*REBT*的工作階段，各種適宜的諮商與治療技術及策略都在此階段中實施。同時在各種技術使用時也配合出家庭作業，以及作各種的自我演練。此階段基本上是要協助當事人發展新的思考與行為模式。

四、終結階段

當事人倘能有新的認知改變、具有前述的十項特質，能以較理性的方式作思考，則諮商可以考慮結束。到了終結階段並不表示諮商已完全結束，而可能代表著當事人新行動的開始，倘當事人要持續地保有新的認知、情感與行動，本身仍須不斷地努力，以便能夠過快樂的生活（*Corey, 1991; Ellis, 1996b; Hansen, Stevic, & Warner, 1986; Wallace, 1986*）。

艾里斯（*Ellis, 1996b*）本人則認為*REBT*當事人在諮商與治療中，可能有下列的經歷過程：㈠充分地接納自己：儘管他個人處在諮商中及在外在世界中是多麼地不良適應，也能開始喜歡自己。㈡具有更新的信心：相信自己可以作某些事，這些事在起初當事人卻是認為他們不可能做到的。㈢有了新的概念：這些新的概念也是他個人先前所少有的，同時也覺察到自己的完美傾向讓他人難受。㈣作現實的評量：同時也開始作各種努力，以便使未來能更好。㈤減少個人防衛：停止譴責他人，並能同意自己是問題的根源。

整體而言，*REBT*的諮商過程就是在協助當事人分析與認識自己錯誤認知或不理性思考所造成的影響，為了自己的適應與健康著想，個人必須代之以更理性與合乎邏輯的信念與思考方式，才能使自己有所改變與發展。

第四節　理性情緒行為治療的策略與技術

理性情緒行為治療法的策略與技術頗多，但基本上都可以歸納成教學（*teaching*）與辯駁（*disputing*）兩大類。在諮商與治療開始時，當事人就被教導認識 *REBT* 的基本概念，並能思考情緒與行為的關係，經由高度教誨與指導，希望當事人能發現個人的認知與信念，以及自我的對話是導致情緒困擾的根本原因，而非事件本身，當事人同時也要相信個人有能力去駁斥非理性的思考，代之以較合乎理性的思考方式。

而辯駁的方法主要有認知、想像與行爲三種型式，主要目的都在於使當事人覺察非理性的思考所造成的困境，因此，需要從各方面去駁斥、分辨、區別、分析與挑剌非理性信念，亦即諮商的重點在於由 *D* 點去找出 *B* 點的不當之處，使 *E* 點發揮功能，再進而有 *F* 點的新的境界。以下將敍述*REBT*的具體策略與技術，最後再以一個案例作佐證。

壹、主要的 REBT 策略與技術

一、認知重建（Cognitive Restructuring）

認知重建是*REBT*的核心技術，整個認知重建包含三個相關技術：㈠辯駁非理性信念（*Disputing of Irrational Beliefs, DIBS*）；㈡理性情緒想像（*Rational Emotive Imagery, REI*）；㈢讀書治療（*Bibliotherapy*）。以下再分述之。

㈠辯駁非理性信念

辯駁或駁斥自己的非理性信念是對自己問題作分析的第一步，重點在於發現非理性思考(*iBs*)的不良作用。諮商與治療時可以利用如圖 *7-2* 的表格資料，協助當事人蒐尋、分析與發現理性與非理性信念的作用。表 *7-2* 之中，並以一位當事人向父母借錢不能如願的理性與非理性分析過程作例子，說明 A－*B*－C－*D*－*E* 理論架構的實務作法。

由圖 *7-2* 可見，諮商的開始先以 A 點分析並列舉當事人促動的經驗或事件（如父母答應借錢又食言），*B* 點再分析對促動的經驗之信念，*B* 部分共分理性信念(*rB*)（當事人的期望與希求），以及非理性的信念(*iB*)（當事人的要求與命令），在 C 的部分則分析促動經驗之信念所帶來的後果，共包含：㈠、期望的情緒後果(*de*C)；㈡、期望的行爲後果(*db*C)；㈢、不期望的情緒後果(*ue*C)；與㈣、不期望的行爲後果(*ub*C)等四個小項。輔導與諮商的重點在於 *D* 點，在此辯駁或駁斥的部分，則用問句型式表達當事人可能的非理性信念。倘若 *D* 部分有作用，則在 *E* 部分產生辯駁或駁斥非理性信念的效果。*E* 的部分再分爲：㈠、駁斥的認知效果(*cE*)；㈡、情緒的效果(*eE*)；與㈢、行爲效果(*bE*)三個小項。圖 *7-2* 中的向父母借錢但父母食言的事例分析過程，可以作爲分析其它當事人非理性思考的參考。倘效果明顯，則 *DIBS* 就具有重建認知的功能。

㈡理性情緒想像

理性想像法是一種心理想像(*mental imagery*)的技術，此種技術在諮商內外均可使用，共包含四個步驟：

1. 當事人作完前述圖 *7-2* 的 *A-B-C-D-E* 的演練。
2. 要求當事人決定他們對促動之事件所希望的反應。
3. 要求當事人想像引發他們情緒困擾(C)的一些情境(A)，然後作一些較有理性的自我陳述(*B*)，並且想像所經歷的積極情緒(C)，此時並要求當事人盡其可能的維持平靜的狀態。
4. 在諮商室內外，針對需要，教導當事人演練上述歷程。在諮商中，倘若當事人覺得不安，則可以暫停，並與諮商員作深入的討論。

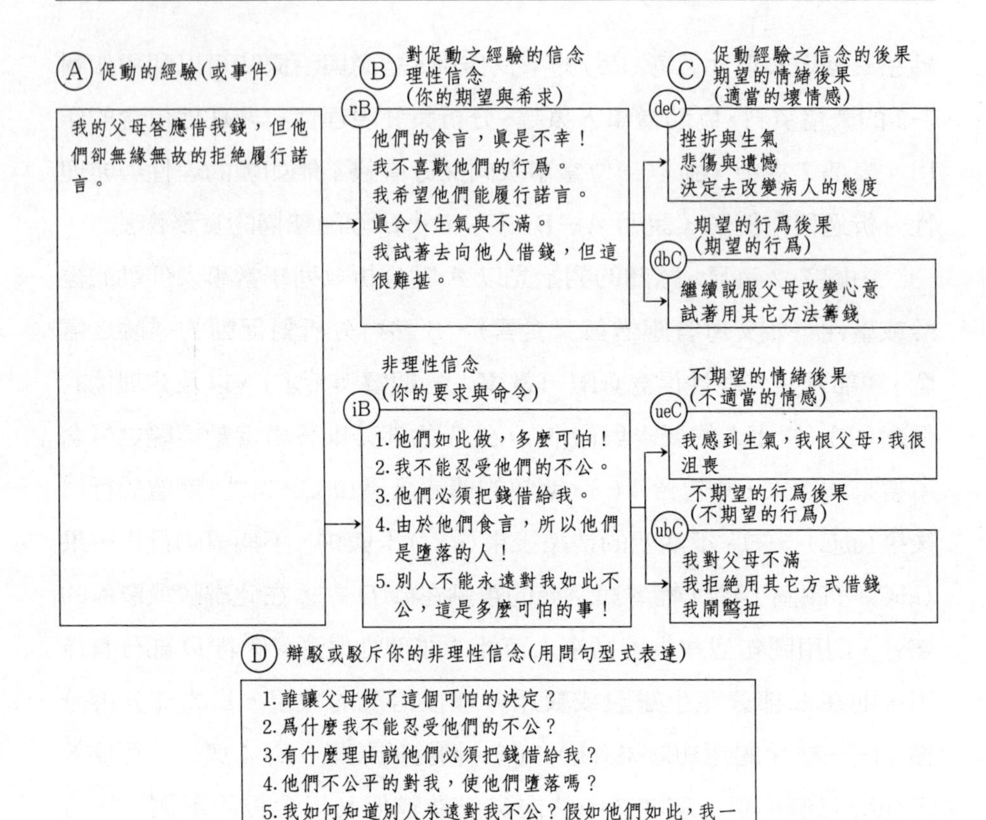

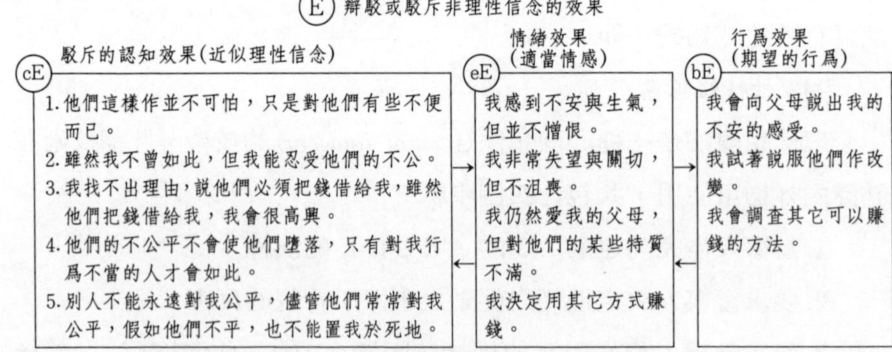

圖7-2　辯駁非理性信念的分析歷程

(資料來源：Tosi et al., 1987, pp. 210-213)

㈢讀書治療

*REBT*出版了甚多相關的書籍，諮商師與治療者通常會要求當事人去閱讀相關的教材，以便強化在諮商中所學到的東西，同時經常與當事人共同討論閱讀心得，並且可以利用團體的方式，探討相關問題，諮商師或治療者通常也可以要求當事人閱讀*REBT*期刊或論著，並說明閱讀之後他們在認知、行爲與情緒上的改變。

二、情緒控制卡(Emotional Control Card)

情緒控制卡(簡稱 *ECC*)是新近*REBT*學者所發展用來協助當事人強化與演練控制自我情緒的諮商技巧。情緒控制卡主要有四大類：㈠憤怒；㈡自我批評；㈢焦慮；㈣沮喪或憂鬱。這四類情緒通常是由個人不良信念所造成，爲了改善當事人不良的情緒反應，因此設計如口袋大小的情緒控制卡，條列出當事人不適當或自我破壞的情感，另外相對的列出適當健康的情感，然後要求當事人每當自己碰到麻煩或困擾的情境時，就可以把卡片拿出來，看一看應該用那些方式作反應會較爲適宜，不致使個人陷入困難與矛盾之中。並且可以將卡片帶來與諮商師共同討論，以使用更理性的方式重建認知體系，表 *7-1* 就是情緒控制卡的一個案例（*Gladding, 2000*）。

由表 *7-1* 可以發現利用情緒控制卡，可以列出相對的正負向情感反應，諮商與治療即期望當事人利用此種情緒卡的自我分析，而能隨時學習以較正向的情緒對於事件作積極的反應。

三、其它重要策略與技術

㈠解析個人防衛

*REBT*認爲個人有甚多自我的防衛，此種防衛不同於精神分析的自我防衛，而是個人因爲譴責自己所產生的防衛狀況。治療者可以加以解析，使當事人瞭解自我如何貶抑自己，以及因此所形成的症狀。

表7-1 情緒控制卡示例

不適當或自我破壞的情感	適當或非挫敗的情感
憤怒	不安
生氣、憤怒、發狂、狂怒、怨恨。	有(中度到密集的)不安、不愉快、不高興、挫折感、對某個人的行動生氣，而非對他的人生氣。
自我批評	對自己行爲的批評。
有自卑、羞恥、害羞、不適當的情感，貶損他人。	有(中度到密集的)遺憾、悲傷、不快樂、懷疑、批評自己的行爲，而非整個人。
焦慮	關切
有焦慮感、不安、過度緊張、害怕、無助、恐懼。	有(中度到密集的)關切、戒愼、警惕、對成就會有所緊張，但非只針對自己。
沮喪	悲傷
有沮喪、無價值、低能、罪惡與自貶的情感。	有(中度到密集的)悲傷、傷感、遺憾、不滿意、認爲個人表現不好，但不認爲自己是一個差勁的人。

資料來源：Gladding (2000), p. 120.

㈡幽默

*REBT*認爲神經性症狀起源於個人對人生過度嚴肅所致，因此，在治療中治療者本身要輕鬆、幽默，創造和緩的氣氛，如此才能促使當事人感覺到他們並沒有受到威脅，而能發現自己的荒謬與反應過度，進而能享受人生。

㈢語意正確法(Sematic Precision)

理性情緒治療者特別注意當事人所使用的語言，因爲語言能形成思考，影響情緒與行爲。如前述甚多當事人認爲某些事情「很可怕」，他「必須」做某些事。因此，*REBT*協助當事人用較正確的語言替代一些不當的語句。重點有下列各項：

1. 協助當事人用「這會較好些」或「這可能較妥當」等來取代「必須」與「應該」的用語。

2. 協助當事人學習使用「我可以」、「這有可能」來替代「我不會」、「這不可能」等字眼。

3. 讓當事人學習使用「我過去做得不好，但不代表我永遠不能做好」，來取代「我永遠都做不好」的語句。

4. 使當事人學會用「假如沒有成功，這可能會帶來一些不幸」，來替代「假如沒有成功，這將會是世界末日」。

5. 另協助當事人以「我不能論定新行爲的基礎所在」來替代「我是壞蛋、我沒有價值、我一無是處」等用語(*Ellis & Abrahms, 1978; Gilliland, Jame, & Bowman, 1994*)。

㈣負向想像法(Negative Imagery)

艾里斯(*Ellis, 1996b*)認爲不愉快事件最容易引起當事人非理性信念的形成，治療者可以要求當事人想像最惡劣、最不幸、最糟糕事情發生的情況與個人情感，然後再協助他們看看事情是否如他們想像的那般可怕，進而能改變個人的情感，尤其是自責或自貶。

㈤家庭作業

*REBT*是行動導向的治療法，因此不尙紙上談兵，反而經常使用家庭作業的方式要求當事人去做某些事。如一位當事人認爲與女性談話被拒絕是羞恥的事，因而有異性焦慮症。在諮商之外，治療者可以出家庭作業給他，如早起在路上向三位女性說「早」，打三個電話給三位女性等，下一次諮商時，當事人再將完成家庭作業的行動與情感反應，與治療者或諮商員共同討論。

㈥罰錢(Penalization)

REBT 較不能忍受當事人的情緒、思想與行爲問題長期存在或不努力去改變，因此利用懲罰的方式，對一再重覆某種行爲問題的當事人給予罰款，這是少見的諮商技術。

㈦技巧訓練(Skill Training)

*REBT*認爲當事人進行肯定性訓練、社會技術訓練，或其它各種訓練都是有益的，個人倘能因訓練而使行爲更有效，將較少形成非理性信念的可能。經由各種新技巧的學習與訓練，可以使當事人的非理性

信念受到抑制或限制（*Ellis & Abrahms, 1978; Ellis, 1996b*）。

第五節　理性情緒行為治療法的應用、貢獻與限制

壹、應用與貢獻

理性情緒行為治療法對於助人專業的貢獻非常卓著，尤其它著重於思考與情緒之關係的澄清與改變，對於人類行為問題與情緒困擾的成因有了更深層的瞭解，尤其經由思考改變情緒的論點，更是別樹一格，立論精闢。

REBT 另一個廣受肯定的地方在於它理論簡明、中心立論精要不繁，相關的原理原則且經得起考驗，因而信服者衆，在不同助人機構與不同人生階段當事人的輔導中，*REBT* 都十分受到歡迎。

理性情緒行為治療法的另一個優點是兼顧人類問題的三個要素：認知、行為與情緒，成為綜合性，甚至是折衷性的諮商體系。同時理性情緒行為治療法能以開放的態度吸收其它諮商與心理治療學派的策略與技術，不拘泥於本身的方法，亦普受支持。

更重要的，*REBT* 的理論與目前心理學上的認知心理學研究主流十分相近，雖然 *REBT* 仍與認知心理學頗多不同，但關注認知對個體的情緒與行爲的影響，預期仍會是心理學上的重要課題，同時艾里斯目前仍著述不斷，預期此一理論體系仍有極大的發展空間。

另外，理性情緒行為治療法也重視 *A-B-C* 基本理論架構的應用，強調行動取向，以及以教育性、預防性與民主性的方法處理當事人的問題，亦有其特色。另外值得一提的是，*REBT* 充分利用各種錄音帶、影片、演講作為諮商題材，也使諮商的形式多樣化。

貳、限制

由於理性情緒行為治療法著重認知、情緒與行為關係的分析，因此認知程度較低的個體，如幼兒、智能不足者、精神嚴重失常者等，恐不適用此種諮商治療方法。同時 *REBT* 不太強調諮商或治療關係的建立，因此，倘當事人感受不到受尊重與瞭解，他可能就自己結束諮商，甚且，沒有良好諮商關係的治療恐怕會流於形式，或成為各說各話的情況，欠缺深層的人際感動，個人通常不容易有積極反應。

REBT 最受批評的地方是慣用面質與駁斥的方法去找出個人的非理性信念，甚至用以改變當事人的認知結構，太多的面質與駁斥會使當事人受到驚嚇，反而不利當事人行爲的改善。

另外，*REBT* 相信經由談話、說服、訓練、教導或教誨的歷程，可以改變一個人的思考方式，似有過度簡化諮商與心理治療的可能，甚至過度的由外而內的指導，難免會遭到當事人的抗拒與否定，當事人虛以委蛇或受傷害乃極有可能。

理性情緒行為治療法目前的 *A-B-C-D-E-F* 理論模式雖簡明可用，但人類的認知極為複雜，其它的認知因素如推理、記憶、編碼（*coding*）、解碼（*decoding*）等心智歷程，*REBT* 似乎並不關心，似有將人的思考歷程簡化的危險。

本章提要

1.理性情緒行為治療(REBT)是艾里斯所創，以認知為導向，顧及認知、情感與行為的關聯性，是重視諮商師與治療者主動、積極介入的人文、教育與指導性治療模式。艾里斯認為理情行為治療是一種人格理論、一個哲學體系與一項心理處遇技術。

2.艾里斯爲猶太人，一開始從商，後而轉攻心理學，1947 年獲得心理學博士學位，並開業爲精神分析師，後來對精神分析的效果感到懷疑轉而投向新佛洛依德學派。1955 年自創理性情緒治療法，1962 年出版「心理治療之緣由與情緒」一書，1968 年再設立理性情緒治療研究所，並參考先前的認知行為諮商方法，於 1993 年把理性情緒治療法（RET）改為理性情緒行為治療法（REBT）。

3.REBT 的哲學基礎根源於希臘與羅馬的斯多噶哲學，以及近代的理性哲學家，同時也受語意學者與邏輯經驗論者的影響。REBT 將人視為高度象徵性的生物體，也相信自我接納。艾里斯主要的論證基礎在於人兼有理性與非理性思考與行為的可能。

4.艾里斯指出人先有了情緒困擾，然後再顯露於環境中，並認爲人的生存與快樂有四個歷程：(1)知覺與感覺；(2)情感或情緒；(3)移動或行動；(四)推理或思考。

5.艾里斯認爲 REBT 是所有治療理論中最具人本傾向的一種，因它強調人能充分接納自己。其哲學論點是落實在具體層面，而不像完形治療那麼抽象。艾里斯另一個強調點是人的思考與情緒，人要理性思考才能增進個體快樂，減少情緒之干擾。

6.艾里斯認爲人有三種情緒與思考的障礙：一是缺乏智慧；二是欠缺作明智思考的知識；三是因爲有神經症行爲。

7. REBT沒有體系完備的人格理論，但其 A-B-C-D-E-F 理論就是 REBT 的代名詞；A代表事件或經驗；B代表信念；C代表情緒效果；D表示駁斥；E是效果；F表示新的情感。

8. REBT 與其他諮商心理治療不同的是，它重視人格適應的生理作用；REBT 相信本能傾向與生理力量對人的支配性作用。此外，艾里斯相信，生物與社會力量共同影響人的自我覺察，其特徵有七點：(1)人是統整性生存體；(2)因爲人在生理上高度依賴頭腦，所以我們一切以思考爲先；(3)因爲我們有做理性與非理性的可能，所以會發展各種觀念；(4)我們可透過想像、幻想、與夢做思考；(5)人是經驗性的生存體；(6)思考創造了情感；(7)我們不用過於努力便能回憶自我談話的內容。

9. REBT理論可視爲一種「自我理論」，非常重視自我概念化。自我概念化是由自我評量、自我判斷、與自我合理化的結果，因此會形成自我價值感與內在動機。除此之外，艾里斯相信人的行爲是個人——社會——環境與本能傾向共同作用的結果。

10. 理性情緒行為治療最主要的目標在於利用認知控制的方法，改變或修正認知結構，或去除非理性信念，使當事人達到最大之自我發展與自我實現。此種重視邏輯與理性思辯歷程的諮商與治療方法，與目前心理學重視認知作用的發展趨勢吻合。

11. 理性情緒行為治療法的諮商師與治療者有主動性與指導性的功能，整個助人關係可說是一種教導、矯正與學習的歷程。REBT 的諮商師通常需具要聰明、有知識、具同理心、堅持性、科學性、信仰REBT，以及對當事者感興趣等性質。

12. 因爲 REBT 是一種教學模式的諮商治療法，所以對於助人關係的重視就不如其他理論。此外，REBT基本上是一個問題爲導向的諮商與治療法，在治療過程中，注意當事人的問題根源，同時協助當事人洞察自己情緒困擾之相關資源，以成爲有效能的人。

13. 根據REBT 的觀點，有效能的人具有下列特質：(1)自我興趣；(2)自我導向；(3)寬容；(4)有彈性；(5)接納不確定性；(6)科學思考；(7)承諾；(8)能涉險；(9)自我接納；(10)非烏托邦主義。

14. REBT事實上沒有明確之諮商與治療歷程，大過大體而言，似乎有以下的主要歷程：(1)起始階段；(2)建構階段；(3)認知改變與行動階段；(4)終結階段。艾里斯認爲 REBT當事人在諮商與治療中，可能有以下之經歷：(1)充分的接納自己；(2)具更新的信心；(3)有新的概念；(4)做現實的評量；(5)減少個人的防衛。

15. 理性情緒治療法的策略與技術衆多，基本上歸納爲教學與辯駁兩大類。諮商治療開始時，當事人就被教導認識 REBT的基本概念，並思考情緒與行爲之關係。而辯駁的方式主要有認知、想像與行爲三種形式。

16. REBT主要的策略與技術如下：(1)認知重建：其重建包含三個相關技術，分別是辯駁非理性理念、理性情緒想像與讀書治療；(2)情緒控制卡：其種類主要有憤怒、自我批評、焦慮與沮喪或憂鬱四大類。(3)其它重要策略與技術：解析個人防衛；幽默；語意正確法；負向想像法；家庭作業；罰錢等。

班級活動

一、你有那些得自於這個社會或父母的信念，而且自己一再內在自我陳述呢？你把你的人生中的重要的信念與價值觀，如生命、學業、愛情、金錢、性、朋友等一一列出，想想你為何會有這些信念？你想把它們修正嗎？請全班共同探討各自信念與價值觀的異同。

二、你認為你自己有那些非理性信念？你的非理性信念與艾里斯所列舉的非理性信念有那些異同？你認為你的人生受到那些非理性信念的影響？有那些理性信念或非理性信念對你這一生有著重大影響？請全班作一統計，看看多少人與艾里斯的非理性信念相一致。

三、每位同學選擇一項導致困擾的信念。其次請回顧課本中有關 A-B-C-D-E-F 人格理論部分，試著以此模式來分析個人的非理性信念。並討論這種方法可以協助減少困擾嗎？如何將此種方法應用在日常生活中呢？

四、除了西方社會的非理性信念之外，中國社會也存有那些非理性信念呢？比如：「吃得苦中苦，方為人上人」不見得是理性信念。類此，請分組舉出十個中國社會的非理性信念，寫完之後再請與其他同學相互討論，最後再歸納出十個大家都同意的中國社會的非理性信念。

問題討論

一、請敘述理性情緒行為治療法的哲學基礎與治療目標。

二、請列舉中國社會的非理性信念，並與西方非理性信念作比較，分析是否國情不同會有不同信念系統？

三、請說明理性情緒行為治療中的助人關係與歷程。

四、請敘述理性情緒行為治療的五種主要策略與技術。

五、請比較完形治療法與理性情緒行為治療法的異同。

第八章

交流分析諮商理論與技術

第一節　交流分析法的發展

交流分析法（*Transactional Analysis*，簡稱 *TA*）是興起於 *1960* 年代的認知取向諮商方法，*TA* 的受到注意與風行，主要是因為 *TA* 的創始人柏恩（*Eric Berne*）的兩本暢銷書：「人類遊戲」（*Games People Play, 1964*）與「我好—你好」（*I'm OK-Yo're OK, 1967*）所帶動的。雖然柏恩的暢銷書在部分學院派人士看來流於膚淺，但由於柏恩的觀點與分析方式頗切合社會大衆人際溝通的核心，因此至今歷久不衰，柏恩之後雖欠缺大師加以發揚光大，但相關的闡述與論著不斷，使 *TA* 在諮商理論模式中佔有一席之地，更由於 *TA* 的概念與分析方式簡單、具體可行，因此，在教育、企管、傳播等領域中，也甚受歡迎與喜愛。*TA* 可說是所有諮商理論中最接近一般社會大衆的一種。

壹、柏恩與交流分析

柏恩是 *TA* 發展的靈魂人物，他是一位加拿大人，於 *1910* 年出生於加拿大蒙特婁，他的父親是一位醫生，母親是位作家兼編輯。柏恩只有一位小於他五歲的妹妹，並沒有其他兄弟姊妹。柏恩與父親感情很好，但他的父親卻英年早逝，在柏恩 *9* 歲時就去世，享年 *38* 歲。柏恩克紹箕裘，也與父親一樣學醫，*1935* 年柏恩於麥克吉爾大學（*McGill University*）獲得醫學學位，隨後再於耶魯大學（*Yale University*）獲得精神醫師資格。隨即在康乃迪克與紐約開業，並歸化為美國公民，並在美國結婚成家。二次大戰期間柏恩於猶他州當軍中精神醫師，在猶他州他開始進行團體治療。戰後柏恩定居於加州，但由於夫妻感情不睦而告分居，*1947* 柏恩出版生平第一本著作「行動的心靈」（*The Mind in*

Action)，是本有關精神醫療與心理分析的調查論著。柏恩曾受業於艾力克遜(*Eric Erikson*)，對柏恩影響頗大。

柏恩於 *1949* 年再婚，並育有子女二人，與前次婚姻一樣。自 *1950* 年起柏恩為了避免孩子吵鬧，自己於舊金山自設研究室，並作心理諮詢與診療。*1956* 年柏恩由於不滿意精神分析，而退出精神分析研究院(*Psychoanalytic Institute*)，使自己幾乎與精神分析決斷，他因此自己致力於思索與發展自己喜愛的交流分析法。*1961* 年，柏恩出版了系統性介紹 TA 的專書「心理治療中的交流分析」(*Transactional Analysis in Psychotherapy*)，他發現病人可以經由 TA 概念的學習，並把它們應用在諮商經驗中。基本上，TA 受到精神分析、溝通理論與小團體行為等理論的影響極大，綜觀柏恩的論著則兼有了行為學派、精神分析與人本主義的精神。

如以 TA 的發展而言，約可分成四個主要階段：㈠第一階段(*1955–1966*)：在第一階段中，柏恩致力於發展自我狀態(*ego states*)的概念，他由病人所描述的資料中，將自我狀態區分為孩童(*child*)、父母親(*parent*)與成人(*adult*)等三類，這也就是著名的 P–A–C 結構。㈡第二階段(*1962–1966*)：在此階段中，柏恩集中心力探討交流分析與遊戲，1964 年他同時創立了「國際交流分析學會」(*International Transational Analysis Association*)。前述的「人類遊戲」一書也於此階段出版。㈢第三階段(*1966–1970*)：此時他著重於探討個人選擇玩某些特定遊戲的理由。㈣第四階段 (*1970* 年之後)：柏恩於最後階段注重行動與能源分配的相關問題探討(*Gilliland, James, & Bowman, 1994; Gladding, 1992*)。柏恩 *1964* 年離婚之後，創作更大增，並開始主編「交流分析學報」(*Transactional Analysis Bulletin*)，此外，也到處演講、主持研討會推廣他的理論。

柏恩同時也是一位多產作家，除了前述論著外，他的名著尚有：「團體治療的原理」(*Principles of Group Treatment, 1966*)；「直覺與自我狀態」(*Intuition and Ego States, 1977*)；「說哈囉之後如何說話？」(*What Do You Say after You Say Hello? 1972*)。

柏恩一生結婚三次，第三次婚姻極短，他於 *1970* 年因心臟病去世，只享年 *60* 歲。他極具創意的建構了一個與衆不同的諮商理論體系，貢獻非凡。

貳、交流分析的哲學基礎

交流分析法是一個對人性樂觀的理論，認爲人可以改變自己與命運，可以把過去的不幸轉爲幸運。本質上，*TA* 就是一個反決定論(*antideterministic*)的學說，相信人可以選擇自己的生活，也可以重新決定下半生如何過活，交流分析法基本上假定人可以相信自己、思考自己、作自我的抉擇，並表達自我的情感，也因此，個人可以透過交流分析法瞭解自我，促進個人的成長與發展。

TA 的哲學基礎亦在於人可以選擇自己的命運與存在。柏恩特別贊同康德的哲學觀，認爲人可以使用自發性與眞誠性的理由(*reason*)去作決定與計畫自己的人生。柏恩認爲成人的自我狀態就是一種負責任的型式，使人可以作理性的決定，使個人能投入具眞誠性的人際關係之中。柏恩另外注重的是人的責任問題，他認爲每個人，包括病人或當事人，需要對自己的問題承擔責任，如此才能採取建設性的行動解決自己的困難。有了責任感，個人就有能力去統合各種的自我狀態。

此外，*TA* 也認同黑格爾(*Hegel*)的哲學觀，認爲黑格爾辯證法中的「正」(*thesis*)、「反」(*antithesis*)與「合」(*synthesis*)的辯證歷程與自我狀態及人生脚本(*life scripts*)有密切關聯。「正」就是一種觀念或行動，「反」就代表著反對的意見，「合」就代表著將個人行動與思想觀念中的對應力量加以解決或統合。個人的自我狀態需要加以整合，個人才能解決衝突與作決定。

由於柏恩本人具有精神分析與醫學訓練的背景，因此柏恩的理論與分析方式頗具有科學的態度與精神，他認爲自我狀態中的成人、兒童與父母親三個狀態是可以用象徵性方法加以驗證的。也由於此，柏恩認爲 TA 的諮商就是一種教育的方法，當事人首要目標就是要瞭解自我狀態，並且學習以眞誠及一致的方式與他人互動交流。同時 TA 也是一種複雜的認知運作方式，需要想像、直覺與洞察的能力，才能將自我狀態加以整合（*Tosi et al., 1987*）。

根據學者的分析，交流分析法的哲學觀計有下列各項：

一、自我狀態會對個人的行爲類型具有促動的作用，自我狀態就是人格的一種，由思想、情感與行爲的相分離體系（*separate system*）所組成。

二、自我狀態的能源來自於兒童期的經驗與情感、受到父母親重要人物的影響，並且也是訊息處理能力的歷程，以及邏輯的解決問題的表現。也由於此，自我狀態可以作結構性的分析。

三、自我狀態是否能發揮功能，取決於能否切合環境的需求，以及是否以建設性方式作調適，同時也視個人現象場（*phenomenological field*）的脚本（*scripts*）與偶發狀況（*contingencies*）而定。

四、每一種內在與外在的自我狀態的功能都具有積極與消極的屬性。

五、與兒童期情感有關的經驗都會被記錄下來，這些情感並且會和經驗糾纏在一起。

六、情感本身沒有好壞之分，但是事件卻有好壞之分，我們存有的事實是現實的、無可爭辯的，並且也是我們知識的一部分。

七、透過對我們根源狀況的瞭解，我們可以改變情感，進而改變行爲。

八、個人的生活強烈的受到脚本的影響，脚本並會重現與鮮活早年的經驗，這些經驗可以透過脚本分析而被發現。

九、人際統整性的溝通模式可以成為預測人際關係有效性的基礎。

十、交流分析、策略分析(*analysis of rackets*)與遊戲分析是檢核人際關係，以及人際影響的方法。

十一、透過對父母親狀態的更新與成人狀態的洞察作用，可以促進個人的改變。

十二、人的改變也可以經由改變成人狀態老舊的脚本，而加以分類、澄清、解析與再決定。此種歷程需要治療協助（亦即更新父母親狀態，*reparenting*)。

十三、TA 著重折衷式的治療技術，尤其看重精神分析、阿德勒式、生理能源論(*bioenergetic*)與完形學派方法。

十四、人的情緒困難雖然極多，但幸運的是，人非常有智慧。

十五、所有的情緒困難是可治療的，但有賴於適當的治療知識與適當的方法。

十六、TA 的語言單純化，使得它容易經由實務工作者傳達給不同類型的當事人(*Cassius, 1980; Gilliland, James, & Bowman, 1994; Harris & Harris, 1985*)。

由此可見，TA 的哲學觀點別樹一格，對於人的看法，尤其交流與溝通的觀點有其獨特之處，也因此，TA 被認為是極具創意的諮商方法。

第二節　交流分析法的人格理論

壹、人格結構

交流分析對人格結構的論點主要有六個大項：一、自我狀態(*ego states*)；二、撫慰(*strokes*)；三、指令(*injunctions*)與決定(*decisions*)；四、脚本形成(*script formation*)；五、人生地位(*life positions*)；六、遊戲(*games*)、欺詐(*rackets*)與囤積(*stamps*)。以下將分述之。

一、自我狀態

交流分析法以結構化觀點(*structural aspects*)看待人格結構。柏恩認為自我狀態可以區分為三個類型：(一)外在心理自我狀態(*exteropsyche ego state*)或父母親自我狀態(*parent ego state*，簡稱 *P*)；(二)新的心理自我狀態(*neopsyche ego state*)或成人自我狀態(*adult ego state*，簡稱A)；(三)老舊的心理自我狀態(*archaeopsyche ego state*)或兒童自我狀態(*child ego state*，簡稱 C)。父母親自我狀態是源自於親生父母親的心在自我，是認同與內化(*introjection*)父母親的價值觀、態度與印象所形成的，父母自我狀態有可能是屬於養育型(*narturing*)，也可能是挑剔型(*critical*)。成人自我狀態則是理性、現實與邏輯歷程的代表，成人狀態可以蒐集人生資訊，並使之具有意義。兒童自我狀態則表示較不成熟的自我，有時候像是自由的兒童(*free child*)，不被禁制，也較具自發性，有時也會以被養育的兒童(*adapted child*)形式出現，具叛逆性、對抗性。基本上，自我狀態就是個人內在心理(*intrapsychic*)的反映。

自我狀態的結構分析是 *TA* 的核心部分，任何一個人可能都存有

P-A-C 三種成份，同時 P-A-C 三種自我狀態之內又可能存有次級的 P-A-C 成份。正常與適應不良的人都可能因為 P-A-C 結構的不同而有所差異。圖 8-1 係三種典型的 P-A-C 結構。

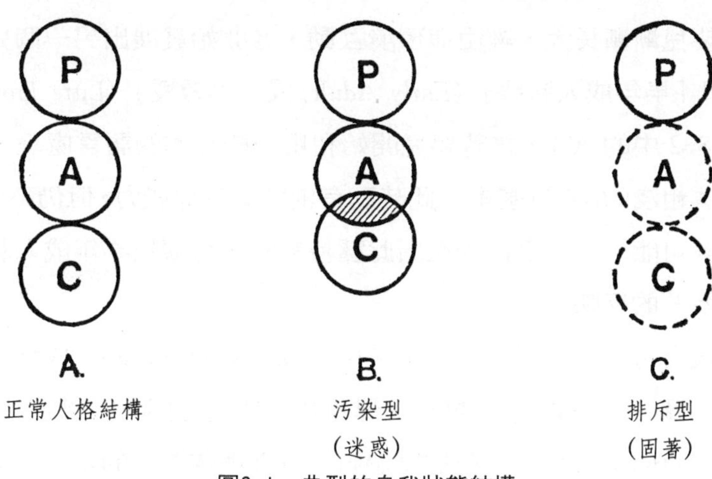

圖8-1　典型的自我狀態結構

（資料來源：Dusay & Dusay, 1979, p. 407）

圖 8-1A 係正常人格結構，每一個 P-A-C 自我狀態都是分立、顯著，且有各自的疆界(*boundary*)，圖 8-1B 則是污染型(*contamination*)，成人狀態(A)受到兒童狀態(C)所污染，因而 A 與 C 產生混淆或迷惑(*delusion*)，兒童的幻想不當的附著在成人現時與邏輯思考之中。圖 8-1C 則係排斥型的自我結構，P 代表沈重、黑暗、堅硬的圓圈，A 與 C 只以虛線表示，顯示 A 與 C 功能不彰或虛有其表，完全被 P 所排斥(*exculusion*)，形成功能固著或冥頑不靈的現象。

基里蘭等人(*Gilliland, James, & Bowman, 1994*)曾提出自我狀態結構的作用圖（如圖 8-2），可看出自我狀態的較多不同層面。

在圖 8-2 中顯示，自我狀態有三種主要交流類型，分別是：㈠互補交流(*complimentary transaction*)；㈡交叉交流(*crossed transaction*)；㈢曖昧交流(*ulterior transaction*)，分別用不同線條加以表示。在 P-A-C

交流之中，C_1係表示「早年的兒童」(*Early Child*)或「生理兒童」(*Somatic Child*)，代表嬰兒期自然衝動的反應類型。新生嬰兒常可看到他們哭泣、滿足、哺乳等行為，每個人成長之後，或在往後人生之中表現宛如嬰兒，就可將其視為處在早年兒童狀態中。

當嬰兒漸漸長大，經由與環境互動，會開始發展出另一個兒童狀態，亦即「早年成人狀態」(*Early Adult*)或「小教授」(*Litte Professor*)(如圖 8-2 中的 A_1)，這時嬰兒開始利用一些基本的語言處理訊息，與作一些粗淺的決定，基本上此時已有創意與直覺能力，但仍不成熟，且有錯誤可能。長大之後表現出此種特質時，可視為早年成人狀態或「小教授」的反映。

稍後有可能再發展成「早年父母」(*Early Parent*)的不成熟小大人狀態(如圖 8-2 中的 P_1)。早年父母包含一些養育與負向訊息，是個人自然融入負向父母訊息，並加以過濾、選擇與作決定的結果，通常含有兒童在語言發展之前對父母親的知覺與情感成份。

整個兒童狀態(如圖 8-2 中的 C_2)就代表著衝動、情感與自發性。是兒童早年經驗、反應、個人地位的總合。在功能運作上，兒童狀態有二個基本類型：(一)「自由的兒童」(*Free Child*)與；(二)「順應的兒童」(*Adapted Child*)。前者表示具自發性、好玩樂、具渴望、喜悅與好奇心，不過如果個人太沈湎於自由兒童，將會失去控制與不負責任。後者是表示具有順從的、能妥協的與勤勉的特質，在行動上宛如有父母親在監視或聆聽一般。「自由的兒童」是不考慮他人反應的自發性情感與行為狀態；「順應的兒童」則是順應他人的狀態。人終其一生，都會受兒童狀態的影響，並成為個人的內在驅力，是人格中的需求與動機力量所在(*Gilliland et al., 1986; Gilliland, James, & Bowman, 1994; Harris & Harris, 1985*)。

隨著年齡的增長，嬰兒的語言能力也隨之增加。成人自我狀態就開始發展。成人自我狀態(如圖 8-2 中的 A_2)蒐集與儲存了外在世界、

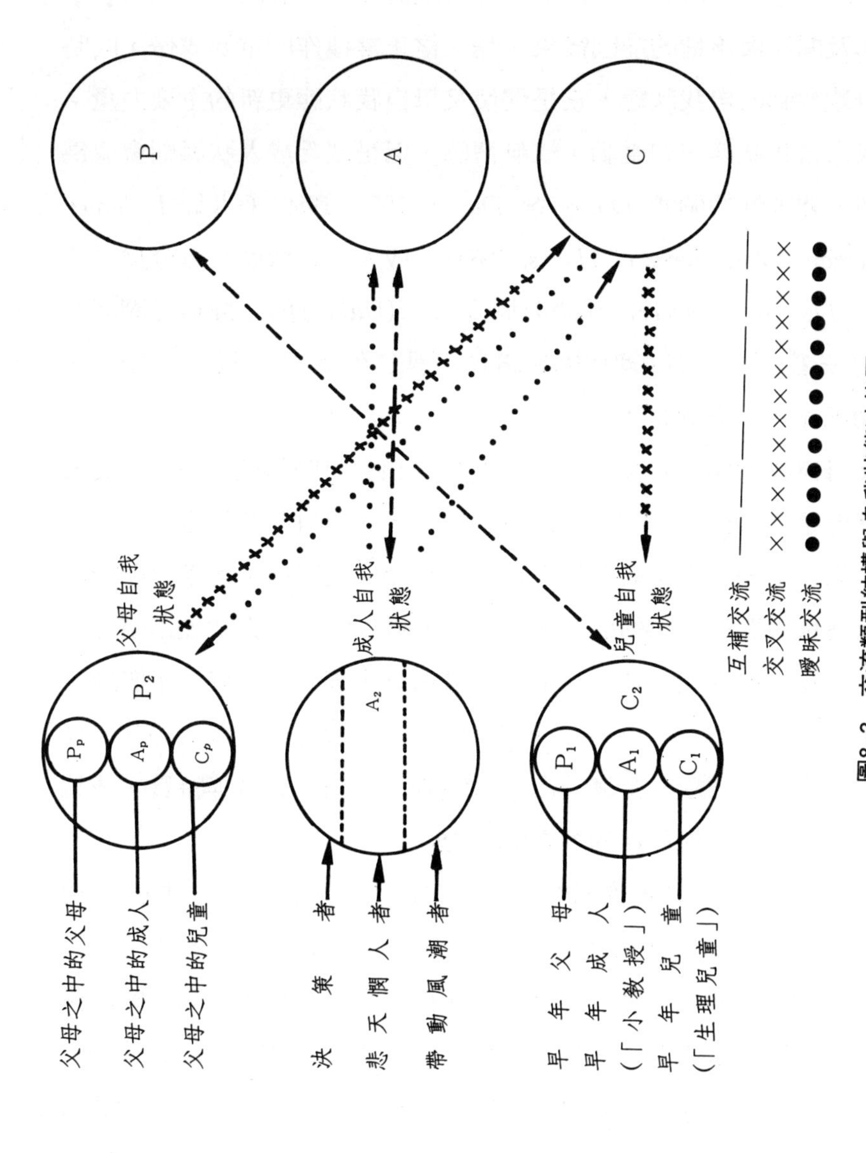

圖8-2　交流類型結構與自我狀態功能圖

（資料來源：Gilliland, James, & Bowman, 1994, p. 177; Higgins, 1982, p. 119)

其他自我狀態相關的資訊。成人狀態本身是要求甚多的父母自我狀態與需求甚多的兒童自我狀態之間的調停者，把理性與務實的概念加入充滿教誨概念的父母狀態與較受情感支配的兒童狀態之中。成人狀態較能顧及問題與事情的前因後果，是人格正常運作的重要成份，同時也是可觀察到的自我狀態，它是促使父母自我狀態更新的主要力量。不過成人自我狀態宛如電腦，較無情感，但是缺乏成人狀態則會成爲非邏輯與非理性的個體(*Dusay & Dusay, 1979; 1989; Gilliland, James, & Bowman, 1994; Harris & Harris, 1985*)。成人自我狀態又可分爲「決策者」(*Decision Maker*)、「悲天憫人者」(*Pathos*)與「帶動風潮者」(*Ethos*)三者，「決策者」理性處理訊息、「悲天憫人者」眞誠關懷他人，「帶動風潮者」不貶抑他人。

父母自我狀態（如圖 8-2 中的 P_2）亦自兒童時期開始發展，父母自我狀態是個人信念、情緒、行爲的總合，父母自我狀態也包含個人的價值觀、道德、意見與偏見，是個人長期成長歷程中各事件所形成的具有各種教訓與教誨的概念，通常個人會以扭曲的方式加以儲存，並加以內化。由於兒童時代對父母非常依賴，因此常一五一十吸收了父母偏差與客觀兼有的思想觀念或價值觀，長大之後，個人的父母狀態之中就充滿了要求、指導、命令、教條、專斷、訓誡等特質，成爲人格中「必須」如何作爲的外在驅迫力。

父母自我狀態又可區分爲三個部分，分別是父母之中的父母(P_p)、父母之中的成人(A_p)與父母之中的兒童(C_p)（如圖 8-2)。這乃因爲兒童時代，個人雖拷貝了父母的各種行爲與訊息，但個人的反應有時是只針對父母親的狀態(P_p)而來，有時是對父母的成人狀態(A_p)作反應，也有時是複製了父母的兒童狀態(C_p)，乃因此形成了三個層次。

再就功能而言，父母自我狀態可以再分爲「慈祥的父母」(*Nurturing Parent*)與「挑剔的父母」(*Critical Parent*)兩類，前者提供關懷、關心、保護、照料等親情，後者則表現壓抑、禁止、偏見、權勢、脅迫、控制等角色，只容許他人說「是」與「否」、「對」或「不對」二種答案，既不信任自己，也不相信別人，挑剔或批判型的父母狀態是強制個人作爲的外在權威。太多的「慈祥的父母」可能形成過度保護的狀況，太多「挑剔的父母」則使人喪失主動性與積極性（*Dusay & Dusay, 1979; 1989; Gilliland et al., 1986; Harris & Harris, 1985*）。

二、撫慰

撫慰是人類的基本動機需求，撫慰也是渴望受他人認可與肯定的心理反應。最初始的撫慰是來自於父母對兒童的生理上的撫慰，包括：安撫、身體接觸、擁抱等，慢慢地轉變成與他人社會互動時的心理撫慰需求，適當的撫慰對於個人的健康有所助益。撫慰具有正向與負向兩種可能，同時也可以是明顯的、隱含的，是生物性的或社會性的。「我愛你」是屬於正向的撫慰，「我恨你」則是負向的撫慰。正向的撫慰來自於父母親對小孩的無條件接納，不過即使是有條件的接納，只要父母能有所承諾，兒童狀態也會感到高興，兒童通常認爲父母有撫慰的動作甚於沒有，某些時候負向的撫慰甚於沒有撫慰。基本上，兒童爲了獲得父母的撫慰，會自我決定作何種調適，不過此種調適有可能會傷害個人的健康或福祉。另外一方面，父母的撫慰對兒童會造成深遠的影響，就以成人而言，他們也渴求來自於同輩、老板上司、配偶、子女等人的撫慰，並且也希望在個人職位上能獲得自我的充分發展，但是當正常管道的撫慰無法滿足時，個體會轉而以玩遊戲、耍策略的方式去獲得滿足，如此一來形成了不良適應，使人格的發展受到影響。整體而言，撫慰是人所必需，在撫慰的施與受之間，個人的人生地位會受到強化，並會塑造成鞏固的個人人生脚本，影響了自我功能的發揮，以及交流方式或策略使用，或形成遊戲人間的態度（*Cassius, 1980; Harris & Harris, 1985; Woollams & Brown, 1979*）。

三、指令與決定

個人在生長歷程中，獲得了甚多來自於父母的指令。如：「不要」(*Don't*)、「不該」或「不存在」等的訊息，對這些指令，兒童會有一些不同的選擇。兒童針對父母指令而所作的反應就成爲「決定」，一些大大小小的決定如果再受到增強，就會成爲個人生活脚本的核心。不幸的是，某些生活脚本並不利於人生的發展，因此，個人如果處於兒童自我狀態時，有必要重新體驗早年的決定，或自己重新作決定(*redecision*)。如果是處於「小教授」狀態也需要加以檢討，並再決定如何作不同的反應，並能以較積極的方式面對早年負向的父母親訊息(*Gillilland et al., 1986*)。

四、脚本形成

TA 頗受注意的人格論點之一是重視人如何受到個人脚本的影響。所謂脚本係指各種導引人生的各種要素的集合，使人生因而受到牽引或不由自主地盲從。人生脚本包含一切的決定、人生地位、幻想、遊戲、代價、生理特質（身體語言），以及父母親的指令等(*Cassius, 1980*)。人生脚本有時也吸收了童話故事、神話等脚本，使個人自我因而扮演著不同的戲劇角色。

脚本形成的主因來自於父母，父母寬容與否，以及父母本身的脚本也會影響個人脚本的內容，倘父母能給予無條件的積極撫慰，兒童會獲得激勵成長的訊息，反之如果脚本訊息是負向的、不當要求的，將會妨害個人的成長與發展，甚至變成有害的指令。此外，與兒童有關的重要他人也會影響脚本的形成，別人的關懷、支持或攻擊、排斥都會使個人脚本有不同的內涵。

值得注意的是，脚本形成之後會成爲個人信念的主要部分，成年之後，個人的人生脚本可能根深蒂固，難以改變或重寫。

五、人生地位

人生地位也是 TA 的重要人格概念。人生地位係個人自小對父母情愛表現之反應所下決定的結果，是構成個人生活脚本的主要元素。人生地位事實上就是個人對自己及他人之感受的一種類型，也是個人人生地位的一種選擇，這也是自幼依照對自我之世界的知覺所作各種決定的結果。人生地位共有下列四種，每一個人可能屬於其中的一種。

(一)我好—你好 (I'm OK-You're OK)

此種人生地位是最佳的一種，時常被稱爲「進化型地位」(*evolutionary position*)。屬於此種人生地位的人，相信自己與他人，希望過有意義的人生，也希望別人有好的人生。此種人生地位需要在幼年時候即形成，否則難以維持到往後的人生。只要兒童能被愛與接納，個人的情緒與生理需求得到滿足，他們就會維持「我好—你好」的人生地位，同時會維持「強者」(*Winner*)的脚本。

(二)我好—你不好(I'm OK-You're not OK)

假如兒童被虐待，他可能會認爲別人是不好的，會以「不好」當作心理防衛機轉。擁有此種人生地位的人時常會譴責他人、不信任別人，並以挫折及憤怒面對世界。此種人生地位是一種「妄想型地位」(*paranoid position*)，也是一種「革命型地位」(*revolutionary position*)。事實上認爲別人不好，只是個人覺得自己不好(*I'm not OK*)的一種防衛，此類型的人難以客觀面對自己及他人。過度嚴重者會導致違法犯紀，或是當自己是「好好先生」(*Yes-men*)，渴求他人的撫慰。此種人生地位的嚴重問題在於不相信別人，不認爲他人會是好人。

(三)我不好—你好(I'm not OK-You're OK)

這是一般人容易選擇的人生地位類型，是一種「退化型地位」(*devolutional position*)，也是自我貶抑的類型。時常擁有此種人生地位的人，會覺得自己沒有價值、不斷地尋求他人撫慰，因而可能會傷害自己或他人，同時由於他們一直想取悅他人，可能導致人生不快樂、沮喪，嚴重者可能會自殺。兒童時期需求沒有得到滿足，可能會因爲「匱乏」(*lacking*)，而歸咎自己的錯誤，久而久之形成了我不好而你好的人生地位。

㈣我不好—你不好(I'm not OK-You're not OK)

當個人所受到的撫慰極端負向、全無獲得正向撫慰的機會，個人會因而放棄自己、覺得自己沒有希望與未來，嚴重者會成爲精神病患、罪犯或無名屍。此種人生地位也可稱爲「反抗進化型地位」(*obvolutionary position*)，此類型的人會悲觀無助的看待人生，宛如行屍走肉一般，因此常會有精神症行爲的表現(*Hansen, Stevic, & Warner, 1986; Kambly, 1971*)。

六、遊戲、欺詐與囤積

TA 的另一種觀點是以遊戲（玩把戲）、欺詐與囤積的觀點看待某些不當的人格狀態。玩把戲或遊戲是一種隱藏性動機，是一系列交流的再現，某些遊戲是被社會所接受的，某些則對他人的情感有所傷害，甚至是長久的傷害。個人會玩遊戲通常是沮喪、憤怒、挫折、嫉妒、甚至是正義感或榮耀的心理反應，所以遊戲又稱之爲「心理遊戲」(*psychological games*)。遊戲是一種防衛機轉，也是一種交流方式，幾乎有 *60%-70%*的人在人際交流時會玩遊戲，柏恩曾指出人約有 *36* 種常玩的遊戲，適應愈不良的人，玩的遊戲策略愈多。通常遊戲來自於兒童自我狀態與「我非常好」的人生地位。

「欺詐」與遊戲相似，但比較容易發生在互補交流狀況中，是個人由於存在太多負向情感，爲確定自我的人生地位而所表現的行爲或交流方式。

「囤積」則是指一個人蒐集了一些欺詐情感的反應，如罪惡感、憤怒、不適應、沮喪等，囤積也成爲脚本的增強物，具有囤積情感的人，也會與人「交換囤積」，猶如交換集郵或點券（*trading stamps*）一般，過多的囤積情感會成爲個人心理上的獎勵品，導致某些偏差言行的產生，小之如打人、罵人、哭泣、嘲笑等，大之則會謀殺、自殺、離婚、失業（*Cassius, 1980; Hansen, Stevic, & Warner, 1986*）。

貳、人格發展與不良適應

一、人格發展

TA 相信人格的發展自出生之前就已經開始，家庭背景就已決定了小孩出生後會不會被喜歡。小孩性別也會影響家庭的教育態度，再進而影響了小孩出生後所受到的撫慰情形，並會塑造小孩子的人生地位，家庭與父母對人格的影響有些是正向的，有些是有傷害的。

父母如要小孩子發展出「我好—你好」的人生地位類型，則需要爲小孩子提供無條件的積極撫慰。父母必須尊重小孩、鼓勵他們自我發展與自我控制，如果有了良好的教養，小孩子會形成「我好」的人生地位，反之，則會造成「我不好」的人生地位。良好的父母教養可以協助小孩子發展良好的自我狀態，並使自我狀態不受污染，同時也能接受撫慰，並不玩遊戲或使用欺詐。

正常的人格發展需要自我狀態中的 *P-A-C* 都具有掌控個人生理與心理狀態的能力，這也需要有正常的父母教養行爲才能達成。健康與不健康的父母教養行爲對不同發展時期的兒童會有所影響，如表 *8-1* 所示。

二、不良適應

依照 *TA* 的看法，不良適應或情緒困擾是早年不當決定的反應。這些決定代表了滿足自我需求與迎合父母需求之間的妥協結果。人通常

表8-1　健康與不健康父母教養行爲

	健康的教養行爲	不健康的教養行爲
6個月至18個月	父母寬容的允許小孩探索自己的世界，父母提供保護並給予無條件的撫慰。訓練並不適宜。溝通方式主要是以父母的兒童狀態與小孩的兒童狀態作交流。	父母拒絕提供保護或不允許小孩作探索。父母限制小孩活動，並會有嚴格的大小便訓練。
18個月至3歲	父母幫助兒童發展自我控制，以及考慮他人的情感與需求。鼓勵兒童作成人對成人自我狀態的交流，儘管此時仍會有較多的兒童對兒童自我狀態的交流型式。大小便訓練與某些行爲訓練在此時是適宜的。	父母沒有提供兒童適宜的訓練與保護，或期望過高或嚴格要求，兒童沒有被鼓勵以成人對成人的自我狀態作交流。
3歲至6歲	父母持續鼓勵兒童問題解決的行爲，幫助兒童了解自己的情感，並檢討獲得撫慰的方式，父母鼓勵與讚賞適宜的行爲，並不鼓勵玩策略遊戲。	父母嘲諷小孩，不准小孩思考，兒童沒有被鼓勵解決問題，自己所能擁有者太少。
6歲至12歲	強調成人對成人交流方式，父母能傾聽小孩的心聲，能尊重小孩的權利，並相信小孩的作爲。鼓勵小孩擴展經驗，以發展個人的技巧。	父母強制小孩遵守一定規則或價值觀，或完全沒有要求，不尊重小孩的思想觀念或推理能力。

資料來源：Hansen, Stevic, & Warner (1986), p. 88。

會好逸惡勞，甚至會因爲爲了紓減個人的痛苦、恐懼而傷害了他人。一些人生地位所形成的脚本也可能導致不良適應，如：「我很悲傷」(*I'm sad*)；「我很瘋狂」(*I'm mad*)；「我很害怕」(*I'm scared*)等都是「我不好」的反應。

不良適應產生的另一個主要原因是內化了一些「不要」(*don'ts*)與「要」(*dos*)的父母脚本所造成的，並成爲兒童自我狀態的主要成份。*TA* 總共歸納出十個「不要」與五個「要」的不良適應類型。「不要」的類型有下列：

(一)「不要」(Don't)：這是內化恐懼之父母所傳送的訊息，諸如，「凡事不要冒險，這個世界是危險的」，導致兒童相信沒有任何行動是正確與安全的。

(二)「不要是」(Don't be)或「不存在」(Don't exist)：這是最不當的訊息。父母會給兒童下列的訊息：「假如沒有了你，我們的生活會更好。」兒童會因而形成「是你的錯，而我是有價值的」的信念，或造成「假如事情太糟，我會自殺」或「我會證明給你看，即使那會使我喪生。」等的不當決定。

(三)「不要太親近」(Don't be close)：父母不鼓勵小孩子生理上太親密或提供積極的撫慰，小孩子會將之解釋爲「不要太親近」的訊息，造成小孩在父母離去或離婚時，譴責自己，或「我不再相信任何人」的態度。

(四)「不重要」(Don't be important)：假如兒童曾被算計，會形成「我並不重要」的看法，認爲「周圍的人都想算計我」、「我一無是處」，或「我要變得非常重要，但不要讓他人知道」。

(五)「不要小孩子氣」(Don't be a child)：排行較先的小孩最容易接到此種訊息，以便作弟妹的表率，但兒童會將此訊息內化成被否定的需求、永遠要照顧別人、爲了要滿足自我需求需要「發飆」(*go crazy*)等決定。

(六)「不要長大」(Don't grow)：這是父母最常傳給排行較小的小孩的訊息。「不要長大，當嬰兒最好」、「不要長大超過某個年齡」、「不要太性感」、「不要離開我」等都是相關的訊息，因而導致兒童處處需要他人照顧或退化自己。

(七)「不要成功」(Don't succeed)：父母也許會傳送「假如你比我成功，我將不再愛你」或「你從未做過正事」等，使小孩誤以爲「不要成功」，或以極端方式努力工作以追求成功，但卻不會享受成功，或將「不要成功」加以內化，因而導致失敗。

(八)「不是你」(Don't be you)：父母也許會較喜歡與兒童相異的性

別，如對男性說：「如果你是女兒多好」或重男輕女，因此兒童會顯得不聽話、不接受他人批評、或作與其性別不相配的活動。

㈨「**不要健康**」(Don't be sane)或「**不要好**」(Don't be well)：父母也許對生病的小孩給予撫慰；當他們康復後就收回撫慰，兒童因而會以爲接受了「不要健康」的訊息，當兒童將此訊息內化之後，他們會維持生病、患病狀態，以獲得撫慰。

㈩「**不屬於**」(Don't belong)：假如父母一直在異地與小孩溝通，小孩也許會解釋成「不屬於此」的訊息，兒童也許會認爲「我不屬於任何團體」或「任何國家」，或「沒有人愛過我，因爲我不屬於這裏。」

上述這些「不要」或「不」的訊息使兒童形成「我不好」的人生地位與感到撫慰被剝奪，不利兒童健全人格發展。下列則是「要」的訊息：

㈠「**要完美**」(Do be perfect)：假如兒童功課得乙，父母會說得甲較好，假如得甲，又說得甲上較好，一味要求小孩十全十美，不容許有缺點。

㈡「**要最好的**」(Do the best)：一心想成爲贏家，對於努力與成就不會給予撫慰。

㈢「**要用功**」(Do try hard)：父母常說，「你沒有盡力」、「懶惰是失敗之源」等，一直要求小孩用功、再用功。

㈣「**要快點**」(Do hurry up)：父母不准小孩享受歷程，一直催促小孩，一心要多用。

㈤「**要強壯**」(Do be strong)：父母要求小孩要勇敢、強壯、有淚不輕彈、不抱怨等。

這些「要」如何做的訊息來自於父母親的父母自我狀態，可視爲是「反內化」(*counterinjuncion*)的訊息，同樣也有害兒童的成長與發展。「要」如何做的訊息也是一種「驅迫」的訊息，但用來對抗前述「不要」的內化訊息，並不一定成功，且有可能兩敗俱傷(*Gilliland, James,*

& Bowman, 1994; Goulding & Goulding, 1979)。

第三節　交流分析的諮商目標、助人關係與歷程

壹、諮商目標

交流分析法基本上也是一種現象學模式(*phenomenological model*)，認為功能健全的人與他人有真誠的關係，並能以現實的觀點迎合自我的心理與情緒需求。人本質上是能為自己負責的人，能擁有自我的情緒、思想與行為，同時也可以統整自我的需求，並依照對環境的現實知覺而做決定。也因此，交流分析諮商的目標在於統整個人的自我狀態，以便個人能從各種自我狀態的優點（長處）中獲益，並避免各個自我狀態的偏狹與缺點，進而能作較佳的決定、解決自我的問題、創造有意義的人生、成為具有充分功能的人，並減少要策略、玩遊戲、施詐欺、重社會儀式(*social rituals*)等不當的行為。

TA 的另一個諮商目標是要當事人檢討自己的人生脚本，諮商師的任務就是在協助當事人發現自己所使用的策略與遊戲，並且重建(*restructure*)人生脚本。TA 相信人本身可以自己「撰寫」(*write*)自己的人生脚本，而不要依照別人為我們所寫的脚本過活。所以在諮商中「重寫」(*rewrite*)自己的脚本就非常重要，同時諮商的另一個重點是要協助當事人形成較健全的自我狀態。諮商與治療的目標是要當事人主動地發現自我的三種潛能：一、覺察力(*awareness*)；二、自發性(*spontaneity*)；三、親密性(*intimacy*)。當事人要能主動與自發的發掘自我的潛能則必先要相信自己「有權力」去瞭解與改變因受父母內化作用而形成的早年決定。

也因此，諮商就宛如是再決定（*redecision*）的過程，也是再經驗（*reexperience*）早年生活決定的歷程，諮商的目標之一也就是重新作更健康的決定。對不同當事人而言，諮商中所作的決定是在於調整「贏者的脚本」（*winner's script*）或是「脚本能不受拘絆」（*script-free*）。具體而言，TA 的諮商有四個主要目標：

一、幫助當事人去除任何受污染或傷害的自我狀態。

二、幫助當事人有能力且適宜的使用各種自我狀態，並去除僵化與過度被滲透的自我狀態。

三、協助當事人充分地使用成人狀態，並成為具思想與推理能力的人，以掌握自己的人生。

四、協助當事人以適宜的人生地位與生活脚本替代不當的人生地位與生活脚本，使個人擁有新穎與具生產性的人（*Dusay & Dusay, 1989; Hansen, Stevic, & Warner, 1986; Gilliland, James, & Bowman, 1994*）。

貳、助人關係

TA 強調諮商關係是以「我好—你好」（*I'm OK-You're OK*）的假定為基礎的，當事人是一個可愛的人（*lovable part*），也有能力作改變。諮商的歷程宛如是一種治療性契約（*therapeutic contract*），諮商師與當事人兩者可以共同設定具體、可衡量的目標，以引導諮商的進展。透過契約的約定，諮商師與當事人是處於對等的地位，當事人的職責在於決定他們要如何做改變，諮商師的任務則如同專家一般，協助當事人去做改變。為了協助當事人有積極的改變，TA 的諮商師必須為當事人作下列四種理性的分析：

一、結構分析：分析當事人的人格與自我狀態。

二、交流分析：分析當事人如何與他人交流，他們如何說話與作爲，以及交流的類型。

三、遊戲分析：鑑別當事人所要的策略與遊戲，以及因此所導致的詐欺性情感。

四、脚本分析：分析當事人的人生脚本、人生計畫，以及相關的影響與作用(*Berne, 1972; Goulding & Goulding, 1979*)。

除此之外，諮商或心理治療也在於協助當事人維持自我的平衡(*ego balances*)、防止遊戲策略的干擾(*games interruptions*)、以及脚本再決定(*script redecisions*)。自我狀態平衡就是在促進人格的改變，不受限於單一的自我狀態，防止遊戲的干擾旨在建立良好的人際或社會親密度，脚本重新作決定則是在激發當事人能自主獨立的生活，免於受父母內化的影響。爲了達成這些目標，當事人必須單獨爲自己的生活或人生負責，個人不能歸咎於他人與環境。個人基本上是有能力檢查早年的決定，並改變自己的心靈、人格與生活型態。雖然諮商關係是一種契約關係，但履行契約的責任在於當事人本身，諮商師或治療者只當一個「見證人」(*witness*)或「催化員」(*facilitator*)。當事人除了擔負作改變的責任之外，本身也需要「涉險」(*take the risk*)，勇於嘗試，以便能投入再決定的歷程中。

在 *TA* 諮商中，諮商師的另一個任務是營造有利於做改變的氣氛，給予寬容、支持，當作當事人「做改變的伙伴」(*partners for change*)。本質上，諮商師就是提供當事人成長的工具，使他們能瞭解現在的行爲、作新的決定、減少刻板化的行爲。在整個諮商歷程中，諮商師要維持「我好—你好」的態度，相信他們有能力作自我改變，諮商師的信心與信任感極其重要，但另一方面，當事人也要相信諮商師有能力協助他們安全與有效的達成契約目標(*Gilliland et al., 1986*)。

叁、諮商歷程

交流分析諮商歷程本質上就是前述的四種理性分析、結構分析、交流分析、遊戲分析與脚本分析的歷程。柏恩(*Berne, 1966*)認爲諮商的目的在於重建當事人整體的生活，前二個階段是屬於諮商部份，後二者則似治療部份。另有人(*Woollams & Brown, 1979*)將 *TA* 的諮商歷程區分爲六個階段，以下分別敍述之。

一、提高當事人的動機與覺察力

理論上當事人尋求諮商是因爲他們感到痛苦，而渴求改變，他們不快樂、不舒服就是力求改變的動機。因此在諮商的第一階段要使當事人相信改變是可能的，讓他們瞭解現在的行爲對他們有不良的影響，當他們感到非常不適，而有尋求改變的意願動機時，諮商才有可能。隨之，要讓當事人覺察到不滿意的生活方式，但由於當事人並不一定想完全改變，因此諮商師要協助當事人決定要建立那些具體與明確的目標。

二、訂立治療契約

TA 治療重視訂立契約的歷程，認爲契約是諮商師與當事人之間共同努力去達成所設定之目標的協議，當事人有責任去承擔作改變的責任，而諮商師如果接受這個契約的話，也有責任幫助當事人去達成目標。諮商剛開始的契約可以較簡單，當第一次契約完成後，可以再訂立一系列難度較高的契約。

契約的訂立需要本著簡明、掌握要點、用詞容易理解、行爲盡可能明確的原則。如以 *TA* 的觀點而言，訂契約就是一種成人對成人的自我狀態協議(*Adult-Adult agreement*)，但仍然需要諮商師與當事人全部自我狀態的投入與認可。對當事人而言，訂契約之時，當事人可以有下列四種作改變的選擇：(一)繼續目前的作爲，但會感到不好（*not-OK*）；(二)繼續目前的作爲，但感到不錯（*OK*）；(三)有不同作爲，但感到不好；(四)有不同作爲，但感覺不錯。當事人最好的抉擇是能在結果方面感到不錯。

此外，*TA* 契約可分爲四個層次：(一)層次 I ：關懷性契約（*Care Contracts*），這是對多數當事人都較適宜的契約，尤其對需要他人關心、關懷的當事人更適宜，不過關懷性契約可能會妨礙當事人作改變的意願。(二)層次II：社會控制契約（*Social Control Contracts*），此種契約目的在矯正當事人目前生活上的不平衡狀態，諮商員的策略需要較務實且能協助當事人解決問題，因此重點可以放在結構分析、處理污染與排斥的自我狀態之上。(三)層次III：關係契約（*Relationship Contrascts*），此種契約在於重現當事人的問題，在契約上可以要求當事人表示想要作何種改變，此種契約也適用於短期治療（*brief therapy*），以及當事人重新作決定的諮商上，諮商的重點以關係建立、時間建構、脚本分析爲主。(四)層次IV：結構改變的契約（*Contracts Deal with Structural Change*），此種契約以重現父母內化作用與楷模爲焦點，並致力於重新作決定與更新父母狀態（*reparenting*）（*Woollams & Brown, 1979*）。

三、去除兒童狀態的迷惘

在此歷程中，諮商的目的在協助當事人瞭解早年的決定、如何作決定，以及如何改變脚本。重點工作在於去除兒童狀態的迷惘（*deconfusing*），使當事人瞭解自己未滿足的需求與情感，並幫助當事人發展充分的內在安全感，以便重新作決定。

在諮商中要協助當事人經驗在兒童狀態中所作的早年決定，聆聽當事人此時此刻的情感，而非過去，但可以要求他們重現早年的脚本決定，再請當事人再經驗早年的決定，促使他們不同的自我狀態間能夠相互對話。

在此諮商階段可以探索與發問的問題有：㈠當事人與現在問題有關的初始決定有那些？㈡當事人現在如何作爲以保持老舊的決定？㈢當事人現在的行爲有那些特徵？㈣有那些老舊的決定？㈤當事人作了那些折扣(*discounting*)？㈥當事人需要作那些新的決定？

四、重新作決定

在此諮商歷程中，當事人需要改變他們的脚本，重新作決定需要逐步進行，而非能夠一次完成。但當事人重新作決定之後，仍然需要努力付出，以便在自己的生活型態中加入新的決定。

在當事人重新作決定的諮商過程中，諮商師必須協助當事人設立一個宛如劇場的情景，使當事人在現時之中，經歷新近的事件、早年的生活、或想像的景象。促使當事人注意到早年並沒有努力與兒童自我狀態作鬥爭(*struggle*)，此時當事人如要改變，必須將諮商所獲得的洞察體驗，加入兒童狀態之中，使兒童狀態有充分的力量作改變。另外也要澄清早年父母所影響的內化作用與決定，並要當事人認清父母已不能再爲他們負責任了。倘要當事人能成功的重新作決定，協助當事人發現新的場景與新的隱藏著的力量乃是必要的。

五、再學習

當事人有了新的決定之後，諮商師仍然要給當事人支持與鼓勵、提供資訊，並給予作改變必要的撫慰。當事人重新作決定只是一個開始，而非結束，他們必須回到現實之中去履行新的決定，因此，當事人的任務是延續不斷的，他們也需要繼續學習新的技巧，如社會技巧、生涯規畫技巧等，以便在面對未來人生時，仍會自己作新的決定，學習、再學習是當事人的任務。

六、結束

當諮商的目標已經達成，契約已經兌現，諮商就可以結束，在結束諮商之前，當事人可以決定是否參加其他的活動、或能完全清理各種個人問題，並向諮商師說再見。諮商師也可以在當事人離去時，叮嚀他們探索自己的自我狀態，以確實決定是否適宜，同時也可以一起檢查各項目標與契約是否完全達成(*Gilliland et al., 1984; Gilliland, James, & Bowman, 1994; Goulding & Goulding, 1979; Woollams & Brown, 1979*)。

第四節　交流分析諮商策略與技術

前述交流分析的歷程事實上也可視爲是一套 *TA* 諮商策略與技術，以下再就自我狀態分析策略與技術，及其他重要策略與技術加以闡述。

壹、自我狀態分析策略與技術

TA 認爲個人爲了迎合與滿足個人的需求，會在與他人交流或溝通之中，形成不同的交流類型，*TA* 認爲個人的交流類型共有互補型(*complementary*)、交叉型(*crossed*)與曖昧型(*ulterior*)三種典型。

一、互補型

互補型主要係在二人的溝通之中，自我狀態形成互補狀態，沒有交叉現象發生，以圖 *8-3* 爲例，A 與 B 兩圖中的相互兩個人所傳送的訊息就呈現互補狀態，圖 A 中的羅拉與艾米利同樣都以成人自我狀態作溝通，圖 *B* 中的媽媽以父母自我狀態和小孩溝通，小孩就以兒童自我狀態作回應，形成互補型交流類型。

二、交叉型

交叉型交流是二個人的自我狀態並不一致，形成交錯狀態，圖 8-4 的例子中，A 與 *B* 圖中左邊的人以成人狀態送出了訊息，但右邊的人卻以兒童狀態的訊息作回應，因而形成了交叉式的溝通。

三、曖昧型

曖昧型溝通方式乃是在明顯的訊息之下，隱藏了另一種意義，外顯的訊息可能是被社會所接受的訊息，但隱藏的訊息更可能是內心本意。以圖 8-5A 的交流事例而言，共包含有四種自我狀態。在圖 8-5B 的事例中，推銷員言下仍有他意，以誘導消費者購買，這也是推銷員慣用的技術。曖昧型交流由於傳送雙重訊息，以致常造成雙方的困擾或挫折感，父母與兒童的交流或溝通倘過度使用曖昧型，將會造成親子之間的緊張。一般而言，明顯的訊息是屬於社會層次(*social level*)的溝通方式，隱藏的訊息則是心理層次(*psychological level*)的溝通方式。

除了上面三種交流分析典型之外，尚有某些交流類型可供參考，以便諮商時更能掌握當事人的交流或溝通狀況，並發現當事人問題所在，協助解決。

一、共生狀態(symbiosis)

圖 8-6 係一個共生的自我狀態，在此圖中顯示兩個人像只有一個人般的依照一種共生關係在運作著。

在共生交流類型中（如媽媽與小孩），兩人以相互依賴的方式親密的聯結，左邊的人以父母及成人狀態作溝通，右邊的人僅以兒童作溝通，兩人其它的自我狀態形同虛設，在嬰兒時期親子之間最容易形成

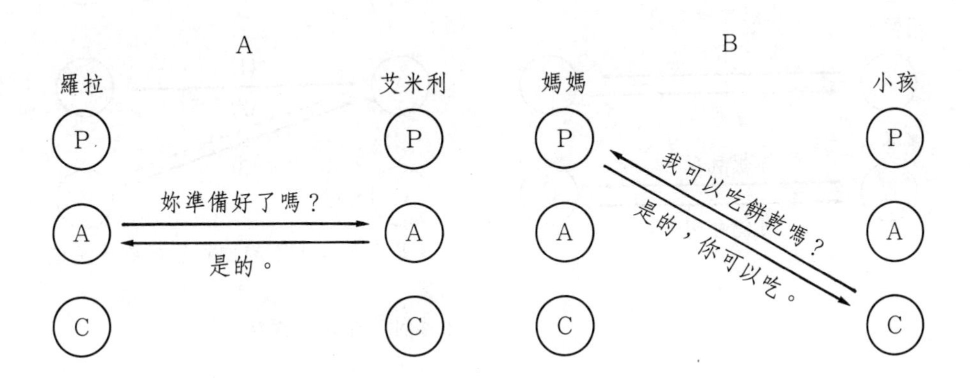

圖8-3　互補型交流類型

(資料來源：Hansen, Stevic, & Warner, 1986, p. 86)

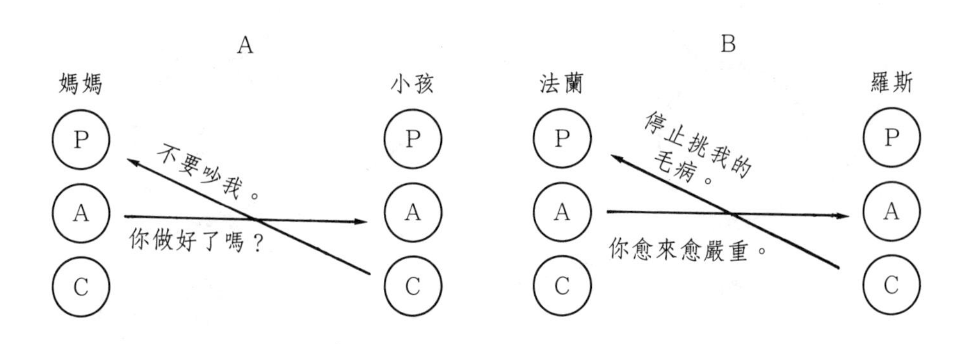

圖8-4　交叉型交流類型

(資料來源：Hansen, Stevic, & Warner, 1986, p. 86)

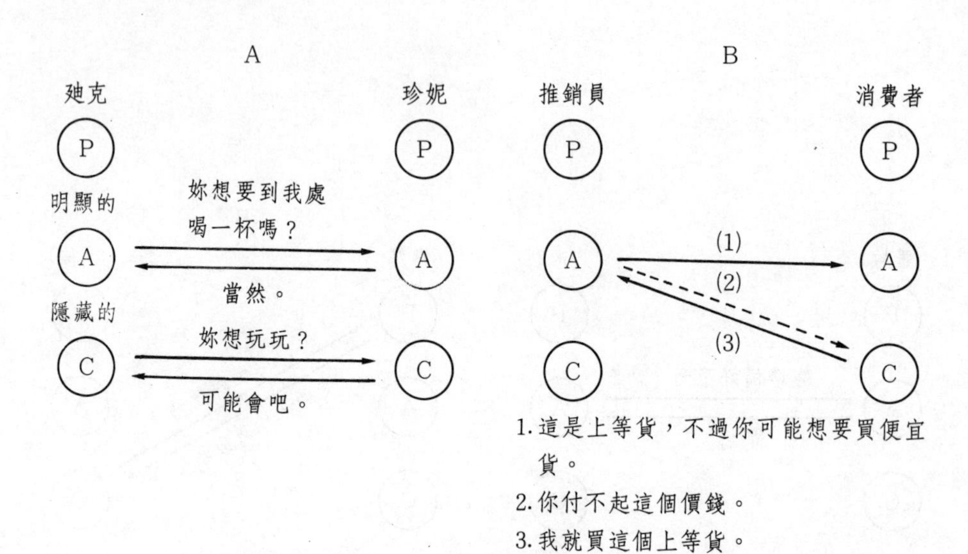

圖8-5 曖昧型交流類型

（資料來源：Hansen, Stevic, & Warner, 1986, p. 87）

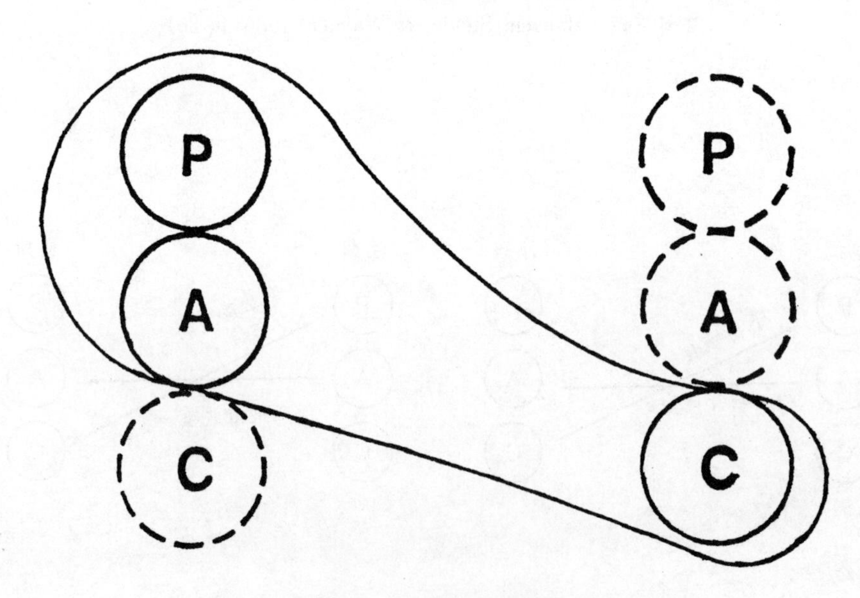

圖8-6 共生型交流類型

（資料來源：Dusay & Dusay, 1984, p. 417）

此種共生關係，但兒童期以後如仍有此關係則是一種心理疾病。

二、反向自我狀態(Ego-state Oppositions)

反向自我狀態是個人自我狀態自我調適的類型，亦即是本身自我狀態間的轉換（如圖 8-7）。

圖8-7中，CP表示挑剔的父母NP表示養育的父母，A表示成人狀態，FC表示自由的兒童(*free child*)，AC代表被嬌寵養育或順應的兒童(*adapted child*)。在諮商中，諮商師可以鼓勵當事人反向的改變至另一種自我狀態。如在圖8-7中的 I 處要求憂鬱的當事人將被嬌寵的兒童狀態(AC)代之以自由的兒童狀態(FC)，以便不再自我苦惱。另外，也可用成人狀態(A)替代被嬌寵的兒童狀態(AC)（II處），對妄想症的人就可作此處理。對於事事害怕的人就可以鼓勵以慈祥的父母(NP)來替代順應的兒童狀態(AC)（III處）。經由自我狀態內在的轉換，可以使心理能源用在適當之處，並因而調整人生腳本。

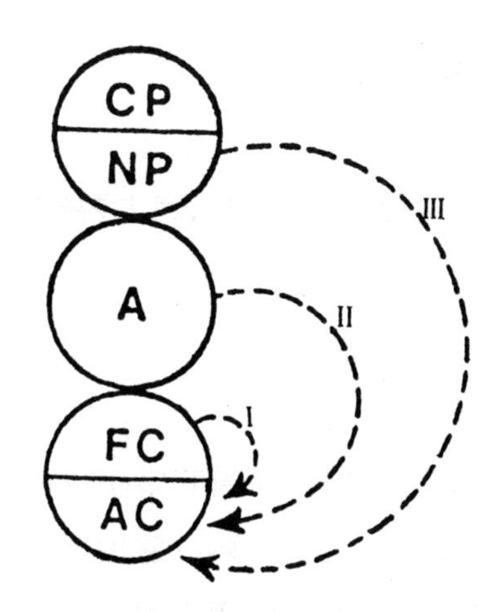

圖8-7　反向自我狀態

（資料來源：Dusay & Dusay, 1984, p. 423）

三、自我圖形(Egogram)分析

自我圖形分析也是交流分析的另一個重要技術，依照 *TA* 的論點，健康與不健康的個體可以利用自我圖形加以表示，分別用直條圖可以顯示個體在 *CP*（挑剔的父母）、*NP*（慈祥的父母）、A（成人）、*FC*（自由的兒童）、AC（順應的兒童）等五種自我狀態上的差異情形。圖 *8-8* 是一個典型自我圖形。

另外，圖 8-9A 是一個孤獨個案的自我圖形，由圖中可見孤獨的個案在 AC（順應的兒童自我狀態）上的強度最高，諮商需要由此著手，加以改變。圖 8-9*B* 則是沮喪或自殺意圖個案的自我圖形，由圖中可見，沮喪與自殺傾向的個案 *CP*（挑剔的父母狀態）強度最大，因而可能導致過度要求自己，另外，其 AC 也太高，可能在另一方面因得不到撫慰，而有憂鬱或尋短的可能。此種自我圖形在當事人自我狀態及其問題的診斷上極具使用價值，亦是甚具科學性的分析方法。

貳、其它重要策略與技術

柏恩(*Berne, 1966*)曾提出 *TA* 的八個主要技術，在 *TA* 諮商上可資參考使用：

一、質問(Interrogration)

諮商師可以利用質問的技術面質問當事人的行為，直到他們能以成人狀態作反應，如此能使較少或難以運用成人自我狀態的當事人強迫性地演練如何使用成人狀態，以便表現更健康的交流方式。

二、詳細記述(Specification)

當諮商師與當事人都能以成人狀態交流並獲得共識時，就利用詳

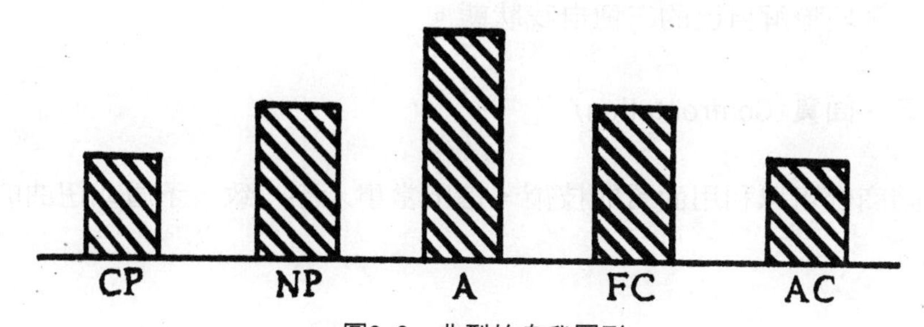

圖8-8　典型的自我圖形
(資料來源：Tosi et al., 1987, p. 76)

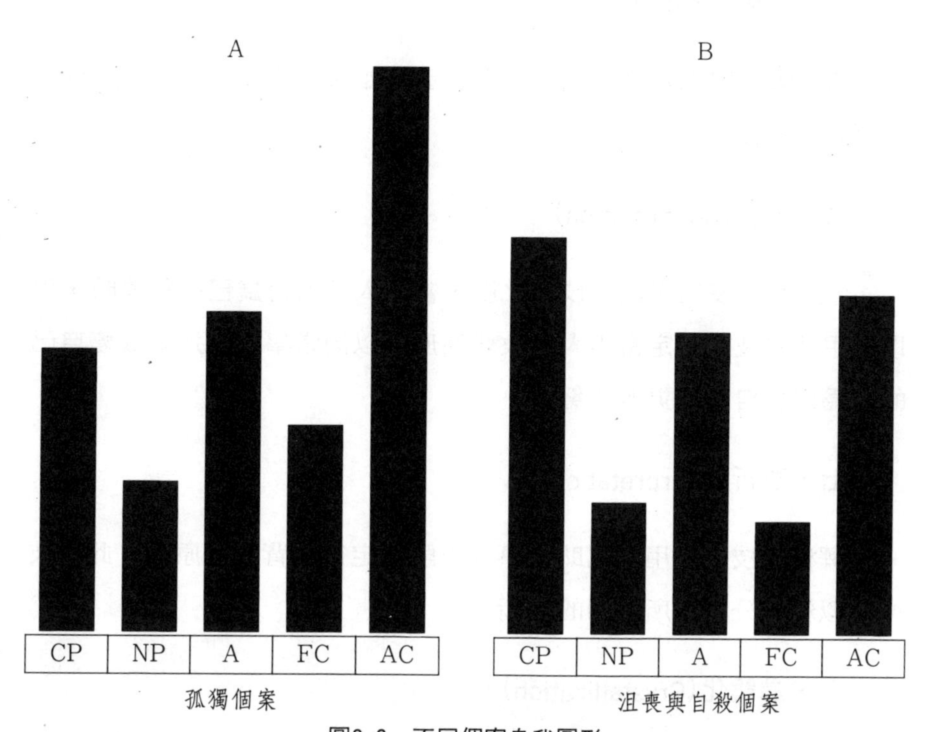

圖8-9　不同個案自我圖形
(資料來源：Dusay & Dusay, 1984, pp. 89-409)

細記述的技術將導致當事人某些行爲的自我狀態記錄下來，以便於當事人完全地瞭解自己的三種自我狀態。

三、面質(Confrontation)

諮商師可以利用面質的技術，指出當事人不一致、矛盾或扭曲的行爲。

四、解釋(Explanation)

解釋是一種教導的技術，諮商師可以利用此種技術，向當事人解釋他們的交流方式，以便他們自我瞭解。

五、示範(Illustration)

諮商師利用幽默的方式向當事人示範如何表達成人狀態，並減少當事人的緊張。

六、確認(Confirmation)

當諮商師使用了面質技術之後，當事人不當行爲已經暫停時，可以使用此種技術確定當事人的改變情形，以便當事人知道要改變自己的行爲需要自己作更多的努力。

七、解析(Interpretation)

解析的技術是用來幫助當事人瞭解特定行爲背後的原因，此種技術類似精神分析法所使用的技術。

八、晶體化(Crystallization)

此種技術用來告訴當事人所放棄的不當策略遊戲，或向他們說明他們自我狀態或脚本改變的進展情形。

除此之外，在 TA 的後繼者尚提出利用卡普曼三角形(*Karpman Triangle*)瞭解個人的策略或要把戲的狀態。卡普曼三角形假定人可以區分爲三類：(一)壓迫者(*Persecutor*, 簡稱 *P*)；(二)拯救者(*Rescuer*, 簡稱 *R*)；(三)犧牲者(*Victim*, 簡稱 *V*)。此三種角色結合而成圖 8－10 的卡普曼三角形。

卡普曼三角形有時也稱做卡普曼戲劇三角形(*Karpman Drama Triangle*)，表示在人生舞台中，存有此三種主要的戲劇角色，每個人可能會喜歡其中的一種角色，一直想超越別人者可視爲壓迫者；較有正義感、想幫助別人者則可能是拯救者；至於覺得自己無助、無依者，可能是犧牲者。卡普曼戲劇三角形可以幫助當事人與諮商師瞭解當事人正要的策略或遊戲，以便作必要的輔導(*Karpman, 1968*)。

叁、個案示例

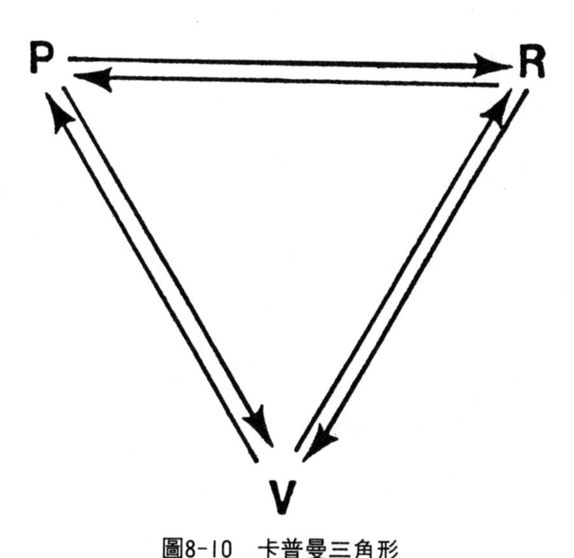

圖8-10　卡普曼三角形

(資料來源：Dusay & Dusay, 1984, p. 414)

一、個案描述

個案亞達是一位女性，一直維持兒童自我狀態，她有一個酒鬼父親與脾氣暴躁的母親，她一直受到驚嚇，並有身體的疼痛。在諮商中，諮商師（共二位）協助個案當事人重新作決定，首先他們要當事人重現兒童情景，再利用個人在諮商中的洞察，導入兒童狀態之中，使自己的兒童狀態有充分的力量作新的改變。

二、諮商歷程

當事人：我最痛苦的是身體的疼痛……雖然我知道這不是心痛，我的胸部受了傷……

諮商師㈠：你還想要做一個小女生？

當事人：嗯（肯定的點頭）。

諮商師㈡：讓妳自己一直像小孩？

當事人：（自認如此，並描述小時候的自己）

諮商師㈠：你曾向父母說這些嗎？（當事人點頭）妳認爲妳身體的疼痛與父母有所關連？

當事人：（開始哭泣）

諮商師㈠：請問當妳是小孩時，妳是否想遠離疼痛？

當事人：我媽媽不願意我離開！（哭泣）我離開角落去看書，但媽媽不願意我離開。（說得很小聲）

諮商師㈠：好，妳現在就離去。

諮商師㈡：就像妳走到角落一般，讓妳自己知道妳是多麼的想離去。

當事人：噢，是的，我不能忍受噪音，並且害怕碗筷擲向牆壁，我害怕極了，我正想離去，可是……沒地方可去，我媽媽每每要求我爲酒醉的父親清洗，我是曾想離去……

諮商師(二)：當然，妳需要離去。

當事人：（繼續哭泣）

諮商師(二)：妳需要爲妳自己做一些事。

諮商師(一)：我要讓妳知道，妳是一個分離、分立的人。

當事人：我是分立的人，我可以像你們一樣，我可以感覺較好，但我不是你們，我不需要爲別人受苦。

（個案來源：*Gilliland et al., 1986, pp. 141-142*）

第五節　交流分析諮商的應用、貢獻與限制

壹、應用與貢獻

TA 是一個與衆不同的諮商模式，它獨創的交流分析方式與訂立治療契約併用的諮商方法，頗受肯定。TA 整個理論架構對人格結構、交流溝通類型、問題與行爲改變的策略有清楚、明確，且系統化的論證，能兼顧個人內在與人際交流的動態功能作用，易懂易學，使 TA 至今仍吸引甚多學子。

TA 的另一個重要貢獻是當事人本身也可以經由對 TA 理論與分析方法的理解，將相關的概念應用在自己的人際交流之中，也可以用來解決自己的問題。所以當事人本身的成長與進步，並不一定要尋求諮商，也許他們由 TA 相關題材的閱讀中就可以獲益。

交流分析法另一個受肯定的地方是相信人可以主宰自己的命運，自己能以重新作決定、重新學習的方式，調適自我狀態或修改人生脚本，使自己能有新的生活型態。由於 TA 相信人可以掌握自己，因此也把諮商的責任加在當事人身上，當事人本身必須有意願、有動機，能

承擔自我的責任，才能作適宜與正確的決定，TA 當事人不能期望諮商師或治療者有「魔法」作治療。

目前有甚多證據支持 TA 的諮商與治療效果甚佳，交流分析的概念又具體可觀察，一般人使用簡單的訓練，都可以立即由 TA 獲益，也許 TA 是學院之外，最受大衆歡迎的諮商理論模式(*Dusay & Dusay, 1984; Gilliland, James, & Bowman, 1994*)。

交流分析現在也在不同文化諮商與心理治療上被普遍使用，不管西歐與東歐、北美與南美，甚至亞洲，TA 的追隨者愈來愈多，並不因 TA 是一個已發展數十年的理論，而有稍減熱情。目前 TA 的相關學者與實務工作者人數也愈來愈多，根據 TA 的代表性刊物「交流分析雜誌」(*Transactional Analysis Journal*)最近的調查，在美國、南非與印度，TA 一直是極受喜愛的諮商模式，交流分析雜誌的稿件有六分之四是來自於這些國家的工作者。

目前 TA 的一些概念也被廣泛應用在少數民族團體的輔導工作上，在一些少數民族家庭的成員中常見內化父母的一些訊息，而不管它的限制，如：「不要使家庭蒙羞」、「不要將個人利益置於家庭之上」等，都有可能不利個人的發展，交流分析在協助少數民族當事人找出不當內化的父母訊息上，被認爲極有價值。

TA 所使用的名詞如欺詐、遊戲、囤積等非常通俗，不如其它理論模式的艱澀難懂。基本上，TA 是頗生活化、簡單化與淺顯易懂的諮商模式。除了一般人適用之外，對於殘障者、精神病患也都有其效果，適用的領域十分寬廣。

貳、限制

交流分析的缺點仍然不可免。TA 的限制約可歸納爲下列數項：

一、實徵性的資料仍然不足，TA 的效果仍甚少經由驗證加以支持。設計良好的實驗研究仍需多加強。

二、由於 *TA* 的名詞簡單，有些實務工作者可能流於標語形式，或流於粗淺的溝通類型分析，忽略了當事人內在深層的動力作用。

三、交流分析儘管受到社會大衆的歡迎，但並不表示它是一個完美的理論，相反的，以傳統諮商與心理治療的觀點來看，*TA* 的哲學基礎薄弱、對人性的論證不足、對人改變的可能性過度樂觀等，都是其缺點。

四、長遠來看，*TA* 的發展亦有停滯的現象，這可能與 *TA* 缺乏後繼的大師有關。另一方面，*TA* 稍嫌流於通俗，不易吸引學院派學者努力去鑽研，因而無法推陳出新。

本章提要

1. 交流分析法的創始人是柏恩，他是一位加拿大人，第二次世界大戰期間曾在猶他州擔任軍中精神治療醫師。1956 年退出精神分析研究院，致力於自己喜愛的交流分析法。1961 年出版系統性介紹 TA 的專書「心理治療中的交流分析」。
2. 交流分析法的發展約可分爲四個階段：第一階段：柏恩致力於發展自我狀態，將自我狀態區分爲孩童、父母親與成人等三類。第二階段：柏恩集中注意力於交流分析與遊戲，1964 年創立「國際交流分析學會」。第三階段：此時注重探討個人選擇玩某些特定遊戲的理由。第四階段：注重行動與能源分配的相關問題的探討。
3. 交流分析的哲學基礎在於人可以選擇自己的命運與存在。贊同康德的哲學觀，認爲人可以使用自發性與眞誠性的理由去做決定並計畫自己的人生。此外交流分析也贊同黑格爾的哲學觀，認爲黑格爾辯證法中的正、反與合的辯證歷程與自我狀態及人生脚本有密切關係。
4. 交流分析對人格結構主要有六個論點：(1)自我狀態；(2)撫慰；(3)指令與決定；(4)脚本形成；(5)人生地位；(6)遊戲、欺詐、囤積。
5. 交流分析以結構化觀點看待人格結構。柏恩認爲人格狀態可以區分爲三個類型：(1)外在自我狀態或父母親自我狀態（簡稱 P）：源自父母親的心理自我，是認同、內化父母親的價值觀、態度與印象所形成的；(2)新的心理自我狀態或成人自我狀態（簡稱 A）：是理性、現實、與邏輯歷程的代表；(3)老舊的心理自我狀態或兒童自我狀態（簡稱 C）：表示不成熟的自我。
6. 自我狀態的結構分析是交流分析法的核心部份，任何一個人都存有 P－A－C 三種成分，同時 P－A－C 三種自我狀態之內又可能存有次級的 P－A－C 成分。自我狀態有三種主要交流類型，分別是互補交流、交叉交流、曖昧交流。
7. 撫慰是人類的基本動機需求，也是渴望他人認可與肯定的心理反應。脚本指的是各種導引人生要素的集合，是人生受到牽引或不由自主的盲從。
8. 人生地位係指個人對父母情愛表現之反應所下的決定的結果，是構成個人生活腳本的主要元素。其類型共有四種：(1)我好—你好：又稱進化型地位；(2)我好—你不好：爲妄想型地位，也是革命型地位；(3)我不好—你好：是一種退化型地位；(4)我不好—你不好：也稱爲反抗進化型地位。

9. 交流分析另一種觀點是以遊戲、欺詐或囤積的觀點來看待某些不正當的人格狀態。玩把戲或遊戲是一種隱藏性動機，又稱爲「心理遊戲」乃是一種防衛機轉，也是一種交流的方式。而欺詐較容易發生於互補交流狀態中，是個人因有太多負向情感，爲確定自我人生地位而表現的行爲。

10. 交流分析相信人格的發展自出生之前就已經開始，家庭背景、性別、出生序等都是影響人格發展的因素，並認爲不良適應或情緒困擾是早年不當決定的反應。

11. 交流分析基本上是一種現象學模式，認爲功能健全的人與他人有眞誠的關係，並能以現實的觀點迎合自我的心理狀態與情緒需求。因此諮商的目標有二：一是注重個人的自我狀態，使個人從各種自我狀態的優點中獲益；二是要當事人檢視自己的人生腳本，協助當事人發現自己所使用的策略與遊戲，並重建人生腳本。

12. 交流分析諮商另一個重點是協助當事人形成健全的自我狀態，要當事人主動的發現自我的三種潛能：(1)覺察力；(2)自發性；(3)親密性。

13. 交流分析所強調的諮商關係是以「我好—你好」的假定爲基礎，其諮商歷程宛如是一種治療契約，雙方可以共同訂定目標，且地位是對等的。

14. 爲了協助當事人有積極的改變，交流分析的諮商師必須爲當事人作四種理性的分析，分別是結構分析、交流分析、遊戲分析、以及腳本分析。

15. 交流分析諮商歷程本質上就是結構分析、交流分析、遊戲分析、腳本分析的歷程，另有人將其區分爲六個階段：(1)提高當事人的動機與覺察力；(2)訂立治療契約；(3)去除兒童狀態的迷惘；(4)重新做決定；(5)再學習；(6)結束。

16. 柏恩提出交流分析八種主要策略技術：(1)質問；(2)詳細記述；(3)面質；(4)解釋；(5)示範；(6)確認；(7)解析；(8)晶體化。除此之外，交流分析法的後繼者尚提供卡普曼三角形來解釋個人的策略或玩把戲的狀態。

17.交流分析的論點、PAC架構與人際互動分析方式極受肯定，但其仍有部分限制。

班級活動

一、TA 的重要概念是 P—A—C。第一項班級演練主要在幫助學生把支配個人的自我狀態加以激烈化。練習時可以要求三個人坐在團體的中央，其中一個人當「父母」，一個當「兒童」，第三個當「成人」。這三個人可以自由地進行辯論，在爭辯中扮演「兒童」者，要以「兒童」的狀態出現，同理，扮演「父母」與「成人」者，也須以相當的狀態出現，每位團體都有在團體中進行演練的機會。而在團體外的其他人則注意觀察三種 P—A—C 的呈現情形，然後進行團體討論。

二、第二項練習主要是幫助同學更能接觸我們太早訂立的「應該」、「必須」、「不應該」等設定。在班級之中可以與其他同學一起探討直接與間接得自於父母與社會的一些「應該」與「必須」。舉例而言：「你應該有禮貌」、「你應該努力工作」、「你應該愛護大家」等。然後以自由聯想法，想像其他的「不應該作」的一些設定。例如：「不要魯莽」、「不要淫蕩」、「不要吵鬧」、「不要相信別人」、「不要與他人親密」、「不要自卑」等，每一個人可以進行約三分鐘的演練，團體中的每個人都有機會表達自我的情況。最後團體再探討此項演練的意義。

三、隨之再演練每個人的早年經驗，請先將自己早年的決定一一寫下。有那些決定是於兒童期或青少年期所訂下的？個人曾經充分地檢視過所有的早年經驗嗎？早年決定的例子有：「我會照你的話去做，以便贏得你的讚賞」，「我不想成功，也害怕失敗」等等。

四、繪畫有時候比言語來得有力，請同學把自己的青少年期、兒童期以及目前的家庭都畫下來，如果其他團員對你的圖畫有意見，可以與他一起討論。此外也可以用流水帳式報告你早年的重要決定（資料來源：黃德祥，民 76）。

問題討論

一、交流分析法對人性有何看法？有何基本假定？

二、請說明交流分析的治療過程有那些？

三、請敘述交流分析過程中的助人關係。

四、請說明 P－A－C 架構在交流分析法中的地位與應用。

五、交流分析法有那些獨特的策略與技術？

第九章

行爲治療法的理論與技術

第一節　行為治療法的發展

行為學派與精神分析、人本主義合稱心理學的三大學派，自 1950 年代以後行為學派或行為主義盛極一時，各種不同觀點的行為學派論者此起彼落，蔚為風潮。心理學的發展倘欠缺行為學派的貢獻，絕對無法達到今日的面貌，在諮商與心理治療上，行為學派的諮商與治療相關理論與技術同樣是極為重要的部分。

行為學派相關理論在諮商上之應用有三個相關的名詞：一、行為諮商(*behavioral counseling*)；二、行為治療(*behavioral therapy*)；與三、行為矯正(*behavioral modification*)。行為諮商是以行為學派相關的理論與技術為基礎，著重協助當事人改善行為的諮商歷程，行為治療更強調對於不良行為的改正與人格重整，行為矯正又稱之為行為改變技術，著重以系統化的方法改變或修正行為，基本上，三者沒有多大差異，均以學習理論與行為分析方法為基礎，目的在養成、改正或治療特定的行為，使行為符合當事人或社會期望，倘要嚴格區分，行為諮商以正常的人為對象，行為治療則以行為失常的人為主要對象，行為矯正則是以行為較嚴重、不良適應者為對象，在本章之中不對此三個名詞作嚴格區分，只視為程度不同的行為治療方法，因此，以「行為治療法」作為篇名。

壹、史肯納與行為治療法的發展

嚴格說來，行為治療諮商理論學派中並沒有一人大師獨撐的情況，反而幾乎是百家爭鳴的場面。像米勒與多納(*Miller and Dollard*)、沃爾比(*Wolpe*)、梅謙鮑姆(*Meichenbaurm*)等人都是獨當一面，極受肯定的心理治療學家，本章選擇以史肯納作代表人物，主要在於顯示行爲治療與行爲主義之間的密切關聯性。

史肯納(*Barrhus Frederic Skinner*)於*1904*年出生，從小就聰明過人，父親是律師，大學主修英文，後來因爲看到了行爲主義先驅巴夫洛夫及其學生的心理學著作，十分著迷，乃放棄從事文學工作的計畫，轉攻心理學。史肯納於*1928*年申請進入哈佛大學心理系攻讀，於1931年獲得博士學位，*1938*年出版了名著「個體的行爲」(*The Behavior of Organisms, 1938*)，從此聲名崛起，儼然是行爲學派的代言人，*1948*年史肯納再以小說虛構的方式將他以行爲主義觀點所建構的理想世界呈現出來，寫了名著「桃源二村」(*Walden Two, 1948*)，引起心理學與非心理學者不同觀點的爭論，隨後史肯納再出版了「科學與人類行爲」(*Science and Human Behavior, 1953*)，以及另一本名著「超越自由與尊嚴」(*Beyond Freedom and Dignity, 1971*)。基本上，史肯納是一位樂觀，甚至是激進的行爲主義者，相信人的一切行爲都是由學習而來，因此可以利用學習的策略與技術訓練、控制或塑造不同的人類行爲。但也因此，史肯納的行爲論點引發了人的價值與尊嚴何在的爭辯。但他終其一生，不改對行爲主義的堅強信念，尤其他以科學化的方法試驗各種行爲的形成與改變歷程，對心理學的科學化發展貢獻卓著，也風靡心理學近半個世紀。不管對史肯納的評斷如何，但無人不肯定史肯納的特殊成就，他也因此於*1990*年獲美國心理學會頒發「傑出貢獻獎」。史肯納相信個體的行爲是有規則的、可預測的與可控制的，把個體的行爲視爲環境作用的結果，他曾提出行爲 $B=f(E)$（行爲是環境的函數）的著名公式，至今仍有不少仰慕者。史肯納一生都在哈佛大學任教，於*1990*年病逝，享年*86*歲（黃德祥，民*83*)。

行爲主義的論點應用在諮商、心理治療與行爲矯正上，著重協助當事人學習新的與較適應的行爲，而諮商師與心理治療者就是一位學習專家，依照學習原理與法則，指導當事人形成、改變或矯正行爲。

此種行爲理論與技術傾向，大都不離史肯納行爲主義的基本論點。

貳、行爲治療的哲學基礎

行爲治療法的科學性重於哲學性，但行爲諮商與治療仍有一些獨特的人性觀點。

行爲取向論者一直相信人是制約或條件化(*conditioning*)的結果，人的各種行爲都是經由學習而來，刺激(*S*)與反應(*R*)是行爲的基本類型，每一個人對特定刺激的反應都可以加以預測，人與動物的基本行爲差距不大，但人對刺激的反應卻極爲複雜且層次高級。

有四個基本的行爲理論用來解釋條件化學習的歷程，一、古典制約學習理論；二、操作制約學習理論；三、模仿學習(*imitative learning*)；與四、社會學習理論。古典制約學習理論利用實驗的方法證實，中性的刺激伴隨著非條件化的刺激多次出現，經由增強(*reinforcement*)的作用，中性化的刺激轉變成條件化的刺激，而與非條化的反應產生了新的聯結，此種學習歷程以前蘇聯神經心理學家巴夫洛夫的狗的唾液分泌最爲著名。古典制約學習相信增強物的增強作用對刺激與反應之間的聯結作用最大。當新的行爲形成之後，如果沒有繼續增強，將會形成消弱作用。

操作制約理論則認爲行爲的形成是因爲個體操作或運作(*operates*)了環境，同時獲得了增強，因而類似的行爲方式反應的頻率就隨之增高，亦即獲得酬賞的行爲，其再現的可能性增加。操作制約學習認爲人的行爲具有「自發性」(*emitted*)，而古典學習歷程中的行爲是「被引發的」(*elicited*)。

模仿學習論認爲行爲的養成是經由觀察與模仿而來，由楷模(*model*)所受到的獎勵或懲罰效果，間接對個體的行爲產生了增強作用，楷模本身就是一個替身酬賞作用(*vacarious reward*)。新近興起且受極大肯定的社會學習論亦延續此種論點，認爲觀察、模仿的作用在社會情境中處處可見，行爲者本身不需要經由古典制約學習與操作制約學習歷程，在社會情境中，就會受到制約，如由電視、報紙所獲得的訊息就會對個人的行爲產生約束或影響。社會學習論與傳統模仿理論最大不同處在於特別重視社會學習歷程中個體的認知作用，尤其自我效能(*self-efficacy*)更是認知結構的核心。自我效能就是在特定情境中，個體對自己表現良好或適應行爲模式的自我知覺，自我效能是個體行爲表現是否符合社會期望的關鍵。基本上，社會學習論認爲行爲是個人、行爲與環境交互作用的結果。因此，行爲的形成就可以用 $B=f(P.E)$ 的公式加以表示，B 代表行爲，P 代表個人知覺，E 代表環境，亦即行爲是個人與環境交互作用的函數。

整體來看，行爲學派諮商與治療方法對人性有下列各項基本假定：

一、人性本質上是非善、非惡的，有機體是有潛能表現各式各樣的行爲。

二、人能對自己的行爲加以概念化(*conceptualize*)與控制的。

三、人有能力獲得或學習新的行爲。

四、人可以自我影響本身的行爲，也能影響他人的行爲，同時也會受到他人行爲的影響(*Dustin & George, 1977*)。

五、人的行爲是學習而得，行爲的宿命論或歷史決定論是不成立的。

六、人類的行爲是複雜的，但幾乎所有行爲是以相同的原理(*principles*)學習而來的。

七、行爲可以經由反學習(*unlearned*)的歷程加以改變，個體的行爲並非持久不變的，但行爲的改變需要時間與情境的配合。

八、不良的行爲也是經由學習而來，也可以運用學習原理加以調整或改變(*Belkin, 1975; Bohart & Todd, 1988*)。

九、行爲是在環境中所學習而得的，也是個人對環境中之刺激的反應。

十、人的行爲方式有其一致性，受個人目標與社會要求所引導(*Gladding, 1992; Hansen, Stevic, & Warner, 1986*)。

由此可見，行爲治療的人性看法重外在環境作用甚於內在歷程，同時把行爲視爲學習的結果，因此，行爲的改變也有其可能。

第二節　行爲治療法的人格理論

行爲治療法由於相信人的行爲都是經由學習而來，因此對行爲的改變基本上是較爲樂觀的。但對於人格的形成與發展，不同學者的看法事實上是有極大的差異，不過與其它諮商理論相比較，行爲治療法重視行爲改變的策略與技術的應用，甚於對人格形成與發展的解釋。以下就行爲治療人格的結構與發展，以及不良適應的論點作概略的敍述。

壹、人格結構與發展

行爲學派的人格理論並無形成單一的體系，但基本上，認爲人格是個體成熟與學習兩大因素共同作用所形成的，由於成熟因素非他人所能掌握，因此行爲治療論者就把焦點置於學習因素的探討上，也因而，行爲治療法的人格論點就宛如一套的學習理論。同時由於行爲治療法呈現百家爭鳴的現象，所以各自形成的學習理論也非一致，最著名的有下列各人：㈠多拉與米勒(*Dollard & Miller*)；㈡艾森克(*Eysenck*)；㈢蘭丁(*Lundin*)；㈣史肯納(*Skinner*)等人。以下再分述之。

一、多拉與米勒的人格理論

多拉與米勒是行為學派的先驅，他們相信人的行為是學習而來，人的情緒，如喜怒哀樂是學習而來，人的目標、動機與抱負也是學習而得，人的不良適應或神經症也是因為學習而形成。所有的學習不管簡單與複雜都包含有「驅力」(*drive*)、線索(*cue*)、反應(*response*)與增強(*reinforcemant*)等四個要素。

驅力就是任何一個能促動個人行為的強度充足的刺激，驅力可以是很多個，但如果驅力不夠強，行為仍不可能發生。線索則是告訴個體何時、何地與如何做反應的指引，線索的主要來源是視覺與聽覺，當線索夠明確時，個體的反應也才有可能。反應則等於是行為，它是對驅力與線索的回應(*reaction*)。而增強則在於強化(*strengthens*)線索與反應之間的聯結，並增加反應傾向重複出現的可能性。

行為的形成主要經由模仿而來，模仿的行為歷程有三個層次：1. 相同的行為(*same behaviors*)：每個人行為一致、規則化，如同時一起下班。2. 複製行為(*coping behavior*)：行為者拷貝他人的行為方式，如入境隨俗即是。3. 適配依賴(*matched-dependent*)：行為者只選擇適合於自己的行為方式加以模仿，並順從之，而非全盤拷貝，如，青春期小女生只模仿媽媽的化妝與衣著，而不模仿她的價值觀。適配依賴型是主要的社會學習方式。

米勒與多拉也是最早提出人有趨避衝突(*approach-avoidance conflict*)、雙避衝突(*avoidance-avoidance conflict*)，以及雙重與多重趨避衝突的人。對於不良行為的形成，多拉與米勒認為是由於一些衝突沒有獲得良好解決、壓抑(*repression*)、以及增強作用的結果。倘要改變不良行為，需要有強烈的驅力、能辨別線索、作適宜反應，並對正向行為加以增強才能發揮效果(*Dollard & Miller, 1950; Miller & Dollard, 1941*)。米勒與多拉的理論對後來班都拉的社會學習理論影響鉅大，今日社會學習論大受歡迎，兩位先驅貢獻不凡。

二、艾森克的人格理論

艾森克是英籍德國人，他的人格理論建立在他獨創的三個一般類型或超級因素(*superfactor*)之上。艾森克的人格三類型或三因素係指：1.外向性(*extraversion*, 簡稱 *E*)；2.神經質(*neuroticism*, 簡稱 *N*)；與 3.心理症(*psychoticism*, 簡稱 *P*)。外向性的對應名詞是內向性(*introversion*)，這是人格差異的第一個向度，內外向性都是由學習而來，外向性的人感官覺閾(*sensory thresholds*)較高，對外在感官刺激反應較低，內向性的人則感官覺閾較窄，對感官刺激感受較敏銳。為了維持刺激的適宜水平，內外向傾向的人會有不同的行為方式，外向性的人會尋求高度的刺激與較狂野的社會事件(*wild social events*)，如：滑雪、競爭性的活動。內向性的人則會避免過度興奮的事件，喜歡過較平凡或平靜的生活方式。

神經質的對應名詞是穩定性(*stability*)，神經質的人有較高的焦慮、歇斯底里、強迫性與違常行為，而穩定性的人則有較穩定的情緒、焦慮也較低，一般適應較佳。心理症的對應名詞則是超我(*superego*)，心理症的人有較多的犯罪、吸煙、濫用藥物等反社會情形，超我類型的人則有較高道德水準，較會奉公守法、奉獻人群。由此三個因素共同形成了三維(*three ways*)的向度關係，建構成人格類型的三個主要層面(*Eysenck, 1952; Eysenck & Eysenck, 1966; Wilson, 1984*)。

三、蘭丁的人格理論

蘭丁對根據史肯納操作制約的觀點，認為人格的發展有八個假定，同時人格的維持(*maintenance*)也有四個假定：

(一)人格發展的八個假定

1.對人格發展的預測與控制非常重要，也有其可能，人格的發展超乎自由意志，環境變項決定反應方式。如果知道了環境變項，行為的預測與控制就可達成。

2. 所有的行為皆可區分為操作性(*operant*)與反應性(*respondent*)兩類，亦即個人對環境作反應，也操作環境。由於所有的行為皆在環境控制之下，因此行為沒有自由。

3. 人格的形成需要使用增強物，初級與次級增強物都有其必要，都會塑造人格。當刺激被去除後，負向增強物也有其功效，也會對人格的形成有所影響。

4. 行為可以因為增強作用的減弱或去除而改變，此種歷程即為「消弱」，假如某種行為有較長的歷史，使用消弱法需要較長的時間。

5. 人格的發展是辨別作用(*discrimination*)到類化作用(*generation*)的發展歷程，當刺激與反應制約關係形成之後，不同的刺激可以被分辨出來，相同的刺激則會有類似的反應。

6. 人格乃是由各式各樣的反應所形成或區分的，區分本身是一種選擇性增強，個體會選擇對某些刺激作反應，也會對某些刺激不作反應。

7. 人格的形成模仿作用甚大。行為可以經由觀看重要他人及其所受制的增強而形成。

8. 除了積極增強之外，人格也會受制於嫌惡刺激(*aversive stimuli*)，導致個人的逃避懲罰或焦慮。

㈡人格維持的四個假定

1. 人格的維持需要有一系列的條件化增強物，贊賞、情愛是內在性條件化增強物(*intrinsic conditioned reinforcers*)，而金錢是外在性條件化增強物(*extrinsic conditioned reinforcers*)，條件化的增強物需要與初級增強物配合使用，如，金錢與黃金倘不能交換初級增強物，或是其它的增強物，它的增強物價值將會降低。

2. 行為的維持因增強物間隔與時間的不同而有改變，持續的增強將會產生飽和，並減弱效果，有變化的增強方式效果較高。

3. 剝奪法（*deprivation*）與飽足法（*satiation*）是正反兩方的不同增強方式，都在不同情境下具有效用。

4. 行為或人格的維持需要動機的運作，動機不同會影響增強效果（*Lundin, 1972; 1977*）。

四、史肯納的人格理論

史肯納早年質疑心理學與人格理論的功能，他主要是以動物的行為作為研究與觀察的對象，因此，他認為人格就是個體自發性、可觀察到的行為總合。史肯納認為人格不能用來解釋行為，但行為的本身就是人格。

史肯納基本假定人類行為具有科學法則，可以和其它自然現象一樣被研究。為了追求科學證據，史肯納反對心理學以內在心理歷程為研究對象。史肯納最大貢獻在於建構了操作制約理論，認為個體「做了」（*does*）某些事，受到環境的增強，因而增加相似行為發生的可能性，有機體能夠操作環境，才能產生效果。

史肯納重視環境的作用，他相信環境要為個人的行為類型負最大部份的責任，自我（*self*）就是有機體，有機體就是自我，自我乃是個人反應的統整體系，也就是人格，同時也是一套的行為。由於史肯納對行為的形成與改變頗為樂觀，他相信經由社會控制與自我控制的方法可以改變人的行為，不健康的行為也是由學習而來，所以也能經由控制與學習的程序加以改正或調整（黃德祥，民 *83*；*Skinner, 1953; 1969; 1974*）。

貳、人格不良適應

行為取向諮商與心理治療認為適應與不良適應的人格或行為同樣

都是由學習而來，不良適應的行爲幾乎和生理疾病無關，但都與文化、時代、社會階層及特殊情境有關。但爲何有人會產生心理疾病？行爲學派諮商與治療者相信，是由於學習而來，學習乃是受積極增強或減低嫌惡刺激的制約。史肯納(*Skinner, 1953*)更認爲不適當的行爲是來自於個人以自我挫敗(*self-defeating*)的方法面對社會控制，或自我控制不成功所導致的結果，不適當或不健康的反應也是學習而來，是由一連串增強作用，尤其是懲罰所導致的結果。史肯納曾提出不良適應行爲有下列的類型：

一、使用藥物(taking drugs)

此類型包括酗酒與使用其他違禁藥物，是因爲他們雖然能夠逃避嫌惡刺激或獲得短暫滿足，但卻會造成長期傷害，以致於形成以藥物作爲逃避日常生活問題的方式，終至成癮不可自拔。

二、過度精力旺盛的行爲(excessively vigorous behavior)

此類型的人乃根源於過去的壓抑與反向作用，以及所因此而導致的不安、固執與衝動傾向重複反應的結果。

三、過度限制的行爲(excessively restrained behavior)

此類型行爲是因爲過去受到太多懲罰、一直想逃避嫌惡刺激，因而行爲反應乃較爲被動，而有害羞、笨拙、抑鬱、或歇斯底里等行爲。

四、漠視現實(blocking out reality)

此類型的行爲是由於早年罪惡感的經驗所造成的，因而對現實環境作選擇性的注意，而忽略生活中的嫌惡刺激，如嘮叨的老婆、會被懲罰的警告等。

五、有缺陷的自我知識(defective self-knowledqe)

此類型的人通常無法自我控制行爲，以致於用不好的思想去逃避嫌惡刺激，因而會以過度自我吹噓、合理化或自稱上帝、偉人的方式膨脹自己。

六、厭惡式自我刺激(aversive self-stimulation)

此類型行爲是以自我懲罰、或安排他人以適度懲罰的方式逃避嫌惡刺激。如自我傷害以逃避兵役(*Feist, 1985; Skinner, 1953*)。

行爲取向治療者相信，人的人格包含了正向與負向的一些習慣，但兩者學習的歷程相同。不適當行爲之所以形成，乃是由於它在各方面或不同時候也受到酬賞增強作用的結果。如學生在班上調皮搗蛋，乃是因爲他們學到如此才能獲得老師的注意，老師的注意就是酬賞。孤獨的兒童之所以形成也因爲他們孤獨時才可以避免不安情境的發生。整體而言，不良行爲的產生可以滿足個人的需求，但卻導致個人與環境的衝突。行爲治療的目的之一就是要將行爲者個人的、短暫的滿足，導向於長期的與環境的滿足。

第三節　行爲治療的目標、助人關係與歷程

壹、諮商目標

行爲治療的目標有三大要項：一、改變不良適應的行爲(*maladaptive behavior*)；二、學習作決定的歷程；三、強化好的或適應的行爲，以防止行爲問題的產生。基本上行爲治療的重心在於相信，

所有的行爲都是學習而來(*all behavior is learned*)，因此，改變不好的行爲、功能失常的行爲、或不適應的行爲，並學習好的行爲或表現更有效的行爲一樣都可以經由學習的歷程而獲得，亦即行爲治療法在於協助當事人「不學習」或「反學習」(*unlearn*)不適當行爲，代之以更適宜的行爲。

行爲學派的重要學者之一，克倫伯滋(*Krumbholtz, 1976*)曾指出，行爲取向諮商目標有三個標準：

一、諮商的目標必須能呈現每一個當事人的不同處。

二、每一位當事人的諮商目標都必須與其諮商師的價值觀念適配(*compatible*)。

三、諮商目標的達成有賴於當事人可觀察行爲的明確程度。

克倫伯滋進一步指出，行爲學派諮商目標的設定或陳述，需要把握下列原則：

一、諮商師、當事人或一般大衆需能更清晰的預期諮商過程所能達到與不能達到的目標。

二、諮商心理學必須和其他相關心理學理論與研究相統合。

三、應尋求更新與最有效的助人技術協助當事人作改變。

四、在評量諮商成功與否上，對不同的當事人需要採取不同的標準。

行爲諮商的目標通常需要以明確的字眼、短期的目標、個別當事人不同的需求加以訂定，最終的諮商目標則在於協助當事人發展自我管理(*self-management*)的體系，以便個人能控制自己的行爲或掌握自己的命運。但假如當事人的目標非諮商的興趣、能力、倫理顧慮所及，此時諮商師即應告知當事人其個人不適宜接此個案，最重要的，一旦諮商師與當事人共同協議訂立了目標，那麼諮商就需要盡力而爲，因爲雙方的同意即代表諮商成功的可能性甚高。

克倫伯茲(*Krumbholtz, 1976*)曾具體列出行爲治療的三大目標及其所包含的更細微的下列目標，這些目標頗值得學校輔導工作的參考：

一、轉換不適應行爲(Altering maladaptive behavior)

㈠增加社會性肯定果斷的行爲。
㈡減少社會性不肯定或不果斷的行爲。
㈢增進與陌生人交往的必要社會技巧。
㈣減少考試的恐懼症。
㈤增加長期集中於學校工作(*school work*)的能力。
㈥減少偷竊的行爲。
㈦增加對學校活動的參與。
㈧學習承擔工作的責任，以及完成工作的責任。
㈨減少對幼小兒童的攻擊反應。
㈩減少對被虐待同儕的攻擊反應。
(十一)增進對他人敵意的冷靜反應。
(十二)減少與家庭成員的爭吵。
(十三)增進準時完成工作的能力。
(十四)減少煩躁與開快車的次數。
(十五)增進與朋友分享所擁有的東西的程度。
(十六)減少過度要分享他人所擁有的東西的程度。
(十七)增加對推銷員說「不」的能力。
(十八)增加將不滿意物品退回商店的能力。
(十九)減少恐嚇或暴力行爲。
(二十)學習區辨嘲笑與開玩笑之差異的能力。
(二十一)減少在社會情境中哭泣的行爲。
(二十二)增加與朋友及熟人溝通的能力。

二、學習作決定的歷程(Learning the decision making process)

(一)列出一系列所有可能性的行為清單。

(二)列出一系列可替代性行為的重要訊息。

(三)以他人的經驗及事件的趨勢評估替代性行為達成的可能性。

(四)考慮每種強化或消弱行為方向的個人價值觀。

(五)深思熟慮與評估事實，以及各種替代方案的結果與價值。

(六)降低考慮從事較不適宜行為的動機。

(七)對新的發展與機會訂定一個試驗的計畫。

(八)對未來問題的決策過程作一般性的設定。

三、防止問題產生(Preventing problems)

(一)發展學校評分體系，使即使是殿後的學生都能看到自己的進步而受到鼓舞。

(二)執行一個助人體系，協助青年男女獲得適配的伴侶。

(三)對父母的兒童教養技術能訂立一個教育方案。

(四)協助建構一個對學生更有用與有效的課程。

(五)評估問題預防與治療的效果(*Belkin, 1975, p. 185; Krumbholtz, 1966, pp. 153-159*)。

克倫伯茲上述的行為治療與諮商的細節目標雖年代已久，但至今仍彌足珍貴，可以具體顯現學生行為治療與諮商的多層面目標。

貳、助人關係

行為治療的諮商師中心任務在於協助當事人解決問題，並能切合當事人的需求，諮商師要能鑑別與評量當事人所要獲得、被增強或被減少之行為的頻率，並且創造一個有利於發展與維持行為的情境，另外，也要協助當事人減少他們希望消除或減少的行爲，以協助當事人作適當的改變。雖然行爲治療取向的諮商師或治療者主要的職責在於矯正當事人的行爲，但是他們更需要去發現當事人可被接受的行爲類型，並以適宜的行爲替代不當的行爲。更重要的，諮商師或治療者本身是一個增強作用的分配者，要能使有助於良好行爲增加與不良行爲減少的增強作用發揮到最大程度。因此，諮商師的一舉一動，如微笑、鼓勵、支持、或贊美，以及其它增強物的提供，都會影響行爲治療效果。反之，諮商師與治療者的漫不經心、無熱忱、不感興趣等都會抑制當事人良好行爲表現的可能性。

而當事人在諮商過程中首要任務就是要學習改變行爲，使自己能在舊情境中有新的行爲反應，以便自己能在環境中與他人有良好的互動，當事人有必要自己表現意願、突顯行爲、表達期望的行爲，以便諮商師或治療者能明顯掌握治療的目標。最爲重要的是，當事人在諮商歷程中不是一位消極或被動者，反而是要積極的參與學習的情境。

由此可見，行爲治療中的諮商師與當事人之關係迥異於其他的諮商理論，行爲諮商與治療者著重於指導、引導或矯正當事人的行爲，同時諮商師或治療者也是一位問題解決者(*problem-solver*)，雖然行爲治療法不反對諮商關係的重要性，但不認爲關係本身能促進當事人的改變。

叁、助人歷程

行爲學派諮商論者一般而言比其它理論取向更不關心諮商的歷程，因爲他們重視的是特定行爲的改變，而非整個歷程的進展，甚至於可以說行爲學派諮商論者重結果輕過程。不過從整個過程來看，行爲治療是要營造一個有助於當事人學習與作改變的環境，使當事人「不學習」或「反學習」(*unlearn*)不適應的行爲，代之以更理想的行爲。倘要將歷程再作區分，行為治療有下列六個步驟：

一、以操作性名詞(*operational terms*)界定與陳述應該要加以改變的行為。

二、對希望表現好的標的行為建立基準線(*base line*)。

三、安排適於標的行為產生的情境。

四、辨別有利於增強效果的刺激與事件。

五、增強所期望的標的行為或循序漸近的(*successive approximations*)養成標的行為。

六、保持標的行為改變的紀錄，並評估治療與輔導的效果(*Blackham & Silberman, 1980; Gibson & Mitchell, 1990*)。

具體而言，行為治療的過程就是希望在治療的情境下，利用行為理論與原則改變或轉換當事人的行為，使當事人能學習如何做更有效的決定，以防止未來不良行為的發生，並能將已達成的行為事項落實在日常生活中。

另有學者指出，行為諮商過程主要有下列四個階段，亦可參考：

一、界定問題

行為諮商過程中，首先需要具體的陳述所要解決的當事人問題，要當事人明確的指出行為問題產生的時間、性質與相關的人、事、地、物，同時諮商師也要實際地觀察當事人的行為表現。

二、蒐集當事人發展的歷史資料

行為諮商過程的第二個步驟是蒐集當事人有關的過去行為資料，以便瞭解當事人過去如何應付環境中的問題，同時也幫助當事人自我瞭解。相關的資料愈有系統、有組織，作用愈大。

三、建立明確的諮商目標

行為諮商不強調高遠、空洞的目標，相反的，注重較小的、具體的、明確的、可達成的目標，諮商師再據以協助當事人學習達成目標的一些技巧，一般而言，有了良好的諮商目標，諮商的效果就可預期。

四、決定促進改變的最佳諮商方法

行為取向諮商及治療的方法可說琳瑯滿目，在第四階段中，諮商師必須決定使用那些方法、技術或策略以協助當事人達成適宜行為的目標，假如所使用的方法、技術或策略並不能發揮功能，可以再加以修正或採取新的方法、技術或策略，另外也要持續性地對行為諮商進行評估，以確保效果的達成(*Blackham & Siberman, 1971; Krumbholtz, 1976*)。

第四節　行為治療的策略與技術

行為治療法基本上是一種技術為導向(*technique-oriented*)的諮商與治療法，治療的關係被置於第二位。主要的目的是在於去除當事人的症狀或不良適應的行為，諮商的歷程有賴於諮商師或治療者的重複使用相關的行為策略與技術，以便協助當事人解決問題。不過，雖然行為諮商與治療擁有甚多明確且有體系的策略與技術，但在實際應用上仍受諮商師或治療者的背景、個人情感、信念與人格的影響，整體而言，行為治療的策略與技術是機械式的(*mechanical*)，也是一套運作的程序(*operational procedures*)，並以外顯可觀察的不良行為為主要標的，同時也兼顧內隱的不良行為的處理。其實際運用是依循學習理論的原理原則及其相關研究發現而進行的。以下將分別介紹主要的策略與技術。

壹、主要策略與技術

一、系統減敏法(Systematic Desensitization)

系統減敏法是行爲治療技術中幾乎是風行最久，且歷久不衰的一種。由於焦慮與恐懼是人類最普遍的情緒困擾，因此使得系統減敏法有極大的發展空間。不管是面對陌生人、考試、公開說話、約會、性相關活動、學開車、面對動物或害蟲等都會有較高的緊張與焦慮，因而導致個人害羞、退怯、逃避或攻擊行爲的產生，並且甚至會有噁心、嘔吐、胃痛、頭痛、失眠等相關生理症狀，而使個人正常生活功能受到干擾，進而影響個人潛能的發揮。

系統減敏法主要的功能就在於打破當事人焦慮反應(*anxiety-response*)的習慣，在減敏法過程中，先協助或訓練當事人學會肌肉鬆弛，放鬆生理上的緊張度，然後逐步的減低焦慮，「減敏」一字的本身就含有循序漸進、逐步減少的意思。一旦個人生理獲得放鬆，就會逐漸對導致焦慮的根源減少敏感性或抑制過敏性，進而感到自在舒適，形成較能健康的應付導致焦慮的事物或生物。

系統減敏法的原理是利用「交互制約」(*conterconditioning*)或「交互抑制」的方法，逐步的克服焦慮。此技術最早由出身南非的沃爾比(*Wolpe, 1958*)所倡導的。在實際運用上，治療者先系統化的建立當事人的焦慮階層(*anxiety hierachy*)，亦即就焦慮依其輕重由下而上排序，形成一個階層，能顯示當事人對某一事物的焦慮高低，如有考試焦慮症的學生，在考前一個月、一週、前一天、前一個小時、前十分、正式應考、考完與獲知考試結果等時段上，焦慮的程度可能愈來愈重，此時治療者依焦慮程度高低，循序放鬆當事人的生理狀態，當焦慮情境由低向上呈現時，肌肉放鬆程度也由淺至深循序漸進，兩相抑制，最後使個人不再對焦慮過度敏感。整個系統減敏步驟有三項：1.鬆弛訓練；2.鑑別焦慮情境；3.透過焦慮階層加以處理或治療。

在鬆弛訓練時諮商師利用口語暗示(*verbal suggestions*)的方法，帶領當事人放鬆自己，在此同時諮商師也要表現溫暖自在、冷靜、怡悅的態度，使當事人也感到輕鬆自在，並能專注於自己的緊張狀態與放鬆事項。同時諮商師也可以利用思考或想像的方式創造引發當事人焦慮的情境，再協助依照相關肌肉鬆弛策略，放鬆身體各部肌肉，當當事人學會迅速與完全的放鬆時，減敏的程序就開始。每次鬆弛訓練的時間大約 *30* 分鐘後，當事人已獲得鬆弛，諮商師隨之提供口語教導，要當事人想像最少焦慮的底層事件，當此事件不再引起焦慮時，隨之引導當事人進入次一層焦慮事件中，直到整個焦慮階層完全克服爲止。在減敏過程中，諮商師是依當事人狀況緩慢進行，通常放鬆程度大於焦慮程度，每當減敏有進展時，當事人將感受告知諮商師，以便安排另一階層的減敏。諮商最後則要求當事人實際在日常生活中體驗焦慮事件，並自我作減敏訓練，最後達到健康的狀況(*Gelso & Fretz, 1992; George & Cristiani, 1990*)。

系統減敏法對於治療焦慮與壓力最爲有效，也被廣泛應用。系統減敏法另有不同類型用來消除不當的行爲，如，酗酒、性違常等，稱之爲「內隱式減敏法」(*covert sensitization*)。內隱式減敏法係要求當事人在想像中產生不當行爲的厭惡結果(*aversive consequences*)，使當事人本身感到不安或不愉快，配合所建立的不當行爲產生的情景階層(*hierarchy of scenes*)逐一呈現，直到當事人因內在的自我嫌惡而能控制自己的行爲，如請酗酒者在內在想像喝酒就嘔吐的情境，或要有暴露狂者想像被警察公開去勢的景象，進而想放棄自己不當的行爲。此外，系統減敏法亦另有一類屬「活生生式減敏法」(*in vivo desensitization*)，亦即在眞實生活情境中進行系統減敏訓練，如當事人害怕蟑螂，可以先安排當事人先作鬆弛訓練，並建立眞實蟑螂的焦慮階層，如由蟑螂圖片、標本、幼蟲、眞正活生生的蟑螂出現，以致於敢抓蟑螂。活生生式減敏法對當事人通常會較有身歷其境的感受，不致於天馬行空，同時諮商員也可以在實景中觀察當事人的反應，眞正發現治療的效果，避免當事人將系統減敏諮商當作一種短暫的解脫，而怯於實際的應用。其他像怕蛇、怕老鼠都可以依此活生生式減敏法發揮效果，不過某些實景可遇不可求，如公開演講或性相關情景等，同時活生生式減敏法更要考慮當事人的承受度，避免反效果產生(*Gelso & Fretz, 1992*)。

二、角色扮演法(Role Playing)

角色扮演法是行爲取向諮商中廣泛被應用的技術，目的在於擴展當事人對替代性的行爲(*alternative behaviors*)的覺察度或獲得較具體的印象。角色扮演就是在諮商中實際的演出行爲困難，以及可加以改變的實際景像，藉此可使當事人學習扮演適宜的角色行爲，並放棄不當的行爲。角色扮演目前主要被應用在肯定訓練(*assertive training*)、內隱式楷模法(*covert modeling*)、生涯諮商、嫌惡治療(*aversion therapy*)上，亦即角色扮演法可以單獨的實施，也可以合併其它的諮商技術加以運用(*Gilliland, James, & Bowman, 1994*)。

角色扮演法最大的優點就是使當事人演出生活情境中的相關人、事、地、物，使行爲問題能具體呈現，而非只是描述或想像而已，經由角色扮演，當事人可能會發覺生活事件中新的線索，或感受到自己行爲的不當或欠週延之處。如一個一直抱怨父母虧待他的當事人，可以要求他演出他與父母對話的情景，結果在扮演中顯現，父母因爲沒有特殊謀職技能，因此以零工爲生，生活艱辛，但都省吃儉用，供當事人讀書，在角色扮演之後，當事人發現他用詞尖酸刻薄，刺傷了父母的心，經由演出，他更能體會父母的辛勞，願意用較體貼的用語與父母溝通，同時希望能爲父母減少一些生活負擔，經由演出，以及諮商師的指導，當事人與父母間的親子衝突即明顯降低。

其它像約會恐懼、人際交往困難或衝突等都可利用角色扮演的方式，協助當事人學習新的行爲，不過角色扮演仍非活生生的情境(*in vivo situation*)，尙難免有人造的意味，所以當事人經由角色扮演之後，對新的行爲表現方式，仍需落實在眞正生活中，才能顯示諮商具有效果。

三、行爲契約法(Behavioral Contracting)

行爲契約法同樣地適用於其它的行爲治療策略與技術之中，行爲契約是利用操作制約原理，經由諮商師與當事人協商(*negotiation*)的歷程，取得對預期想改變之行爲所訂立的一個合同(*aggreement*)，並盡可能的形之於文字，以便當事人去逐步的履行，倘達成契約所規定的項目，當事人可以獲得酬賞，反之就要受到懲罰。

行爲契約法又稱之爲自我契約法(*self-contracting*)，或簡稱契約法(*contracting*)，是基於當事人本身的承諾，對於願意作改變所訂定的自我約束或自我控制的規定。行爲契約有下列七個準則：

㈠契約上的用詞需淸晰、明確，同樣地，行爲的目標與達成的層次也要明白的說明。

㈡酬賞或禁制(*sanction*)也需要明確與恰當。

㈢契約中要明文指出積極改善的行爲，同時也可以包含獎勵項目或罰則。

㈣需要他人所給予的積極增強或支持的相關人物，也可以明確的指出。

㈤當事人需要在自由意志下，對自己所同意的契約簽字，表示自己的承諾。

㈥契約條文要列出行爲進展圖(*progress chart*)、日誌(*log*)或以其它方式監控當事人一定進展的行為目標所在，或可獲得的增強物，以及在此期間的禁制項目。

(七)諮商師與當事人所共同同意的契約除了有文字敍述之外，兩者並要一起簽名，並寫上日期。不過要白紙黑字訂立契約，並據以要求當事人遵守契約履行責任，必須先有相互的協商，協商的原則有下列各項：

1. 合同開始的日期、結束日期需要協商，同時也可以視情況再協商(*renegotiated*)。

2. 行為改變的標的要協商（必須清楚、誠實、積極）。

3. 酬賞或增強物的多寡與種類需要協商。

4. 給予酬賞的時機要協商。

5. 簽字應包括相關各方。

6. 檢討進展情形的時機要協商（最好以操作性表示）。

7. 禁制事項或額外的作業要協商。

8. 假如行為沒有達成則要受那些懲罰也要協商(*Gilliland, James, & Bowman, 1994, p. 228*)。

除此之外，基里蘭等人認為訂立行為契約需要遵照下列的準則：

1. 選擇一種或兩種想要開始改善的行為。

2. 描述前述的行為，以便加以觀察或計量。

3. 選定可以充分激發動機的酬賞，並使用事件增強的清單，以激勵當事人行為的改善。下列各項是契約兌現的要項：

(1)酬賞需要立即。

(2)剛開始，契約必須以連續漸進方式給予酬賞，以小的目標的達成進展到標的行為的達成。

(3)給予酬賞要頻繁且小量。

(4)契約必須要求達成目標再給酬賞，而不要求服從。

(5)目標達成後再兌現酬賞。

(6)利用替代原則(*substitution principle*)改善過去不良行爲，當行爲表現良好時才給予酬賞。

(7)使用不相容取替原則(*incompatible—alternative principle*)酬賞某一行動，使另一行爲不能同時產生。

(8)利用線索原則(*cueing principle*)，安排當事人知道何時表現良好行爲的線索，以及記得在何時應如何行動。

(9)利用恐懼減除原則(*fear-reduction principle*)讓當事人逐漸曝露在恐懼下，終而克服恐懼。

4.找出相關可以保持行爲過程與提供酬賞的人物。

5.簽立契約，以便每個人都可以瞭解，並以系統化的方法加以使用。

6.蒐集資料。

7.假如資料顯示並不有效，要找出問題根源。

8.假如目標沒有達成要重寫契約。

9.持續監控、找出問題、再重寫契約，直到行爲改善爲止。

10.選擇另一個需要輔導改正的行爲(*Gilliland, James, & Bowman, 1994*)。

四、肯定訓練(Assertive Training)與社會技巧訓練(Social Skills Training)

肯定訓練與社會技巧訓練兩者是近似的增強個人社會能力的行爲諮商技術，只是重點稍有不同而已。肯定訓練主要在增進自我果敢、肯定或果決的行爲，並實踐自己所作的決定，同時又不會在生理與情緒上傷害他人，另外，亦在教導當事人以積極有效的方法取代被動、依賴、無助的行爲。社會技巧訓練則在於協助當事人學習如何有效的與他人溝通與交往，並建立良好的人際關係，做一個受歡迎的人，理論上而言，肯定訓練可以成爲社會技巧訓練的一部份。

社會技巧訓練適用的對象有：(一)社會孤獨；(二)社會焦慮者；(三)社會退縮者；(四)社會逃避者；(五)社會缺陷者；(六)行為違常者；(七)特殊（殘障）學生；(八)犯罪青少年；以及(九)一般社會大衆或一般學生。適用的情境有：(一)個別諮商；(二)團體諮商；(三)班級教學；(四)社團活動；(五)矯治機構；(六)師資培育機構；(七)就業訓練；(八)其它助人場所。

社會技巧或肯定訓練的步驟有：(一)觀察、接案：瞭解當事人社會技巧所欠缺的部份，如害怕公開講話。(二)評量：以客觀的方法評定當事人社會技巧或肯定性行為的一般表現，以及需要改善的行為。(三)規劃訓練方案：針對當事人需要，訂立訓練的方法、步驟與實施方式。(四)佈置器材與情境：配合適當媒體，如錄放影設備、或安排角色扮演，以當事人進行學習。(五)實際訓練；依照社會技巧訓練的步驟，實際引導當事人學習適宜的社會技巧。(六)評鑑與追蹤：考核訓練效果，並協助當事人應用在實際生活中，而且也作追蹤輔導（黃德祥，民 78)。

社會技巧與肯定訓練的技巧與策略主要有下列各項：(一)行為教導(*behavioral instruction*)：利用教學原理直接引導當事人學習特定的社會相關技巧，可以著重當事人認知的改變，並協助當事人注意本身的行為與相關的社會情境。(二)示範(*modelling*)：示範法是社會與肯定訓練的核心，係直接向當事人呈現理想或期望的行為，此時可配合利用眞人示範、角色扮演示範、訓練者示範、或電影與錄影帶示範。(三)行為演練(*behavioral rehearsals*)：協助當事人在諮商室實驗室作實際行為演練，或利用角色扮演作演練，也可以到眞實環境中作試驗。(四)矯正回饋(*corrective feedback*)：利用錄音、錄影作回饋，或由諮商員與其它相關人員對當事人所學習到的新的行為作矯正回饋，以改正不好行為與養成良好行為。(五)積極增強(*positive feedback*)：利用酬賞的方式，鼓勵當事人保留與表現較好的行為，增強的方式包括：口語讚賞、非口語讚賞、增強物酬賞、代幣法酬賞等。(六)家庭作業(*home assignment*)：於訓練之後請當事人回家自行演練，可提供的作業包括，情境作業、閱讀教材或作個人記錄等（黃德祥，民 *78*；民 *82*；民 *83*）。

社會技巧訓練的內容與重點因不同學者的主張而有不同，如高斯坦等人（*Goldstein et al., 1989*）認爲共有六大項：㈠起始社會技巧；㈡高級社會技巧；㈢處理情感技巧；㈣替代攻擊的技巧；㈤處理壓力的技巧；㈥訂定計畫的技巧。高斯坦在此六大項技巧上又詳列出五十個細目，具體可行，頗值得參考（黃德祥，民 *83*）。表 *9-1* 係瓦克等人（*Walker et al., 1988*）社會技巧訓練的內容，此相關項目尤其適用於在學學生。

五、代幣法(Token Economies)

代幣法是一個被廣泛應用的行爲策略與技術，它利用積點、積分、貼紙、象徵性圖片或其它具體的東西當作增強物，當事人倘表現適宜的行爲時，即給予代幣，累積一定數目的代幣時，當事人可以換得一些有用的禮物、物品或特權。代幣法於醫院、學校、診所、監獄等場所中被普遍使用，倘行爲者合於機構的規定與期望時，就給予代幣酬賞，反之，違反規定或行爲表現不佳時就取消代幣，促使行爲者承擔應負的責任，終至能養成良好的行爲。代幣法可用以制約簡單的行爲問題，也可以用來處理複雜的違常行爲，對於消除不良行爲的效果，被公認極爲顯著（*Bohart & Todd, 1988*）。

基本上，代幣法就是一種社會控制的策略，使當事人不當的行爲受到抑制，並能照機構或諮商師的期望表現適宜的行爲，代幣法的實施有下列的應注意事項：

㈠需要獲得機構所有同仁的合作與配合。

㈡選擇容易被自然社會與環境所增強的行爲。

㈢能夠堅持行爲矯正的原則（如，以立即、公平與一致的態度提供代幣）。

㈣確信代幣具有維持增強的價值，當事人也要時常有機會以良好

表9-1 社會技巧的三類相關技巧

Ⅰ、同儕相關技巧
A.社會互動技巧
1.有禮貌且愼重的注重的注意聽別人説話。
2.適當的問候別人(大人、同儕)。
3.有技巧與他人聚會。
4.能擴展和同儕的對話。
5.借別人東西時能遵守規約。
6.當情境需要時能提供協助。
7.以適當方式讚美別人。
8.適當的幽默感。
9.知道如何建立與保持友誼。
10.適當的與異性交往。
B.社會因應技巧
1.有技巧的與同儕協商。
2.有效的處理被排擠。
3.有效的處理團體壓力。
4.適當的表達憤怒。
5.有技巧的處理來自他人的攻擊。
Ⅱ、成人相關技巧
1.適當的獲得成人的注意。
2.以適當的方式表示對成人的不同意見。
3.以適當方式符合成人要求。
4.工作表現良好。
5.獨立工作。
6.有良好習慣。
7.遵守班級規約。
8.有良好讀書習慣。
Ⅲ、自我相關技巧
1.以自己的儀表爲榮。
2.有組織的。
3.表現自制。
4.爲所當爲。
5.接受行爲的後果。
6.有效的處理不安與沮喪。
7.自我感覺良好。

資料來源：Walker et al. (1989), pp. 14-16。

的行爲贖回代幣。

㈤將物質增強（代幣）與社會增強（口語讚美）配對出現，如此才能使當事人學到內在性動機的價值。

㈥必要時慢慢取消物質增強（代幣）與社會增強（口語讚賞），以便較久之後，當事人能單獨由內在動機所支持。

㈦注重影響長期與短期生活品質的行爲，同時要向當事人及同事說明整個代幣方案的意義，而非僅僅只是在控制不好的行爲而已。

㈧能確信當事人被導正的行爲能轉換到機構之外。

㈨維持良好的評鑑與回饋過程，以便在問題發生時有必要的調整策略（*Gilliland, James, & Bowman, 1994; Karoly & Harris, 1986*）。

代幣法有時可以讓當事人或病人自己選擇酬賞，以便他們能找出最大的酬賞物，同時酬賞也可以交換特權，如看電影、買糖果或戴太陽眼鏡。對精神病人而言，供給他們單獨的房間可能是他們祈求的最大特權，類似情況都可當作酬賞的標的物。不過代幣法也受到一些批評，歸納而言有下列各項：

㈠代幣法是一種支配性的社會控制方法，用來對付無助的精神病人，道德上有可議之處。

㈡代幣法如眞實社會的縮影，會導致當事人不擇手段爭取代幣，甚至僞造代幣，反而造成當事人的不適應。

㈢代幣法在實務上並不一定保證有效，因爲在代幣處理中的行爲改變，並不代表在處理之外仍能保持此種行爲。

㈣代幣法常會受初始的效果所迷惑，而使治療者忽略針對當事人的行爲特質，彈性應用各種行爲策略。

㈤代幣法並不適用於所有行爲不良適應的當事人，如恐懼症、失眠等內在困擾所產生的行爲問題（*Bohart & Todd, 1988; Karoly & Harris, 1986*）。

六、嫌惡治療法(Aversion Methods)

嫌惡治療法是利用會令人產生不愉快感覺與厭惡的刺激以改變當事人不當行爲的治療方法。在傳統上，社會、學校或家庭就常使用懲罰的方式試圖去消除或降低偏差行爲，警察的開罰單、老師與家長所施行的處罰或體罰都可視爲嫌惡治療的一種。不過基於保護學生或當事人的立場，嫌惡治療在教學與諮商工作上並不被鼓勵採用。在精神治療上，一些有個人意願，且應用其它諮商策略並不見效的個案，則可酌情考慮此種方法，嫌惡治療基本上有甚多道德倫理上的顧慮，因爲它會帶給當事人的不安或痛苦，使用稍有不當，將導致不良的後果。

目前實務上常使用的嫌惡治療法有：電殛(*electric shock*)、催吐劑(*emetics*)、刺激飽足(*stimulus satiation*)、不愉快心理或視覺意像法(*memtal or visual imagery*)，或其它利用不愉快聲光抑制不良行爲產生的方法。各種治療技術的使用目的在使不愉快的刺激與不當的行爲類型相聯結，藉由不愉快刺激所導致的不愉快結果抑制或消除不當行爲。

嫌惡治療法有下列的使用原則：

㈠嫌惡刺激必須與問題行爲同時出現，亦即每當不良行爲產生時，就立即施予嫌惡刺激，當不良行爲停止或不出現時，則不給予嫌惡刺激，如此方能抑制不良行爲的產生，如在酒中加催吐劑，每次喝酒就會產生嘔吐的嫌惡刺激，可以有效抑制酗酒行爲的產生。

㈡嫌惡刺激要能發揮效果必須持續的實施，直到問題行爲不再發生爲止。過去嫌惡刺激使用失敗的例子都顯示沒有持續的應用是主要原因。然而，嫌惡刺激要使用多久卻無定論，通常可能是在行爲問題不再出現後，繼續施行二週以上，才會較有顯著的效果。

㈢嫌惡刺激必須是當事人所眞正要逃避或不喜歡的刺激，才能發揮最大效果。此外，某些具有「毒性」的嫌惡刺激會有效用遞減的可能，也需要加以考慮(*Sandler, 1986*)。

嫌惡治療法目前尚包含三種不同類型的技術：

㈠隔離法(Time out)

隔離法也是被普遍採用的行爲治療方法，主要是把當事人隔離，使之不能接受正向增強，以便減弱或消除不良行爲。如教師將吵鬧的兒童與同學隔離開來，吵鬧的兒童因爲失去增強作用，而降低了再吵鬧的可能。隔離法是屬於中度嫌惡的技術，但在使用上仍需考慮當事人的承受度，尤其使用上需審愼的設計與關照當事人的反應。

㈡過度矯正法(Overcorrection)

過度矯正法是在當事人行爲表現不佳或損害了環境中的人與事物時，要當事人回復行爲前的自然狀態，而且要使之達到更佳狀況，亦即要「比正常更好」(*better than normal*)。例如，兒童打翻了午餐、弄髒了地板，要當事人將地板清理乾淨，同時更要打臘，使地板比他弄髒之前更亮麗。

㈢隱性敏感法(Covert Sensitization)

隱性敏感法是要求當事人利用想像的方法，使自己置身於一個眞實嫌惡刺激或受到懲罰的環境，以便重新學習新的行爲方式。隱性敏感法幾乎與系統減敏法相反，後者是由最小引發焦慮的刺激開始減敏，前者則是立即的想像最大痛苦或厭惡的情景，以抑制個人的行爲傾向。

隱性敏感法係由治療者引導當事人想像嫌惡刺激以引發焦慮，使個人產生不愉快的經驗，以降低個人不當行爲發生的可能性，如，引導肥胖症病人想像他所吃的糖、甜點、蛋糕等致肥物質滿佈了蟲與蛆，以使他感到厭惡，並產生抑制吃的衝動。再如要一位偷東西的學生想像被警察所逮捕、鋃鐺入獄、失去自由的情景，使他產生恐佈而不再犯(*Bohart & Todd, 1988; Gladding, 1992; Sandler, 1986*)。

七、自我管理(Self-Management)

自我管理是協助當事人自我主動承擔責任、減少依賴並學習自我增強，以改善行為，成為健康的人的一種綜合性行為改變技術。幾乎各種行為策略與技術都可以用來當作自我管理的內容，如，前述的系統減敏、鬆弛訓練或自我肯定訓練。

自我管理目前愈來愈受重現，且逐漸流行，主要有下列的原因：

(一)人類很多行為除了當事人之外，並不適合由他人進行矯正，同時行為的改變需要花費冗長的時間，並不經濟且過程不切實際，因此由當事人自己當作改變的機制(*change agent*)最為可行，如某些涉及親密性行為的矯正即是。

(二)問題行為的產生通常與自我反應及認知活動，如思考、幻想、想像或計畫有密切相關，這些內隱的行為難以直接觀察，假如由當事人自行觀察、監控與調整，則較有效果。

(三)行為的改變並非易事，且會有不愉快的感受，當事人雖尋求協助，但通常作改變的動機不強，倘當事人本身接受改變的方案，且努力去達成，將會有較好的成效。

(四)行為改變的方案並非只是去除情境問題與症狀，而是需要學習一套的因應策略、有能力接近情境與行為結果，並且發展行為規約。自我管理可以協助當事人更有效的面對未來的問題，而非過去(*Kanfer & Gaelick, 1986*)。

自我管理的實施有下列的步驟：

(一)與當事人建立工作關係，培養投契氣氛(*rapport*)，並教育當事人有關自我管理的治療模式。

(二)透過目標與價值澄清、自我監控或對可能的積極結果作一般性討論，以激發當事人的動機。

(三)運用行為分析法描述生理、環境與心理等控制行為的變項，並鑑定處遇的最適宜點，這通常包括自我監控在內。

㈣發展行為改變的計畫，對契約可能達成的確切目標、方案容許的時間、達成的後果，以及產生改變的可能方法作協商。

㈤對能引發當事人作反應的自我增強方案作充分介紹，並能促使有效改善標的行為。

㈥預演一些改變的策略、提供有關治療的消息，以及提供楷模與角色扮演的機會。

㈦要求當事人在自然情境中執行新的行為，必要時並共同討論，以及改正作業，並且能有體系的以質量兼顧方式記錄行為改變的資料。

㈧檢查進步情形，幫助當事人鞏固經驗，另外並探討達成的效果，以及在未來可資應用的情境。

㈨持續強烈的支持任何當事人可以負起責任的活動，並將之擴展應用到其它行為問題的處理上。

㈩總結改變過程所學到的一切東西，並準備讓當事人在未來情境中能轉換成新的知識與技巧(*Kanfer & Gaelick, 1988, pp. 337-338*)。

另外，基里蘭等人(*Gilliland el al., 1986*)曾提出一個自我管理的行為模式，共區分為五大步驟，以下再分述之。

㈠選定一個目標：1.在一定時間設定一項標的結果項目；2.目標具重要性、可評量、可達成與具積極性；3.標的行為的結果包括想達到的層次與日期。

㈡偵測標的行為：1.選擇適宜標的歷程目標；2.注重基準線；3.記錄歷程目標的行為資料。

㈢改變設定的事件：1.避免產生不良行為的情境；2.轉換情境，以便知道所作所為、限制不良刺激、將替代的行為明確化。

㈣建立有效的結果：1.持續記錄標的行為；2.持續維持改變：利用獎懲原則產生較好的行為。

㈤鞏固行為：1.維持好的行為；2.維持良好結果。

八、洪水法(Flooding)與爆炸法(Imposive Therapy)

洪水法是持續大量出現恐懼刺激的治療方法，藉以使當事人對恐懼事物的敏感度降低。洪水法可以利用活生生的東西或利用想像的方式作治療。同時洪水法的使用時間可長可短，視當事人而定，如當事人過度害怕蟑螂而干擾了日常生活，則請他進入衆多蟑螂的房間，作治療，或請他看蟑螂影片，以降低害怕程度。洪水法也可採用前述隱式想像法，引導當事人面對可怕的刺激，使當事人發現他們事實上是可忍受的。

爆炸法與洪水法相似，同樣使當事人暴露在恐怖刺激下，但不使用增強原則。特別是利用想像的方式讓當事人感受焦慮或恐懼，但洪水法沒有不良的想像後果出現。通常爆炸法較為激烈，是突然爆炸性的刺激呈現，不似洪水法洪水將來，程度漸深，但兩者難以完全區分。使用洪水法與爆炸法需審愼，並要使當事人有心理準備，避免造成傷害。

九、史肯納控制法

史肯納(*Skinner, 1974*)認為人的行為是受制於環境，是可控制的，他認為改善行為的二大方式是：「社會控制」(*social control*)與「自我控制」(*self-control*)。社會控制有四種技術：㈠操作制約(*operant conditioning*)：利用積極增強、消極增強、嫌惡刺激與去除積極增強物等四種操作制約的方式控制行為，使優良好行為能出現或維持。㈡描述行為後果：對當事人敘述不當行為產生的不當後果，或需受到的懲罰。㈢剝奪法與飽足法(*deprivation and satiation*)：剝奪法是去除權利或滿足的機會。飽足法則是讓當事人所需求的事物充分得到飽足，，因而不當行為乃減少。自我控制也包含六種技術：㈠身體限制：限制個人身體避免接觸不良增強物、產生不良行爲；(二)物理協助：借助物器材，改善行爲；(三)改變刺激：將刺激物加以改變，或調整環境，以便不良誘因減少或免除。(四)飽足法：如同社會控制，讓個體充分滿足，而減少對刺激物的需求。(五)嫌惡刺激：讓刺激物變得令人厭惡，而免除不良行爲；(六)替代法：利用替代性的刺激，改變需求程度，而避免不良行爲產生，如吃口香糖替代抽烟（黃德祥，民 83）。

第五節　行爲治療法的應用、貢獻與限制

壹、應用與貢獻

行爲治療法的應用層面非常廣泛，幾乎有人的地方就在或多或少的應用行爲治療的原則，如在家庭中的兒童管教、辦公室與工廠的員工管理、監獄中的犯人戒護與醫院中的病人診治等，都可應用行爲治療法。同時行爲治療法的使用簡便，甚具效益，因此一直廣受歡迎，它不若精神分析法或完形治療的耗時費力。

行爲治療法是諮商理論體系中最具科學性與實際性證據的理論模式，它明確、具體的界定問題、設立目標、採取有效策略與技術、作確實的效果評估等，使它成爲經得起考驗，且有充分資料作爲引導或改善行爲的治療方法。行爲治療法的應用層面之廣、貢獻之大可能是其它治療方法所無與倫比的。行爲治療法近年來又與認知治療法結合，逐漸形成認知行爲治療體系，預期行爲治療法的發展前景頗爲看好，甚至有可能繼續維持心理治療的主流地位而不衰。

貳、限制

不過行爲治療法仍廣受批評，主要有下列的原因：

一、行爲治療法過度以機械式的觀點看待人類行爲，使人的尊嚴與價值受到挑戰。

二、行爲治療法似乎只在處理人的行爲，而非人的整個個體，會流於見樹不見林之蔽。

三、行爲治療法重治療者的控制、環境的佈置與掌握，有時難以類推到所有人類情境。

四、忽視個人內在的動機，價值與慾望，被譏評爲忽視人性，且不重視個體全人的發展。

本章提要

1. 行爲學派與精神分析、人文主義合稱爲心理學的三大勢力，自 1950 年代以後盛行一時。與行爲學派相關理論在諮商上之應用有三個相關名詞，一是行爲諮商；二是行爲治療，三是行爲矯正。
2. 史肯納，1904 年出生，大學原主修英文，後轉攻心理學。1938 年出版「個體的行爲」一書而聲名崛起。1948 年又寫「桃源二村」一書，引起心理學與非心理學者不同觀點之爭辯。他相信人的一切行爲皆由學習而來，而透過學習策略與技術的安排可以塑造不同的人類行爲。此行爲論點引發人的價值與尊嚴何在的爭辯。其實史肯納以科學化的方法試驗各種行爲的形成與改變歷程，對心理學的科學化發展貢獻卓著。
3. 行爲理論者用來解釋條件化學習的歷程有四種基本理論，分別是⑴古典制約學習論；⑵操作制約學習理論；⑶模仿學習；⑷社會學習理論。
4. 整體而言，行爲學派諮商與治療方法對人性有以下幾項假定：⑴人非善非惡；⑵人能對自己的行爲加以概念化與控制；⑶人有能力獲得新行爲；⑷人能影響自我與他人行爲，並受他人行爲之影響；⑸忽視情感與潛意識歷程；⑹人的行爲是學習而得的；⑺行爲可以經由反學習而改變；⑻不良行爲也是由學習而來；⑼行爲是在環境中習得的；⑽人的行爲有一致性。
5. 行爲治療論者將重點置於學習因素的探討，所以行爲治療法的人格理論宛如一套學習理論。由於行爲治療法呈現百家爭鳴的現象，所以形成的學習理論也不一致。最著名的主要有四人，分別是：⑴多拉與米勒；⑵艾森克；⑶蘭丁；⑷史肯納。
6. 行爲取向諮商與心理治療認爲適應與不良適應的人格或行爲都是學習而學得，乃是由一連串增強作用而來的。史肯納認爲不當行爲來自個人自我挫敗的方式，以及對社會控制、自我控制不成功所導致的結果。
7. 行爲治療的目標有三大要項：⑴改變不良適應的行爲；⑵學習做決定的歷程；⑶強化好的或適應的行爲，以防止行爲問題的產生。

8. 克倫伯滋指出行為學派諮商目標的設定需把握四個原則：(1)諮商師、當事人或一般大眾需明瞭諮商歷程中所能達到或不能達成的目標；(2)諮商心理學需與其他心理學理論相互統整；(3)尋求最有效的助人技術以協助當事人；(4)諮商的成功與否因不同當事人而標準不同。
9. 行為治療的諮商師中心任務在於協助當事人解決問題，並切合當事人的需求，創造一個有利於發展與行為維持的情境。其實諮商師本身是一個增強作用的分配者。
10. 行為治療的步驟有下列六項：(1)以操作型定義界定與陳述所欲改變的行為；(2)對目標行為建立基準線；(3)安排適當的行為產生的情境；(4)辨別有利於增強效果的刺激與事件；(5)增強所欲達成的行為；(6)保持行為的改變。
11. 另有人將諮商過程分為四個階段：(1)界定問題；(2)蒐集當事人發展的資料；(3)建立明確的諮商目標；(4)決定促進行為改變的最佳諮商方法。
12. 行為治療法基本上是一種技術行為導向的諮商與治療法，其主要技術如下：(1)系統減敏法；(2)角色扮演法；(3)行為契約法；(4)肯定訓練與社會技巧訓練；(5)代幣法；(6)嫌惡治療法；(7)自我管理；(8)洪水法與爆炸法；(9)史肯納控制法。
13. 社會技巧與肯定訓練的技巧與策略主要有下列各項：(1)行為教導；(2)示範；(3)行為演練；(4)矯正回饋；(5)積極增強；(6)家庭作業。
14. 嫌惡刺激法目前包含三種不同類型的技術，分別是隔離法、過度矯正法、以及隱性敏感法。
15. 自我管理法有十個步驟，史肯納控制法分「社會控制」與「自我控制」兩類。
16. 行為治療法的被應用廣泛、貢獻卓著，但其機械式與忽視人性價值與尊嚴部分最受批評。

班級活動

一、調查班上有那些人會抽煙、或多少人的父母會抽煙。

假如你會抽煙，請你想想你的抽煙習慣如何形成的？在那種環境下你最想抽煙？請把它們一一列出。如果你不會抽煙，請找一位會抽煙的親朋當作你探討的對象。

二、在班上檢討有哪些個人或團體的行爲需要加以改變？請把它的項目寫在下面，自訂目標，並作行爲日記，看看改變了多少。個人與班級改變自己的行爲可能性有多少？困難何在？如何做才有效果？

三、全班進行鬆弛訓練。

注意事項與步驟如下：

自我鬆弛的訓練最好能在安靜的環境中進行，要使肌肉獲得鬆弛，先要使肌肉緊張幾秒鐘，然後再讓它放鬆幾分鐘，訓練時可以自設緊張——放鬆的循環過程。爲了獲得深層的自我鬆弛，輔助技術如呼吸集中，想像自己處在一個平和與無壓力的環境中也是必要的。

下列的一些準則可以協助進行鬆弛練習，首先要確定現在正處在平靜的環境中，首先把全身各部份的肌肉加以緊、鬆幾次，接著做下列的動作：

a. 握緊拳頭，再緊，直到手會感到痛，再放開手指，然後手放鬆。
b. 現在把小手臂繃緊，再緊，直到感到很緊縮，然後放鬆。
c. 把上手臂繃緊，再緊，再緊，然後放鬆。
d. 緊縮前額，再緊，再緊，然後放鬆，把你的前額與頭皮全部都放鬆，再放鬆。
e. 現在把眼睛閉上，感到有一些緊張，把眼睛緊閉，再緊閉，然後讓眼睛四周放鬆，再全部放鬆。
f. 下巴緊閉，牙齒緊閉，讓它感到有壓力，讓下巴壓力增大，然後讓它們放鬆，享受一下鬆弛的快樂。
g. 請緊閉雙唇，讓嘴部肌肉緊縮，然後再放鬆，放鬆。

h. 本鬆弛訓練主要在強調臉部與肌肉作用。手臂先鬆弛，然後頭部，再其次頸部、肩部、背部、腹部，再其次胸部、然後是下肢。在各部的放鬆時，請把眼睛閉上，把各部的肌肉都緊繃幾秒鐘，然後再放鬆，注意比較緊張與鬆弛之間的關係。然後重覆緊張——放鬆的循環圈。這種練習要持續一週。

i. 每天練習不要少於 20 至 30 分鐘。如此將可以覺察身體各部分的緊張與鬆弛狀態。隨之可以學習全身的放鬆，不管是一部分肌肉或全部的肌肉。本練習的最終目的在於控制緊張狀態或焦慮，代之以肌肉的鬆弛。

j. 練習鬆弛訓練一個星期之後，請至班上與其他同學討論練習的結果。在練習當中，注意緊張與鬆弛之間的不同？並比較練習一週後與一週前有何不同？（資料來源：黃德祥，民 76）。

四、進行系統減敏法訓練

注意事項與步驟如下：

請先復習本章中的系統減敏法論述，想想在過去中，有那些恐懼或焦慮的事，然後自己訂立一個減敏階層，試著去減低自己的恐懼或焦慮。先在課外自作練習，然後至班上與其他同學相互討論，並相互分享討論，下列有一些準則，可提供進行系統減敏的參考。

a. 先利用上述的鬆弛訓練使身體鬆弛。

b. 確定那些行爲或情境引起了的焦慮或恐懼反應，例如：怕生、怕蛇、怕蟑螂、怕老鼠、怕在衆人前面說話。

c. 建立一個焦慮或恐懼階層，由最怕的事至最不怕的事由上至下排列。如果是怕在衆人面前說話，最怕的可能是在朝會面對全校師生講話，最低的層次可能是班上某一個同學講話。

d. 利用學得的鬆弛技術，把眼睛閉上，開始想像最不怕的情境，如果能保持平靜，再想像以上一級的情境，直到最高層次爲止，如果想像時會引起焦慮，請立刻停止想像，先回頭鬆弛自己，直到放鬆時再練習系統減敏。

e. 系統減敏的主要功能是協助個人想像至最高階層時仍能保持平靜的心情，如果沒有其他的事務干擾，系統減敏就成功了。

問題討論

一、請說明行爲治療法與學習理論有何關聯？

二、行爲治療法的目標與個人中心治療法有何差異？

三、行爲治療法的主要策略與技術有那些？除了本章中的策略與技術之外，尚有那些可資應用的行爲策略與技術？

四、行爲治療法的貢獻何在？爲何它也甚受批評？

第十章

現實治療的理論與技術

第一節　現實治療法的發展

現實治療法(*Reality Therapy*)是融合現象學與存在主義論點的行爲與認知取向的心理治療理論。現實治療法強調個人的內在世界深深地影響了個人行爲的抉擇，它重視個人的投入(*personal involvement*)、責任、成功、積極計畫、與行動的重要性。基本上，現實治療法就是一種行動取向且具有教誨性(*didactic*)、具體性、指導性、認知性與行爲性等特質的方法。由於現實治療法的追隨者不多，所以它可視爲創始人葛拉澤(*William Glasser*)的一家之言，但儘管如此，現實治療的理論與技術具體可行，目前已被廣泛應用在教育、青少年輔導、犯罪矯治等各個領域上，極受肯定與讚美。

壹、葛拉澤與現實治療法

葛拉澤於*1925*年在美國俄亥俄州的克烈夫蘭(*Cleveland*)出生，他在家是老么，家庭成員關係非常親密和樂，他的童年也非常快樂，也因此養成他對人生有積極的看法，重視現在甚於過去。在學時期葛拉澤參加樂隊與球隊，*19* 歲時自凱思理工學院(*Case Institute of Technology*)畢業，主修化工。不過大學畢業後，他轉讀臨床心理學，*1948* 年獲得碩士學位，可惜他博士論文失敗，未獲頒學位，也因此，葛拉澤發憤圖強，申請進入西瑞塞夫大學(*Western Reserve University*)醫學院就讀，*1953* 年葛拉澤獲得醫學學位。畢業後他舉家搬至加州，獲聘於加州大學洛杉磯分校(*UCLA*)擔任精神醫師，他雖然有志開設私人精神醫療診所，但卻業績不佳，因爲他採取的是傳統的精神分析治療法。也因而葛拉澤轉而受聘於班圖拉女校(*Ventura School for Girls*)擔任主任精神醫師，班圖拉女校是一所州立的青少年犯罪矯治機構。*1960* 年代開始，葛拉澤致力於發展他自己的諮商與治療方法。他基於過去住院醫師的經驗，對於傳統精神分析的效果存疑，他的指導教授哈林頓(*G. L. Harrington*)也深有同感，透過哈林頓的協助與支持，現實治療法的效果逐漸受到重視，哈林頓本身將它用在慢性病人的治療上，而葛拉澤則以犯罪少女爲治療對象。哈林頓對葛拉澤現實治療法理論體系的形成助益極大(*Gladding, 1992; Hansen, Stevic & Warner, 1986*)。

葛拉澤與多數心理治療及諮商理論大師一樣，著作等身，*1961* 年他首先出版了「心理健康或心理疾病？」(*Mental Health or Mental Illness?*)一書，在本書中，葛拉澤首先提出了現實治療的一些基本概念，不過眞正使用「現實治療」這一名詞卻直到 *1964* 年葛拉澤出版「現實治療：精神醫療的新方法」(*Reality Therapy: A New Approach to Psychiatry*)一書之時，在此書之中，葛拉澤將先前他所發展的理論概念加以更新，同時駁斥傳統心理治療的理論，並且建立一個協助當事人以負責任的行爲，同時又不會導致心理疾病的方式去滿足個人之需求的理論體系。

葛拉澤最著名的一本書是「沒有失敗的學校」(*Schools Without Failure, 1969*)，在本書之中，葛拉澤提供各種可以應用在學校班級中的各種現實治療技術，本書甚受學校教育人員的喜愛，至今仍廣受注意。由於現實治療法進入到班級教室中，具有不錯的效果，葛拉澤乃隨之於洛杉磯創設了教育訓練中心(*Education Training Center, ETC*)與威廉葛拉澤拉文學院中心(*William Glasser LaVerne College Center*)，這兩個中心主要提供現實治療法的訓練，用以減少學校中的失敗者。此外，葛拉澤也創立「免於失敗的學校」研討會，在全美國與加拿大各地推展現實治療的理念，相關的研討會主要由教育訓練中心(*ETC*)所主導。另外，葛拉澤又組織了「現實治療研究所」(*The Institute for Reality Therapy*)，廣泛提供人類服務工作者各類相關訓練。同時並有「現實治療雜誌」(*Journal of Reality Therapy*)出刊。葛拉澤另有兩本學生行爲輔導的專著於新近出版，一是「班級中的控制理論」(*Control Theory in the Classroom, 1986*)，另一是「有品質的學校：無強制性的管理學生」(*The Quality School: Managing Students Without Coercion, 1990*)。基本上，葛拉澤認爲傳統精神分析法浪費太多時間在診斷個案的歷史，因此效果有限，他認爲唯有現實治療法才適合改善學生的不良行爲，他本身在班圖拉學校的應用效果顯示，現實治療法可以減少 20%的再犯率。

1976 年葛拉澤也曾出版「積極的成癮」(*Positive Addiction*)，認爲現實治療可以協助個體心理更加的強壯，而能免於藥物上癮，其中他就倡導用慢跑與冥想的方法去改善學生的生理與心理健康。*1972* 年他另有探討辨識認定的書籍出版，名爲「辨識的社會」(*The Identity Society*)。*1981* 年再出版「心靈車站」(*Stations of the Mind*)一書，從此葛拉澤更深層的探討個人的行爲，他稱之爲「知覺心理學的控制」(*The Control of Perception Psychology*)理論，葛拉澤相信，大腦對於環境之欲求具有主宰作用，在另一方面，個人且控制著他們的知覺，而非眞正看到已存在的事物。與控制理論有關的著作尚有：「你的生活的有效控制」(*Taking Effective Control of Your Life, 1984*)與「控制理論：我們如何控制我們的生活的新解釋」(*Control Theory: A New Explanation of How We Control Our Lives, 1984*)。葛拉澤系列的控制理論觀點主要在協助讀者增進自我協助(*self-help*)的能力，以便擴展個人的基本心理需求，包括，存活、隸屬感、權力與自由等。這些書籍主要的訴求對象是非專業的社會大衆，教導他們如何使自己成功與負責任。基於此，現實治療可說是一種預防取向(*prevention-orientation*)的理論體系，使個人在無專業治療者協助下，仍能進步與發展(*Gilliland, James, & Bowman, 1994*)。由此也可以看到葛拉澤的思想觀念已由早年專注於外顯偏見行爲的矯正與改善，轉向對個體內在的重視，尤其是大腦與內

在知覺對個體的影響。

貳、現實治療法的哲學基礎

現實治療法溯其根源可說是屬於一種理性實在主義哲學(*philosophy of rational-realism*)，而非科學實在主義(*scientific realism*)，因爲科學實在主義較少論及道德與倫理課題，相反的，現實治療重視人的快樂、良好判斷、自我控制與依循社會規則生活，存在著濃厚的理性與道德思維。現實治療的中心論點強調人類每個人必須爲自己的行動負責，也要爲社會負責，自己缺少了責任就不存在，人類本身就以其所作所爲而被界定，個人的認定取決於個人的抉擇與行動。葛拉澤就深信，人的理性使人不能爲所欲爲不顧及他人。葛拉澤的思考與亞里斯多德(*Aristotle*)及聖多瑪斯(*St. Thomas Aquinas*)的實在主義論點相近，特別注重合理、倫理與道德是圓滿人生的重要部份。對葛拉澤而言，物理世界是相對穩定與難以改變的事實，人的改變是個人在世界中活動的結果，人假如要充分地發展，有必要瞭解他所生活的世界。葛拉澤也因而認爲適應不良的人是對自己及其世界不負責任的結果，因此他極力排斥精神疾病的論點，他認爲以精神疾病的觀點看待人類的不良適應行爲，會使個人有逃避責任的藉口。現實治療法以行爲爲焦點，注重個人以其認知及行爲體系所作的合理選擇。另一方面，現實治療法認爲人的存活與生育的需求是基本的生理需求，與人的生命維持有關的呼吸、消化、流汗、血壓等都是自主性的活動，不需要意識思考，但是心理性需求卻與人的存活也有密切關聯。人的心理需求有四大類：一、隸屬需求(*need to belong*)：包括對友誼、家庭與愛的需求；二、權力需求(*need for power*)：包括自尊、認可與競爭的需求；三、喜樂的需求(*need for fun*)：包括遊戲、笑、學習、娛樂等的需求；四、自由的需求(*need for freedom*)：亦即作抉擇的自由。個人倘要控制自己的生活，必需要將此四類需求維持均衡狀態，假如有所偏倚，或忽視某類需求，將會使個人失去控制(*Glasser, 1984; Tosi et al., 1987*)。

葛拉澤進而指出，愛與被愛需求是所有文化相同的二種基本心理需求，滿足愛與被愛的人就不需要諮商或心理治療，所有的人均有共同的需求，但實現的方法卻因人而異，當愛與被愛的需求獲得滿足時，焦慮與憂鬱的心理症狀也就可以消除，不過由於人的各類需求同時在人的內在運作著，時常造成人的內在衝突，此外，也由於人需求無度，因此滿意自己的人並不多。個人的需求是所有行為的內在驅力，但由於需求的滿足是發生在現實世界中，牽連著社會中的人、事、地、物，需求倘要滿足，就要學習遵守社會中的規則。不依照社會規則去滿足需求是個人社會與行為問題的根源(*Glasser & Zunin, 1979*)。

現實治療法認為每個人都有善根，都有健康與成長的力量，需求的滿足是健康與成長之所需，但認定與辨識自己也非常需要，尤其是人生意義與自我的「成功認定感」(*successful identity*)非常必要，基本上，人需要滿足與享受成功，也想要顯示自己的負責任行為，並使人際關係有意義。不能滿足與成功的人，會形成「失敗認定感」(*failure identity*)。很多兒童會有失敗的認定感，乃在於在社會化上遭致困難或學習面臨問題所致(*Gladding, 1992; Glasser, 1969; 1981*)。

葛拉澤對人性的觀點較著重意識層面，他認為人是在意識層次中運作的，而非受制於本能或潛意識力量。他認為人有舊腦(*old brain*)與新腦(*new brain*)兩種控制力量，人的行為通常由存活所掌控（是屬舊腦），但在現時中，人的行為卻由隸屬、權力、喜樂與自由等需求所控制(是屬新腦)，個人的行動是以知覺為基礎，影響了個人的外在表現。再深入而言，個人的控制系統有三種：一、控制系統；二、知覺系統；三、比較系統。這三種系統建構成 *BCP* 模式(*behavior-control-perceptions model*)，*BCP* 模式再進而創造了人的行為(*Gladding, 1992; Glasser, 1965; 1988*)。

第二節　現實治療法的人格理論

壹、人格結構

現實治療法並沒有明確的指出人格的結構爲何，但綜觀葛拉澤的論著可以發現他有極大的篇幅在探討腦(*The　Brain*)、自我功能(*Ego Functions*)與 *BCP* 模式，此三者約略可看出葛拉澤對人格結構的觀點。

一、腦

由於葛拉澤後期的論著以控制理論爲主，因此，個體行爲的控制中心——腦就極受關注。不過葛拉澤所謂的腦並非僅是生理性的腦，而是一種心理性的腦。如前所述，他將腦區分爲舊腦與新腦，舊腦的功能是使人維生與生育，新腦則是個人在外在世界中滿足個人需求之所必需。新舊腦之間是交互關聯，相互作用的。

由於人力求滿足個人需求，且要與人相處，因此個人會經驗到重大的挫折、憤怒與焦慮。再由於需求太多而使個人的生理健康與環境適應能力降低。本質上，人的快樂與健康有賴於新腦的功能發揮。新腦就宛如一個自動調節器(*thermostat*)，控制輸入的外在訊息，以及人對外在世界的知覺，倘個人知覺與外在訊息不同，將會刺激個人的行爲。個人的想像、感受就是一種心理活動，當它們形之於外，就是種「情感行爲」(*feeling behaviors*)(*Glasser, 1981*)。

葛拉澤更進而指出，人基本上是好逸惡勞，或想趨進快樂逃避痛苦的。人對於他所想要的與所能控制的行爲會有思想觀念、知覺或圖像的，以便能在眞實世界中滿足需求。個人的新腦貯存著我們所知覺到的東西，並且因新的經驗的增加而不斷地改變。圖 *10-1* 就是現實治療法所描繪的大腦的控制體系功能。

以圖 *10-1* 而言，個人的內在世界包含在大腦皮質(*cerebral cortex*)中，大腦皮質與新腦共同運作外在世界，每當個人有需求的事項，新腦就會將知覺傳送至「主動比較站」(*active comparing station*)，經由感官作用，個人對外在世界的知覺就形成了，隨之再與內在世界中的需求作比較。當「比較站」發出了內在與外在世界知覺完全適配(*exact match*)的訊息時，控制知覺就會再回到內在世界中。人類應付需求衝突的情況有賴於擴展內在世界或控制內在世界的知覺，方能滿足需求。不過倘「比較法」所接收的訊息與內在世界無法適配時，錯誤就會發生，個人甚多行爲是由錯誤訊號所引發的。在圖 *10-1* 中亦可看到個人的內在世界即涵蓋了前述的各種基本需求，而舊腦亦只是新腦的一部份而已。

另外，在「比較站」中有一種「參照知覺」(*reference perception*)，這是指個人立即性的需求，常是個人所想要的事項的參照標準。而外在世界要進入「比較站」之中，有二種類型的知覺，一是可控制的知覺，另一是無法控制的知覺，而所有感官的知覺都有其程度之分，圖 *10-1* 中即分成 *10* 個刻度。另一方面，「比較站」所送出的錯誤訊號也透過行爲體系輸出，輸出類型有三類：一是新的訊息(*new information*)，它的對應可能是短暫錯誤(*transient errors*)，二是重新導向(*redirection*)，它的對應訊號是可控制的錯誤(*controllable errors*)，三是重組(*reoganization*)，它對應的訊號是不可控制的錯誤(*uncontrollable errors*)，此三個類型影響了個人在外在世界中的行爲（包括作爲、思考與情感）。

二、自我功能

自我功能具有共同性與特殊性兩種性質，亦即自我功能區分爲共

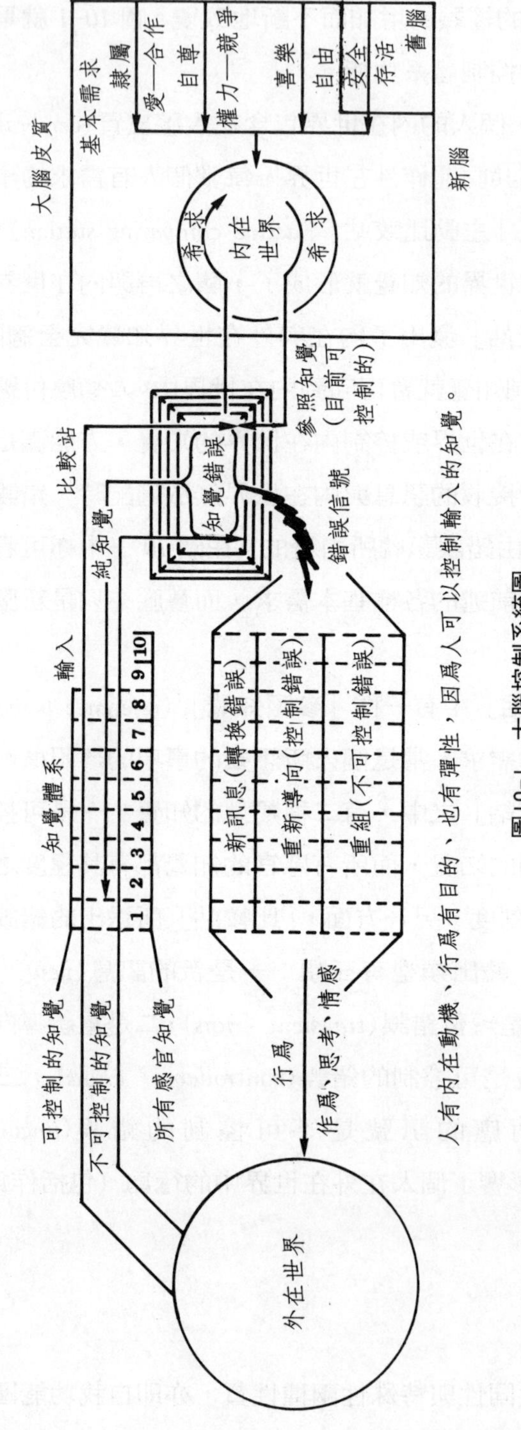

圖10-1 大腦控制系統圖

（資料來源：Tosi et al., 1987, p. 225）

同性功能(*General Ego Functions*)與特殊性功能(*Specific Ego Functions*)兩類，前者直接引導個人使個人能在世界中滿足需求，並保護自己免受傷害。後者則包含「認定」(*identity*)、「判斷」(*judgment*)與進取(*aggressiveness*)三個要素。「認定」是強壯自我，如「我是我」(*I am I*)的積極狀態，表示能辨識或認定人我的不同，對自己有充分的覺察力。有獨特自我認定的人就有較大的責任感爲自己所作所爲負責任。現實治療最重視發展當事人成功的認定感，有了成功的辨識與認定感的人能在世界規則體系內滿足個人的需求，亦即個人能對現實作正確反應，並且能承擔個人行動的責任。表 *10-1* 就是現實治療所陳述的失敗的認定（亦即懦弱與不負責任）與成功的認定（亦即，有力量且負責

表10-1　現實治療的基本概念

失敗的認定 (懦弱、不負責任)	成功的認定 (有力量、負責任)	
一、固執、無效的行爲	一、有彈性、有效行爲	
二、負向成癮的人	二、滿足的人／正向成癮的人	
(一)藥物	(一)愛	(六)自由
(二)食物	(二)隸屬	(七)健康
(三)賭博	(三)競爭	(八)信任
三、有症狀的人	(四)權力	(九)被包容
(一)惡作劇	(五)喜樂、有愛	
(二)情緒困擾	三、大的外在世界	
(三)心理症		
(四)官能症		
四、放棄的人		
(一)否定失敗		
(二)逃避痛苦		
(三)被動		
(四)疏離		
五、小的內在世界		

資料來源：Tosi et al. (1987), p. 231。

任）的二大類行為特徵。

第二種自我功能是判斷，亦即個人有能力去探索所處環境，並尋求個人最大的滿足。具有判斷自我功能的人能理解世界規約，並能在規約範圍內滿足自己的需求。第三種自我功能是進取，亦即會主動、積極且努力地去滿足個人的需求，是主動的掌握自己，而非被動的等待的人。自我功能在活動時會產生自我反應（*ego reactions*）與自我防衛（*ego defenses*）兩種狀態，自我反應亦即是自我的情緒，當自我能獲得滿足或有效運作時，就會有積極的情感。而自我防衛主要是在潛意識中運作著，保護個人免於遭遇危險或知覺到危險。自我防衛也常是個人行為的促動力量。不同的自我功能、自我反應與自我防衛形成了不同的人格與行為。進一步而言，不良適應的人就是自我功能不佳的人，也由於此，乃形成不負責任的行為，自我功能不佳就是不負責任行為的內在動力。葛拉澤寧願運用「不負責任」（*irresponsibility*）一詞，而不願用「變態」或「心理疾病」的名詞描述個人的不良適應，主要在強調適應不良的人就是較欠缺能力，或以適宜方式去滿足需求的人，強調「不負責任」的概念才能凸顯諮商與心理治療的重要性，且不會讓當事人找到藉口（*Glasser, 1965; 1975; 1981; Hansen, Stevic, & Warner, 1986*）。

三、BCP 模式

如上所述，*BCP* 就是指大腦控制系統中的行為（*B*）、控制（C）與知覺（*P*）三個要素。行為系統就包含了新的訊息、重新導向與重組三種次級系統（如圖 *10-1* 所示）。C 是指控制系統，個人為了滿足需求，就必須對輸入的訊息加以掌控。葛拉澤的現實治療法日漸被視為是一個控制理論，主要是因為他十分重視個人在內外世界中的控制功能。他相信，所有的行為都是由內在世界所促動的，動機來自於內在世界的錯誤知覺。我們生而想控制現實的知覺，以便使外顯的行為能較正確迎合外在現實世界的要求。與控制系統有關的乃是知覺系統，葛拉澤先前提出知覺的 *10* 個層次，由最粗淺的、簡單的感官選擇至複雜與神祕的經驗，層次愈高，知覺組織的方式愈複雜。這十種知覺系統層次如下：

一、強烈(Intensity)知覺

強烈知覺只是與外界的一種接觸，包括壓力、味覺、嗅覺與聲音等。

二、感覺(Sensation)

這是伴隨強烈知覺的意義感受，如紅色、苦澀、光亮等由強烈知覺所獲知的感受。最普遍的感覺是情緒。情緒是由來自於身體內在與外在世界的密集訊號所引發的。

三、結構(Configulations)

對事物加以命名以便能夠區分，同時也可以加以分組或分類，每一種形狀都是獨特的。

四、轉變的控制(Control of Transition)

新腦至此層次可以知覺到物體的移動或結構的改變。

五、序列的控制(Control of Sequence)

序列活動即排行或排序的知覺，序列的控制使人知道本身的存在與階序狀態。

六、關係的控制(Control of Relationships)

關係是事物一起運作的狀態，基於前述序列、轉變、結構、感覺、

密集等的知覺，以及它們的交互作用，使人可以預測與組織所經驗到的世界。

七、程式控制(Program Control)

在此層次可以對工作的完成加以掌握，合理、邏輯、迷信與不合理等可以因此被察覺。

八、原則的控制(Control of Principle)

原則控制使人可以處理道德、價值與責任，並且對上述低階層知覺加以控制，以便能與他人相處。有了原則的控制也可以使人運用對錯或善惡觀念去減低衝突，不過如果知覺改變，個人會因有大的錯誤而受苦。

九、系統概念的控制(Control of Systems Concepts)

此階層係知覺控制的個人狀態，也是較高精神層面的知覺，個人可以透過宗教狂熱、特殊化的團體與組織化的儀式去解決個人的衝突。

十、共通的單一性冥想(Universal Oneness-Meditation)

此爲最高層次知覺，可以將所有其它的知覺加以統合而一，在此高階狀態個人的知覺即沒有錯誤，對新的資訊也不需再加以導向或控制，由於是在無錯誤的狀態，個人可以覺察重組的系統、經驗創造的狀態，並感覺到我們與宇宙的單一性(*Gilbert, 1985; Glasser, 1981; Tosi et al., 1987; Wallace, 1986*)。

貳、人格發展

現實治療法相信人最終有自我決定的能力，個人是有自主與負責任的可能。個人的自我辨識與認定就是人格成長的重點，積極與成功的辨識與認定是人格成長最重要的動力。健康的人格成長需要努力去發現自己是一個人(*to find oneself as a human being*)(*Glasser, 1972*)。要能發展積極與成功的認定感則需要個人的目標、抱負、與工作成就，並且也要尋求接納成爲眞實的人，而非僅是工作的執行者而已。此外，也要能與他人和諧相處，與他人有所關聯。

成功的認定是由學習而來，尤其是受早年重要他人的角色楷模的影響，個人能經驗到愛與價值更是最基礎所在。同時愛與價值不可分離，感受到愛而沒有價值感，會使個人一直依賴他人，尋求他人認可，有價值感而沒有愛，則會使人疏離，因爲即便以後如何的成功，都不會感受到有來自於重要他人的關懷(*Glasser & Zunin, 1979*)。

現實治療法把人看成是成長中與功能發揮中的人，個人無法離開現實，而生活在眞空中，個人無法免除社會的批評、期望、增強與懲罰，唯有以積極的觀點看待這個社會才能使自我成功的認定感增加。因此，整體而言，現實治療法對人格的發展是採取客觀與積極的觀點。

再深入而言，人格成長與發展的現實治療課題有下列各項：

一、責任感

個人沒有妨害他人權益，且在社會規範之內滿足個人需求，就是負責任的表現。有責任感的人同時也是一位自主的人，他能擁有足夠的內在心理支持力量去決定人生的需求，並發展出負責任的人生目標，且努力去達成。

二、行為控制(Control Behavior)

現實治療認為人可以容易的控制行為，甚於控制情感、情緒與態度，雖然行為與情感相關聯，但是人雖不能讓自己感覺很好，卻可以命令自己做得更好(*do better*)，只要能做得更好，就可以感覺更好(*feel better*)。正向行為的發展就能促進人格的進步與成長。

三、投入或參與(Involvement)

現實治療認為當事人最需要的是參與或投入，能與他人有所關聯，這也是諮商的重要技巧。當個人能與他人在一起，有一體、融合的感覺，則有利於人格的改變與成長。

四、學習(Learning)

人的一生都在學習之中，現實治療也將學習視為中心概念，治療的本身就是一種學習，個人可以學習如何做為，我們就是各種做為的結合體。透過學習如何做為將有助於統合個人的認定感(*identity*)。葛拉澤認為 *2* 歲至 *5* 歲是兒童學習社會化技巧的開始時期，此時兒童尤其需要父母的愛、接納、輔導與付出，不然將會帶來挫折，甚至產生失敗的認定感。另一個重要的人格學習階段是 *5* 歲至 *10* 歲，此時兒童已上學，他們需要投入學校之中，獲得知識與自我概念，很多兒童會有失敗的認定感，乃是由於社會化困難或遭遇學習問題所造成的(*Gladding, 1969; Glasser, 1969*)。

第三節　現實治療的目標、助人關係與歷程

壹、諮商的目標

現實治療的主要目標在協助當事人成為一位心理強壯、具有理性與自主性，並且能為會影響他人與自我之行為承擔負責。葛拉澤相信，諮商與心理治療需要協助當事人獲得力量，以便去做有價值的事，同時能溫馨地(*warmly*)與他人相處。

另一項現實治療的重要目標是協助當事人承擔行為的責任。當事人如果有負責任的行為將會在不干擾他人的情況下對行動負責，以達成個人的目標。同時能負責任的當事人也能形成自己成功的認定感，使自己能過更具生產性與均衡性的人生。

此外，現實治療法的另一個重要目標是要協助當事人澄清自己的生命需求，能瞭解自己的人生目標，在此方面，現實治療法一方面協助當事人評估個人的資產(*assests*)，另一方面，也要當事人檢驗環境的支持與障礙。整體而言，現實治療法的最終目標是協助當事人達成成功的認定，亦即當事人要放棄自我批評、不負責任的傾向，代之以自我接納與理性態度，能從懦弱、不負責任的人轉而成為有力量、負責任與自制(*self-discipline*)的人。當事人如果是有成功認定感的人，他將是一位有愛、隸屬、自我價值、喜樂、與自由的人(*Glasser, 1975; 1981*)。

葛拉澤(*Glasser, 1976*)更以六個效標當作評斷適宜與健康行為的標準，這六個效標也可視為是現實治療的具體諮商目標。

一、行為是非競爭性的(*noncompetitive*)。

二、並沒有過度心理努力(*mental effort*)的去履行行為。

三、能獨自的行動。

四、行爲對個人有價值。

五、當事人相信他的行爲有益於生活型態的改善。

六、沒有自我批評的行爲實踐。

另外，根據葛拉澤與朱寧(*Glasser & Zunin, 1979*)的分析，現實治療的治療目標也有下列各項：

一、促使當事人相信他們有能力滿足自己的需求與過幸福的生活。

二、協助當事人更能掌握自己的行爲。

三、協助當事人能覺察不良功能的行爲，也能承諾作一些努力使自己有更成功與有效的行爲。

四、幫助當事人評斷自己的行爲及與他人的關係。

五、引導當事人設定行爲目標、立定行動計畫，教導當事人表現負責任的行爲。

六、促進當事人獲得責任感與自我價值感，並使他人知道如果他們對自己有所承諾，將會有成功的機會。

七、協助當事人重新承諾(*recommitment*)與更新計畫(*renewed plan*)，最終發展對自己成功的認定。

貳、助人關係

本質上，現實治療法是一種重視此地與現時(*here-now*)，以及教與學的歷程，並以有意義的治療投入(*therapeutic involvement*)，使行爲有所改變的治療法。諮商與治療的關係被看成是一種工具，而非目的，有意義的治療關係投入是有效治療的最高境界。也由於此，治療者必須眞誠的關心當事人的需求、計畫、抱負與成功的可能。治療者需要充分地投入當事人的生活之中，但又不會造成當事人的糾纏或依賴。

治療者必須尊重、關懷、接納與瞭解當事人，同時也需要堅定的拒絕當事人的藉口或不負責任、非理性、敵意、或奇異的行爲。在諮商與治療過程中，治療者必須開誠佈公地討論當事人的衝突、生活狀況、疑惑與批評的事務。此外，治療者也必須眞誠的與當事人溝通，使他們相信他們有能力更負責、活得更快樂、更能滿足自己需求。但最重要的，當事人必須積極行動，願意放棄無效與不負責任的行爲。唯有當事人眞正的投入與承諾，他們才會試驗新的行爲與質疑他們的價值體系。當治療者具有支持與激勵的氣氛時，當事人才會辨識自己的失敗與錯誤所在，也能認識到痛苦的情感與症狀，至少能相信一個負責任的人是沒有不能解決的問題的(*Glasser, 1965; 1969*)。

現實治療者的角色基本上就宛如教師與楷模，應能溫暖的接納當事人，並以投入的方式，協助當事人控制自己的思想與行動，並且能夠注重當事人的選擇，以及所能選擇去做的事。治療者與當事人互動的焦點在於行爲的轉變，以及如何採取積極與建設性的行動。也因而在治療中，治療者要不斷地問：「你現在正在做些什麼？」、「這樣做有效嗎？」等問題。現實治療不關心當事人早年的生活經驗、潛意識歷程、心理疾病、刺激與反應等問題，現時的一切才是焦點(*Glasser, 1988*)。

如果仔細的檢閱現實治療的論述，可以發現，現實治療助人關係，以「投入」(*involvement*)的概念最爲重要，葛拉澤一直相信投入是促使當事人改變的第一要件。投入包含治療者與當事人共同的投入於治療歷程之中，兩者間建立具有肯定與關懷的關係，倘當事人感受到足夠的關愛時，他就會相信他可以採取建設性的方法滿足個人的需求(*Glasser, 1965*)。

治療者投入程度則受下列因素影響：一、個人的責任感；二、心胸是否開放；三、對人的敏銳與關懷的興趣；四、有能力完成自己的需求；五、有自我表露的意願；六、有能力接受批評；七、有接受不完美的意願；八、假如當事人能負起責任，有忍受當事人受苦狀況的意願；九、有能力保持同理心；十、有能力接納當事人，並瞭解當事人的行爲(*Tosi et al., 1987*)。除此之外，當事人行爲的改變，需要治療者與當事人共同的努力，才能有所成。在諮商與治療中，治療者就像是老師，在教學與誘發當事人改變行爲，使之成爲一位負責任的人。

叁、諮商歷程

現實治療頗受教育與訓練機構肯定之處，在於諮商的歷程基本上就是一連串的教導與訓練的過程，此種特色非常符合機構的本質，對於行爲偏差的青少年而言，學習如何爲自己負責，以便正常的成長是首要任務，太多的探索過去、期待未來、檢討潛意識歷程等，都有些緩不濟急，甚至是隔靴騷癢，他們最需要學習的是三 *R*，亦即「責任」(*Responsibility*)、「現實」(*Reality*)與「對錯」(*Right and Wrong*)，深入而言，就是當事人需要學會爲自己的行爲負責，顧及現實的環境與自己的狀況，並且分辨對與錯，或善與惡，而作「對的」事。不過要能使當事人具有三 *R* 的表現，就需要治療者的掌握下列諮商的原則，這些原則同時也可以視爲諮商的歷程。

一、投入(Involvement)

如前所述，治療者必須溫暖、關懷、有同理心，並且投入當事人生活之中。由於治療者的充分投入，良好的諮商關係才能建立，當事人也才能成長與進步，並且能改變行爲，再進而修正思想與情感。

二、以現時行爲爲焦點(Focusing on Present Behavior)

在諮商的下一個步驟就是以當事人現時的行爲爲焦點，既不關切過去，也不托詞於未來，而是全然的對現時的狀況加以檢核。諮商員或治療者側重探討當事人採取不負責任行為的相關資訊，並增強當事人作改變的力量。

三、評估現時的行為(Evaluating Present Behavior)

在諮商中，當事人被要求去評鑑、評估或檢討他的現在的行為是否經得起考驗，亦即說服當事人對他們的行為作價值判斷，有了良好的價值判斷，當事人才可能學習如何地為自己的行為承擔責任。

四、訂立契約或行動計畫(Developing a Contract or Plan of Action)

在評定自己行為的價值之後，當事人必須訂定改變不負責任之行為的計畫，此種改變行為的計畫通常行之於文字，以契約方式加以表示，以便當事人有所依循，並依契約所載承擔個人履行負責任行為的要求。而諮商師或治療者的職責則在於激勵當事人，履行承諾，並且發展積極的認定感，此步驟攸關諮商與治療的成效至大。

五、承諾(Commitment)

現實治療的另一個重點就是承諾，承諾的精神在於當事人要全心全意地投入於行為的積極改善的過程之中，行為契約與行動計畫倘欠缺當事人的承諾，將一無所有。所以諮商員在訂立計畫與契約時，要當事人親自簽字，並隨時督導當事人是否信守承諾，倘當事人能一心一意地努力付出，逐步改善自己的行為，當事人將會逐漸地成長與成熟，同時也會有自我價值感。

六、不接受藉口(Not Accepting Excuses)

由於現實治療法特別注重當事人努力作改變的責任與承諾，因此，一旦當事人無法履行承諾，達成計畫，表現負責任的行為時，諮商師與治療者是不給予任何的藉口，不接受當事人的辯解，相反地，要協助當事人探討行爲失敗的理由，並訂立新的計畫，重新要求當事人立下承諾。新的計畫固然可以把行爲的範圍或項目縮小或更明確化，但堅決地反對當事人找藉口卸責。諮商師或治療者可以對當事人說：「不要求你回答計畫爲何失敗，我只想知道你如何與何時去做你該做的事。」將行動的責任加諸在當事人身上，促使當事人能盡責的去完成行爲改變的計畫。

七、不用懲罰(Refusing to Use Punishment)

現實治療法認爲懲罰並不能改變行爲，只會加重當事人失敗的認定感而已。因此，現實治療法全然地拒絕使用懲罰，葛拉澤把懲罰視爲會帶給他人生觀與心理痛苦的處置，尤其懲罰容易破壞諮商投入，干擾了當事人成功的可能性。不用懲罰，並不代表縱容或包庇學生的行爲，而是要當事人不假外求，要個人承擔起行爲的責任，既然責任在當事人本身，懲罰反而使他們有了逃避責任的藉口(*Glasser, 1972*)。此外，懲罰也會帶給當事人對施罰者的敵意，也由於施罰者通常帶有權威，因此，青少年會以偏差行爲來反叛對他們施罰的人。

八、永不放棄(Never Give Up)

現實治療法著重深層與持久的投入，永遠相信當事人有變好的可能，亦即不相信春風喚不回，所以現實治療法的治療者是積極且樂觀的，永不放棄當事人。當事人行爲之所以失敗，乃在於他們未曾有做爲(*never do*)，而非永遠失敗，因此，期待當事人有積極做爲的可能，永不放棄他們，諮商或教育目標才有可能達成(*Gilbert & Brock, 1990*)。

另外，就諮商歷程而言，也將現實治療法區分爲三個主要歷程：一、結構化(*Structuring*)：首先建立關係，使功能不良的當事人學習更具現實導向，並學習負責任的行爲。在此歷程中，以治療者與當事人的高度投入爲要件。二、催化(*Facilitating*)：在此歷程中，由於治療關係已建立，因此再加催化，使當事人能有正常成長的動力，催化的原則亦即前述的八項現實治療的要項。在催化過程中，並要教導或訓練當事人具有判斷、訂計畫與作承諾的能力。三、結束(*Terminating*)：現實治療的結束或終止視當事人表現穩定的負責任型態而定，亦即當事人能爲自己的行爲負責，並且能持續下去，成爲固定或穩定的行爲方式，就可停止諮商或治療。與其它諮商理論所不同的是，現實治療的結束並不是由諮商師與當事人共同的決定，而是由諮商師或治療者視當事人改變、眞誠，或負責任的狀況是否有充足的證據而定(*Glasser, 1975; Tosi et al., 1987*)。

除此之外，基里蘭等人(*Gilliland, James, & Bowman, 1994*)認爲現實治療法有二大歷程，一是諮商環境(*counseling environment*)的安排或佈置；二是促進改變。以下再分述之。

一、諮商環境的安排或佈置

現實治療需要有眞誠、溫馨、關懷、接納與投入的環境，諮商開始諮商師或治療者要信任與投契(*rapport*)地聆聽當事人的故事，使當事人相信治療者是眞心誠意地要協助當事人的成長與增強能力，並有成功的可能性，同時也可以表現負責任的行爲。也因此，諮商的首要歷程就是建立支持性的環境(*support environment*)，著重當事人現時的思想、行爲，以及將思想與行爲再導向(*redirection*)。在此階段，諮商師與治療者協助當事人覺察與現在行動及思考有關的情感與生理狀況，再引導他們檢查他們所作所爲。最主要目的在使當事人相信，他們可以控制自己的行爲。良好諮商環境就是要將諮商師或治療者眞誠的態度與強烈要他們改變行爲的訊息傳達給當事人。

二、促進改變

現實治療的第二個步驟就是在促進當事人行爲的改變，此歷程又包括三個次級歷程：㈠探索需求與知覺；㈡探索與評估整體的行爲；㈢計畫與承諾。以下再分述之。

㈠探索需求與知覺

此次級歷程目的在幫助當事人覺察他們的需求，包括物質的擁有、個人生活型態的投射、與他人的競爭、內在的衝突等。當個人需求與知覺能被體察之後，個人就可以對自己的行爲作價值判斷，並且決定價值的優先順序。

㈡探索與評估整體的行爲

在此歷程中，當事人需要評估自己行爲的價值，瞭解自己所作所爲是否能滿足個人的需求，諮商師與治療者的任務則在於開誠佈公的與當事人共同探索他們行爲的是非善惡，不過行爲的判斷並非以道德爲準則，而是以當事人行爲所涉及的範圍爲考慮的重點，因爲個人的行爲絕非孤立的，常常因爲侵犯他人的權益，而帶給行爲不良的後果，可以協助當事人探索與評估行爲的引導用語有：

「你正在做那些事？」

「你過去做了那些事？」

「你的所作所爲對你有那些幫助？」

「你煩悶的時候會做那些事？」

「你的行爲會傷害你自己或對自己有幫助？」

「你可以予取予求嗎？」

「你的作爲違反了法令規定嗎？」

「你的行爲會被人接受嗎？」

由於當事人常否定自己行爲所帶來的不良後果，因此，諮商員或治療者更可以使用堅定的價值判斷用語，如：「你目前所作所爲正在傷害你自己及他人。」當當事人無法辯駁時，再以眞誠、關懷的態度導之以正，使他們知道他們的行爲是個人失敗與困難的關鍵，並且要下定決心開始表現負責任的行爲。

㈢計畫與承諾

一旦當事人發現自己行爲無法充分滿足個人需求，並決定代之以負責任的行爲時，諮商師或治療者就要協助他們訂立切合實際的計畫，計畫愈簡單、明確愈好，尤其是當事人每天可以立即去做的行動計畫，就立即督促當事人去實踐。有了計畫之後，並且要當事人有正式的承諾，以提高達成計畫目標的可能性。訂立書面契約也是承諾的一種表示，有了書面的約定當事人對行動所涉及的人、事、地、物也較有明確的規範與可依循的方向。當然，當事人的承諾也非一定要有書面的約定，向重要他人（如父母、師長、朋友或同學）說出自己的行動計畫，也可視有承諾的一種表現方式。

第四節　現實治療的策略與技術

壹、策略與技術

現實治療的諮商歷程與策略及技術難以完全劃分，基本上，現實治療的策略與技術是教育性的方法，直接把現實治療的概念教導給學生，再配合訓練的方式使學生表現負責任的行爲。但儘管如此，現實治療的策略與技術仍有下列獨特項目。

一、積極性(Positiveness)技術

現實治療宛如一位積極增強者(*positive reinforcer*)，以當事人積極

與建設性的計畫與行爲爲焦點。通常當事人會尋求諮商或願意接受輔導，乃是由於當事人相信治療者願意傾聽他們的不幸、問題、失敗、挫折與失望，此時最重要的技術乃是應用積極性的催化策略，接納當事人的挫敗與無助，同時鼓勵他們專注於此時此刻自己所擁有的建設性與積極的層面，而非討論當事人的負向與挫敗的事情，因爲，探索當事人的不幸、問題、失敗、挫折與失望，只會帶來更多的困難而已。諮商師或治療者可以使用的策略就是引導當事人注重自己的情感與行爲，此二者是當事人可以充分加以控制的。相關的引導用句，可以如下：

「你並非那麼的無助，因爲你還有非常關心你的父母，還有我……。」

「你雖然功課不好，但是你的繪畫才華出衆。」

「你的憂鬱是由你自己引發的，事實上，你可以加以改變。」

「依我看來，你一表人才、能說善道、獨具創意，你的優點多多。」

二、面質(Confrontation)

現實治療著重此時此刻，同時也不給當事人逃避責任的藉口，因此，在整個治療或諮商過程中就無可避免的要採用面質的技術去協助當事人探索自我的情感與行爲。

面質的目的是在促使當事人發現自己現時的困難，以便作價値判斷，如，「我現在所作是對是錯？」當事人倘發現行爲並非正確，則再加面質，挑刺(*challange*)當事人去尋求替代的行爲，以協助當事人達成目標。再次則挑刺當事人，使他們能訂立行動計畫與作承諾。最後再以面質方法監控當事人履行承諾與進步的情形。現實治療面質常用的語詞是：「你做了些什麼(*what*)」，而非「你爲什麼(*why*)那樣做」。

三、直接教導法(Direct Teaching)

現實治療法的諮商師或治療者就宛如教師，因此，直接教導法就成爲主要的技術或策略，此種特質在其它諮商理論與技術中頗爲少見。尤其現實治療法就主張延用溝通說服的方法，使當事人學習如何表現更負責任與切合實際的行爲。其它良好技巧的學習倘當事人認爲是其行動計畫所必需，也要立即的加以教導。整個現實諮商與治療就是相互承擔責任的教導歷程。

四、建設性辯論(Constructive Debate)

現實治療由於著重於負責與智能的層次，因此，爲了擴展當事人積極的自我觀念，亦採用建設性辯論的技術，使當事人能在爭辯中發現有價值的事物，並且知道個人在治療歷程中具有積極的意義。現實治療認爲倘若價值受到注意，就有其效果。

五、角色扮演(Role Playing)

倘若當事人在人際關係上遭遇問題，或覺得需要練習新行爲，或新技巧時，可以利用角色扮演的方式，將當事人的過去與未來帶入到現時之中，先預演相關的情境，或對未來可能發生的事加以準備。當角色扮演完之後，諮商師與當事人需要相互的討論，或由諮商師（治療者）給予回饋。回饋本身就是對當事人積極作爲的一種鼓勵。

六、幽默(Humor)

現實治療法認爲幽默是一種有用的技術，目的在使當事人能受到震懾，或能面對自己非理性的行爲，或因而更能擔負行動的責任。幽默也可看成是一種自我解嘲，它的效果甚於懲罰或責難的效果，幽默也可以帶給諮商關係一些愉快氣氛。不過幽默使用不當形成嘲諷，將會傷害當事人的信心與勇氣。

七、支持(Support)

支持既是一種現實治療態度，也是一種技術，諮商師與治療者需要對當事人提供接納與激勵的環境，使當事人有改變行為的意願，支持的目的在使當事人覺得諮商師或治療者關心他。另外，現實治療也希望能使當事人由環境的支持(*environmental support*)轉向自我的支持(*self-support*)。整體而言，支持的技術在使當事人擴展自我的積極覺察、預期與期望，同時也在提高當事人的動機，以便覺得自我有價值，進而能控制錯誤、表現負責任的行為。

八、解決衝突(Resolving Conflicts)

葛拉澤認為衝突可分眞正的衝突(*the true conflict*)與錯誤的衝突(*the false conflict*)兩類。眞正的衝突是來自於一個人因為需求不能滿足而想力求改變。眞正的衝突並無法解決，其主要壓力來自於重複地想去作改變所產生的挫折。此類型挫折的諮商方法則是不做為(*doing nothing*)、被動與等待。也許沒有輔導，衝突自然改變，此時，當事人需要將能源用在非衝突的領域。

錯誤的衝突則是多數人所有，每個人幾乎都可以有所作為，以解決衝突，不過通常由於個人不用心，而使錯誤衝突存在，如肥胖症者需要少吃、多做運動來解決衝突，但卻因為有些當事人不能吃苦，反而抱怨行為無效。

九、控制知覺(Controlling Perceptions)

現實治療新近的發展趨向在於利用控制理論來改變當事人的行為。當事人的行動的目的常在於想降低需求與知覺之間的不一致。葛拉澤認為可以採用「冥想」(*meditations*)的方法改變知覺，以減少不一致，並能掌控生活。冥想法就是一種使個人積極成癮的策略。相關的策略包括吃維他命C丸，也可以利用規則跑步的方式達成，其它如超覺冥想(*transcendental meditation*)、生理回饋(*biofeedback*)、視覺與想像法(*visualization and imagery*)、吟唱(*chanting*)、徒步旅行(*hiking*)、游泳、騎單車、種花、寫作、縫紉等也都具有類似效果，這些活動容易做、易於自我訓練，能增強自我的控制功能，尤其對藥物成癮者更有效，這些相關的活動，葛拉澤稱之為「冥想活動」(*meditation activities*)，其本身就是諮商策略，有助於當事人的控制能力提昇，並增加作改變的潛能(*Gilliland, James & Bowman, 1994; Glasser, 1981; Tosi et al., 1987; Wallace, 1986*)。

十、WDEP 技術

現實治療運用*WDEP*技術協助當事人作決定，此技術中*W*（*Stands for wants*）即「你要什麼？」，初始階段諮商師可協助當事人去發掘他所欲求的與他所想做的事，並分享其經驗；*D*（*exploring the direction*）即「探索其目標」，諮商師與當事人建立關係後，將照點放在當事人的行為上，可用自我對話（*self-talk*）我出其目標加以探索其努力方向；*E*（*evaluation*）即評估其行為並對其行為負起責任，當事人瞭解認知到其行為意圖後，將會產生改變的動機；*P*（*plan*）即計劃，諮商師與當事人訂定契約擬定改變計劃，不接受當事人的藉口，也不予以懲罰，讓當事人為自己行為負責，讓當事人在現實情境中作出計劃執行，並可加以修正，以達成目標（*Glading, 2000*）。

貳、個案示例

下列是一個當事人接受現實治療，將情感轉入現時之中的個案實例。治療的過程分二個階段，第一階段是情感轉移，第二個階段是訂立計畫。

（第一階段）

治療者：你告訴我你非常討厭你對你自己與人生的感受，你認爲你在浪費時間、四處遊蕩、一無所成。我認爲這些情感將會使你憂傷，甚至讓你害怕。

當事人：是很害怕，很糟糕，我感到無助，我想不出辦法。

治療者：你有想了那些辦法？你眞的想做一些事？

當事人：我不確定……我猜想我正想要讓我感到我在爲我的人生——沒有眞正存在的人生，做一些事。

治療者：你現在做些什麼事讓你有這些情感？請你描述你現在生活中的典型的一天。

當事人：噢，典型的一天，鬧鐘響時，我起床，穿衣，然後去工作。工作之後，我回家，做一些事後吃飯，因爲我疲累，所以看電視看到上床睡覺。不過說眞的，我沒有眞正看電視。我一直在想一些可怕的事，也感到很不幸，然後入眠，你可以看到，我並未爲我的人生做一些事。

治療者：哦，但你是在做一些事。你剛才告訴我：你起床去工作，然後回家、看電視，或坐著想一些可怕的事直到睡覺。問題是，你沒有做任何事，可是你正想做一些讓你感到有成就感，讓你感到你在爲你的人生做一些事嗎？

當事人：當然不是，這讓我覺得不幸，我一直感到疲累與沮喪，我如何做事？

治療者：你已經觸及現實治療的核心：一旦你做得更好，你就會感到更好。我們可以在此時用全部時間來討論你如何的疲累與不幸的感覺，以及爲何讓你感到不幸與無助。你說當你看電視時，你就會覺得很不幸，你也說你所做的事亦無助於你爲人生所做的事。由於你所做所爲對你無益，也許我們可以來設計一些目標，看看如何來達成這些目標，

一、注重現時，協助當事人採用一些具體、簡易可行的方法，改變行爲。

二、重視個人的責任與承諾，認爲當事人要爲自己的行爲負責，並且要全心全意地投入行動的改變歷程中。

三、現實治療基本上是重視理性、教誨、指導、教導、關懷、同理與個人投入的方法，治療者就是增強者，對當事人此時此刻的情感與行爲給予積極的關注與增強。

四、現實治療所提倡的諮商與治療八大原則，使諮商員與當事人有了依循的準則，且頗爲具體、明確，不使諮商或治療茫然無頭緒。

五、現實治療法注重成功認定感的培養，且看重當事人的積極面，因此，不只可以增加當事人的價值感與責任感，同時也可以使當事人的行爲獲得改善，是不忽略個人內在歷程的行爲取向方法。

六、現實治療法的策略與技術具體、明確，也是一種短期性(*short term*)的治療模式，與其它諮商理論相比較，顯得經濟有效，不致耗費過多諮商資源。

七、現實治療不同意醫療與精神疾病論點，所以診斷、分析與解析就相對減少，且以現時爲焦點，使當事人沒有過去與未來的藉口，而能在現時之中力求面對自己，改善行爲(*Gladding, 1992*)。

現實治療法在教育與青少年輔導工作上所受到的評價極高，它不只是一種諮商與心理治療方法，更精確的說，應該是一種教育與訓練的方法，尤其對於矯正行爲失常者、藥物濫用者、自殺控制失常者、人格失常者、反社會行爲者、其它犯罪者上有極爲成功的效果。適用的對象雖然以青少年爲主，但是對兒童、成人或老年人同樣有效。同時在個別與團體中同樣適用。除了行爲矯正之外，在婚姻與家庭諮商上，現實治療也獲致不錯的效果。以機構而言，除了學校之外，精神病院、門診中心、復健中心與危機中心都同樣適用。

貳、限制

凡事有利必有弊，現實治療者雖然優點極多，應用範圍廣，且極受肯定，但仍是有其限制，其最受批評的地方，是整個治療歷程太多的道德與價值判斷，尤其對於個人責任感的強調常流於主觀的界定，同時此種界定通常來自於諮商師或治療者，又可能是代表著成人社會或統治階層的觀點，無法充分反映當前的道德或價值的變動性與相對性，因爲，道德與價值並非固定或一成不變的。

其它現實治療的限制包括：

一、現實治療以現實爲焦點，忽略潛意識歷程與個人過去的歷史，雖然有其獨創之處，可是人是無法與過去完全分割的，過去的經驗無可避免的帶入現時之中，忽視過去，會使現時的判斷失去依據，這是現實治療的限制所在。

二、現實治療法以責任代替心理疾病的論點也極有創意。可是心理疾病的概念卻也不能完全排除，仍有其可取之處，現實治療似有過度偏重責任感的缺點，倘以廣義心理疾病的觀點來看，不負責任畢竟也可看成是一種心理疾病的反映。

三、現實治療過於強調速成，重視行爲的立即改善，而忽略整體人格的重整，有簡化人生複雜性的危險。

四、現實治療法注重投入的歷程，可是要促使諮商師與當事人充分地投入，並非易事，同時也難以考驗投入是否充分，因此，無關因素就可能會左右諮商的效果。

五、現時治療基本上是一個教導或教學模式，但教導與教學的情境因素卻受到忽略，有可能言者諄諄，聽者藐藐，或虛應故事。

本章提要

1. 現實治療法是融合現象學與存在主義觀點的行爲與認知取向的心理治療理論。基本上，現實治療法是一種行動取向且具教誨性、具體性、指導性、認知性與行爲性等特質的方法。
2. 葛拉澤剛開始時擔任精神醫師，因採用傳統的精神分析治療法而業績不佳；1960 年開始致力於發展自己的諮商與治療方法。他基於過去的經驗創立現實治療法。
3. 現實治療法溯其根源可說是屬於一種理性實在主義哲學；現實治療中心論點強調人類每個人必須爲自己的行動負責，也要爲社會負責，自由缺少了責任便不存在。葛拉澤相信人的理性讓人不能爲所欲爲而不顧及他人，其思想與亞里斯多德和聖多瑪斯的實在主義論點相似。
4. 現實治療法認爲人的心理需求有四大類：(1)隸屬需求；(2)權力需求；(3)喜樂的需求；(4)自由的需求；並認爲人都有善根，都有健康與成長的力量，而需求的滿足是健康與成長之所需。
5. 所謂 BCP 模式是指大腦控制中心的行爲(B)、控制(C)、與知覺(P)三要素。行爲包含新的訊息、重新導向與重組三種。C是控制系統，人爲了滿足需求就必須對輸入的訊息加以掌握。
6. 葛拉澤認爲知覺有十個層次，其系統層次如下：(1)強烈知覺；(2)感覺；(3)結構；(4)轉變的控制；(5)序列的控制；(6)關係的控制；(7)程式控制；(8)原則控制；(9)系統概念的控制；(10)共通的單一性冥想。
7. 現實治療法相信人最終有自我決定的能力，個人是有自主與負責任的可能。對於人格成長與發展的現實治療課題有下列各項：(1)責任感；(2)行爲控制；(3)投入或參與；(4)學習。
8. 現實治療的目標如下：(1)協助當事人成爲一位心理強壯、具理性與自主性的人；(2)協助當事人承擔行爲的責任；(3)協助當事人澄清自己的生命需求，瞭解自己的人生目標。

9. 葛拉澤以六個效標作爲評斷適宜與健康行爲的標準，此六個效標也可視爲是現實治療的具體諮商目標：(1)行爲是非競爭性的；(2)沒有過度心理努力的履行行爲；(3)能獨自行動；(4)行爲對個人有價值；(5)當事人相信行爲有益於生活型態的改變；(6)沒有自我批評的行爲評鑑。
10. 現實治療法是一種重視此地與此時以及教與學的歷程，以有意義的治療投入使行爲有所改變的治療法。諮商與治療關係被視爲是一種工具，而非目的，有意義的治療關係投入是有效治療的最高境界。
11. 治療者投入程度受十種因素的影響：(1)個人的責任感；(2)心胸是否開放；(3)對人的敏銳與關懷的興趣；(4)是否有能力完成自己的需求；(5)自我表露的意願；(6)接受批評的能力；(7)接受不完美的意願；(8)忍受當事人受苦的意願；(9)保持同理心的能力；(10)接納當事人行爲的能力。
12. 現實治療法認爲要使當事人具有三R：「責任」、「現實」、「對錯」的表現，治療者必須掌握以下之原則，這些原則也可視爲是諮商的歷程：(1)投入；(2)以現實行爲爲焦點；(3)評估現實的行爲；(4)訂立契約或行動計畫；(5)承諾；(6)不接受藉口；(7)不用懲罰；(8)永不放棄。
13. 就諮商歷程而言，將現實治療法區分爲三個歷程：(1)結構化；(2)催化；(3)結束；而基里蘭等人認爲現實治療有二大歷程，一是諮商環境的安排或佈置；二是促進當事人的行爲改變，此階段又分探索需求與知覺、探索與評估整體的行爲、以及計畫與承諾三個次級歷程。
14. 基本上，現實治療法的策略與技術是教育性的方式，其常用技術如下：(1)積極性的技術；(2)面質；(3)直接教導法；(4)建設性辯論；(5)角色扮演；(6)幽默；(7)支持；(8)解決衝突；(9)控制知覺。
15. 現實治療被廣泛應用在教育與矯治機構中，目前加入控制理論概念，仍有極大發展可能，不過其限制不可免。

班級活動

一、全班一起討論下列的個案與問題：

有一位接受觀護中的青少年，他必須每週去法院報到一次，他的個案資料是：「我完全沒有機會，我的父親因殺人而入獄服刑，我在貧民區長大，我有三個哥哥、三位姊姊，我在學校是有名的打手，我也常偷東西，但未曾失手，當然在被你們捉到之前也幹了一些轟轟烈烈的事，請你不必懲罰我，我只是過去的犧牲者罷了。」

問題：

這個人有自由嗎？他的行爲對他有益嗎？假如你也相信他只是過去的犧牲者而已，你要如何作爲？你認爲這個人有意願承擔個人的責任嗎？或是他會繼續的譴責他的環境與他人？

二、繼續討論下列的個案：

蘇琴她說她想自殺，對她來說，人生似乎毫無希望可言，她每日過得痛苦極了，她尋求你的協助，她在諮商中一直堅持要平靜的死去，你如何引導她免於走絕路？你如何使她知道她的人生是有價值的？你如何讓她選擇她自己的目標？

三、全班分二組分別討論「成功的認定」(Success Identity)與「失敗的認定」(Failure Identity)的特徵與相關聯的思想、情緒與行爲，最後兩組再討論如何有效的發展「成功的認定」，避免「失敗的認定」。

問題討論

一、承擔責任在現實治療中有何特殊意義，如何要求當事人承擔責任？

二、請說明現實治療與控制理論有何關聯？

三、現實治療的目標何在？現實治療的主要諮商歷程有那些？

四、現實治療法如何有效地在教育與矯治機構中使用？

第十一章

其它重要諮商理論與技術

諮商理論的派別極多，在此之前，本書選擇了最受肯定的八大學派加以闡述，不過由於近年來諮商理論模式呈現欣欣向榮的景象，有些短小精幹的諮商理論模式亦各勝擅場，不可輕忽，這些較小規模的諮商理論模式對於某些類型的當事人可能更有其效用。本書除了前述的八大學派之外，將在本章之中，分別探討下列幾個重要的諮商理論模式：一、多重模式治療法(*Multimodal Therapy*)；二、認知治療法(*Cogntive Therapy*)；三、精微諮商法(*Microcounseling*)；四、折衷諮商(*Eclectic Counseling*)。各節將分基本概念、理論基礎、技術與策略及應用與限制各項加以探討。

第一節　多重模式治療法的理論與技術

壹、基本概念

多重模式治療法是由於拉澤勒斯(*Arnold Lararus*)所開創的系統性與綜合性的心理治療法。多重模式治療法基本上是利用心理學上行爲取向相關論點所發展而成的理論模式。事實上多重模式的核心論點非常簡明，整個理論應用就以七個英文字母爲代表。

拉澤勒斯認爲心理治療需要客觀、具有評量歷程，並且要注重當事人的深層感覺、想像、認知與人際等不同層面，而非只注意過去、現在或未來，也非只看重情感或人際的單一層面而已。相反的，一個有效的諮商與心理治療理論必須有涵蓋層面廣泛，能充分掌握當事人問題的整體性架構，也因此，多重模式治療法歸納行爲取向研究後發現，當事人的行爲(*Behavior*, 以 *B* 代表)、情感(*Affect*, 以 *A* 表示)、感覺(*Sensation*, 以 *S* 表示)、想像(*Imagery*, 以 *I* 表示)、認知(*Cognition*, 以

C 表示)、人際關係(*Interpersonal Relationships,* 以 *I* 代表),以及藥物或生理(*Drugs/Biology,* 以 *D* 表示)等七種層面爲診斷、分析或矯治的重點,這七個層面的英文簡稱衍生成二個英文字(*BASIC I.D.*),從衍生字的字義來看,可稱之爲「基本的身份證」。*BASIC I.D.* 乃因而成爲多重模式治療法的操作性架構,作爲整個治療歷程的依據。

*BASIC I.D.*的操作性架構代表人是複雜的個體,當有行爲問題產生的時候,可能起源於內在的情感作用,如,喜、怒、哀、樂,或希望與期盼,也可能是由於感官與想像的作用,加上個人認知上的判斷與評斷,並受到人際關係的牽連與生理作用等相關因素的交互影響所形成的。此外,多重模式治療也不忽視社會、政治、文化等社會環境對 *BASIC I.D.* 的作用,強調瞭解個人的問題也需要在社會網絡中去探討(*Lazarus, 1984*)。不過基本上,*BASIC I.D.*模式特別重視的仍然是當事人的氣質(*temperament*)、人格(*personality*)及體系(*system*)與行爲問題的關聯。

拉澤勒斯認爲所有的諮商與心理模式大致上有共通的概念,例如對行爲問題的看法,不外乎不良行爲(*maladaptive behaviors*)+情感失常(*affective disorders*)+負向感覺(*negative sensation*)+闖入的意象(*intuisive images*)+錯誤的認知(*faulty cognitions*)+人際困難(*interpersonal difficulties*)+生理因素(*biological factor*)所形成的,這些相關連的因素顯示人的困難或問題乃非單一性,或雙因素而已,相反的,乃是多重因素涉及情感、行爲與認知問題所造成的(*Lazarus, 1984*),也因而更需要有一多重模式作爲系統性的整合,以有助於諮商師與治療者的效能發揮。

貳、理論基礎

多重模式治療法認爲個體是受生理特質(*genetic endowment*)、物理環境與社會學習歷史(*social learning history*)三大因素交互作用的產物。行爲學派學者特別注重環境對個體行爲的影響，可視爲「環境主義論者」(*environmentalists*)，但是多重模式與行爲學派所不同的是，不輕忽生理因素與行爲的關聯，生物體中的 *DNA*（去氧核醣核酸）就影響了各種行爲的表現，生物遺傳乃是個體氣質與人格的重要基礎。個體痛苦、挫折與壓力的忍受度主要是受生理特質的影響。心理因素則會改變或修正生理特質的覺閾(*thresholds*)，像催眠、冥想就有可能改變對痛苦、挫折或壓力刺激的反應程度。在生理特質中，神經系統的功能也不可輕忽，因爲神經系統與行爲有密切的關聯，在人體中可能就有著「感覺反應器」(*sensory reactor*)、「想像反應器」(*imagery reactor*)或「認知反應器」(*cognitive reactor*)。這些反應器的作用又支配了個人的視覺與聽覺器官。各個生理歷程也造就了不同的人格類型，有些人是「行動者」(*doer*)，有些人可能是「思考者」(*thinker*)。以表 *11－1* 與圖 *11－1* 爲例，利用 *BASIC I.D.* 的概念，就可以發現不同人格的結

表11-1　個人取向評估表

1. 行爲(B)：你如何主動？你是「行動者」嗎？你喜歡讓你很忙嗎？
評量：6 5 4 3 2 1
2. 情感(A)：你的情緒如何？你對事情有深的感受嗎？你冷淡嗎？抑或你內心澎湃？
評量：6 5 4 3 2 1
3. 感覺(S)：你對感覺所得到的苦與樂注意嗎？你如何將身體感覺中與性、食物、音樂、藝術導入生活之中？　評量：6 5 4 3 2 1
4. 想像(I)：你有生動的想像力嗎？你一直在幻想與作白日夢嗎？你是否會「以圖作想像」(think in pictures?)　評量：6 5 4 3 2 1
5. 認知(C)：你是一位「思考者」嗎？你喜歡分析事物、訂計畫、作推理嗎？
評量：6 5 4 3 2 1
6. 人際(I)：你是一個「社會人」嗎？別人對你重要嗎？你對別人有吸引力嗎？你渴望與他人親近嗎？　評量：6 5 4 3 2 1
7. 藥物、生理(D)：你健康且有健康意識嗎？你關切你的身體與生理健康嗎？你會避免暴飲暴食、濫用藥物，以及其他有害的物質嗎？　評量：6 5 4 3 2 1

資料來源：Lazarus (1984), p. 502。

構側面圖(*structural profiles*)。

由表 *11－1* 的評定可以形成不同的人格側面圖，圖 *11－1* 就是 A 與 B 兩個人在 *BASIC I.D.*評定量表上反應的情形。

由圖 *11－1* 中可以發現，個案 A 的個性與 B 極為不同，A 是一位

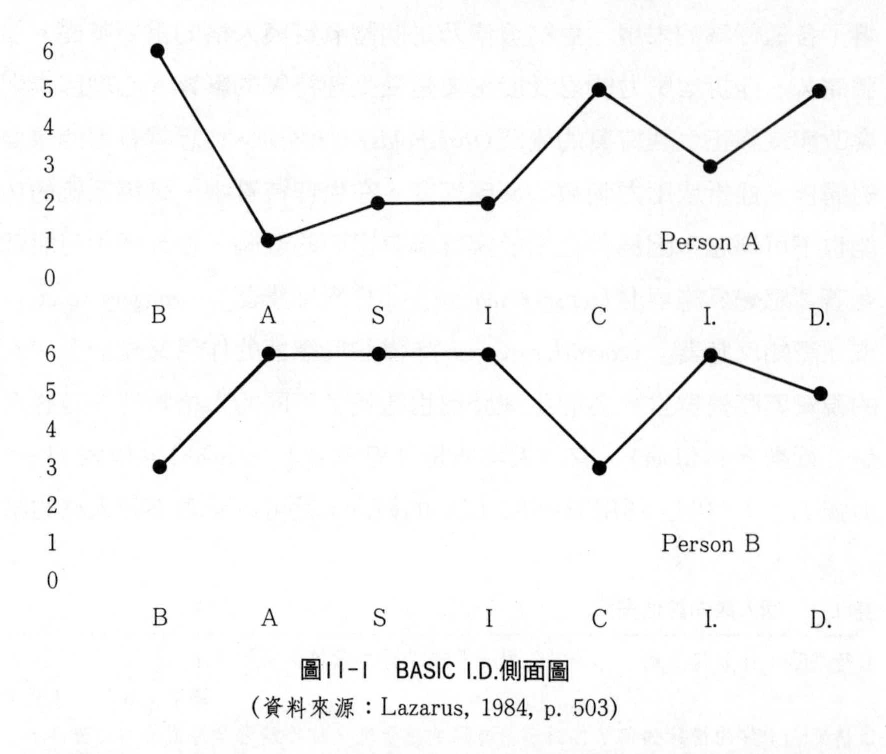

圖11-1 BASIC I.D.側面圖

(資料來源：Lazarus, 1984, p. 503)

「行動者」兼「思考者」，因此在行為、認知與生理強度上得分較高，而 *B* 反而是在情感、感覺與想像上得分較高，可見個案 *B* 是一位具有深層情感、想像力豐富、社會性強與感覺較敏銳的人。表 *11－1* 與圖 *11－1* 的多模方式在諮商與心理治療上妙用無窮，它們不只可以幫助個人對自我的行為作評量，同時也可以當作團體或夫婦諮商中相互認識對方的參考(*Lazarus, 1981*)。整體而言，多重模式理論就認為當事人的問題是多層面的，所以也必須以多層面的方式加以治療處置。

叁、策略與技術

根據拉澤勒斯(*Lazarus, 1989*)的論點，有效的治療始於對當事人在前述 *BASIC I.D.* 七個要素上做綜合性的評估。治療的技術主要在使用發問的技巧去瞭解七個層次的問題，如問：「在特殊情況下，你如何做？爲誰做？」或是「你做了些什麼？爲何要做？」等開放式問句，以便瞭解當事人所作所爲、有何感受、感覺、想像或思考。多重模式對封閉式問句較少使用。

多重模式治療有四個重點：一、把當事人的問題看成是社會學習歷程不足或有缺陷的結果（參閱圖 2-6）。二、治療者與當事人的關係是訓練者與被訓練者的關係，而非醫生與病人的關係。三、認爲治療並不會自動的學習遷移，唯有透過家庭作業的方式才能將治療所學應用在日常生活中。四、避免使用標籤、固定的診斷、分類、或一般性的描述，而要多使用行爲界定與操作性界定的方式(*Lazarus, 1984*)。

在治療中，特別要強調當事人個人的獨特性，然後要瞭解當事人的特質與需求。治療開始要讓當事人自在輕鬆，可以先和當事人作簡單的溝通，然後再問姓名、地址、電話、婚姻狀況與職業等細節。在獲知細節之後，可以請當事人吐露心聲或發牢騷，隨後再請當事人注意是什麼原因造成目前情況，以及它爲何持續存在。

諮商策略與技術最重要的部分是利用 *BASIC I.D.* 的型式分析當事人的主要問題。如以一位過度肥胖的兒童個案爲例，除對其背景有所瞭解之外，再以 *BASIC I.D.* 模式分析其問題如下：

一、行爲：㈠超過一般學童體重五公斤。
　　　　　㈡每餐吃二碗飯，胃口好。
　　　　　㈢喜歡吃冰淇淋、漢堡及炸雞。

二、情感：㈠不喜歡別人叫他小胖子。

㈡看到好吃的東西，寧吃不餓。

㈢也想少吃，但都節食無效。

三、感覺：㈠感覺有些緊張。

㈡想要找人協助節食。

四、想像：㈠覺得很多人在看他。

㈡想像自己沒機會當運動員。

五、認知：㈠知道肥胖不利身體健康。

㈡覺察到肥胖的負擔。

㈢獲知一些減肥的方法。

六、人際：㈠人多的地方不想去。

㈡有一些不會笑他的朋友。

㈢父母親能接納他。

七、藥物或生理：

㈠沒有吃過減肥藥物。

㈡除了肥胖外，沒有生理毛病。

㈢喜歡目前的身體狀況。

經由 *BASIC I.D.* 分析之後，進而可採取相關的策略或技巧協助當事人解決問題。在七個層面可使用的策略或技術有：

一、行為：㈠消弱法；㈡交互制約（*conterconditioning*）；㈢積極增強、消極增強與處罰法。

二、情感：㈠消散法（*abreaction*）（將被壓抑的情感疏散）；㈡擁有與接納情感（*owing and accepting feelings*）。

三、感覺：㈠緊張放鬆；㈡感官快樂（*sensory pleasuring*）（讓感官獲得積極快樂）。

四、想像：㈠改變自我印象；㈡因應形象（*coping images*）（當形象不能改變時，作自我控制)。

五、認知：(一)認知重建；(二)覺察。

六、人際：(一)示範法；(二)散掉不健康的勾結(*dispersing unhealthy collusions*)(改變或去掉不良的朋友)；(三)判斷的接納。

七、藥物或生理：(一)學習；(二)遵從醫生指示(*Physicians Desk Reference*)(*Lazarus, 1984, 1989*)。這些方法基本上是前述各大學派技巧與策略的統合性應用。

肆、應用與限制

多重模式治療法也可視為是一種折衷諮商，是一種綜合各行為治療策略，配合獨特的結構層面模式所形成的多向度治療方法。多重模式最受肯定的是以簡明的 *BASIC I.D.*架構掌握當事人的問題核心，並以此架構作為診斷、分析、鑑定與治療的依據，協助當事去除行為問題或作各種改變。此外，有了 *BASIC I.D.*的架構也有助於治療者發現當事人的獨特性與多樣性，能兼顧治療的藝術性與科學性特質，作適宜的治療處置。基本上，多重模式治療符合當前心理治療的多層面、多學門訓練(*multidisciplinary*)與多向度處遇(*multitreatment*)的發展趨勢。

不過多重模式治療同樣有其限制：一、多重層面模式的哲學基礎與人格理論並不厚實，甚至有流於膚淺的可能。二、只以單一 *BASIC I.D.*架構當作理論重心，雖顧及的層面較廣，但是卻對行為的內在因素，如動機與慾望，或價值觀念加以忽視，仍有所不足；三、多重模式以當事人現實行為相關連的七個層面為處理重點，但是行為非孤立的，會受過去與未來的牽引，此方面，多重層面模式較少顧及。

第二節　認知治療法的理論與技術

認知心理學是目前心理學的主流，流風所及，諮商與心理治療中的認知取向方法也有異軍突起的趨勢。不過由於多數諮商理論並不否定認知歷程的作用，因此，嚴格說來認知治療成爲單一的理論體系目前並不完備，不過認知治療現在已呈現百家爭鳴的狀況，未來形成諮商與心理治療的核心理論並非不可能。目前最受重視的認知理論以梅謙鮑姆(*Meichenbaum, 1977*)的認知行爲矯正(*Cognitive Behavior Modification,* 簡稱 *CBM*)、貝克(*Beck, 1976*)的認知治療(*Cognitive Therapy,* 簡稱 *CT*)與新近貝克(*Beck, 1990, Beck & Weishaar, 1989*)與艾理斯(*Ellis,1984; Ellis & Grieger, 1986*)等人所發展的認知行爲治療(*Cognitive Behavior Therapy,* 簡稱 *CBT*)爲主要的代表。

壹、主要概念

顧名思義，認知治療就是以思考或認知歷程爲焦點，關切認知對情感與行爲之作用的治療法。認知治療延用認知心理學的論點，注重實徵性的調查、試驗、評量與測驗，以及當事人與治療者合作共同解決問題。在整個諮商歷程中，主要在找出當事人認知組織與結構對情緒與行爲的影響。但倘要諮商效果顯現，當事人必須能夠想像情境，一如他們處於眞實狀況般，以便淸楚的呈現當事人如何的看事情、感受、思考以及與內在的自我說話。

認知理論把人格看成是個人認知結構與組織的反映，認知同時受到生理特質與社會影響的作用。整個治療的重心在於情緒與行爲的認知歷程。個人對於情境與事件的知覺、解釋、歸因決定了個人的情緒與行爲反應。

認知治療理論也借用認知心理學的概念解釋人的內在認知歷程。「基模」(*schemas*)就是個人認知的核心，也是個人信念與基本假定的基礎。基模影響了個人對現實世界的建構、對自己的看法與假定、對過去經驗的解釋、對替身學習(*vicarious learning*)的組織、對行爲的選擇，以及對未來的期望(*Beck & Weishaar, 1989*)。基模的適宜與否就關係到個人認知結構的形成。個人對基本認知結構的組織、形成與解釋乃決定他們的知覺與行爲。如「認知的脆弱性」(*cognitive vulnerability*)的概念，就可以用來說明某些人對心理壓力是否傾向於用不良的信念或假定面對事情，而導致問題的產生(*Beck & Weishaar, 1989*)。

整體而言，認知治療法有下列的理論重點：

一、與情感及行爲有關的認知結構是情緒困擾的根源，認知扭曲(*cognitive distortion*)是治療應注意的重點。

二、個人認知基模與錯誤的訊息歷程會修改與扭曲問題，並產生不良功能的信念與不良適應的行爲。

三、不同的病症或失常行爲都可能是因爲不同認知缺陷或認知扭曲而造成的。

四、認知治療的目標在於協助當事人辨認、作現實考驗與矯正不良適應的概念或功能不良的基模。

五、利用科學性的方法診斷與鑑定當事人的失常行爲與認知的關係，尤其是焦慮與憂鬱的失常者。

六、不良適應的認知導致不良適應與自我挫敗的行爲，透過當事人學習積極、自我擴展(*self-enhancing*)的思想而能產生積極與自我擴展的行爲。此外，可以教導當事人將內隱與自我挫敗的思想與態度轉變成自我擴展的思想、態度與行爲。

貳、理論基礎

認知治療法是以現時爲中心(*present-centered*)、具主動性、指導性與問題解決爲導向的諮商方法，通常認知治療所使用的諮商階段約 *12* 至 *16* 次，是一個具簡便性的模式。認知治療與理性情緒治療法最大的不同在於，認知治療不認爲人的困擾來自於「非理性信念」，也不認爲透過說服的歷程可以矯正或調整非理性信念。相反的，認知治療認爲治療者與當事人必須共同合作去發現與瞭解「不良功能」(*dysfunctional*)的認知思考，及與當事問題有關的基本設定。貝克就相信每一個心理失常者都有它獨特的認知因素存在，也因此，每一種失常的行爲需要有不同的處置方法(*Beck, 1976; Beck & Weishaar, 1989*)。

認知治療利用學習模式對人如何發展不良功能的認知思考與假定加以解釋。貝克認爲認知思考的系統性錯誤(*systematic errors*)會在人面對壓力時出現，主要的思考錯誤類型有下列六大類：

一、武斷推論(*Arbitrary inference*)：在欠缺證據的情況下，妄下結論。例如，某一諮商師在面對一次失敗的諮商時，就自認不是有效的諮商員，而想轉行。

二、選擇性摘要(*Selective abstraction*)：選擇細微末節去類推整個情境。例如，一位猜忌心重的人，看到未婚妻在宴會中和他人交談，而怒氣上升。

三、過度類化(*Over generalization*)：係將有限的規則應用到廣泛的情境中。如，生意失敗的人到處宣稱「人心險惡」。

四、加重與縮減(*Magnification and minimization*)：將事情的重要性加重或縮減。例如，不同考生對於考試有不同反應，甲生認爲此次考試失敗人生就完蛋，乙生認爲此次考試微不足道。甲生是加重考試的重要性，乙生則縮減，都是過猶不及的表現。

五、個人化(*Personalization*)：在欠缺證據的狀況下責備自己。如，丈夫夜歸遲，太太一直責備自己沒有吸引力（而非責備丈夫不負責任）。

六、二分法思考(*Dichotomous thinking*)：以非此即彼的思考方式看問題。如把人看成善與惡兩類，把事情用好與壞加以區分(*Beck & Weishaar, 1989; Gelso & Fretz, 1992*)。

認知治療也強調溫馨、同理與眞誠的去瞭解當事人的世界與經驗。與 *RET* 所不同的，認知治療不用說服或面質的方法去駁斥當事人的非理性信念，相反的，認知治療著重合作的關係，由治療者協助當事人去瞭解他們的思考與假定。治療的關係就是一種「合作性的實徵主義」(*collaborative empiricism*)，經由共同的探索，使當事人能看到錯誤的邏輯觀。另一方面，治療者又似乎在進行「行爲試驗」(*behavioral experiments*)，要求當事人在治療之外，試驗或考驗他們的思想與假設。整個諮商過程著重於教導當事人辨識錯誤的概念(*misiconceptions*)、考驗基本假定的效用，並以更有效與適宜的邏輯歷程取代錯誤的結論或推論。

除了貝克的認知治療之外，梅謙鮑姆的認知行爲模式也極受注意。梅謙鮑姆認爲認知中的「自我談話」(*self-talk*)是導致情緒與行爲困擾的主要來源。自我談話會干擾環境刺激與行爲反應之間的關係。內在的自我就是一種「內隱的行爲」(*covert behaviors*)，通常並不能眞正反應外在的行爲資料語言(*behavioral data language*)。

認知行爲理論認爲個人應付問題與成長的力量，最大的資源在於個人對自己與世界的分析性與合理性思考的能力。也因此，諮商的重點在於促使當事人「覺察認知」，再由認知去「控制」行爲與情緒。有了認知控制的能力，將會成功的解決問題、作決定與掌握環境。所以，認知行爲治療者就宛如教師一樣，教導當事人充分覺察他們自己，發展對情境與關係的敏銳覺察力，而且能作邏輯與有效的推論與判定。同時，諮商師也要幫助當事人去解釋內外在的事件，以現實及一致的方式去重新建構過去的經驗，最後能使用「洞察」(*insights*)的力量去計畫與解決問題，過較適宜的生活(*Blocher, 1987; Meichenbaum, 1977*)。

叁、策略與技術

認知治療與認知行爲治療的治療策略與技術有其共通之處，主要都是以當事人的思考或認知歷程爲重點。在開始接案時，就對當事人的自主思考(*automatic thoughts*)加以辨識與矯正，以及自主思考中的原始與次級假定作試驗性的假設，再根據相關認知與行爲資料，對假設加以支持或排斥。治療的過程是以「歸納法」(*induction*)爲基礎，利用所蒐集的證據對當事人認知歷程與行爲及情緒的關係作判定。其具體的策略與技術有下列各項：

一、蘇格拉底對話(Socratic Dialogue)

蘇格拉底對話亦即是反詰法，是利用對話的方式引導當事人做下列的努力：㈠探索與界定問題；㈡鑑定個人的假定、思考與想像；㈢評鑑情境與事件的意義；㈣評估維持不良適應、思考與行爲的後果(*Beck & Young, 1985, Beck & Weishaar, 1989*)。

二、合作性實徵主義(Collaborative Empiricison)

認知治療特別注重實際的證據，因此在治療中，治療者與當事人需要共同合作，成爲共同調查者(*coinvestigators*)，利用實徵性與科學性的方法，檢驗證據，以支持或拒絕當事人扭曲的認知。兩方面且要相互的決定治療的目標、引發與提供回饋、促進治療性改變。尤其對於偏差、扭曲的思考要加以改變，代之以適應性的思考與行爲。

三、引導發現(Guided Discovery)

此種技術在於引導當事人再評估與修正不良適應的思想與假定，經由治療者與當事人的共同合作，由治療者引導去做思考與行爲改變的策略，使當事人能發現如何用新的與適應的方法，去改善既有的思想與行爲(*Beck & Weishaar, 1989*)。

貝克這些治療技術都可配合錄音或錄影的視聽設備加以錄下來，使當事人可以反覆的收聽或收看，並且撰寫心得報告，或做家庭作業，以便強化作改變的效果。

四、心理與情緒想像法(Mental and Emotive Imagery)

心理想像法(*Mental Imagery*)是利用心理想像，將過去、現在與未來有關的經驗與事件，使之鮮活的歷程。心理想像法也可以作爲治療者評估當事人問題與治療效果的方法。心理想像也可視爲是「抽象的想像」(*abstract imaging*)。心理想像的優點有：㈠可以評估或檢查當事人的情緒與智能，及其與症狀的關係；㈡決定這些經驗對當事人的心理是否有誇大或激烈化的作用。

情緒想像法(*Emotive Imagery*)原係由前述多重模式治療法的創始者拉澤勒斯所創立，也是一種內隱式，使情緒與情感重新鮮活的策略，這也是甚早即受接受的治療策略(*Lararus, 1977*)。情緒想像亦即是以情緒與情感爲重點，使當事人在心理產生認知圖像，再引導當事人去面對不良適應的行爲，如恐懼症。不過倘心理與情緒想像法對當事人極端威脅或痛苦則不適宜使用，或應非常審慎，以免當事人受到傷害(*Gilliland, James, & Bowman, 1994*)。

五、認知與隱性示範法(Cognitive and Covert Modelling)

認知示範法與內隱性示範法主要是由治療者當作楷模，協助當事人去學習有效的認知思考歷程。不過兩種方法內容稍有不同。認知示範法是由治療者與當事人合作，一起去改變當事人的信念、自我陳述(*self-statements*)或心理態度。由治療者利用結構性與系統化的示範方式，向當事人提供事例，再協助當事人去學習適宜的認知思考。認知示範法的重點在於治療者就是個楷模，要求當事人面臨各種事件時，利用「放聲法」(*talking aloud*)，大聲說出自己的思考程序，再由治療者加以教導。

隱性示範法則是密集的教導當事人利用內在想像的方式，學習一些積極與成功的思考方式。隱性示範法較強調在放鬆的情境下，讓個人所遭遇的場景在想像中鮮明的呈現，再在治療者引導下學習有效的認知。與認知示範法所不同的是，隱性示範法不將認知歷程外顯或放聲，但兩者都重視經由楷模學習較適宜的認知思考方式。

六、認知重建(Cognitive Restructuring)

認知重建就是要以積極、健康、自我擴張的思想與行動去替代自我挫敗與非理性的思考。治療者就像教師或教練一般，協助當事人去重建認知結構。在認知重建時綜合利用鬆弛技術、想像法、示範法、演練法、壓力消除法與思考停止法等相關技術，使當事人能辨別自己自我挫敗的思想，然後由當事人學習將自我挫敗的思考加以揚棄，代之以具積極性與因應性的思考(*coping thoughts*)，並對自我陳述加以演練，重建新的認知結構(*Comier & Comier, 1991; Gilliland & Johnston, 1987*)。

至於其它行爲學派所使用的系統減敏法、思考停止法也都可視爲認知治療的一種，基本上，認知與行爲策略是難以區分的，也因此，「認知行爲治療」乃有合併形成一大理論體系的趨勢。

肆、應用與限制

認知治療法或認知行爲治療法最受推崇之處在於重視個人內在思考歷程與情感及行爲之間的關係。認知治療日漸興起，也促使理性情緒治療法的應用受到肯定。整體心理治療工作上，也日漸重視自我對話、自我陳述、隱性思考、認知結構、基模等概念的作用與應用。

認知治療法也由於較具科學性與實徵性的分析歷程，較符合一般大衆所期盼的治療效益，因此，受歡迎的程度也愈來愈廣。

不過認知治療需要有一位本身思考健康、分析細密，並有積極態度的治療者，才能使治療有較高成功的可能。然而，由於認知治療興起不久，系統性接受認知技巧與策略訓練的人並不多，同時由於個體思考的歷程不如行爲的具體，因此，一般治療者難以掌握當事人思考是否眞正的改變，抑或只是迎合治療者期望的一種表現。基本上，認知治療的理論與技術有其可取之處，但要完全成爲諮商與心理治療的主流，仍有相當多需要克服之處。

目前認知治療認爲在輔導低社經水準、少數民族、殘障者等當事人方面，效果不凡，主要在於這些劣勢當事人適應的困難在於認知結構，如自我挫敗、自信心低下。倘能重建他們的認知結構，通常會有意想不到的效用(*Beck & Weishaar, 1989*)。

第三節　精微諮商法

壹、基本概念

精微諮商法又稱之爲精微訓練法(*microcounseling*)，是由艾維(*Allen E. Ivey*)所創的一套統合各種諮商理論與技術，以系統化、統合化的濃縮方式，用以培育有效的諮商師，使準諮商師或實務工作者能依據具體、明確的諮商或會談，學習各種助人技巧，進而成爲一位優秀的諮商師，協助當事人適應與發展。

艾維的精微諮商模式今日被廣泛地應用在諮商師職前與在職教育上，世界甚多國家如日本、德國、瑞典，乃至於我國都有人推展艾維的模式與技巧。艾維個人著作等身，對諮商與輔導深具熱忱與活力，他又深信諮商可以促進個人、體制與社會的改變，對美國與世界各國的諮商與輔導影響深遠。

精微諮商強調擷取有效的助人技巧，形成體系，使學習者具有高度的助人溝通技巧。早在 *1940* 年代明尼蘇達大學教授達利（*John Darley*）就曾把諮商視爲發問、情感反映與利用沈默的歷程，諮商的重點就在於會談與人際溝通，艾維認爲達利早期對諮商的看法使他心有戚戚焉，因而特別關注諮商中的會談與人際溝通技巧的探究與分析。艾維精微諮商的形成並受下列理論與學者的影響：

一、社會學習論

班都拉（*Albert Bandura*）所發展的社會學習理論強調個人可以經由觀察、認同與模仿的歷程學習他人行爲，個人行爲就是個人知覺與環境互動的結果。艾維相信經由實際的觀察與模仿，準諮商師可以學得有效的諮商技巧，因此他乃大量的將諮商行爲拍攝成媒體，作爲諮商師教育的教材，另一方面，艾維也借助社會學習論的自我效能（*self-efficacy*）的論點，認爲諮商師自我效能的培養甚於技巧的學習，一位具自我效能的諮商師同時也可以當作當事人或病人學習模仿的對象。

二、意義治療法

艾維非常推崇意義治療法的先驅法蘭克（*Viktor Frankl*）與霍克斯特（*Hans Hoxter*）。

法蘭克經歷過納粹的集中營的壓迫，對人性另有一番體驗，相信發現人生的意義是一個人追求的重點，因此諮商也在於協助當事人發現人生的意義，他曾創造矛盾意向法（*paradoxical intention*），協助當事人自我克服焦慮與恐懼。艾維受法蘭克的影響，重視諮商中的「積極資產的尋求」（*positive asset search*），因此諮商師與治療者的首要任務是傾聽當事人的訴說，與當事人同在，並以與當事人相稱的文化作表現，發現當事人的積極人生意義。

霍克斯特也因逃避納粹迫害的而逃到美國，他相信透過輔導工作的發展可以獲得世界和平，人的相互瞭解才能制止爭戰。霍克斯特的努力使艾維相信諮商也可以追求超越個體之有意義與高遠的目標。

三、近代重要諮商理論

艾維的精微諮商事實上是擷取了近代重要諮商理論的精華所形成的統合模式(*metamodel*)，羅吉斯(*Carl Rogers*)的個人中心法、艾里斯(*Abert Ellis*)的理性情緒治療法，以及皮爾斯(*Friz Perls*)的完形治療法都是艾維心儀的諮商理論。

艾維欣賞羅吉斯的傾聽技巧與同理心訓練，艾里斯的理性思考法與皮爾斯的主動語言與非語言助人技巧，此三人都屬於存在人文主義諮商者，艾維承襲他們的人文觀點，重視當事人的尊嚴、價值與共同的人生目的。

近年來艾維一直把諮商視同爲發展(*development*)，他的精微諮商也將發展理論併入其中，如皮亞傑的理論即是，使精微諮商有了新的方向與活力。因此艾維的精微諮商基本上可視爲是重視學習、認知、人文與發展取向的統合性諮商模式。

貳、理論基礎

艾維所發展精微諮商可說是一種統整性諮商理論(*integrated counseling theory*)，它多數借助於其他理論觀點，汲取其精要，加以統整發展而成。精微諮商最受批評的地方即是本身沒有獨創的理論體系，因而顯得宛如大雜燴，當然艾維不會苟同此種批評，他一直把「精微諮商」視同爲「精微訓練」，精微諮商就是一種技巧訓練模式，其理論基礎即稱之爲「精微技巧理論」(*microskills theory*)，需要由其它理論中加以「混合與調配」(*mix and match*)，只有依賴被訓練者自我去掌握或駕馭。艾維曾指出，諮商與心理治療發展至今，大約有 250 種理論，但衆多理論只在迎合特定當事人的興趣與需求而已，唯有精微諮商模式博大，架構完整（*Ivey*,1987）。

表 *11-2* 是艾維所採用的主要理論模式及其重要技巧。由此表可見精微技巧理論就是十四種重要諮商理論的結合體。

由表 *11-2* 也可見非指導學派的理論對於精微諮商技巧中的專注技巧影響很大，羅吉斯個人中心治療法也成爲專注技巧、影響技巧、以及其他重要諮商焦點的理論根源，行爲理論也是精微諮商的重要理論基礎，尤其在協助當事人解決問題方面。此外如特質因素論、行爲問題解決理論、學生爲中心的教學理論與折衷理論都頗爲重要。理論基礎的多樣化也顯示艾維一直試圖將諮商師訓練成具有統合性諮商能力，能面對各種當事人的問題。

叁、策略與技巧

精微諮商技巧有七個主要專注技巧，分別是開放式發問（*open question*）、封閉式發問（*closed question*）、鼓勵（*encourage*）、改說（*paraphrase*）、情感反映（*reflection of feeling*）、意義反映（*reflection of meaning*）、以及摘要（*summation*）等技巧。在影響技巧方面共有七個主要技巧，分別是回饋（*feedback*），忠告／訊息提供／教導／及其他（*advice/information/instruction/other*）、自我表露（*self-disclosure*）、解析（*interpretation*）、邏輯影響（*logical consequences*）、指導性（*directive*）、以及影響式摘要（*influencing summary*）。另外艾維將面質（*confrontation*）視爲綜合性技巧（*combined skill*）單獨列成一項，顯見面質技巧在精微諮商上的重要性。另外亦有幾個重要的諮商技巧，艾維將它們視爲諮商的焦點。其中共有七個主要課題，分別是當事人（*client*）、諮商師或會談者（*counselor, interview*）、相互性／團體／「我們」（*mutual/group/*「*we*」），其它他人（*other people*）、主題或問題（*topic or problem*）、以及文化／環境背

表11-2　精微諮商的理論基礎與重要技巧

	重要精微技巧	非指導學派 (Nondirective)	當代羅吉斯個人中心治療法 (Modern Rogerian Person-centered)	行爲學派 (Behavioral)	心理動力論 (Psychodynamic)	完形學派 (Gestalt)	特質因素論 (Trait-and-factor)	塔維斯多克團體 (Tavistock gorup)	決策職業諮商 (Decisional vocational)	企業問題解決 (Business problem solving)	醫療診斷會談 (Medical diagnostic interview)	矯治質問 (Correctional interrogation)	傳統教學 (Traditional teaching)	學生中心教學 (Student-centered teaching)	折衷學派 (Eclectic)
專注技巧	開放式發問	○	○	◒	◒	●	●	○	◒	◒	◒	●	◒	●	◒
	封閉式發問	○	○	●	○	◒	◒	○	◒	◒	◒	●	●	◒	◒
	鼓勵	◒	◒	◒	○	◒	◒	○	◒	◒	◒	◒	○	◒	◒
	改說	●	●	◒	◒	○	◒	○	◒	◒	◒	◒	○	●	◒
	情感反映	●	●	○	◒	○	◒	○	◒	◒	◒	◒	○	●	◒
	意義反映	◒	●	○	◒	○	○	◒	○	○	○	○	○	◒	◒
	摘要	◒	◒	◒	○	○	◒	○	◒	◒	◒	◒	○	●	◒
影響技巧	回饋	○	●	○	○	◒	○	○	◒	◒	○	○	○	●	◒
	忠告／訊息提供／教導／及其他	○	○	◒	○	○	●	○	●	●	◒	◒	●	●	◒
	自我表露	○	●	○	○	○	○	○	◒	◒	○	○	○	◒	◒
	解析	○	○	○	●	●	○	●	◒	◒	◒	◒	○	◒	◒
	邏輯影響	○	○	◒	○	○	○	●	◒	●	◒	●	●	◒	◒
	指導性	○	○	●	○	●	○	●	◒	●	●	◒	●	◒	◒
	影響式摘要	○	○	◒	○	○	○	●	●	●	◒	○	◒	◒	◒
	面質(綜合式技巧)	◒	◒	◒	◒	●	◒	●	◒	◒	◒	●	◒	◒	◒
焦點	當事人	●	●	●	●	●	●	○	◒	○	○	●	◒	●	◒
	諮商員、會談者	○	◒	○	○	○	○	○	◒	○	○	○	○	◒	◒
	相互性／團體／「我們」	○	◒	○	○	○	○	●	◒	○	○	○	○	◒	◒
	其他他人	○	○	◒	◒	◒	◒	○	◒	○	○	○	○	◒	◒
	主題或問題	○	○	◒	◒	○	●	○	●	●	●	●	●	●	◒
	文化／環境背景	○	○	◒	○	○	◒	○	◒	◒	○	○	○	◒	◒
	有意義課題(主題、專注與增強的重要關鍵語詞)	情感	關係	行爲問題解決	潛意識動機	此時此刻的行爲	問題解決	權威、責任	未來計畫	問題解決	疾病診斷	犯罪訊息	訊息與事實	學生觀念、訊息及事實	有變化
	諮商會談中會談者談話的多寡	低	中	高	低	高	高	低	高	高	高	中	高	中	不一定

●代表時常使用的技巧
◒代表一般使用的技巧
○代表偶而使用的技巧
資料來源：Ivey (1988), p. 15。

景(*cultural/environmental context*)。

至於精微諮商從各理論中特別看中的有意義課題，在非指導性治療理論中關注情感層面，個人中心治療法則以關係最受重視，行爲學派以行爲問題解決爲主要焦點，心理動力論是以潛意識動機爲主要課題，完形治療法重視此時此刻的行爲，特質因素論也是以問題解決爲焦點，塔維斯多克團體(*Tavistock group*)是以權威與責任爲焦點，此一團體模式，國內較爲陌生。另外決策式職業諮商是以未來計畫爲焦點，企業問題解決諮商則以問題解決爲重點，醫療診斷會談的疾病診斷受到重視，矯治質問是以犯罪訊息爲焦點，傳統教學是以訊息與事實爲重點，學生中心教學著重學生觀念、訊息及事實，至於折衷諮商則變異大，並無一定關鍵課題。由此可見艾維的精微諮商可謂面面俱到，幾乎蒐羅了所有當代重要諮商與心理治療的主要關注課題。

另一方面表 *11-2* 也以高、中、低，三個層次顯示在諮商會談中談話的多寡程度，如非指導學派與精神分析理論的談話量是低度的，而行爲學派與完形學派等諮商會談者的談話量是高度的。

表 *11-2* 除可作爲精微諮商的訓練基準外，對初學諮商與心理治療者，也可立即窺見近代重要諮商理論全貌。

艾維事實上是把精微諮商技巧置於首位。專注技巧就是強調能利用適當的口語溝通，瞭解事實，聆聽當事人的訴說，使當事人能更深層的自我探索，至諮商發展良好時，再利用影響技巧促進當事人的成長與發展。而將面質技巧置於重要地位，也顯示當事人常因思考混淆、自我矛盾、或自我扭曲與逃避頗爲普通，需要適當的使用面質技巧。如以艾維的設計，熟練了這些重要精微諮商技巧，即是一位有效能的諮商師了。

精微諮商除了在模式建構有其統整性的效果外，艾維並且利用錄影帶等各種教學媒體作示範，使諮商師教育與訓練有具體與明確的學習榜樣。艾維認爲精微諮商訓練是循序漸近的訓練模式，共有下列主要的步驟：

㈠利用錄影帶作五分鐘基準會談

接受訓練的準諮商師實際或利用角色扮演方式和志願的當事人會談，會談的主題可以於事先共同商定，有時無結構與無計畫的會談亦可。此基準會談(*baseline interview*)均全程錄影。

㈡訓練階段

在訓練階段著重於接受訓練者的諮商技巧學習，共分四個步驟：

1. 閱讀單一技巧(*single skill*)的書面題材。

2. 播放特定技巧的示範教學錄影帶，並由教學者與接受訓練者共同針對某一技巧相互討論。

3. 接受訓練者觀看自己基準錄影帶的諮商過程，並且拿它和示範錄影帶作比較。

4. 督導員、教學者或訓練員保持溫暖、支持的態度，與接受訓練者共同討論學習心得，而且特別強調接受訓練者積極成就的一面，使他們建立諮商的信心。

㈢再會談

接受訓練的準諮商師再進行另一個階段的諮商錄影，並且強調已經學得的單一技巧，然後督導員、教學者或訓練者再與接受訓練者共同檢視錄影帶。

然後再依上述步驟學習另一項技巧，最後學得整套(*a repertoire*)的助人技巧，每一單一技巧所需時間約一個小時，倘接受訓練者於訓練最後尙不熟悉單一技巧，可以再重頭來過。最後期望接受訓練者能熟悉與充分學會各種精微模式所關注的技巧。在整個訓練過程中，行爲學派所強調的增強原理要充分加以運用，另外羅吉斯的關注技巧也應充分展現，亦即督導員、教學者或訓練者本身就是良好諮商技巧的楷模，他們本身也要先熟知這些技巧。艾維認爲精微諮商有五個重要命題(*propositions*)：

1. 以單一技巧為焦點：使接受訓練者不會片刻中同時學習太多技巧而混雜或無法具體有效。

2. 提供自我觀察與面質的機會，使督導員與接受訓練者能立即的觀察到訓練的成效，接受訓練者也能立即獲得回饋。

3. 由觀看錄影帶楷模學習諮商技巧。使接受訓練者不只聽到，也可以看到諮商的良好技術示範。

4. 廣泛的教導各理論學派的技巧與實務架構，使接受訓練者能廣泛受益。

5. 精微諮商是眞正的會談情境，使接受訓練者能有臨場感，並能從當事人處立即獲得回饋(*Ivey & Authier, 1978*)。

艾維近來更延續精微諮商的理念而推廣「意向」(*intentionality*)諮商。頗不同於其他諮商理論所強調的自我實現、自我效能、價值澄清、行為改善等目標。艾維以「意向發展」當作諮商與心理治療的目標，他認為行動具有意向就是具有能力感(*a sense of capability*)，諮商師教育與訓練的目標也在於發展具有充分意向的諮商師，他的理論核心即：「諮商師與當事人均在尋求意向」(*Ivey, Ivey, & Simek-Downing, 1987, p. 10*)。以艾維的觀點來看，有效的諮商師即是有意向的諮商員(*the intentional counselor*)。

艾維並以一個層級體系(*hierarchy*)呈現其精微諮商的架構，此架構如圖 *11-2* 所示。

圖 *11-2* 之中所列的專注行為包括適當的眼睛接觸、口語痕跡(*verbal tracking*)、身體語言與口語性質等。當事人的觀察技巧包括：鑑別非語言行為、說明當事人話題轉變的含義、瞭解思想與語言的關係、語言的表面與內隱意義、鑑別人際的不一致、統整資訊，以及運用相關名詞與概念。

在當事人的觀察技巧之上有開放與封閉發問、鼓勵、改說與綜合、情感反映等三個層次，艾維將此三個層次稱之為「基本的傾聽次序」

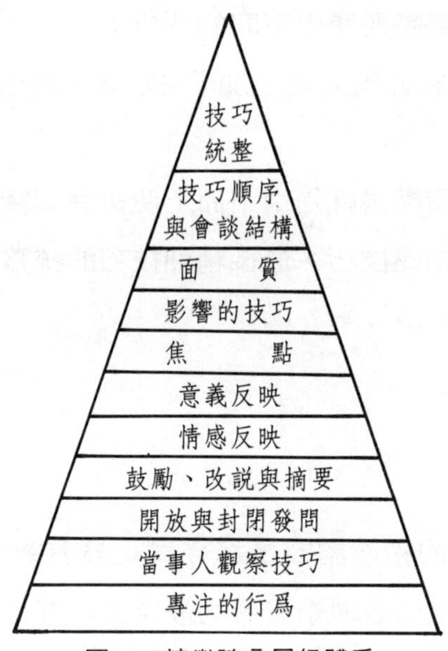

圖11-2精微諮商層級體系
（資料來源：Ivey, Ivey, & Simek-Downing, 1987, p. 70）

(*basic listening sequences*)。在此三個層次之上的技巧是情感反映與意義反映，這些都是表 *11-2* 所述專注技巧的一部份。

在此之上的焦點、影響的技巧、面質等技巧亦如表 *11-1* 所述。在技巧順序與會談結構的層次上，艾維列舉了五個會談的階段：

1. 投契與結構化(*rapport/structuring*)；
2. 資料蒐集；
3. 決定結果；
4. 產生可能的解決方法；
5. 日常生活的類化。

此五個步驟與一般主要的諮商理論所強調的諮商過程相近。在最後一個層次上，就是要使接受訓練的人能將技巧統整：

1. 知悉不同理論有不同的技巧類型。
2. 不同的情境要使用不同的技巧類型。

3. 不同的文化團體要使用不同的技巧。

艾維 *1988* 年又在此階層之上加「決定個人風格與理論」作爲精微諮商的最高層次。

艾維的精微諮商模式就是由下而上使接受訓練的準諮商師或實務工作者能熟練各式諮商技巧，最後精熟技巧的統整，成爲具統合諮商能力的諮商師。

肆、應用與限制

有人推崇艾維的精微諮商是迄今爲止最有效的諮商技巧訓練模式，這也是艾維對諮商心理學發展的最傑出貢獻(*Weinrach, 1987*)。艾維的精微諮商模式近年來並且應用到醫師、護士、教師等不同專業助人技巧的訓練上，此一諮商模式的發展仍前景看好。艾維基本上具有宏觀的諮商觀點，儘管他的諮商是精縮式的模式。他深受意義治療大師的影響，本身又因出身的關係而有文化衝突存在，因此希冀將諮商視爲推動人類和平、相互瞭解、解決文化衝突與促進個人充分發展的專業。他也期盼諮商與發展結合，使幼兒至老年的人生發展都能受到妥當的專業協助，他認爲諮商心理學應運用發展模式，廣泛的推動各種方案與教育模式，以服務人群，促進成長。

艾維也關心有意向諮商師 (亦即有效諮商師的特質)，他認爲有意向的諮商師具有十種屬性：

1. **助人的目標**：配合當事人情況，協助當事人達成目標。
2. **產生反應**：能對各種情境與課題產生或創造各種反應。
3. **世界觀**：能具有不同的世界觀。
4. **具有文化意向**：能在自己與他人文化中作最大的思考，行動與溝通。
5. **保密**：能保留當事人的隱私。

6.**認識個人限制**：能向督導及其他同事討教。

7.**人際影響力**：知悉諮商師與當事人的相互影響歷程。

8.**尊重人的尊嚴**：能以尊重、尊嚴、誠實的方式對待當事人。

9.**理論類化**：能系統化的發展個人獨特的諮商理論，並全心全意投入。

10.**對理論的態度**：能以文化的角度考慮理論的建構(*Ivey, Ivey, & Simek-Downing, 1987*)。

儘管艾維的抱負與努力，使精微諮商在諮商心理學發展上獨樹一格，尤其他所關注的統整性與系統性的精微諮商模式亦頗受肯定，但是艾維的諮商模式與取向仍有值得商榷的地方：

一、精微諮商模式的諮商技巧仍屬有限

艾維顯然想在一個精微諮商模式中涵括各種可能的重要諮商技巧，在表 *11-2* 中也舉出近二十種的精微技巧，但仍難免掛一漏萬，尤其他的架構傾向於存在與人文取向。

二、精微諮商模式的理論基礎薄弱

雖然艾維列舉了可能的精微諮商的理論來源，但難免失去其獨特性，本身對人性、諮商的哲學基礎，乃至於諮商歷程與技巧的應用欠缺自我驗證所形成的概念性架構，因而基礎不強化，流於爲學習技巧而設，顯得膚淺，雖然艾維想以「意向」的概念作爲中心論點，但著力不深，相關的實徵性資料亦不足（本節摘錄自：黃德祥，民 *81*，「艾維與精微諮商」一文，第 *113-131* 頁)。

第四節　折衷諮商的理論與技術

自從 *1940* 年代開始，就有人倡導折衷主義(*eclecticism*)的諮商與心理治療，宋恩(*Frederic C. Thorne*)就是一個代表性人物。宋恩主張需要將所有的心理學知識，以綜合性與統整性的方法整合至諮商與心理治療中。經由宋恩的努力，愈來愈多的臨床心理學者認為他們是折衷主義者，在 *1940* 年代持此種觀點的不多，至 *1970* 年時就超過了 50%。在宋恩之外，卡克夫(*Carkhuff,* 1969; *Carkhuff & Berenson, 1977*)也致力於發展綜合性、系統性、統整性與折衷式的模式，以便使諮商關係的建立、問題的解決、訓練技巧與助人工作者效能的提昇有所進展。艾根(*Egan, 1986; 1990*)同樣努力發展目標導向的系統性折衷模式，他以系統性技巧訓練、社會影響理論與行為學習理論為基礎，加上發展性概念與策略、自我瞭解，以及行動問題取向等技巧形成獨特的助人模式。宋恩、卡克夫與艾根等人的努力，使折衷諮商與心理治療愈來愈受肯定與接納。折衷模式雖然創見較少，但其整合理論與技術的貢獻，仍然成就不凡，尤其對諮商師教育與訓練工作，助益極大。

壹、基本概念

折衷諮商本質上就是一個範圍較廣的一般性體系(*general system*)。「折衷」一詞，本身就包含有綜合(*comprehensive*)、「組織」(*organized*)、「統整」(*integrated*)、「系統化」(*systematic*)、「科學性」(*scientic*)、「實務性」(*pratical*)、「開放」(*open*)、「進化」(*evolving*)、「發展性」(*developmental*)、「一致性」(*consistent*)、「統一」(*unified*)與「有意向」(*intentional*)等意義(*Gillilana, James, & Bowman, 1994*)。因

此，認為折衷模式只是各家之言的大雜燴可能是個誤解。事實上，折衷主義具有下列三大類型：

一、技術折衷主義(technical eclectism)

技術折衷就是使用一個有體系、有組織的理論為基礎，擷取其他學派或理論使用的各種有用技術。亦即以一個理論為重心，但卻不拘泥於單一學派的技術，能兼容並蓄的吸收其他理論的技術精華，以為中心理論服務。例如，行為學派學者可以採取羅吉斯的個人中心治療的情感反映技術，建立投契與密切的治療氣氛，隨之有效的應用行為技術。前述的多重模式即可視為是技術折衷的綜合性行為模式。

二、整合式折衷主義(synthetic eclectism)

整合式折衷主義是要將二個或多種的理論學派加以整合，或者尋求不同理論間的共通原則，以有利諮商實務的應用。例如，可以將行為學派與精神分析學派加以整合，兼顧內在動力與外顯行為的處理，以便更能全面性的覺察當事人的問題。

三、非理論折衷主義(atheoretical eclectism)

非理論折衷主義反而是全然不以單一理論為導向，而綜合各家之言，靈活應用各學派的優點，作為諮商的依據。非理論折衷主義者估計並不超過 *10%*，可見以理論為導向的諮商與心理治療仍是主流(*Young, 1992*)。

折衷主義由於係擷取各家精華所形成的諮商體系與技術，目前倒是受到實務工作者的歡迎。可是折衷主義也受到嚴厲的批評，主要的原因有：一、折衷主義看似沒有受過訓練與整合的體系，也是令人困惑、混淆的方法，容易讓實務工作者迷失。二、折衷主義通常效果令人存疑，因為傳統的諮商理論體系僅有自我一套效果檢核的標準，但折衷主義採用之後，已非原有的體系架構，如何考評其效用，確實困難。三、折衷主義欠缺自己的哲學基礎與假定，對人的行為的瞭解可能極為有限，亦容易導致諮商的偏差。

不過由於折衷主義標榜擷取各家精華，針對諮商的需要加以應用，因此，受歡迎的程度愈來愈高(*Young, 1992*)。

貳、理論基礎

折衷主義諮商的理論基礎主要來自於宋恩早年的論點，宋恩認為諮商需要對人格的廣泛層面加以瞭解，他認為人格必須以統整性的觀點來看待，個人就是一個整體性的單位(*global unit*)，也是「個人在其世界中處理其日常事物」(*person-running-the-business-of-his-life-in-the-world*)的整體(*Thorne, 1973*)。因此，諮商與心理治療需要採用統整的概念，兼顧心理狀態、動力改變、個體的發展狀況，以及社會文化因素。其中尤其以「統整」和「心理狀態」為主要核心。宋恩批評傳統的諮商與心理治療理論是以靜態的觀點看待人格結構，無法預測或迎合個體的快速發展與改變，是有所不足。對人的瞭解與輔導最迫切的是要將個體看成是不斷在追求與維持最高層次統整的生命體，會持續地在自己的世界中開展、發展、改變與體驗自己的人生。既然如此，個體高層次的發展，如自我實現的動力就值得關切。在另一方面，宋恩也認為心理狀態就是個人的機體狀態、情境與個體條件的反映。所以，諮商與心理治療也就是以整體性的觀點，考慮廣泛的因素，有效的加以處理的歷程。其重點有三要項：一、使當事人充分地覺察自己的問題狀況；二、有意識(*conscionsly*)與有意向(*intentionally*)的教導當事人演練控制問題情境的能力；三、協助當事人發展更高層次的統整(*Thorne, 1967; 1973*)。

綜合折衷主義的理論，可以歸納成下列的要點：

一、人是兼有理性與非理性，且有社會(*asocial*)的傾向。正常的人是可以使用智能資源或透過訓練形成自我概念。

二、人格是應付環境問題、維持穩定、統整正反力量、擴展自我的一種改變中的狀態(*changing states*)。

三、個人的生活型態是以統整性策略滿足了個人的需求，並應付現實需求的一種反映。個人的發展是指完全的理性與自主控制。

四、對個人的焦慮與情緒衝突不關切，諮商不重視內在情緒的處理。諮商的目標在於促使個人能自我規劃、維持心理健康。

五、強調諮商的首要在主動積極的應用各種技術，但需要配合當事人的問題與資源作調整(*Baruth & Robinson, 1987; Gilliland et al., 1994*)。

總之，折衷主義諮商是在發展範圍廣泛的技術、能力、概念與策略，能寬廣的面對當事人的問題，尤其是要不斷地去尋求有效的模式，協助當事人充分地發展。

叁、策略與技術

既然折衷諮商重視擷取各家的精華，針對當事人的狀況，作有效的處置，因此，各家的諮商策略與技術都可使用。表 *11-3* 係折衷主義重要的諮商策略與技術，表 *11-3* 的相關策略與技術也可視為是各重要諮商策略與技術的綜合性應用。

表 11-3　折衷諮商策略與技術

分　類	情感、思考、行爲與學習策略的應用	
	由諮商的觀點與行爲及目標來看	由當事人的觀點與行爲及目標來看
關係策略	專注、傾聽、尊重、反應、關懷、同理心、瞭解、接納、眞誠、信賴、開放、無條件積極關注、使當事人生理與情緒有安全感。	信賴自己與他人、感到被瞭解、有價值感、安全、被尊重、有重要感、平安與眞誠、經驗接納與無條件關注的氣氛、與自己的情感、價值、選擇及內在動機接觸。

會談策略	鑑別諮商目標：選擇性作反應以協助當事人澄清問題情境，以及現在及希求的功能性水平，使用摘要性陳述、開放問句、對當事人的語言與非語言作反應。	澄清問題層面，區辨內在與外在，以及情緒與行爲功能，辨識自我未來功能的方向與層次。
評估策略	問題界定、診斷、預斷、目標選擇、需求評估、決定適宜可用的資源與技術，評估當事人因應問題的層次與環境條件，檢查整體性與孤立性、單純與複雜、長期與短期的當事人情境的特質。	問題探索與界定、現實目標的設定與選擇、調查與瞭解自己的態度、興趣、能力、問題、目標、資源、潛能與社會環境條件，評估整體與孤立、單純與複雜，以及長期與短期層面的個人目標之效果。
理念形成(*Idea-generation*)策略	探索與鑑別意義、選擇、問題、酬賞、效果、需求與誘因等對當事人目標的障礙或適宜程度，協助當事人產生兼顧內在與外在的抉擇，以合作、非指導性、或指導性的方法催化當事人去認識可能的抉擇並形成具體實際的清單。	發現現實的資源，產生內在與外在與認知與行爲有關的抉擇，發展有用的理念去增進或改變自我的思考、作爲與情感類型，擴展對有用抉擇和引發及履行抉擇的角色之覺察程度。
個案掌握(*case-handling*)策略	選擇與系統性的使用適宜的技術、轉介的資源、楷模、增強的後果。催化反映與其它干預、影響、教導、引導、支持、激發、合作的助人策略，以協助當事人以積極且有反應的方式達成期待的目標。保有當事人在諮商中的自主、權利與獨立。	學習去因應、適應、改變內在觀點、改善行爲、轉化環境、作社會適應、區別可能選擇、獲得獨立、順從楷模的適宜行爲類型、獲得自信與自尊、在自我生活型態中因應更新的資訊與新的適應性抉擇。
洞察(Insight)策略	催化發現極化的衝突，協助當事人發現可能對目前問題有影響的早年創傷。佈置情境使當事人能發現與處理發展的缺陷，以有反應的、建設性、協助性的方式面質當事人，處理當事人的意識與潛意識，轉變當事人的意識使他們瞭解過去的認知，以及影響情感、思考、行爲與學習的現時與未來的限制。	發現內在極化的衝突、認識影響自己行爲的過去、未解決的創傷（也許是在兒童期發生），在影響現時發展困難與過去發展缺陷之間獲得必要聯結，以及對矯正缺陷或獲得成功的因應方式有心理自我印象。以積極及建設性方式去面質自己的偏見、衝突的價值觀、極化的衝突與情緒的困擾。透過夢的解析、投射、自由聯想、幻想、畫圖、以及其它進入潛意識歷程的方法學習瞭解個人內在功能。
行爲管理策略	以各種助人角色，如諮商師、治療者、教師、師傅、資訊者、催化者與支持者，作促動或楷模。以各種模式，如指導性、合作性到指導性方法，處理當事人的問題。催化當事人將不良適應的行爲與思考，改變成適應的行爲與思考，成爲面對改變中與複雜的社會與物理環境，應用各種科學性的各種行爲技術協助當事人。	應用各種策略去消除不良適應的思考與行爲，去發展適應的思考與行爲。發展作改變的技巧，以及因應改變中的物理與社會環境的技巧。學習行爲技巧與技術，以依照行爲原則充分地管理自己的生活型態。
評估與結束策略	評估諮商的效果與結果，評估概念、假定與策略的適宜性，在適宜、有效益、專業及倫的條件下結束諮商。提供當事人在需要時再回來諮商，或轉介的服務。發展追蹤的效果或有效益的體系。	獲得對諮商結果的具體瞭解，在諮商中認識積極學習與體驗成長的步驟。以知識的達成做爲每一階段結束的依據。以積極方式持續諮商關係。辨別成長的步驟。顯示高度的獨立，以及比先前諮商更有效的因應行爲。對諮商前、諮商後與諮商中的進展情況作實際的比較。

個人與專業成長策略	以個人及諮商師的觀點持續的發展自我，看待自己是一個持續的學習者，發現創造，以及以履行方式去更新個人與專業的生活，有意向的改善諮商與關係技巧，經由專業與教育成長活動激發與同事的有意義接觸，並且調適訓練，把持續學習當作生活的一部分，成爲敏銳與負責任的、有效益的諮商師。	學習把成長與因應當作生活的一種方式，發現個人有很多的選擇與執行個人的選擇。獲得深層的自我接納、自信、自尊，並能更獨立、自我滿足、自我實現，並把預防與積極活動當作生活的一部分，發展終身更新的機制與策略。
研究策略	調查諮商理論的適當性與有效性，投入研究活動中，支持與贊助諮商研究，與適宜的聽衆分享研究發現，以自我及他人的研究發現作基礎，改善自己的策略，把研究與學習當作諮商師生活的一種方式，鼓勵同事與學者進行研究。	適當時候參與諮商研究，有意願幫助自己與他人所進行的研究，對諮商研究發展積極的態度，以充分或部分時間進行研究調查，對調查研究能坦白與客觀。

資料來源：*Gilliland et al.* (1984), *pp.* 277－292; *Gilliland, James, & Bowman* (1994), *pp.* 398-401.

肆、應用與限制

折衷諮商是擷取重要諮商模式的優點，形成統合性與統整性的體系，對各種治療策略與技術採取兼容並蓄的態度，且不拘泥於一家之言。因爲折衷觀點的諮商學者認爲單一的觀點與單一的理論體系是有限的，倘能博採衆議，在概念、程序與技術方面能有不同的來源，將更能切合各式各樣當事人的需求，同時倘諮商師能將各種理論、名詞、技術、概念與過程加以統合，諮商的應用範圍將會更爲廣泛。整個諮商需要兼顧認知、情感與行爲各個層面，同時也要瞭解環境與體制，以及社會文化的各個問題，才能面面俱到，不會侷限諮商的效用與發展。另外，折衷諮商也致力於發展一套問題解決的適宜方法，使諮商員能適合各種當事人的問題與情境，發揮最大的功能。

不過折衷主義的優點就是它的限制，也是它最受批評的地方，那些理論與技術有何優點？又爲何適用於某個當事人？其標準不好拿捏，同時折衷主義欠缺深層的哲學與人格理論體系，所受的批評最甚。

本章提要

1. 多重模式治療法是由拉澤勒斯所開創，是一種系統性與綜合性的治療法。此治療法基本上是利用心理學上行爲取向相關論點所發展出來的理論模式，其整個理論相當簡明，可用七個英文字母 BASIC I.D. 爲代表。
2. B是指當事人的行爲；A是情感；S是感覺；I是想像；C是認知；而I是指人際關係；D是藥物或生理；這七個層面是多重模式的操作性架構，爲整個治療過程的依據。
3. 多重模式治療法認爲個體是受生理特質、物理環境與社會學習歷史三大因素交互作用的產物，而不輕忽任何因素。
4. 多重模式治療之重點：(1)將當事人的問題認爲是社會學習不足，或有缺陷的結果；(2)唯有透過家庭作業的方式才能將治療所學應用於日常生活中；(3)治療者與當事人的關係是訓練者與被訓練者之關係，非醫生與病人之關係；(4)避免使用標籤。
5. 多重模式諮商治療之技術最重要是利用 BASIC I.D.的形式來分析當事人的主要問題。從此七個層面逐步檢視當事人的問題。
6. 認知心理學是現在心理學的主流，而目前最受重視的認知理論以梅謙鮑姆的認知行爲矯正(CBM)、貝克的認知治療(CT)、以及認知行爲治療(CBT)爲主要代表。
7. 認知治療是以思考或認知歷程爲焦點，關切認知對情感與行爲的作用。其沿用認知的論點，強調實徵性調查，以及當事人與治療者合作共同解決問題。並將人格看成是個人認知結構與組織的反應，認知同時受到生理特質與社會影響的作用。
8. 認知治療法是以現實爲中心、具主動性、指導性與問題解決爲導向的諮商方法，並利用學習模式對人如何發展不良功能的認知思考與假定加以解釋。其治療關係是一種「合作性的實徵主義」，經由共同探索，使當事人看到錯誤的邏輯觀；同時治療者也利用「行爲試驗」要求當事人在諮商之外試驗其思考與假定。

9. 認知治療與認知行為治療之技術與策略有共通之處，都是以當事人的思考或認知歷程為重點。其具體策略與技術如下：(1)蘇格拉底對話；(2)合作性實徵主義；(3)引導發現；(4)心理與情緒想像法；(5)認知與隱性示範之法；(6)認知重建。
10. 精微諮商係艾維首創的一套綜合各諮商理論與技術，以系統化、統合化的濃縮方式所形成的一套具體而微的諮商關係與技術模式。
11. 精微諮商受到：(1)社會學習論；(2)意義治療法；(3)近代重要諮商理論的影響。
12. 精微諮商主要有七種專注技巧：(1)開放式發問；(2)封閉式發問；(3)鼓勵；(4)改說；(5)情感反映；(6)意義反映；(7)摘要。
13. 精微諮商也有七種影響技巧：(1)回饋；(2)忠告／訊息提供／教導／及其他；(3)自我表露；(4)解析；(5)邏輯影響；(6)指導性；(7)影響式摘要。
14. 精微諮商有三個主要步驟：(1)利用錄影帶作基準會談；(2)訓練階段；(3)再會談。
15. 自 1940 年就有人倡導折衷主義的諮商與心理治療，折衷諮商本質上就是一個範圍較廣的一般性體系，「折衷」一詞本身包含的意義很多，故認為折衷模式是各家大雜燴是一種誤釋。
16. 事實上，折衷主義具有三大類型：(1)技術折衷主義；(2)整合折衷主義；(3)非理論折衷主義。
17. 折衷主義諮商的理論主要來自宋恩的論點，宋恩認為諮商要對人格的廣泛層面加以瞭解，故必須以統整性的觀點來看待人格，而個人就是一個統整性的單位。而諮商與治療也就以統整與心理狀態為主要核心。
18. 折衷諮商重視擷取各家的精華，針對當事人的狀況，做有效處置，因此，各家的諮商技術與策略都可以使用。

班級活動

一、分組討論本章四大模式，再回到班級團體中，各組推派代表，向大家報告研讀心得。

二、利用 BASIC I.D.模式分析自己的一件困擾的事，分析之後回到班上，請一位同學提供對分析結果的意見。全班再討論 BASIC I.D. 模式的優缺點。

三、觀看一段實際諮商錄影帶，再以精微諮商的相關圖表作參考，討論此段諮商錄影的效果。

四、全班討論何謂「折衷治療法」，以及個人如何擷取各家之優點形成自我體系？

問題討論

一、請說明多重模式的特點與主要策略。

二、請說明精微諮商的理論基礎與主要策略。

三、請比較說明認知治療法與 RET 的異同。

四、請比較說明多重模式諮商與折衷諮商的異同。

第十二章

諮商綜合技術

技術(*techniques*)或技巧(*skills*)包含著效益(*proficiency*)、能力(*competence*)與專家(*expertness*)等各種意義，對諮商師而言，有技術或有技巧就代表著有能力去選擇與使用各種有用的方法或策略，達成諮商的目標。不過由於諮商面對的是個別差異極大的活生生個體，因此，技巧需要有彈性、自發性、自主性、自由性與有效性的加以應用，而不是機械式的，也非匠氣或一成不變的。對諮商師而言，有了良好的技術或技巧，就表示擁有了資源，可以用以協助當事人成長、適應、解決問題或作最大發展(*Martin, 1983; Nelson-Jones, 1988*)。

本書前述各章均兼顧各主要諮商學派的理論與技術的分析與探討，各章中所述及的技術，事實上都可配合諮商師的理論導向與當事人的需要，作彈性的有效使用，本章將再以綜合性的觀點，說明一些較受肯定與被廣泛使用的諮商技術。

不過諮商中有那些技術或技巧值得運用，除了需要有本書前述各章的理論基礎作指引外，也涉及對諮商歷程的不同看法，對此，本書第一章也曾探討過，但不同學者對諮商歷程爲何亦見解不同。以下將選擇四個具代表性的諮商技術模式作說明，這些不同論點也代表著諮商技術的複雜性與變化性。

第一節　諮商關係技術模式

諮商關係技術模式基本上可稱之爲「卡克夫諮商技術模式」，以卡克夫系列研究爲代表。卡克夫(*Carkhuff, 1969; 1971; 1972*)對諮商歷程與技術的分析至今仍廣受各界的支持與應用。卡克夫主要把諮商視爲是助人關係，有了良好助人關係，諮商目標就容易達成。卡克夫將諮商歷程分爲三個主要階段，不同諮商歷程需要運用不同的諮商技巧。此三個諮商歷程分別是：㈠催化階段(*Facilitation phase*)：此階段諮商師或助人者先要表示溫柔或溫馨的態度，建立良好的氣氛，使當事人或被協助者能陳述自己的症狀，然後由諮商師或助人者加以評估或判斷，再決定隨後的諮商步驟。㈡轉換階段(*Transition phase*)：在此階段諮商師或助人者要協助當事人思考自己的問題，接納他們有作改變的責任，諮商師或助人者也要溫和的協助當事人瞭解自己的角色，並且審慎與試驗性的去深入評估當事人的問題。㈢行動階段(*Action phase*)：在此階段當事人需要採取行動去解決自己的問題，而諮商師或助人者仍要有所支持與評斷，同時諮商師或助人者需要有自信，並具備充分知識。

壹、諮商三階段的技術

本質上，卡克夫的三個諮商歷程就分別包含了三個目標：㈠協助當事人自我探索；㈡當事人能更充分自我瞭解與承諾作改變；㈢當事人能適當的行動或導向。

至於為達成此三階段目標所需要的諮商技術分別有下列各項：

一、催化階段的技術

㈠同理心(Empathy)

同理心技術應用的目的在於協助當事人深層自我瞭解，同理心就是一種感同身受的諮商或溝通的技術，用俗話來說，同理心就是「從別人的眼睛看問題」(*Seeing through the eyes of another*)，或「穿別人的鞋子走路」(*putting oneself in the shoes of another*)。同理心是卡克夫特別看重的諮商技術，是一切諮商成功的根本要件，少了同理心就談不上助人效果。

㈡尊重(Respect)

尊重代表支持、肯定、信賴與信心，使當事人能受鼓舞，進而相信自己有能力解決自己的問題，也學習到自己是獨特、有價值與有尊嚴的人。卡克夫強調經由諮商師的專注與傾聽能顯現對當事人的尊重，以及對當事人爲自己所作努力的支持。

㈢溫暖(Warmth)

溫暖也就是讓人有溫馨、如沐春風的感覺，也是對他人的一種關愛表示。溫暖需要與同理心及尊重配合應用。諮商的目的就是在協助當事人「作重大投資」(*make a significant investment in*)或作重大「投入」(*involvement*)。有了溫暖的氣氛，當事人才能感受到被愛與關懷。溫暖通常配合微笑、點頭、接觸等非語言動作展現。

二、轉變階段的技術

㈠具體化(Concreteness)

具體化是協助當事人集中或敏銳地標示自己的情感與經驗，使當事人能將自己的問題具體、明確化。如果助人者本身也相當明確(*specific*)，則具有加乘效果。具體化技術目的在使當事人所關切的事務清晰、不混雜，進而更能瞭解自己。

㈡眞誠(Genuiness)

眞誠是諮商或助人者眞正、誠實面對當事人的能力。眞誠的諮商師其口語表現要能與其內在情感切合。眞誠技術使用的目的在使當事人能更相信與瞭解自己。

㈢自我表露(Self-disclosure)

自我表露係助人者顯示與當事人有類似關心的問題，但已經解決。諮商師經由揭露自己的狀況與努力經過，用以增加當事人的信心。自我表露的目的在拉近諮商員與當事人的距離，能產生休戚與共的感覺。

三、行動階段的技術

㈠面質(Confrontation)

當當事人已感受到受到關懷，學習有進展，且經得起對諮商關係的冒險以後，諮商師使用面質技術處理當事人所說、所做與所為之間的不一致。面質的目的在協助當事人面對眞實的情境，且甚至不留情面的使他們能坦然面對自己歪曲、逃避、矛盾、言行不一、悖離常理的情感與行為。面質會令當事人有受威脅的感受，因此使用上要非常審愼。

面質可以針對當事人的不足或缺點加以回饋，也可以針對當事人沒有運用的潛力加以回饋，前者在促使當事人改正缺點，後者在促使當事人表現更好、更能充分開發潛能。

㈡立即性(Immediacy)

立即性與面質有關，係指立即的處理助人者與當事人之間的問題或狀況的一種技術。當事人不能覺察助人者的反應時，就可以使用立即性技巧，向當事人作助人關係現況的描述或解釋。立即性就是針對助人關係中的此時此刻所發生的事，加以處置，以便對方充分瞭解，並使諮商具有生產性或效益的一種技術。如將諮商看成是消費，則立即性使用的目的在保障當事人（消費者）的權益(*Carkhuff, 1969, 1972; Gazda et al., 1984; Truax & Carkhuff, 1967*)。

貳、諮商技術的評量

卡克夫諮商技術模式甚受肯定與喜愛的另一項理由是，幾乎任何諮商技術都可以利用評定量尺來評量技術應用的層次高低，作為區辨諮商效果的指標，或作為諮商師教育與訓練的基準。以下將分述之。

一、量尺一：同理瞭解

層次 1

助人者的口語與行爲表現不能專注，或是與被幫助者的口語與行爲表現有嚴重的疏離，以致於他們很少傳達被幫助者所要溝通的。亦即助人者沒有表現他正在傾聽、瞭解、或敏銳地覺察被幫助者最顯著的情感，因而與被幫助者之溝通有嚴重疏離。在此低層次同理心上，助人者不能覺察被幫助者最重要的情感，只表達了被幫助者情感的表面，同時助人者顯得無耐、不感興趣、或先入爲主地作簡單反應。

層次 2

此層次的助人者能對當事人的情感作反應，但是此種反應縮減了被幫助者所要溝通的重要部分。亦即助人者的反應尙非被幫助者所想要表達或所要指出的。此時助人者只對被幫助者顯著與表面的情感作反應，但情感不足，並且扭曲了意義的層次，助人者只傳達了自己的觀點，與被幫助者所表達的並不一致。

層次 3

助人者的表達與被幫助者所要表達的相當，兩者幾乎可交換的。助人者與被幫助者能表達相似的情感與意義。亦即助人者的反應沒有縮減，也沒有添加當事人的表達內容，但是尙無法正確反映被幫助者深層的感受，助人者的反應只顯示他有意願，且是開放的要協助當事人。在層次 3 已有了較低層次的人際催化作用，不過助人者的反應只及於被幫助者的表面情感，而對深層的情感沒有適當反應或可能加以誤解。

層次 4

在此層次上，助人者能顯著的表達被幫助者本身所沒有表達的深層感受。助人者能以較深層的方式表達，因而被幫助者能經驗到或表達先前自己不能表達的感受。

層次 5

助人者的反應極顯著的能敏銳地表達被幫助者所要表達的感受與意義，並能與當事人深層的相處，使當事人也作深層的自我探索。亦即助人者能敏銳地覺察被幫助者表面與深層的所有情感，兩者能一起探索先前未探索的領域。助人者能充分地覺察，且能綜合性地與敏銳性地瞭解被幫助者最深層的情感(*Carkhuff, 1969; pp. 174-175; Patterson, 1974, pp. 54-56*)。

卡滋達等人(*Gazda et al., 1984*)再將卡克夫的同理心評定量表歸納成表 *12-1*，更有助於掌握同理心的層次高低。此量尺以 *4* 點計分方式呈現，最高層次只有 *4* 點，在各點之間並可根據反應評定給予 *1.5*、*2.5* 或 *3.5* 點。

表12-1 同理心量尺

1.0	1.5	2.0	2.5	3.0	3.5	4.0
不顯著或有害的反應，不當地專注於被幫助者的表面情感。然而，某些時候能正確溝通談話內容，帶動較高層次的反應。		反應只能部份傳達對被幫助者表面情感的覺察。當談話內容能正確地加以溝通，可以提昇較高層的反應，相反地如果溝通不正確，將會降低反應的層次。		反應能傳達被幫助者所表達的已被瞭解，且他們表面的情感已被正確地反映。內容並非最重要，但是如包含了內容，必須很正確，假如不正確，可能會降低反應層次。		反應能傳達被幫助者已經被瞭解，且超乎被幫助者此刻地覺察程度。他們底層的情感已被辨識到。內容的更深層意義已被應用，不過假如不正確，反應的層次會降低。

關鍵字：同理心量尺
層次4.0：底層情感，更深層
層次3.0：表面情感已被反應
層次2.0：縮減
層次1.0：不顯著、有害

資料來源：Gazda et al. (1984), p. 88。

表 *12-1* 的評量方式與卡克夫的量表稍有不同，但同樣具有鑑別助人者同理心層次高低的作用。茲以下列一個秘書對老師說話的情境爲例，可依表 *12-1* 的標準來評定助人者反應的同理層次高低。

情境：學校秘書對老師說：「我眞的喜歡這樣的工作，我喜歡這裏的人，但卻難以取悅校長，我愈勤奮工作，她似乎對我要求愈多。」

以下有八種助人者反應的方式，分別顯示不同的同理心層次：

1.「我知道妳的感受，我們已共事了六年了。」

2.「妳眞的關心妳的工作，但我現在對妳要去讓老板滿意感到困惑。」

3.「事情讓妳不安，假如妳現在刻意去改變，事情可能也無法變好。」

4.「這眞的很無奈。」

5.「妳喜歡這裏，但目前情況讓妳很失望。」

6.「我是學校專任老師，我不認爲我有資格涉入職員的抗爭中。」

7.「有研究顯示，我們的校長有深層的自卑感，她爲了保持尊嚴，她會貶低他人，並作嚴格控制，妳可要適應她的怪異行爲，或不理睬她，就這麼簡單。」

8.「在妳挫折的底層，我可以感受到妳的憤怒，妳給她百分之百，她非但不感謝，還要求更多，這眞的難以釋懷。」

此八種助人者的反應，卡滋達等人的同理心層次評量建議分別是：

1. (*2.0*)；2. (*3.0*)；3. (*1.0*)；4. (*3.0*)；5. (*3.0*)；6. (*1.0*)；7. (*1.0*)；8. (*4.0*) (*Gazda et al., 1984, pp. 89-90*)。

二、量尺二：尊重

層次 1

助人者的口語與行爲表達所傳達的正是對被幫助者缺乏尊重。亦即助人者對被幫助者的情感、經歷與潛能全然地欠缺尊重。助人者所傳達的是被幫助者不值得看重，他們的反應不具建設性，助人者只顧批評。

層次 2

助人者所傳達的是對被幫助者的情感、經驗與潛能的少許尊重。助人者的表現在很多方面仍顯示對當事人的情感、經驗或潛能缺乏尊重或關心。助人者機械式、被動地或忽視被幫助者的甚多情感。

層次 3

助人者對被幫助者的狀況傳達了最低程度的關切，或對被幫助者的情感、經驗與潛能有稍許的關心或尊重。助人者以開放地態度傳達被幫助者表達自己之能力與建設性處理自己人生事物的肯定。層次 *3* 已具有人際催化的功能。

層次 4

助人者清楚地傳達被幫助者已被深層地尊重與關懷，助人者能傳達對被幫助者的情感、經驗與潛能的尊重。助人者的反應能讓被幫助者感到自由，並感到自己是有價值的人。

層次 5

助人者能傳達對被幫助者非常深層的尊重，使當事人覺得是有價值的人，且是有自由的人。助人者關心被幫助者深層的潛能，能表達對被幫助者可以自我實現潛能的肯定。被幫助者能建設性與最充分地行動(*Carkhuff, 1969; pp. 178-179; Patterson, 1974; pp. 59-61*)。

卡滋達等人(*Gazda et al., 1984*)同樣以 *4* 點量表的方式對尊重的層次作評量，表 *12-2* 的量尺亦極有參考價值。

下列亦有一情境，可作爲尊重層次的評定參考。

青少年當事人對其父親說：「我眞的希望你能把我當 *18* 歲看待，而非只有 *6* 歲，你沒有給我任何的信任，你只告訴我要作的任何事，如果我不照做，你又生氣不已。」

助人者（假設是父親）的反應有下列十二種：

1.「別用這種方式對我説話。」

表12-2　尊重量尺

1.0	1.5	2.0	2.5	3.0	3.5	4.0
反應明顯地不尊重。助人者試圖將他的信仰與價值強加在被幫助者身上，以支配性的態度專注於自己的言談，不斷地挑戰被幫助者的知覺，或貶抑被幫助者的價值，使被幫助者覺得自己不是能發揮功能的人。此種情況使被幫助者不想再與助人者交談，可能會阻礙未來的會談。		反應顯示助人者從與被幫助者的關係中退縮，同時傳達了助人者是助人關係的中心，忽視了被幫助者所說的話，或以因果或機械的方式作反應。此種反應會導致互動的終止。		反應顯示助人者是開放，且有意願進入助人關係之中，傳達了助人者對被幫助者之價值、具思考能力、表達自己與作建設性行動的認知，助人者暫停個人的運作。		反應顯示助人者有意願犧牲或忍受被傷害的危險，以便有更深遠的助人關係，此種結果使被幫助者感受到自己是有價值的人。同時也以容許被幫助者感到自由的方式，激勵更深層的互動。

關鍵字：尊重量尺
層次4.0：投入、承諾
層次3.0：開放
層次2.0：退縮
層次1.0：強制、支配、貶低

資料來源：Gazda et al. (1984), p. 96。

2.「也許你是對的。」

3.「你對我把你當小孩般看待，十分生氣。」

4.「嗯，你的行爲只像六歲小孩。」

5.「你眞的很煩。」

6.「把你那樣看待，可能非常貶低了你。」

7.「你沒有權力這樣抱怨，是我養育了你。」

8.「你正開始要爭辯。」

9.「你想要我把你當成人看待？」

10.「你覺得我沒有公平的對待你，把你看成是小孩，使你覺得自卑，也讓你感到生氣，你想要改變此種情況，但你不能確定有用。」

11.「我認爲這樣對待你並不公平，我可以看到你非常不快樂。」

12.「我現在不能與你繼續討論，當你冷靜時再來找我。」

卡滋達等人對上述幾種反應方式的評量層次，分別是：1. (*1.0*)；2. (*2.0*)；3. (*3.0*)；4. (*1.0*)；5. (*2.0*)；6. (*4.0*)；7. (*1.0*)；8. (*1.0*)；9. (*2.0*)；10. (*4.0*)；11. (*3.0*)；12. (*1.0*) (*Gazda et al., 1984; p. 99-101*)。

三、量尺三：溫暖

嚴格說來，卡克夫本身並無溫暖的評定量表，因爲他幾乎將溫暖與尊重加以等同看待。先前圖艾克斯(*Truax, 1962*)曾編訂了「非支配性溫暖評量表」(*the Measurement of Nonpossive Warmth*)，作爲評量溫暖的層次。溫暖亦即是對他人不加支配的關切，有意願與他人均等的分享喜悅、抱負、憂傷或失敗。不過此量表被卡克夫修正成爲尊重量表。以下只依照卡滋達(*Gazda et al., 1984*)的分析呈現溫暖量尺。

層次1

當事人趨近或說話時並沒有作反應，當當事人悲傷或害怕時卻微笑，專注情形差，有時自言自語或語焉不詳，顯得耐心不夠，聲調平淡乏味，只是在應付或敷衍，負向的面對當事人，或奉承或支配。

層次2

有活力卻冷漠，能面對被幫助者，卻無精打采，沒有隨當事人的情感改變行爲，專注技術差，只偶爾使用專注技巧，機械式的奉承，或資訊不全。

層次3

多數情況能應用專注的技巧，讚美被幫助者恰如其分，也敏銳。

層次4

微笑、面部表情與被幫助者一致，讚美適宜，兩者均深有同感，有積極的情感、良好的專注技巧、口語流暢、適當停頓，以及有高層次的敏銳度或專注程度(*Gazda et al., 1984*)。

此四個層次另以表 *12-3* 量尺加以表示：

表12-3　溫暖量尺

1.0	1.5	2.0	2.5	3.0	3.5	4.0
助人者不當的面部表情或顯得不感興趣，助人者在被幫助者說話時作其它事，助人者的情感不能與當事人的情感一致。		表情與手勢欠缺或中性，反應機械式或造作。		清楚地顯示專注與興趣，非口語行爲有適應變化，與被幫助者相當。		助人者充分與密切地專注互動，使被幫助者感到充分地被接納與重要，助人者身體較親近被幫助者，有適切的身體接觸。

關鍵字：溫暖量尺
層次4.0：密切地非口語溝通
層次3.0：清楚地非口語反應
層次2.0：手勢欠缺或中性，聲調機械式。
層次1.0：明顯不喜歡或不感興趣。

資料來源：Gazda et al. (1984), p. 109。

四、量尺四：具體化

層次 1

助人者以模糊或匿名的方式與被幫助者共同討論，或僅限於抽象與高度智能層次的事情，助人者希望引導被幫助者去討論明確的情境與情感。

層次 2

助人者時常引導或容許被幫助者在模糊與抽象的層次去討論。兩者也許討論了眞正的情感，但依然停留在抽象與智能化的層次上。並沒有以明確或具體的個人情感與經驗作爲討論內容。

層次 3

助人者能以明確與具體的名詞與被幫助者共同討論個人化的題材，但是仍未充分。亦即助人者已能容許被幫助者直接探討對他有關聯的個人化的題材。

層次 4

助人者能充分地以明確與具體的名詞探討所有關切的課題，尤其是與個人有關的情感與經驗。

層次 5

助人者永遠能引導作直接與充分地討論情感與經驗，助人者能直接地以具體及明確的名詞表達個人的情感與經驗(*Carkhuff,1969, pp. 182-183; Patterson, 1974, pp. 69-71*)。

具體化技術的評量層次也可綜合如表 *12-4*。

卡滋達等人(*Gazda et al., 1984*)亦以下列的個案，作爲評量具體化程度的高低。

有一大學新生，做了下列的自我陳述：「我正處於艱難的時期，我曾告訴父母別擔心我正在吃藥，在此之前我已向他們作了報告，似乎我是個藥罐子，向他們報告使人喪氣，但卻感覺不錯，從我所聽到的，吃藥眞的很安全。」

助人者有下列的反應：

1.「上次你曾經向父母親談到這些？」

2.「你有沒有想到你還年輕，作了超乎父母想像的事？」

3.「你眞的處在困境中，你不想父母懷疑你，但卻也想放鬆與享受。」

4.「親子之間的衝突不可避免。」

5.「你正與對父母的尊敬情感爭戰著，同時你想去減少壓力，以便感覺好些，你所獲得的藥物資訊可靠嗎？有那些其它可以替代的方式嗎？」

前述五種反應，以具體化量尺衡量的結果，其層次分別是：1.(*2.0*)；2.(*1.0*)；3.(*3.0*)；4.(*2.0*)；5.(*4.0*)。

表12-4 具體化量尺

1.0	1.5	2.0	2.5	3.0	3.5	4.0

1.0	2.0	3.0	4.0
助人者以抽象或模糊的名詞反應個人的情感與經驗，或雖明確但不適宜，或不成熟且有害。	助人者以一般性或智能層次的名詞反應個人的情感與狀況，以致於無法融入被幫助者的參考架構中，助人者不能以被幫助者特別關注的課題爲焦點。助人者不能要求被幫助者明確些，因而自己不能當表率。	助人者以清楚、明確與具體的字眼對被幫助者反應個人的題材，助人者能以被幫助者有關的事物爲重心或焦點，助人者能明確的爲被幫助者的楷模。	助人者時常、直接且完全的對被幫助者所關切的事物作反應，對被幫助者而言，清楚、明確。在初期階段能澄清被幫助者一些模糊或抽象的陳述，在後期階段，能協助被幫助者以明確與清楚的方式作選擇，以促進互動。能綜合被幫助者新的自我瞭解，或對未來行動訂立行動計畫。

關鍵字：具體化量尺
層次4.0：楷模與主動、明確
層次3.0：明確
層次2.0：一般性、清楚
層次1.0：模糊、不正確、不成熟、有害

資料來源：Gazda et al. (1984); p. 147。

五、量尺五：眞誠

層次1

助人者的言談清楚地顯示現在的情感與他無關，或只負向的對被幫助者作反應，對被幫助者有破壞性的影響。亦即，助人者內在的體驗與現在的言談並不一致，或助人者只以破壞性的方式作反應。助人者在互動中也許有防衛，此種防衛在字句與口語內容上顯現出來。因爲助人者有防衛，因而對關係不能以有價值的方式作反應。

層次 2

助人者的言談只稍許的顯示現時的情感與他有關聯，當助人者有眞誠的表示時，卻又負面居多，他不能將建設性的要素導入到關係之中。助人者通常依照自己的角色作反應，而非表達他自己的情感，他可能會以「專業」的態度作反應。

層次 3

助人者沒有顯現所說與所爲經驗之間的不一致，但仍沒有提供積極的線索，顯示對被幫助者的充分眞誠。助人者已有適當反應，但不夠眞誠，沒有眞正投入。助人者也許傾聽與順著被幫助者，但自己涉入不多，但開放的顯示會有較深入的承諾。此層次已有最小的催化作用。

層次 4

助人者表現某些積極地線索，顯示能以非破壞性的方式表示眞誠，助人者的情感與表達一致。助人者的反應有甚多個人的情感，但毫無疑問的，他能充分體認自己所說的話，他能運用適宜的情緒內容，將它導入關係之中。

層次 5

助人者以在有利的關係上顯現自在與深層的自我。助人者在互動中非常有自發性，並對各種經驗開放，不管喜歡或受傷害都如此。能以建設性的方式對自己及被幫助者開放，助人者能淸楚的展現自我，並以建設性的方式作眞誠反應(*Cakhuff, 1969; pp. 184-186; Patterson, 1974, pp. 65-67*)。

下列亦有一情境可作爲眞誠層次的評量練習。假設你是一位辛勤的老師，你正好沒有上課，而在改作業、或作安全巡邏，或作在職研修。你有半小時的午休時間，此時教務主任對你說：「我不想打擾你，但是美術老師需要上街買材料給學生使用。她的車子正好拋錨，我想妳不介意幫她去買材料。」倘若妳介意，而教務主任又是一位專制的

表12-5眞誠量尺

1.0	1.5	2.0	2.5	3.0	3.5	4.0
助人者在反應中運用自己的情感去懲罰被幫助者，或傳達了助人者對此事不關己的情感。助人者的情感與其口語與非口語之間並不一致，助人者有防衛(不能覺察自己的情感，或非常謬誤與欺騙地傳達他完全没有此種體驗)。		反應中助人者傳達了他的情感與相關線索有稍許關聯，但助人者的情感與口語及非口語表達之間並不一致，助人者依照先設定的角色作反應。		助人者顯示表達與情感之間並無不一致，助人者提供有控制的情感，以催化關係的發展，但有節制的表達情感卻可能阻礙關係。		助人者有自發性，並且眞實，助人者的口語與非口語訊息，不管正向或負向都與他的感受一致，在負向反應中，助人者仍會建設性的作傳達，努力促進新的探索。

關鍵字：眞誠量尺
層次4.0：自發性、充分眞誠
層次3.0：有控制的表達
層次2.0：角色扮演
層次1.0：懲罰、防衛、欺騙

資料來源：Gazda et al. (1984), p. 157。

人，妳要如何做反應？

1. (微笑並説)「你是説她的車子拋錨，我想我是可以幫忙。」

2.「我正想休息一下，我眞的有些累，我想林老師倒是可以用我的車子去買材料，我並不介意。」

3.「我們的老師們都病了，都懶得被你利用，你是自私的人，此時正是你反省的時候。」

4. (冷靜與肯定的説)「也許別人可以幫忙她。」

5. (大笑，並迅速地行動)「我很高興幫你，我不做其它事。」

6. (冷靜與肯定的説)「我並不計畫放棄午休時間。」

7.「我眞的很想休息一下，也許其他同仁可以幫你忙。」

卡滋達等人給上述七個反應的眞誠程度，分別作了以下的評定：

1.(*2.0*)；2.(*4.0*)；3.(*1.0*)；4.(*3.0*)；5.(*1.0*)；6.(*3.0*)；7.(*4.0*)(*Gazda et al., 1984; pp. 163-165*)。

六、量尺六：自我表露

層次1

助人者顯示主動地要與被幫助者疏離，同時被幫助者的情感與人格與他無關，不照顧被幫助者的利益，可能因而延緩了被幫助者的進步。助人者想去轉移被幫助者，以便以助人者的個人問題爲焦點，或助人者的自我表露驚嚇了被幫助者，也許最終失去了對助人者的信心。助人者主動地想去維持曖昧或未知的性質，或者他的自我表露只是爲了個人的需求，或是排除被幫助者的需求而已。

層次2

助人者即使沒有主動地逃避自我表露，但不曾志願地呈現關於自己的訊息。被幫助者不會去問助人者人格有關的事，如果問了，助人者也只以簡單、矛盾、表面的反應去應付一下而已。助人者遲疑地或不曾提供個人的資訊。

層次3

助人者傳達了要坦誠地自願訴說被幫助者可能感興趣的個人訊息，不過這種訊息可能尚模糊，仍不顯示助人者的獨特個性。助人者可能介紹了一些被幫助者感興趣的抽象與個人的理念，不想讓自己成爲獨特的人。此時助人者是有準備要公開個人的訊息，但仍不希望給被幫助者有深刻的印象。

層次4

助人者自由、自願地提供個人的理念、態度與經驗，以切合被幫助者的興趣與關心的事物。助人者可以深層與詳細地討論個人的理念，並表現他是獨特的人。助人者是自由與自發性的呈現個人的資訊，以便以建設性的方式顯現個人情感、價值與信仰各方面的隱密題材。

層次 5

助人者自願非常親密與詳盡地提供與自己人格有關的題材，並能維護被幫助者的需求，他所展露的部分在不同情境或向外人述說時，有可能是非常難堪的。助人者充分且完全地表露自己的情感與觀念，假如對被幫助者有負向的感受，則助人者會以建設性的方式爲基礎，以開放式問句作引導。亦即助人者能以建設性的方式促進最親密層次的自我表露（*Carkhuff, 1969, pp. 187-188; Pattersson, 1974, pp. 81-82*）。

自我表露的層次可以歸納成表 *12-6*。

下列有一情境可用以評量自我表露層次高低。有一出版社職員，她正向一位學校諮商師請教，她說：「你們學校的校長已告訴老師，我今天會全天在此，以配合你們學校的在職進修活動，但只有二位老師來看書，學校的讀書風氣實在不好，我難以理解，最重要的是，這時間早已排定，而展示時間也有限，我不知發生了那些差錯。」

助人者的反應有下列各項：

1.「我也不知道，但我看這使妳很挫折。」

2.「我不喜歡評論我的同事。」

3.「聽起來好像妳也認爲我有相同的問題。」

4.「坦白地說，事情好像不是我們，而是他們，我們學校有些老師確實較沮喪與冷漠，我也對我們的學生感到抱歉。」

5.「我在這所學校已服務三年，我正準備轉校，校長對於諮商輔導工作所知有限，他認爲我不配合訓導工作，就這樣。假如我試著去組織一個問題學生的團體，校長會找藉口干擾，一般來說，我很有耐心，但每個人都有其臨界點，你同意嗎？」

6.「妳所說的正像按鈴警告一樣，我在此如此做已有很多次了。」

各種反應的自我表露層次可分別評定如下：1.（*2.0*）；2.（*1.0*）；3.（*3.0*）；4.（*4.0*）；5.（*1.0*）；6.（*3.0*）（*Gazda, et al., 1984, pp. 170-171*）。

表12-6 自我表露量尺

1.0	1.5	2.0	2.5	3.0	3.5	4.0
助人者主動地維持與被幫助者的疏離，不呈現有關自己的任何事情，即使有表露也只在滿足個人的需求而已，助人者改變互動的焦點，使被幫助者挫折，感覺助人者對他並不感興趣，或對助人者的能力產生懷疑。		助人者不能自願地開放個人的資訊，助人者也許直接地、不遲疑或簡單地回答被幫助者的問題，被幫助者因而知道他所問的問題而已。		助人者以一般方式展現個人的理念、態度、經驗等被幫助者有關的事情，但所表現的情感很表面。因而助人者沒有傳達他是個獨特的人，被幫助者只知道少許助人者的理念與經驗，有助於處理個人的問題。		助人者自由、自發性與自願地表露明確與個人理念、經驗與情感有關的資訊，以顧及被幫助者的興趣與關切之事。此種表露會對助人者有某種程度的危險，助人者顯示他是一個獨特的人。

關鍵字：自我表露量尺
層次4.0：自願表露明確題材、冒險
層次3.0：自願表露一般題材
層次2.0：不自願表露
層次1.0：退縮、厭制性的

資料來源：Gazda et al. (1984), p. 107。

七、量尺七：面質

層次1

助人者的口語與行爲表現並不關注被幫助者行爲上的不一致（如理想與眞實自我、領悟與行動、助人者與被幫助者的經驗）。

助人者忽視被幫助者的不一致，被動地接納它們。

層次2

助人者在口語與行爲表現上忽視被幫助者的不一致，助人者雖然明顯地不接納這些不一致，但是卻仍維持沈默，被幫助者的這些不一致事實上值得去探究。

層次 3

助人者口語與行爲表現上，雖然已坦然去面對被幫助者的不一致，但卻沒有直接與明確的去指出。助人者可能會質疑，但並沒有導出可能的答案。此層次已稍具催化的人際功能。

層次 4

助人者的口語與行爲表現能直接與明確地專注於被幫助者的不一致之處，助人者能面質被幫助者，能明確的表示被幫助者行爲不一致的地方。

層次 5

助人者的口語與行爲表現敏銳，且持續地去面對被幫助者行爲上的不一致。助人者以敏銳與覺察的態度去面質被幫助者的不一致。助人者沒有忽視任何可以探究被幫助者不一致的地方（*Carkhuff, 1969, pp.189-190; Patterson, 1974, pp. 77-79*）。

表 *12-7* 係面質量尺的各層次評量標準。

有一學生對老師說：「我不知道我的報告爲何得 C，我努力了六個星期，內容也比李明要多二倍，而他卻得了 A，這對我似乎不公平。」

助人者的反應有下列七項：

1.「你沒想想你的報告得 C，已經對你很公平。」

2.「你對我給你 C 感到不高興，因爲你的報告比李明要長，你還有任何我給你 C 的看法嗎？」

3.「你抗議，因爲你覺得不公平，報告的長度與內容的品質並不相當，但我會很高興的重新再評量你的報告。」

4.「你的生氣沒有理由，C 是你該得的。」

5.「李明的報告切合我二個月前所宣佈的目標，你是以爲你的報告也切合這些目標。」

6.「我確定你的期末成績會很好，你的一切表現都非常好，除了這次報告以外。」

表12-7　面質量尺

1.0	1.5	2.0	2.5	3.0	3.5	4.0
反應不能容許被幫助者有任何的不一致，助人者能接納被幫助者的不一致表現，但卻有矛盾存在，或讓被幫助者覺得有衝突，或給予不成熟的引導。在很多方面助人者沒有進行有利的探索。		助人者不能清楚地注意被幫助者行爲上的不一致，助人者没有明顯地接納或否定這些不一致，但没有向被幫助者指出。助人者對被幫助者的不一致也許仍停留在沈默階段，或没有反映被幫助者對他們的感受，被幫助者因而不能清楚地察覺可能有用的可資探索的領域。		助人者指出不一致，但沒有指出明確的方向。助人者試驗性的比較被幫助者各種溝通的方式，容許被幫助者去探索不同的領域，使他能知道行爲的不一致趨勢。		反應能清楚地指出助人者所注意的不一致之處，並明確指出不一致的方向。以被幫助者不連貫的行爲爲焦點。催化被幫助者能處理他没有覺察的地方，或更清楚的發現助人者與被幫助者之間模糊，且不一致的事項。

關鍵字：面質量尺
層次4.0：對不一致作肯定的直接導引
層次3.0：試驗性的表達或探索不一致
層次2.0：没有針對不一致
層次1.0：接納、矛盾、忽視、不成熟的建議

資料來源：Gazada et al. (1984), p. 181。

7.「李明的報告比你少，他得 A 讓你受不了。」

以表 12-7 的量尺來評量，此七種反應卡滋達等人的評定建議分別是 1. (*2.0*)；2. (*3.0*)；3. (*4.0*)；4. (*1.0*)；5. (*3.0*)；6. (*1.0*)；7. (*2.0*) (*Gazda et al., 1984, pp.189-190*)。

八、量尺八：立即性

層次 1

助人者的口語與行爲表現不關切被幫助者表現的內容與影響，這些表現可能與助人者有所關聯。助人者忽視被幫助者可能的溝通，不

管直接或間接。助人者不顧及與助人者有關的訊息。

層次 2

助人者口語與行爲表現多數不考慮被幫助者的表現，這些表現可能與助人者有關。即使被幫助者談及個人的一般事務，助人者仍然保持沈默，顯得似乎與他們無關。

層次 3

助人者的口語與行爲表現能坦然地立即作解釋，但不會將被幫助者所說的，與助人的立即關係聯結在一起。助人者不擴大被幫助者的立即性表達，不作密切的解釋。助人者只逐字的反應，或反映被幫助者的表情，或以開放性的方式作反應。

層次 4

助人者的口語與行爲表現審慎地將被幫助者的表達與助人關係聯結在一起。助人者以試驗性的態度將被幫助者的反應與他聯結在一起。助人者具開放與審慎的態度。

層次 5

助人者的口語與行爲表現能將被幫助者的表現直接地與助人關係聯結在一起，態度直接且明確，助人者毫無遲疑地解釋兩者之間的關係。

表 *12-8* 係立即性的層次量尺，頗可供參考應用。

與先前各量尺之衡鑑相同的，下列有一個可資練習立即性的情境。

有一位學生對老師說：「對的，你總是對我很好，但這是你的本份，你領了薪水，這是你工作的一部分。」

助人者的反應有下列八種方式：

1.「你知道作業有那些，我認爲你該做的事，是把工作繼續作完。」

2.「你認爲我對你好是欺騙你，這使得你難以信任我。」

3.「假如我是爲了薪水與你在一起，請相信我，我不會留在此。」

表12-8 立即性量尺

1.0	1.5	2.0	2.5	3.0	3.5	4.0
助人者忽視被幫助者處理他們人際關係的任何線索，或以破壞性的態度利用對關係的情感。		助人者審愼的提供認可，使被幫助者可以表示對關係的感受，但卻延遲討論或在膚淺的評論之後加以排斥。		助人者討論他和被幫助者之間的人際關係，但卻一般性的，而非個人化的方式，因而模糊了關係的獨特性，被幫助者會逐字的反應或反映自己的期望。助人者坦然地去分享任何關係之缺失的責任。		助人者以直接與明確的態度將被幫助者的表達，視同與己有關。助人者明確的解釋助人者與被幫助者之間的關係。

關鍵字：立即性量尺
層次4.0：明確、現時
層次3.0：坦然、一般性
層次2.0：延遲、排斥
層次1.0：忽視、破壞性

資料來源：Gazda et al. (1984), p. 193。

4.「我很抱歉看到你對於我對你好的情感不信任，我不知道爲什麼，但我猜你是害怕我太接近你。」

5.「和我在一起你也許沒有感到舒適，但現在不是討論個人事情的時刻，今天你有很多要做的工作，因爲下週要期末考了。」

6.「也許你認爲別人並不喜歡你，而我卻不是，我知道要你相信我並不容易，但我喜歡你並不難。」

7.（諷刺的說）「很好，假如你現在在對我做心理分析，那我們就別作功課了。」

8.「你是相信我假裝我的情感，所以我可以領薪，我們之間有那些需要改善的嗎？」

上述八個反應卡滋達等人(*Gazda et al., 1984*)的評量分別給予下列的層次：1. (*1.0*)；2. (*3.0*)；3. (*1.0*)；4. (*4.0*)；5. (*2.0*)；6. (*4.0*)；7. (*1.0*)；8. (*3.0*)。

第二節　反應與能力諮商技術模式

彼得生與尼森霍滋(*Peterson & Nisenholz, 1991*)二人認爲儘管諮商與心理治療的理論與派別繁多，但其效果則難分軒輊，因爲各諮商與心理治療均有其共通之處，亦即均重視關係的建立與創造良好的氣氛，以協助當事人態度與行爲上的改變。彼得生與尼森霍滋將諮商技術視同反應(*response*)與能力(*ability*)，亦即諮商師應能對當事人作適當反應，且有能力建立與維持諮商關係。因此本書以「反應與能力模式」稱之。彼得生與尼森霍滋曾將諮商區分爲五個階段，分別是專注、探索、瞭解、行動與結束（如第一章所述）。以下再分別敍述此五個階段的重要諮商技術。

壹、專注的技術

一、生理專注(Physical Attending)

生理專注是諮商時作身體姿態投入(*posture involvement*)的一種技術。生理專注的應用須注意下列要項：㈠諮商師與當事人之間沒有物理阻隔。㈡兩人之間維持舒適的工作距離(*working distance*)，太遠或太近皆不宜。㈢能直接面對面，通常被採用 *15°*相向的角度，但亦非定論。㈣能夠眼睛接觸。㈤維持一個不拘束的姿勢(*open-position posture*)。㈥身體稍向前傾，通常以 *20°*的前傾爲宜。㈦能保持輕鬆。㈧呼吸能自在。

二、心理專注(Psychological Attending)

心理專注目的在使諮商師能全然的瞭解當事人的世界，又不會干擾諮商關係。心理專注又包含四個要項：(一)觀察(*observing*)：諮商要能察言觀色，敏銳地覺察當事人的語言與非語言行爲。(二)傾聽(*listening*)：專心一致的聆聽當事人的訴說。(三)避免分心(*resist distractions*)：能抗拒不良誘惑，且不分心或能專心的與當事人在一起。(四)以當事人爲焦點(*keep the focus on the client*)：諮商的重點應置放於當事人身上。以當事人爲焦點並有五個要項：1.對當事人所說的話要有接納的態度；2.傾聽當事人的聲調；3.傾聽當事人情感有關的線索；4.傾聽當事人認知與情緒問題；5 傾聽當事人所類化(*generalization*)、省略(*delelion*)與扭曲(*distortion*)的事務。

三、自我專注(Self-Attending)

自我專注係諮商師能在諮商之中與前後調和個人內在的自我，必要時且能與當事人分享的技術。其歷程有三：(一)諮商前的自我專注：諮商前能有適當的準備。(二)諮商中的自我專注：在諮商中系統性的專注於自我，能對關係與表露事項加以觀察。(三)諮商後的自我專注：諮商之後，在寫報告或口述記錄時仍能專注，並降低工作壓力。

四、反應(Responding)

有技巧的諮商師需要一套的反應策略，但在某些個案上，諮商員並不需要說太多的話，只要專注與表示鼓勵即可。

五、激勵者(Encouragers)

諮商師在口語與非口語行爲上鼓勵當事人持續的說出他們的思考、情感與行爲方式。鼓勵的用語可以是「嗯嗯」(*umhun*)，或點頭、重複當事人一、二句話，或作手勢。其它的激勵性話語有：

A. 「告訴我多些」；「繼續」(也許配合適當的手勢)。

B. 「嗯嗯」；「ㄚˇ ㄏㄚˋ」(*un-huh*) (通常加點頭)。

C. 「另外……」，「然後……？」，「所以……？」；「哦……？」

D. 重複一些或一兩個關鍵字，如「……他對……吼叫。」

E. 「舉例來説」；「例如……」

F. 「對你來説，意思是……？」

六、沉默反應(Responding with Silence)

在某些諮商情境中，中國古話所說「沈默是金」有其效用。沈默可以使諮商的焦點置於當事人身上，並使當事人能主導諮商的內容。畢竟過度要求當事人，而沒有短暫的停止，將會減少當事人表露個人內在情感的機會。沈默的另一個優點是能促使當事人吸收諮商中所獲得的題材，能作有意義的學習。

貳、探索的技術

探索的技術是建立在關係技術之上，相關的技術應用包括五個大項，以下再分述之。

一、同理心反應(Responding with Empathy)與發展同理心(Developing Empathy)

同理心反應亦稱同理反應，係指「能夠傳達給當事人，顯示他們的世界觀已被瞭解。」諮商師愈能密切的對當事人的觀念與情感作反映，就愈有敏銳的同理心。在諮商尚未眞正開始協助當事人解決問題之前，雙方需要對問題有充分地瞭解，或共通的瞭解(*common understanding*)。否則容易導致當事人的抗拒，甚至會讓當事人以為諮商員無能，而提早終止會談。當事人在全部諮商歷程中需要感受到被瞭解，當事人愈被瞭解，他們的問題愈能自行加以處理。有了敏銳的同理心反應也可以促使當事人成為自己的諮商師，本身就會有所成長或能夠解決自己的問題。

諮商中的同理心包含三個要素：(一)諮商師或治療者是透明的(*transparency*)；(二)在諮商關係中有人與人的交會(*person-to-person encounter*)；(三)諮商師或治療者具有直覺洞察力(*intuition*)。

二、內容反應(Responding to content)

在諮商中當事人不斷地傳達他們的狀況，他們會以聲音、字句、講話的速度、非語言行為等作反應。諮商師必須能夠將其對當事人情感、思想、行為與經驗的掌握狀況傳達給當事人。內容反應就是掌握當事人說話的要點作反應的一種技術。內容反應的方式包括：(一)重述字句(*restatement*)；(二)在當事人說話停頓時反應當事人說話的情感；(三)引述當事人的話語(*cites a cause*)；(四)如果陳述不對，可以再澄清。

諮商在內容反應時可以使用的引導句有如下列例子：

「你覺得你好像承擔了太多的責任」

「你覺得你被放錯班級」

「你覺得害怕，因為你怕失去掌控」

「你感到挫折，因為好多事都不如意」

「依我所聽到的，你覺得很失望」

「你覺得……」

「你感到……」。

三、意義反映(Reflecting of Meaning)

「意義反映」主要是用來顯示諮商師是否瞭解當事人，如一面鏡子般，反射當事人的言語或狀況，但由於每個人對事情的看法與感受不同，因此，反映的重點在於當事人各種訊息所包含的意義。透過意義反映可以使當事人的思想與情感更加澄清。

意義反映的技術主要係以當事人的參考架構爲焦點，促使當事人更深層地去探索自己的意義、價值與觀念，並解釋由自我參考架構中所獲得的經驗。下列是兩個意義反映的例句：

「我感到你在班上要表現最好，對你非常重要」

「離婚後形成混淆，一方面意謂著你有較多的自由，但另一方面顯得你非常孤單」。

四、摘要反應(Summarization Responses)

摘要反應技術嚴格說來，也是同理心反應的一種，係將當事人各種題材或資訊加以併合在一起(*pull together*)的一種技術。摘要反應需要盡可能的選擇當事人主要的概念與各個層面的訊息。

摘要反應技術有助於促進當事人的行動、增多訊息，並能提供結構與方向，使諮商得以進展。敏銳的摘要亦即是一種同理反應。下列是兩個摘要反應技術的例句：

「你已經說了很多遍了，你對你媽媽是如何地感到憤怒，但每一次你都談了不同的主題。你似乎想要處理你對媽媽的憤怒情感，但卻難以著力，是不是如此？」

「過去三次諮商你都提出不同的問題，每一次都有不同解決問題的方式，但你似乎沒有照著去做，現在妳又提出不同的問題，我們無法確定以前的問題是否已經解決了。」

五、尊重與眞誠反應(Respending with Respect and Genuineness)

此處尊重與眞誠技術就是引自羅吉斯與卡克夫的技術，在第一節中已有詳細的討論。尊重的技術就是羅吉斯(*Rogers, 1957*)所說的「無條件積極關注」，也就是諮商師對當事人的關懷，以及有意願協助當事人解決困難的一種技術，尊重包含有「贊賞」(*prizing*)、「評價」(*valuinq*)、與「不佔有的溫暖」(*nonpossessive warmth*)的要素。尊重需要在言詞與行動上一起表現。

眞誠就是諮商師能坦誠、眞誠、誠實地投入關係之中，能與當事人眞實的交會(*real encounter*)，而不是虛假的扮演角色。

叁、瞭解的技術

在諮商的第三個階段是以當事人的問題爲焦點，諮商師的反應目的在協助當事人澄清問題的性質，重點亦在於雙方能充分瞭解當事人所關切之事，進而能採取行動解決問題。主要的瞭解技術有七種，這些技術類多與前述關係技術相同。

一、高級敏銳同理心反應(Responding With Advanced Accurate Empathy)

高級敏銳同理心係以前面所述的同理反應爲基礎，對於當事人作高層敏銳的反應，超乎當事人表面意義，並能將被掩蓋的、隱藏的、或不被當事人所注意之層面的相關情感與意義呈現出來。高級敏銳同理心能促使當事人看到自己的需求，並能協助他們建立較客觀的參考架構

高級敏銳同理心有八種功能：

1.擴展圖像：例如，「你的問題不只幾何課而已，幾乎學校中的每一科目你都有麻煩。」

2.間接表達：例如，「我認爲我正聽到你說，你不只是失望，甚至是生氣。」

3.對所說的話作結論：例如，「依我所聽到的，你在學校中已失去興趣，你正想輟學，至少是一段時間？」

4.開展隱藏的領域：例如，「你已經多次提到性的問題，我猜性是你難以啓齒的事，但却對你很重要。

5.找出忽視之處：例如，「我懷疑某些人可能誤解了你的機智，他們把它當作是一種諷刺，而非幽默。」

6.辨識主題：例如，「你已經用不同方式說了很多遍，別人不曉得讓你舒適，反而嚇到了你，你也有如此看法嗎？」

7.充分擁有情感與行爲：例如，「我不能確定你所說的，你眞的要向她求婚？」

8.將無關主題加以聯結：例如，「我懷疑這是否與你的不好的成績有關，困難的地方在於你已經開始約會，而且你常常與父母爭吵。」

二、具體化反應(Responding with Concreteness)

具體化反應技術就是在協助當事人作更明確、清楚的表達，並以現時爲焦點，且以實際爲基礎，以便使當事人能由情感朝向行動。假如當事人所說的話過於抽象，諮商師就可利用此種技術作更明確與具體的反應。

三、自我表露反應(Responding with Self-Disclosure)

自我表露反應技術就是諮商師與當事人分享個人的訊息，這些訊息也許與當事人的問題相似或不同。表露的內容涵括觀念、價值、態度與經驗。自我表露常使用「我」的字眼，它需要建立在諮商師對當事人的意念瞭解之上。

四、面質反應(Responding with Confrontation)

面質就是將當事人現實我與理想我的不一致，口語表達與行爲不切合，以及當事人與諮商師經驗不同之處傳達給當事人，以促進當事人成長。

五、立即性反應(Respordig with Immediacy)

立即性反應就是探索發生在關係中之問題的技術，也是一種相互溝通的技術，以協助當事人學習更多的事情，又不會受到威脅。

六、使用解析的反應(Responding Using Interpretation)

解析是諮商師基於個人的觀察與認知，面對當事人的行爲試著賦予意義，目的在促使當事人體察或瞭解自己的行爲。使用解析技術必須試驗性的，且要有利於當事人，同時當事人也要確定諮商師的解析是否適宜。有效的解析要使當事人能更淸楚的瞭解自己的問題，並有勇氣作有效地行動。

七、使用探索與發問的反應(Responding Using Probes and Questions)

探索就是在諮商中尋求資訊，或激發反應的一種技術，探索通常可以運用直接與間接的問句作引導，如：「再告訴我更多一點」、「繼續說」等，這些開放式的句子在諮商初始階段非常有用。

發問就是直接問當事人問題，以獲知當事人的狀況，發問有直接與間接兩種，直接發問的方式有如以下各句：「你的新學校如何？」「你對墮胎看法如何？」「你對離婚有何感受？」間接發問則有如下列：「我懷疑你如何看待你的新學校？」「你對你的墮胎觀點有某些懷疑。」「我想自從你離婚之後，有很多要說的話。」

肆、行動的技術

行動是諮商的重要階段，倘在前述探索與瞭解階段能夠帶給當事人「啊哈！」(*Aha!*)(頓悟)的經驗，當事人也許會知道問題解決的方式。在諮商之前當事人可能已請教了甚多家人與朋友，他們的問題可能已被充分瞭解與接受，也有些當事人可能經由瞭解階段才知道自己的問題所在，或者也許有人發現他並沒有問題，或者只是想發現人生的意義而已。因此在行動階段要對當事人給予適當協助，使他們能承擔作決定的責任，主要的技術有指導與問題解決二種。

一、指導(Directives)

指導技術亦即是對當事人的一種教導，告訴他們如何做，相關的方法在各諮商理論模式上均有建議，如冥想演練、鬆弛訓練、作家庭作業等。

指導的技術又可包含：(一)給予忠告(*Advising*)；使他們能解決問題，並負起個人責任。給予忠告亦如同給予建議，諮商師需提供多重選擇的方案，以便於當事人作選擇。(二)家庭作業(*Homework Assignments*)：這亦是給予忠告的一種型式，使當事人能學習各種新行爲，並保持所選擇之活動的紀錄。家庭作業並可配合讀書治療(*bibliotherapy*)進行，以使當事人有較高的認知能力，其它像傳記、小說、詩歌也都有一定的療效。

二、問題解決方法(Problem-Solving Approaches)

問題解決方法即是針對當事人的問題，協助當事人依相關的步驟，克服問題。問題解決的步驟可以如下：(一)決定問題；(二)找出解決的可能方法；(三)評估可能性；(四)決定解決問題的可能方法；(五)履行決定；(六)評估結果。其它如現實治療法的步驟亦可採用。

伍、結束的技術

當諮商有所進展，結果已經顯現，且當事人所學到的新行爲已經保持著，即可考慮結束諮商，結束諮商的技術有四個要項。

一、何時結束(When Is the Time to Terminate?)

何時結束諮商並無一定限制，主要需視當事人的準備度、當事人的意願、表現與關係的性質而定。

二、決定結束(Making the Decision to Terminate)

諮商師經由判斷要結束諮商，基本上要以諮商目標是否達成爲主要考量，如經衡量決定要終止諮商亦非突然停止，而是要以漸進方式慢慢結束，諮商師也可以協助當事人對整個諮商歷程作檢討。

三、完成未竟事務與探索情感(Completing Unfinished Business and Exploring Feelings)

諮商結束前有如要清理事務一般，如讓當事人將要表達的情感充分表達，或對當事人給予回饋、鼓勵或支持，同時諮商師也要知道當事人對終止諮商的情感。諮商師也可以和其督導討論與當事人終止諮商的相關問題。

四、諮商後自我依靠與學習遷移的準備(Preparation for Post Counseling Self-Reliance and Transfer of Learning)

諮商員可以協助當事人將諮商所學的一些策略應用在日常生活中，也可以要求當事人自訂契約、演練新行爲、更新目標，以及以其它有用方式面對自己在諮商結束後的可能問題，使他們能依靠自己，解決困難。同時也要讓當事人知道他們也可以再次尋求諮商。再諮商並非代表過去的諮商失敗，而是另一種可能選擇(*Peterson & Nisenholz*, 1987; 1991; *pp.47-84*)。

第三節　實務諮商與助人技術模式

尼爾森瓊斯(*Nelson-Jones, 1988*)以實務的觀點，倡導將諮商視爲助人及自我幫助(*help and self-help*)的歷程，尼爾森瓊斯係澳大利亞墨爾鉢理工學院的教授，他對諮商技術的觀點有頗多值得借鏡之處，以下將闡述尼爾森瓊斯所倡導的十種主要諮商技術。

壹、成爲一位好的傾聽者

傾聽是最基本的諮商技術，它不只聽到聲音而已，而且要敏銳地瞭解意義。傾聽具有下列的重要性：

一、創造投契的氣氛(*rapport*)；

二、創造影響的基礎(*influence base*)；

三、創造理解的基礎(*knowledge base*)；

四、協助當事人說話；

五、協助當事人經歷與表達情感；

六、協助當事人擔負自己的責任與解決問題。

傾聽包含三個要素：一、心理的接受(*psycholosical receptiveness*)：全心全意的聆聽，在身體、思想、感官與情緒上都要專心一致，以「人對人」(*people-to-people*)的方式與當事人接觸，且要親近(*accessibility*)當事人，並容許充分表達(*expressiveness*)，助人者或諮商師則需具敏銳與自在。二、身體專注(*physical attending*)：包括，(一)有效(*availability*)、容易親近；(二)身體放輕鬆；(三)身體坦然(*physical openness*)；(四)稍向前傾；(五)眼睛接觸；(六)適當面部表情；(七)點頭。三、容許談話(*giving permission to talk*)：諮商師要能顯示已有準備，並容許當事人說話，不斷地要顯現：「門是開著」，使當事人能自由地談論他想說的話。

在傾聽過程中，諮商師要觀察並聆聽當事人的口語與身體語言，表 *12-9* 係要注意的當事人的口語訊息，表 *12-10* 係當事人的重要身體訊息。

貳、傳達與催化瞭解

傳達與催化瞭解是繼續專注談技術的重要諮商技術，基本上這些技術與前述羅吉斯及卡克夫模式的技術相當，主要的重點有下列各項：

一、持續性訊息(continuation messages)

諮商員在口語與身體訊息上要持續的傳送激勵的訊息給當事人，以催化當事人作反應。口語的訊息有：

「ㄚˇ ㄏㄚˇ」

「請繼續」

「我知道」

「然後呢」

「好」

「確實如此」

「這很有趣」

「多告訴我一些」

「因此」

「繼續」

「眞的」

「啊」(Ah)

「是的」。

表12-9　當事人口語訊息層面

層面	顯著特徵
聲音高低(volume)	大聲、安靜、多話
速度(pace)	快、慢、停頓
重音(stress)	單調、戲劇化
音調(pitch)	高音調、低音調、尖銳、深沉
發音(enunciation)	清楚、口吃、不清楚
腔調(accent)	全國性的、地區性的、社會階層性的
談話障礙(speech disturbance)	吞吐的、重複的

資料來源：Nelson-Jones(1988), p. 25。

表12-10　當事人身體訊息層面

層面	顯著特徵
眼睛接觸(eye contact)	注視、向下看、左顧右盼、興趣信號
面言表情(facial expression)	思考與情感的表達、空洞、微笑與敵意
頭髮(hair)	長短、有個性
手勢(gesture)	大動作、有變化、如，手臂移動
修飾(qrooming)	乾淨、邋遢、整潔、整齊、髒亂
氣味(smell)	身體香水味、無臭、芳香、刺鼻的氣味
接觸(touch)	部分社會儀式、顯示友誼、敏感與攻擊性
軀體(physique)	纖細、肥胖、男性氣慨
身體距離(physical distance)	親近疏遠的、可以接觸的
軀幹傾斜(physical lean)	向前、向後
姿勢(posture)	直的、彎腰
緊張程度(degree of tension)	緊張的、放鬆的
不安的(fidgeting)	撥弄頭髮、手指等
呼吸(breathing)	規則的、吞嚥似的、快速的
害羞(blushing)	有沒有臉紅、部分臉紅

資料來源：Nelson-Jones(1988), p. 26。

二、避免傳送消極的訊息

有效的催化技巧運用中，切記避免傳送消極的訊息(*discouraging messages*)。消極的訊息也包含口語與非口語二大類，不好或不適宜的口語與身體訊息會阻斷當事人說話的意願，同時也會使當事人退怯，以避免諮商師的不悅。下列是常見的消極訊息：(一)指揮或指導；(二)批判或批評；(三)責備；(四)道德化(*moralizing*)、佈道(*preaching*)與施恩(*patronizing*)；(五)加標籤與診斷；(六)再保證(*reassuring*)與不當幽默；(七)不接納當事人情感；(八)勸告與教學；(九)審問(*interrogating*)；(十)過度解析(*over-interpreting*)；(土)不當談論自己；(圭)穿戴專業面具；(盂)虛假的專注；(古)給予時間壓力。

三、同理心反應技術

同理心反應技術係採用個人中心取向的諮商技術，能敏銳的反映當事人的話語與情感，並能協助當事人深層地探索逃避或隱藏著的內在世界。同理反應技術有六個要點；(一)讓當事人對同理反應有所知覺；(二)諮商師能區辨同理反應；(三)適宜的反映當事人說話的內容；(四)澄清當事人的情感；(五)作同理反應的適當決定；(六)決定持續同理反應。

在作同理反應的決定時，表 *12-11* 是一個衡鑑表，可資諮商師參考。

叁、深層的催化技術

深層的催化技術以當事人的內在參考架構爲焦點，以協助當事人爲自己負責，並且不依賴諮商師。深層的催化技術包括：一、初始結構(*initial structuring*)；二、鼓勵自我說話(*self-talk*)；三、有助益的發問；四、面質；五、自我表露；六、摘要等，後三者亦與羅吉斯及卡克夫的論點相近。以下再分述之。

表12-11　同理反應之決定的檢核表

1.我何時反應？
2.我了解當事人的內在參考架構嗎?
3.我的反應要有多久？
4.我的反應的進度要如何？
5.如何說話？
6.身體如何顯示？
7.我要對那些作反應？
8.我要使用何種語言？
9.我的反應可以多深？
10.我可以適當的檢核我的同理心的敏銳度嗎？

資料來源：Nelson-Jones(1988), p. 58。

一、初始結構

初始結構的目的是讓當事人知道在助人歷程各個階段上助人者的角色，以便催化當事人自我幫助。起始結構也在於建立諮商師與當事人同盟、合作的關係，促使當事人要能共同合作一起解決他們的問題，而非只是說出問題而已，當事人本身要承擔改變的責任。

二、鼓勵自我說話

此項技術的目的在協助當事人以他們本身爲焦點，使用單數第一人稱表達自己的情感、思想與行動，以及自己的問題。此項技術並有四個次級技術：(一)以當事人爲焦點：諮商的最終目的在於當事人承擔自己的責任，因此當事人要持續的以自己所做、所想與所感受的爲焦點。(二)鼓勵用「我」作陳述：鼓勵當事人用「我」的字眼陳述問題，以便他們縮短自我與其情感、思想及行動的距離。(三)鼓勵當事人面對自己的問題。當事人一方面有特定的問題，同時又維持了問題，因此他們需要接納他們讓問題存在的責任。(四)催化認知選擇：當事人需要知道他們是生活中的抉擇者，人生亦即是一連串抉擇的歷程，因此，諮商要協助當事人認識到他們可以作很多的抉擇去克服問題。㈤使用沈默技術：沈默技術可以促使當事人說話，同時也具有使當事人深層接觸他們的思想與情感的機會，適當的沈默、暫停，可以使當事人說更多的話。

三、有助益的發問

有助益的發問是基於瞭解當事人或幫助當事人成長的情況下，協助當事人探索、澄清與瞭解他們自己的參考架構。

發問技術的使用要審愼，應避免：㈠問太多問題；㈡指導式問題；㈢封閉式問題；㈣太多探索性的問題；㈤時間太有限的問題。相反的，有效的問題應該是：㈠精緻化的問題(*elaboration questions*)：開放且容許當事人充分表達；㈡明確的問題：協助當事人瞭解與澄清他們關心的課題；㈢引發個人反應的問題：引發當事人去面對自己的情感，思考個人人生的意義。

四、面質

面質係在瞭解當事人的基礎上，讓當事人更直接的面對自己及優缺點，以及自我破壞的行爲。面質共有五個類型：㈠經驗性(*experiential*)：面質助人者與當事人經驗的不一致；㈡教導性(*didactic*)：澄清訊息或欠缺的訊息；㈢長處(*strength*)：以當事人的資源爲焦點；㈣弱點(*weakness*)：以當事人的負債或病態爲重點；㈤鼓勵行動：激勵當事人採取積極態度面對人生。催化性的面質(*facilitative confrontation*)尙可以下列各項爲焦點：㈠面質語言、口語、與身體訊息的不一致；㈡面質字句與行動的不一致；㈢面質當事人與助人者觀點的不一致；㈣面質現在與過去說法的不同；㈤挑剌失敗的抉擇；㈥提供不同知覺；㈦矯正錯誤訊息。

面質要以下列四者爲基礎：㈠要有思想與情感；㈡不能貶抑(*talk*

down)；(三)當事人承擔最終責任；(四)不能過度使用。

五、自我表露

自我表露即將自己開放給當事人，自我表露有利有弊，需審慎使用。其好處有：(一)有用的關係技術；(二)能顯示真誠與投入(*involved*)；(三)分享經驗；(四)提供回饋；(五)能肯定或確認(*being assertive*)。

但自我表露也有下列的缺點：(一)增加當事人的負擔；(二)似乎顯示諮商員軟弱或不穩定；(三)支配當事人；(四) 產生移情作用。

適當的自我表露須注意下列原則：(一)是自我的體驗(*self-referent*)；(二)要有重點；(三)對當事人要敏感；(四) 不能太常使用。

六、總結

總結技術是對當事人整體的反應，將當事人所說的話作綜合整理，總結技術的目的有：(一)當作諮商階段間的橋樑；(二)檢核瞭解當事人的敏銳度；(三)提供結束的訊息；(四)作兩次諮商的聯結。

肆、問題管理模式

尼爾森瓊斯重視諮商中當事人問題的解決，他認為管理問題(*managing problems*)就是要克服與掌握問題，他提出 *DOSIE* 五階段問題管理模式，其意義分別是：*D* 代表「描述」(*Describe*)：描述與辨別問題；二、*O* 代表「操作」(*Operationalize*)：操作問題；三、*S* 代表「設定目標」(*Set Goal*)：設定與協商處理的目標，四、*I* 代表「處理」、「處遇」、「干預」或「輔導」(*Intervene*)；五、*E* 代表「離開」(*Exit*)：結束、離開，並鞏固自我協助技巧。表 *12-12*　係 *DOSIE* 問題管理模式的主要內容。

伍、以情感爲焦點

尼爾森瓊斯注重情感、思考與行動三層面技術的應用，他認爲這三者能協助當事人增強自我幫助之技術的提昇。以情感爲焦點的技術有下列各項：

一、協助當事人作反應(aiding responsiveness)

協助當事人去觸及自己的情感，能夠充分地知道與體驗情感。相關的技術包括：(一)同理心反應；(二)提供認識，並以自己的情感爲焦點的準則；(三)催化身體覺察力(*facilitating body awareness*)；(四)以感官爲焦點(*sensate focus*)；(五)使用角色扮演的技術；(六)教導當事人具有內在同理心；(七)鼓勵採取行動。

二、協助當事人管理情感(management of feelings)

使當事人能放鬆與體驗情感。相關的技術有：(一)逐步肌肉鬆弛法；(二)系統減敏法；(三)危機管理(*crisis management*)。

前兩者的技術大多援用行爲治療的策略，危機管理則有下列的應用原則：(一)要有準備；(二)行動要冷靜；(三)傾聽與觀察；(四)評估困擾程度與對自我及他人的傷害危險程度；(五)評估當事人的長處與因應能力；(六)協助探索與澄清問題；(七)協助解決問題與訂立計畫；(八)諮商員對自己的能力要能清楚。

三、催化自我幫助(facilitating self-help)

強調當事人本身要自助人助。相關的技術包括：(一)共同諮商(*co-counselling*)：尋求友伴共同相互諮商；(二)建立支持網路(*support networks*)；(三)建立同儕自我幫助團體。

表12-12　DOSIE五階段問題管理模式

要項	助人技術	當事人行爲
階段一：描述與鑑別問題		
建立工作同盟，協助當事人辨識與描述他們的問題	結構化、容許談話、有訓練的傾聽、面質訊息、同理反應、有助益的發問、鼓勵自我說話、輕微的面質、總結	辨識問題領域、細節明確化、分享思考、情感與個人意義
階段二：操作問題		
操作性的引發訊息，以界定及陳述問題	催化技術加上下列技術：敏銳的責任歸屬、高級同理心反應、教導性與解釋性面質、發展不同的知覺、以蒐集資訊爲焦點、操作性的界定與陳述問題	協助辨識與了解所欠缺的技術，更直接的與問題發生關聯、發展新的洞察與知覺
階段三：設定目標與協商輔導的目標		
敍述工作目標並協商輔導要達成的目標	將問題的界定轉變成目標、選擇與協商治療的目標、回答問題、協助產生與執行可替代的行動路線。	協助設定目標、知道要主動解決問題、對治療與行動計畫需要有實際的貢獻
階段四：處理		
強化技能，並建立問題領域的相關技術	基本的催化技術加上適當的處理，以當事人的情感、思想與行動爲焦點，建立階段性程序、協商家庭作業，監控與評估進步情形、鼓勵與支持自我協助、必要時回到較早的階段	努力去獲得技術資源、減少缺陷、就實踐的方法討論困難與成功，協助評鑑問題管理歷程，獲得自我幫助的知識與技術
階段五：離開與鞏固自我技術		
結束助人接觸，並鞏固自助技術	終結的結構技術、協助檢核進步情形與目標是否達成，催化學習與自我幫助的技巧、獲得回饋、處理情感與關係課題、說再見	分享進步情形、呈現任何個人的問題、鞏固學習成果，在日常生活中努力實踐問題管理的自我幫助技巧

資料來源：Nelson-Jones, 1988, pp. 92-93.

陸、以思考為焦點

思考常影響各方面的適應，以思考為焦點的諮商技術包含下列各項：

一、評估思考(assessing thinking)

對當事人的思考內容作檢核或評估，其方法有：(一)藉助當事人的自我報告；(二)對當事人所說的話及理由作推論；(三)發問與面質；(四)大聲思考(*think aloud*)（即大聲說出思考的歷程)；(五)對思考加以圖解(*thoughts charting*)；(六)利用問卷；(七)鼓勵不同行動方式。

二、適時以思考為焦點

適時是技術運用的重要條件，需要配合諮商進度、當事人意願、當事人較少焦慮，以及當事人具有信任感，且能以思考為焦點。

三、以思考為焦點的處理技術

以思考為重點的治療或輔導技術頗多，主要的有：(一)敏銳的作責任歸屬；(二)協助當事人面對內在語言(*inner speech*)；(三)建立實際的內在規則；(四)發展不同的知覺；(五)敏銳的覺察預期的冒險與獲益之處。

四、進行問題管理訓練

可以利用前述 *DOSIE* 的問題管理步驟訓練當事人處理自己的問題，另外亦可採用 *CIDDA* 模式解決問題，其步驟有：(一) C(*Confron*)：面質問題；(二) *I*(*Inform*)：告知自己；(三) *D*(*Define*)：界定問題；(四) *D*(*Decide*)：決定如何做，(五) A(*Act*)：行動與評鑑。

柒、以行動爲焦點

當事人有所行爲，改變才有可能。以行動爲焦點的技術就是要協助當事人對較佳的抉擇付之行動，成爲具有較佳自我幫助技巧的人。其主要技術有：

一、設定目標

設定目標使行動有方向，相關的技術有：㈠依照行動陳述目標；㈡設立明確與可衡量的目標；㈢訂立有助益與現實的目標；㈣目標要依當事人狀況適當調整。

二、使用楷模法(modelling)

引導當事人參考與學習他人的行爲方式，包括助人者、他人或錄影、錄音人物，以及想像或隱藏的楷模(*covert modelling*)。至於楷模法使用的原則有：㈠演練；㈡訓練；㈢教導內在語言；㈣給予鼓勵；㈤實際表現，另外亦可作思考性楷模演練。

三、運用酬賞(reward)

此亦即利用獎勵的方式協助當事人有效的行動，一般而言，酬賞的運用原則與行爲治療法的基本原則相似，最終要使當事人能積極的自我酬賞，形成良好行爲。

四、角色扮演、演練與教練

此三種技術都是在強化行動的效果，亦即在諮商中經由模擬演習、演練，以及訓練的方式，學習較適宜的行動技巧與策略。

捌、催化性團體(Facilitating Group)

此部分的技術主要係以團體諮商的方法與技術爲重點，相關的階段性技術包括：一、準備階段技術；二、初始階段技術；三、工作階段技術；四、結束階段技術。由於團體諮商非本書重點，於此略過。

玖、生活技巧訓練(life skills training)

在尼爾森瓊斯的模式中，別樹一格的對生活技術訓練當作諮商技術運用的重要一環，他認爲所謂生活技術訓練就是有效的進行各種抉擇，以達成目標的能力。由於他認爲諮商的目標之一是要協助當事人自我幫助，因此，生活技巧訓練就是在增強當事人的資源與能力，生活技巧的範圍包括：一、情感；二、思考；三、關係；四、學習；五、工作與失業的調適；六、休閒；七、健康等的層面。

生活技巧訓練可以在個別與團體諮商中使用。茲以表 *12-13* 爲例，說明如何利用生活技巧訓練的原則，協助當事人交朋友。

表12-13　交友的生活技巧訓練方案

階段	目標	訓練方法
一	(一)創造安全學習環境與增強動機	(一)破冰(*breaking the ice*)的演練 (二)集合男女生團體，討論如何交朋友，再至團體進行討論
	(二)更深入瞭解標的技巧	(一)訓練者呈現方案大要 (二)討論與回饋 (三)家庭作業：作交友行爲的日記
二	增強交朋友的思考	(一)檢查家庭作業 (二)性別角色演練 (三)團體討論 (四)討論與回饋 (五)家庭作業：保持與同儕相處的日記，完成「被排斥」的評量作業。

三 增強個人的責任感與作初始接觸的技巧	(一)檢查家庭作業 (二)進行以「我」爲陳述的遊戲 (三)講述如何成爲人生的抉擇者 (四)組織團體探討如何與人初始的接觸，再至團體中報告 (五)回饋 (六)家庭作業：在日常生活中，練習以「我」爲開始的陳述，並觀察與保持與他人接觸的日記
四 增強作初始接觸的技巧	(一)檢查家庭作業 (二)講述作初始接觸的技巧，強調身體與口語溝通 (三)行爲演練、訓練與錄影回饋 (四)討論與回饋 (五)家庭作業：以積點制演練初始接觸技術，可能的話給予酬賞，並保持進步情形的日記
五 增強保有、維持與結束會談的技巧	(一)檢查家庭作業 (二)講述會談技巧，並用錄影帶作示範 (三)練習如何對自己說話 (四)練習如何成爲有酬賞的聆聽者 (五)討論與回饋 (六)家庭作業：觀察有技巧的溝通者、演練會談技巧、在日常生活中使用會談技巧、保持進步情形的日記
六 增進保有、維持與結束會談的技巧	(一)檢查家庭作業 (二)講述果斷地結束會談的技巧 (三)簡短會談：作行爲演練、訓練與錄影回饋 (四)討論與回饋
七 增強因應內在語言與打電話技巧	(一)檢查家庭作業 (二)講述因應內在語言的方法：包括利用某人講電話的錄影資料 (三)行爲演練與思考訓練，以及約會的行動技巧訓練 (四)討論與回饋 (五)家庭作業；演練內在語言與約會的技巧、打電話、作交友的問卷、保持進步情形的日記
八 鞏固自我幫助技巧、對進步情形回饋	(一)檢查家庭作業，並再作交友的問卷 (二)對訓練者回饋 (三)練習維持、使用與發展交友的技巧 (四)討論 (五)作有關方案訓練的回饋問卷 (六)追踪的安排 (七)說再見。

資料來源：*Nelson-Jones, 1988, pp. 249-250.*

拾、維持與發展個人技巧

在諮商最後階段，需要協助當事人維持與發展個人技巧，以便強化個人的自我幫助技巧，達成諮商目標。可行的方式是觀察楷模與自我進行演練，基本上就是綜合的應用前述的各種技巧。

對諮商師本身而言，最重要的是要精進個人的諮商技巧，形成個人的諮商風格，除了個人不斷力求技巧的提昇外，還要多參與專業團體、個人多尋求諮商、向他人請益、觀看諮商錄影帶或聽錄音帶、克服個人壓力、追求專業成長等(*Nelson-Jones, 1988, pp. 13-261*)。

總之，實務諮商與助人技術模式就是綜合運用各種諮商技術，以務實的態度協助當事人自助人助，各種技術或策略，簡單、明確，且具體可行，頗值得參考應用。

第四節　助人關係與策略綜合技術模式

赫欽斯與高爾(*Hutchins & Cole, 1992*)的諮商論點是另一個值得推介的諮商技術模式，他們提出一個「綜合性 ABC 模式」(*Comprehensive ABC Model*)，以思想——情感——行動方法 (*thinking-feeling-acting approach*，簡稱 *TFA*) 為主軸，協助諮商師擁有廣泛且踏實的助人技術與策略，可視為各種諮商技巧的綜合運用模式，頗多值得學習之處。

壹、主要諮商技術的結構與模式

赫欽斯與高爾的諮商綜合模式兼顧思考 (認知)、情感 (感情) 與行動 (行為) 三大諮商課題，擷取各學派專家的重要理論與技術，形

成獨特的 *TFA* 三角形模式，在認知層面吸取了艾里斯、貝克、梅謙鮑姆等人的理性與認知理論，在情感層面則採用了羅吉斯、馬斯洛、皮爾斯等人的論點，在行動層面則吸收史肯納、沃爾比、拉澤勒斯、班都拉、克倫柏滋等人的觀點，建構了統整性的結構與模式（分別如圖 *12-1* 與圖 *12-2* 所示)。整個諮商技術結構宛如一個熱汽球，共包含四個主要結構：一、瞭解自己與他人：這是結構的中心，主要是涵蓋了思想(*T*)情感(*F*)與行動(A)三者；二、建立關係的區域：總共有六種主要諮商關係建立技術，分別是結構化、傾聽、發問、反映、沈默與面質技術，以及關懷、目標、程序與評鑑等四種問題解決策略。最外圈則是改變環(*change cycle*)，主要涵蓋目標（是什麼？)、程序（如何？）與評鑑(*why?*)三者。上述這些要項共同支持或帶領了整體的助人策略。形成了熱氣球的架構圖。

在圖 *12-1* 中心的 *TFA* 係指特定情境中的個人行爲表現（亦即是思想、情感與行動交互作用的結果)。*TFA* 共包含 ABC 三個模式。

在 *TFA* 中，A 是代表前置或先在條件(*Antecedents*)，是行爲的情境或背景，在不同情境或背景下，可能有不同的行爲發生，何地、何時與和什麼人發生，是考慮重點。*B* 是代表行爲(*Behavior*)，這是整個 *TFA* 的模式中心。C 則表示行爲的後果(*Consequences*)，行爲有得有失，有收穫就顯示有優勢，有付出就包含有負面作用，此二者都有立即、短期與長期三種可能。A 也就是事情或行爲發生的背景或先在事件，*B* 就是個人思考、情感與行動的交互作用結果，C 表示行爲所帶來的改變。

由 *TFA* 模式延伸，此三角模式又可形成不同的結構。在 *TFA* 三層面中依程度的不同各分三個點，個人思考、情感與行動不同可以聯成不同圖形。*TFA* 因各人特質不同可以形成 $3\times3\times3=27$ 種的圖形，但基本上有四個主要模式，視個人偏於那一層面而定。圖 *12-3* 中的四個中，圖 A 是偏於思考與情感（形成 $T-F$ 三角形)，圖 *B* 則偏於情感與

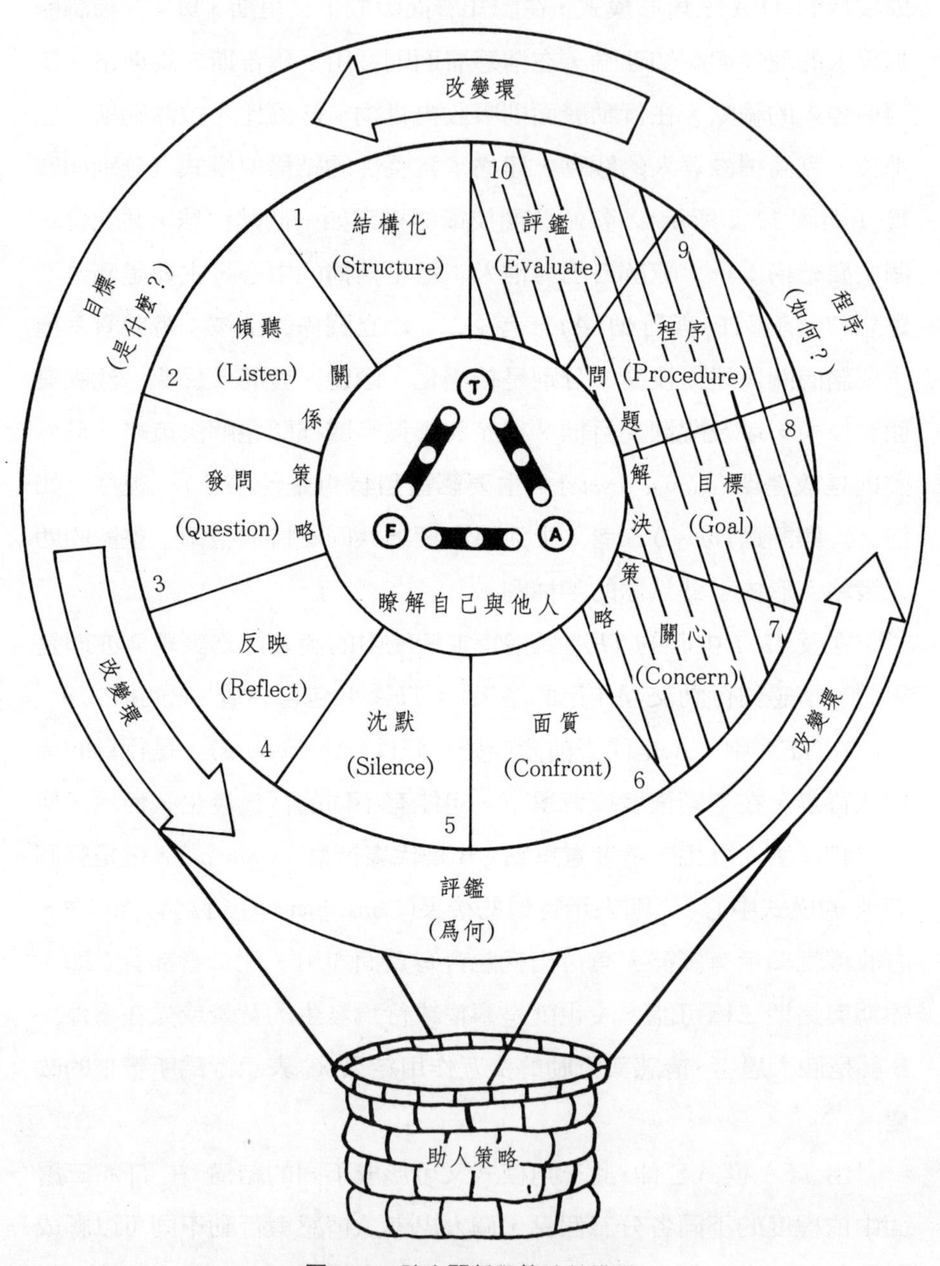

圖12-1　助人關係與策略結構圖

(資料來源：Hutchins & Cole, 1992, p. 5)

綜合性ABC模式(COMPREHENSIVE ABC MODEL)		
A 前置(Antecedents) (情境或環境)	B 行爲(Behavior) (思想、情感與行動)	C 結果(Consequences) (收穫與付出)
在什麼情況下會有行爲發生 1.何地？ 2.何時？ 3.和什麼人？	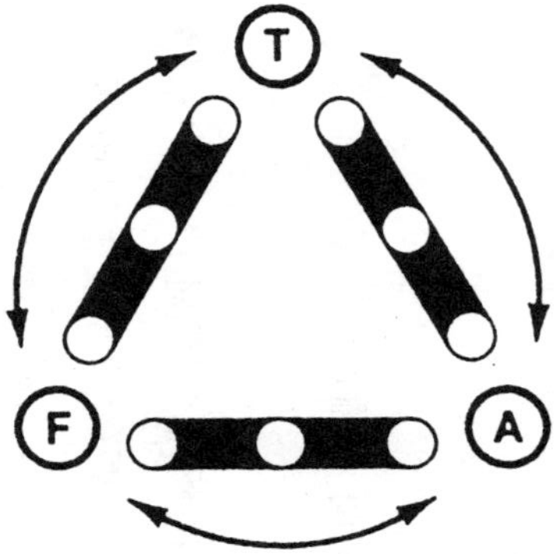 T　F　A	1.收穫或優點 2.付出或負面的 a. 立即的 b. 短期的 c. 長期的

圖12-2　綜合性ABC模式

(資料來源：Hutchins & Cole, 1992, P.17)

行動(*F*－A)，圖 C 偏於行動與思考(A－*T*)，圖 *D* 不偏於某一方，以中心點形成 *T*－*F*－A 三角形。

以圖 *12-3* 的圖A為例，他可能具有下列特質，而在 *TFA* 中形成左偏的三角形：

1.具邏輯與理性；2.平衡思想與情感；3.非常關懷他人；4.對他人思考敏銳；5.過度涉入他人情感中；6.對他人的情感敏感；7.關心他人；8.能同情別人；9.不是非常果斷；10.一切想在前頭；11.思考替代方法；12.對問題作預期回答；13.確知之後才行動。

總之，*TFA* 是用來預評量個人思考、情感與行動的參考模式，在個人與他人互動中，以及專業工作上，都是可用來診斷與分析個人行為特質的依據。

貳、重要諮商技術

赫欽斯與高爾即依照圖 *12-1* 的結構介紹主要的 *18* 種不同的諮商技術，此 *18* 種主要的諮商技術又可區分為三類，分別是一、有效會談的(*effective interviews*)的技術：包括，結構化、傾聽、發問、反映與澄清、沈默、面質等六種主要技術；二、問題解決的整合性技術：包括，鑑別問題、建立目標、設計程序以及評鑑、結束與追蹤等；三、改變行為的策略：包括，保持紀錄、傳記與個人歷史、蒐集資訊、記錄改變情形、訂契約、積極自我說話、模仿與楷模、角色扮演等。以下將簡要分述此 *18* 種技術：

一、結構技術

結構技術就是對諮商開始至結束所涉及的治療關係、環境、規定與程序加以設定或澄清與說明的歷程。

結構化技術的應用要點有：(一)明確界定治療關係中的角色與期

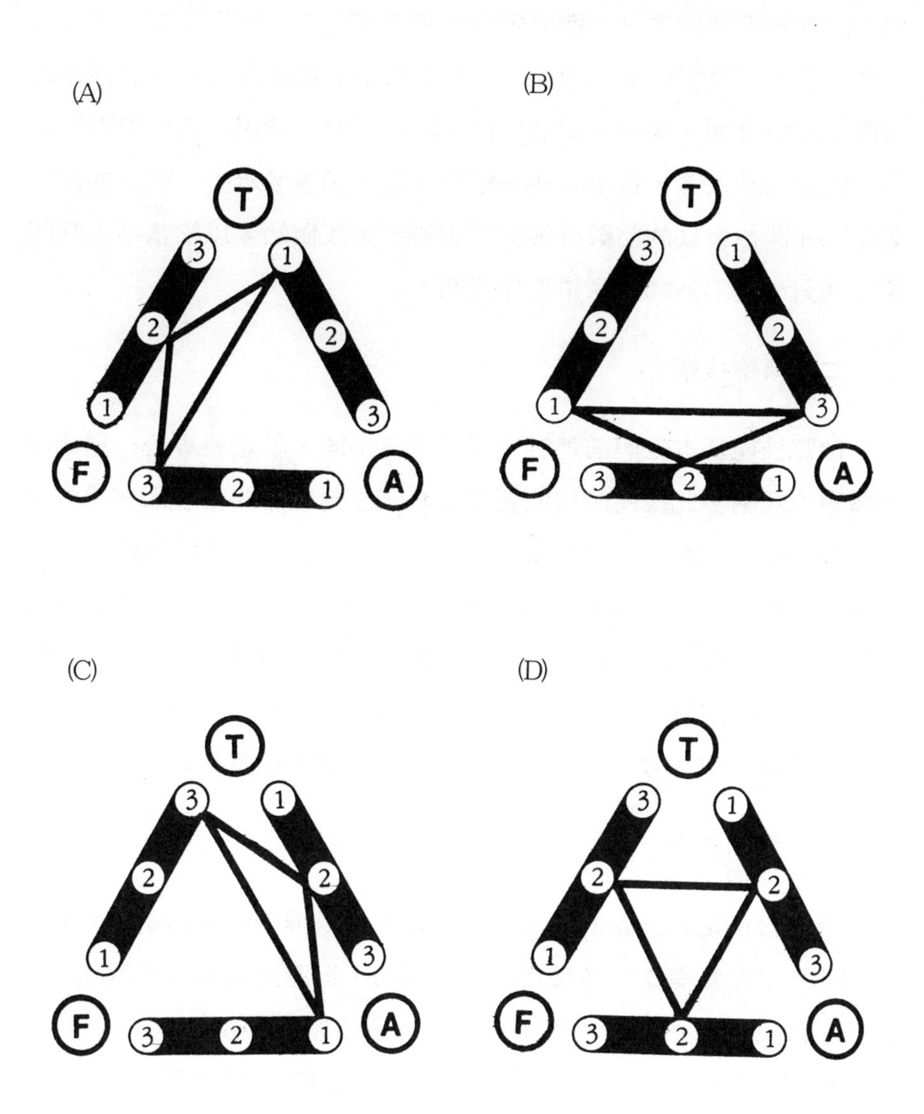

圖12-3　TFA基本類型

（資料來源：Hutchins & Cole, 1992, pp. 23-26)

望；(二)安排不會對當事人造成壓力的適當情境；(三)解析當事人應有的行爲表現，以及提供積極改變的準則；(四)設定當事人與助人者運作的程序；(五)對會面、保密、緊急情況、時間長度、費用、責任等加以說明；(六)評估助人者、當事人與問題的性質，如專業水平、個人的條件等；(七)在開始會談的前數分鐘非常重要，應該愼始，以給當事人好印象；(八)對會談內外的注意事項作說明。

二、傾聽技術

傾聽技術基本上與前述其它模式並沒不同，就是要專心一意的聆聽當事人說話，此技術使用的要點有：(一)主動地聆聽當事人在說些什麼，他們如何說話；(二)專注當事人的非語言行爲，如眼睛接觸、面部表情、手勢，以及對瞭解當事人具有意義的身體反應；(三)注意當事人口語與非口語行爲的社會文化背景；(四)比較口語與非口語行爲的相似與相異處；(五)瞭解當事人的世界與自我表達的方法；(六)助人者能將對當事人的覺察或知覺程度在口語與非口語上傳達給當事人。

三、發問技術

發問技術是以適當的問題詢問當事人，以獲得較多與當事人有關的資訊。其要點有：(一)多使用開放式問句，以邀請當事人多說話，開頭語句使用「誰」、「是什麼」、「何時」、「何處」、「爲何」與「如何」的字眼，而不以「是」或「不是」作反應；(二)對特定的問題可以使用封閉式問句；(三)鼓勵有系統的使用問句，或系統性的詢問（*systematic inquiry*）。

四、反映與澄清技術

反映是反射當事人溝通的重點，以及沒有說出的話語，澄清則是在減少當事人行爲與情境的模糊與不確定層面。

反映與澄清的要點有：(一)反射當事人的思想、情感與行動；(二)良好的反映包括語言與非語言溝通；(三)反映在使當事人的溝通更明確；(四)利用系統性專注的方法，助人者影響當事人的說話；(五)協助當事人覺察行爲的個人、社會與文化類型；(六)澄清的方法包括反映口語與非口語層面、重述重要字句、利用開放式問句與使用系統性發問等。

五、沈默技術

沈默技術就是在諮商中一段不說話的時間，倘使用適當，將有不錯的諮商效果。沈默技術使用的要點包括：(一)以沈默促進更有效的傾聽、反映內容、更敏銳瞭解、更有效發問，以及以重要內容爲焦點；(二)協助當事人有機會思考、表達情感與解決問題；(三)能誘發當事人說得更多；(四)在當事人洞察之後，沈默可以協助當事人思考與統整有意義的題材。

六、面質技術

面質主要在挑戰(*challenges*)當事人，以促使面對現實與考慮替代性的方法，目的在協助當事人增加對個人行爲眞實狀況的瞭解。其使用要點有：(一)必須以關懷的方式進行；(二)如同有效的回饋，需要明確、清楚、適時，並考慮當事人的需求；(三)能澄清當事人思考、情感與行動上的不一致；(四)信任關係建立後，可以直接面質行爲，而非重視不愉快與困難的一面。

七、辨別當事人關心的層面

諮商的目標是在對當事人的問題有某種程度的瞭解，首先要鑑別問題的性質，其次是評估當事人的行爲。隨之再以 *TFA* 模式解析當事人行爲類型的意義。相關的要點有：(一)在解決問題之前先要清楚的辨別當事人的問題；(二)依照 *TFA* 評估當事人的問題，並解析 *TFA* 內的三角形；㈢依照 *TFA* 偏於何方，而分析思想、情感與行爲的作用何者爲大；㈣發現當事人正向與負向的思想、情感與行動層面的相關資訊與情境狀況；㈤檢查當事人問題的類型、收穫與付出；㈥正確的描述當事人的行爲問題；㈦當事人與諮商師共同決定不同問題的優先次序，並依照先後重要程度依序處置。

八、建立現實目標

諮商的目標在協助當事人在思考、情感與行爲上作改變，因此協助當事人建立切合現實的目標非常重要。目標建立有下列的要項：㈠目標必須明確以便可以達成；㈡達成目標的相關配合條件必須明確；㈢目標達成的後果必須被瞭解；㈣大的目標要分成細小目標；㈤每一目標在某種程度上要能加以衡量。

九、設計有效的程序

設計有效的程序目的在於循序漸進，一步一步達成目標。首先利用 *TFA* 協助當事人發現自己行爲的優點，以及如何達成新的行爲改變。其要點有：㈠將大的目標細分成小的目標，最好形成階梯；㈡當事人要能時常知道自己改變行爲的位置；㈢助人者要採取積極增強協助當事人積極作行爲改變；㈣能預知當事人的困難，以及行爲的正負層面；㈤對當事人的口語與非口語訊息要能敏銳地覺察；㈥可以給予家庭作業，自作努力；㈦幫助當事人利用社區、國家與個人相關的資源去達成目標。

十、評鑑、終結與追蹤

評鑑是對助人過程的價值加以判斷的歷程，結果則是在問題已解決、目標已達成，且當事人被轉介出去時，所採取的方式，追蹤則是後續性的關注當事人進步或改變情形。*TFA* 仍然是一個有用的衡量當事人行為改變效果的模式。

十一、保持行為記錄

保持行為記錄或是存檔(*running account*)目的是在一段諮商過程之後，記錄當事人的思考、情感與行動，有助於當事人與治療者雙方的瞭解與監控問題。有效的記錄方式是行為日記或日誌(*log or journal*)，日記或日誌本身亦具有治療效果。

十二、自傳與個人歷史

自傳是當事人本身的歷史，可以當作治療的題材，他人的傳記也可以使用。當事人寫自傳可以使他們對個人歷史、內在外事件，以及與思考、情感及行動有關的事件能充分瞭解。自傳的撰寫本身亦具有傾洩的治療效果。同時，檢討個人的歷史，也有助於助人者與當事人認識與衡量改變的可能性。

十三、蒐集資訊

此處強調結構化的蒐集資訊(*strutured information*)。所謂結構化係利用引導或限制的方式促使當事人作反應，以獲得相關的資訊。結構化蒐集資訊的方法有：㈠結構式的寫作；㈡結構式的會談；㈢利用問卷或問句等。

十四、畫行為圖形與保持進步紀錄

以系統化方式保持行為改變的軌跡。將行為改變歷程用圖形表示更能清楚瞭解行為的頻率、發生次數與方向。畫行為圖形主要係參考行為改變技術的方式畫出圖形，如基準線與進步情形。

十五、訂契約

訂契約也是重要的助人技術，目的在增加當事人行爲的約束力。訂契約需要：(一)明確；(二)自訂契約；(三)能延緩享受（*delayed gratification*）；(四)能顧及個人化（*personalisation*）。

十六、積極自我談話

積極自我談話是鼓勵當事人向自己說好話的一種技術。主要在引導當事人用積極的方式去改變自己的思考、情感與行動。積極的自我管理也可以聯結當事人與助人者的關係，也可以教導當事人認識自我挫敗的語言。

十七、模仿與楷模學習

這是協助當事人向他人學習新行爲的一種技術。當事人透過模仿與楷模也可以較顯著的發現自己理想的行爲目標。模仿與楷模學習主要是應用社會學習論的原理原則，協助當事人改善行爲。

十八、角色扮演

角色扮演是讓當事人演練新角色行爲的一種技術，使當事人能作積極的思考、情感與行動。角色扮演有五個步驟，(一)設定（*setting*）：將情境設定清楚，如在家中、用餐時、或在更衣室等。(二)角色（*roles*）：分派角色，使當事人或其他配合的人知道自己的角色爲何。(三)時間（*time*）：角色演練的時間長度，一般用三、五分鐘就可向當事人說明重要的概念，角色扮演的停止視情況而定。(四)觀察（*observation*）：觀察當事人在角色扮演中的思考、情感與行動狀況，另可以加以錄影。(五)應用（*implication*）：對角色扮演的效果與實際應用加以探討。

十九、其它技術

除了前述 *18* 種技術外，尚可應用的諮商技術有：㈠讀書治療（*Bibliotherapy*）：協助當事人閱讀和個人成長或解決問題有關的書籍，以達成治療目標。㈡非印刷材料（*Nonprint Materials*）的使用：如電影、錄音、錄影等器材的應用。㈢電腦程式（*Computer Program*）：利用電腦輔助輔導。㈣玩具（*Toys*）：主要利用玩具及其它可玩弄的器材協助兒童或殘障當事人成長。㈤遊戲（*Games*）：利用遊戲瞭解當事人的反應。㈥遊戲治療（*Play Therapy*）：利用遊戲的方法改變當事人的行爲。㈦測驗（*Testing*）：應用相關測驗資料協助診斷與分析當事人行爲狀況或改變情形（*Hutchins & Cole, 1992*；*pp. 1-290*）。

由上述可見，赫欽斯與高爾的諮商技術模式主要以 *TFA*（思考、情感與行動）模式作爲分析與應用相關技巧的核心，他的諮商技術模式亦代表著一位有效的諮商師所應具備的綜合性與整體性技術層面。由此亦可見，本章所闡述的主要諮商技術模式各具所長，在實際應用上需考慮當事人的需求，配合諮商師的特質、理論取向與專長作彈性使用。

本章提要

1. 本章介紹了四個較具代表性的諮商模式：(1)諮商關係技術模式；(2)反應與能力諮商技術模式；(3)實務諮商與助人技術模式；(4)助人關係與策略綜合技術模式。
2. 諮商關係技術模式將諮商分成三個主要歷程：(1)催化階段；(2)轉換階段；(3)行動階段。
3. 催化階段的諮商技術有：(1)同理心；(2)尊重；(3)溫暖。轉換階段的諮商技術有：(1)具體化；(2)真誠；(3)自我表露。行動階段的技術有：(1)面質；(2)立即性。
4. 卡克夫首創用量尺的方法評量各種諮商技術的層次高低，至今仍極受肯定與被廣泛應用。另卡滋達等人亦設計不同量尺衡量主要的諮商技術層次。
5. 各個諮商技術量尺可以用在諮商員教育與實務工作中，也可作為區辨諮商效果的指標。
6. 反應與能力諮商技術模式主要將諮商技術視為對當事人有反應，以及諮商員本身具有能力。是由彼得生與尼森霍滋所倡導。
7. 反應與能力諮商技術模式認為諮商共有五大項技術：(1)專注的技術；(2)探索的技術；(3)瞭解的技術；(4)行動的技術；(5)結束的技術。
8. 專注的技術再包括：(1)生理專注；(2)心理專注；(3)自我專注；(4)反應；(5)激勵者；(6)沈默反應等技術。
9. 探索的技術包括：(1)同理心反應；(2)內容反應；(3)意義反應；(4)摘要反應；(5)尊重與真誠反應。
10. 瞭解的技術有：(1)高級敏銳同理心；(2)具體化反應；(3)自我表露反應；(4)面質反應；(5)立即性反應；(6)使用解析反應；(7)使用探索與發問的反應。
11. 行動的技術包含有：(1)指導；(2)問題解決方法。結束的技術則有：(1)何時結束；(2)決定結束；(3)完成未竟事務與探索情感；(4)諮商後自我依靠與學習遷移的準備。

12.實務諮商與助人技術模式共有十種主要的諮商技術：(1)成為一位好的傾聽者；(2)傳達與催化瞭解；(3)深層的催化技術；(4)問題管理模式；(5)以情感為焦點；(6)以思考為焦點；(7)以行動為焦點；(8)催化性團體；(9)生活技巧訓練；(10)維持與發展個人技巧。

13.助人關係與策略綜合技術係以思考(T)、情感(F)與行動(A)所形成的 TFA 為基本核心模式，兼顧各家之說，形成包含四個結構的綜合性諮商技術模式。此四個結構是：(1)瞭解自己與他人；(2)建立關係；(3)問題解決策略；(4)改變環境與運用各種助人策略。

14.助人關係與策略綜合技術並形成了綜合性 ABC 模式，A 是代表前置的情境或環境因素，B 是行為，是思考、情感與行動交互作用的結果，C 則是行為的後果。

15.助人關係與策略綜合技術共有 18 種主要的技術：(1)結構技術；(2)傾聽技術；(3)發問技術；(4)反映與澄清技術；(5)沉默技術；(6)面質技術；(7)辨別當事人關心的層面；(8)建立現實目標；(9)設計有效的程序；(10)評鑑、終結與追蹤；(11)保持行為紀錄；(12)自傳與個人歷史；(13)蒐集資訊；(14)畫行為圖與保持進步紀錄；(15)訂契約；(16)積極自我談話；(17)模仿與楷模學習；(18)角色扮演。其它技術並有讀書治療、非印刷品材料、電腦程式、玩具、遊戲、遊戲治療、測驗等相關技術。

班級活動

一、請分析、比較本章所述的四個主要諮商技術模式。

二、在班上實際演練諮商技術，可以請一位同學當當事人，另徵求自願者當諮商師，實際進行諮商，如有可能並作錄音或錄影。隨之由同學們依照卡克夫的諮商技術量尺作評量，然後再全班共同討論。如有爭議可以用錄音或錄影作為討論的題材。

三、同學配對作諮商演練，並加以錄音，再寫成諮商逐字稿，隨後在逐字稿中寫出所使用的諮商技術，並寫出其層次，最後再各組交換互評。如有良好的諮商題材可拿至班上共同討論。

四、請討論諮商理論與技術有何關聯？如何成為一位有效的諮商師？如何成為一位有風格的諮商師？

問題討論

一、請說明同理心、尊重、溫暖、具體化、真誠、自我表露、面質與立即性等八種諮商技術的意義。

二、請說明上述八種諮商技術的最高層次特徵。

三、請依照反應與能力模式，分別說明專注、探索、瞭解、行動與結束五大類技術的要項。

四、請說明自己最喜歡的諮商技術，以及如何有效綜合應用各種諮商技術。

參考文獻

一、中文部分

王鳳喈（民 54）：**中國教育史**。台北：正中書局。

葉學志（民 74）：**教育哲學**。台北：三民書局。

黃德祥（民 70）：艾里斯與理性情緒治療法，**中國論壇**，第 12 卷，第七期，第 63-67 頁。

黃德祥（民 73）：**諮商與心理治療的理論與實施**。台北：心理出版社。

黃德祥（民 76）：**諮商與心理治療的理論與實施指導手冊**。台北：心理出版社。

黃德祥（民 78）：**國中與國小班級中影響學生社會關係與社會行爲之相關因素研究**。國立政治大學教育研究所博士論文。

黃德祥（民 80）：英國的諮商與輔導工作。載於中國輔導學會主編：**輔導理論與實務——現況與展望**（第 1－25 頁）。台北：心理出版社。

黃德祥（民 81）：艾維（Allen E. Ivey）——精微諮商的創始者。載於中國輔導學會主編：**輔導學的先驅——西方篇**（第 113－131 頁）。台北：師大書苑。

黃德祥（民 82）：**社會技巧訓練在青少年群育教學與輔導上的應用**。發表於高雄師範大學教育系主辦，群育教學與輔導研討會（4 月 29－30 日）。

黃德祥（民 83）：**青少年發展與輔導**。台北：五南圖書出版公司。

魏麗敏（民 79）：艾里斯與你——以理性觀念走出幸福的人生。**諮商與輔導**，第 52 期，第 46-47 頁。

魏麗敏（民 80）：教育與輔導諮商。台中市：精華出版社。

魏麗敏（民 81）：完形心理學經驗圈之理論探索。**輔導月刊**，第 28 卷，第 708 期，第 10－15 頁。

二、英文部份

Adler, A.(1958). *What life should mean to you.* New York: E. P. Putnam's Sons.

Ansbacher, H. L.(1967). Life Style: A historical and systematic review. *Journal of Individual psrchology, 23,* 191-212.

Ansbacher, H. L.(1977). Individual psychology, In R. J. Corsini (Ed.), *Current personality theories.* Itasca, IL: F. E. Peacock.

Ansbacher, H. L.(1978). The development of Adler's concept of social interest: A critical study. *Journal of Individual Psychology, 34,* 118-152.

Ansbacher, H. L.(1991). The concept of social interest. *Journal of Indivdual Psychology, 47,* 29-45.

Auld, F., & Hyman, M.(1991). *Resolution of inner conflit: An introduction to psychoanalytic therapy.* Washington, DC: American Psychological Association.

Baruth, L. G., & Robinson, E. H.(1987). *An introduction to the counseling profession.* Englewood Cliffs, NJ: Prentice-Hall, Inc.

Beck, A. T.(1976). *Cognitive therapy and emotional disorders.* New York: International Universities Press.

Beck, A. T., & Weishaar, M. E.(1989). Cognitive therapy. In R. J. Corsini & D. Wedding(Eds.), *Current psychotherapies* (4th ed.) (pp. 284-320). Itasca, IL: F.E. Peacock.

Beck, A. T., & Young, J. E.(1985). Cognitive therapy of depression. In D. Barlow(Ed.), *Clinical handbook of psy-*

chological disorders: A step-by-step treatment mannal (pp. 206-244). New York: Grilford.

Beck, E. (1963). *Philosophy foundations of guidance.* Englewood Cliffs, NJ: Prentice-Hall.

Belkin, G. S. (1975). *Practical counseling in the schools.* Dubuque, IA: William C. Brown.

Berne, E. (1964). *Games people play.* New York: Groue Press.

Berne, E. (1966). *Principles of group treatment.* New York: Oxford University Press.

Berne, E. (1977). *Intuition and ego states.* San Francisco: Harper & Row.

Berne, E. (1972). *What do you say after you say hello?* New York: Grove Press.

Blackman, G. J. (1977). *Counseling: Theory, process and practice.* Belmont, CA: Wadsworth.

Blackman, G. J., & Silberman, A. (1971). *Modification for child behavior.* Belmont, CA: Wadsworth.

Blackham, G. J., & Silberman, A.(1980). *Modification of child and adolescent behavior* (3rd ed.). Belmont, CA: Wadsworth.

Blocher, D. H. (1987). *The professional counselor.* New York: Macmillan Publishing Co.

Bohart, A. C., & Todd, J. (1988). *Foundations of clinical and counseling psychology.* Cambridge: Harper & Row, Publishers.

Cassius, J. (1980). Bodyscript release: How to use bioenergetics and transactional analysis. In J. Cassius (ed.), *Horizons in bioenergetics: New dimensions in mind / body psychotherapy* (pp. 212-224). Memphis: Promethean.

Carkhuff, R. R.(1969). *Helping and human relations.* New York: Holt, Rinehart & Winstion.

Carkhuff, R. R.(1971). *Helping and human relations: A primer for lay and professional helpers. Vol. 2: Practice and research.* New York: Holt, Rinehart and Winston.

Carkhuff, R. R., & Berenson, B. G.(1977). *Beyond counseling and psychotherapy* (2nd ed.). New York: Holt, Rinehart & Winston.

Cavanaugh, M. E.(1982). *The cunseling experience: A theoretical and practical approach.* Belmont, CA: Brooks / Cole Co.

Cormier, W.H., & Comier, L.S.(1991). *Interviewing strategies for nelpers: Foundamental skills and cognitive beharioral interventions* (3rd ed.). Pacific Groye, CA: Brooks/Cole Publishing Co.

Corey, G.(1991). *Theories and practice of counseling and psychotherapy* (4th ed.). Pacific Grove, CA: Brooks / Cole.

Corsini, R. J.(1990). *Current psychotherapies.* Itasca, IL: F.E. Peacock Publishers, Inc.

Dinkmeyer, D.(1982), *Developing understanding of self and others.* Circle Pine, MN: American Guidance Sevice.

Dinkmeyer, D., Dinkmeyer, D., Jr., & Sperry, L.(1987). *Adlerian counseling and psychotherapy* (2nd ed.). Columbus, OH: Merrill.

Dinkmyer, D. C., Pew, W. L., & Pinkmyer, P. C., Jr.(1979).

Adlerian counseling and psychotherapy. Monterey, CA: Brooks / Cole.

DiCapprio, N. S. (1983). *Personality theories: A guide to human nature.* New York: CBS College Publishing.

Dollard, J., & Miller, N. E.(1950). *Personality and psychotherapy: An analysis in terms of learning, thinking, and culture.* New York: McGraw-Hill.

Drapela, V. J. (1983). Counseling, consultation, and supervision: A visual clarification of their relationship. *Personnel and Guidance Journal, 62,* 158-162.

Dreikurs, R. R. (1950). *Fundamentals of Adlerian psychology.* Chicago: Alfred Adlev Institute.

Dusay, J. M., & Dusay, K. M.(1989). Transactional analysis. In R. J. Corsini & R. D. Wedding (Eds.), *Current psychotherapies* (4th ed.) (pp. 405-453). Itasca, IL: F. E. Peacock.

Dustin, R., & George, E. (1977). *Action counseling for behavior change* (2nd ed.). Cranston, RI: Carroll Press.

Egan, G. (1975). *The skilled helper: A model for systematic helping and inter-personal relating.* Pacific Grove, CA: Brooks/Cole.

Egan, G. (1986). *The skilled helper: A systematic approach to effective helping.* Belmont, CA: Brooks / Cole Publishing Co.

Ellis, A. (1979). Rational-emotive therapy, In R. J. Corsini (Ed.). *Current psychotherapies* (2nd ed.). Itasca, IL: F. E. Peacock.

Ellis, A. (1986). Rational-emotive therapy approach to overcoming resistence. In A. Ellis & R. Grieger(Eds.), *Hand-book of rational emotive therapy*(*Vol.2*)(pp. 246-274). New York: Springer.

Ellis, A.(1989), Rational-emotive therapy. In R. J. Corsini & D. Wedding(Eds.), *Current psychotherapies* (4th ed) (pp. 197-240). Itasca, IL: Peacock.

Ellis, A.(1991) Achieving self-actualization: The rational-emotive approach. *Journal of Social Behavior and Personality, 6,* 1-18.

Ellis, A. (1996 a). The humanism of rational emotive behavior therapy and other cognitive behavior therapies. *Journal of Humanistic Education and Development, 35,* 69-88.

Ellis, A. (1996 b). *Better, decper, and more enduring brief therapy: The rational emotive behavior therapy approach.* New York: Brunner/Mazel.

Ellis, A., & Abrahams, E.(1978). *Brief psychotherapy in medical and health practice.* New York: Springer Publishing.

Eysenck, H. J.(1952). *The structure of human personality.* London: Methuem.

Eysenck, H. J., & Eysenck, S. B. G.(1966). *Personality structure and measurement.* San Dieago: R.R. Knapp.

Fagan, J., & Shepherd, I.(Eds). (1970). *Gestalt therapy now: Theory/techniques/applications.* New York: Harper & Row.

Feist, J.(1985). *Theories of personality.* New York: Holt, Rinehart and Winston.

Gazda, G. M.(1984), *Group counseling: A developmental*

approach(2nd ed.). Boston: Allyn & Bacon.

Gazda, G. M., & Brooks, O.(1980). A comprehensive approach to developmental interventions. *Journal of Specialists in Group Work, 5,* 120-126.

Gazda, G. M., Asbury, F. R., Balzer, F. J., Childers, W.C., & Walters, R. P.(1984). *Human relations development: A manual for educators.* Boston: Allyn and Bacon, Inc.

Gelso, C. J., & Fretz, B. R.(1992). *Counseling psychology.* Orlando, FC: Harcourt Brace Jovanovich College Publishers.

George, R. L., & Cristiani, T. S.(1990). *Counseling: Theory and practice*(3rd ed.). Englewood Cliffs, NJ: Prentice-Hall.

Gilbert, M. G., & Brock, R. T.(1985). *The holy spirit & counseling.* Reabody, MA: Hendrickson Publishers, Inc.

Gibson, R. L., & Mitchell, M. H.(1990). *Introduction to counseling and guidance*(3rd ed.). New York: MacMillan Publishing Co.

Gilliland, B. E., James, R. K., Roberts, G. T., & Bowman, J. T. (1986). *Theories and strategies in counseling and psychotherapy.* Englewood Cliffs, NJ: Prentice-Hall, Inc.

Gilliland, B. E., James, R. K., & Bowman, J. T.(1994). *Theories and strategies in counseling and psychotherapy.* Boston: Allyn and Bacon.

Gilliland, B. E., & Johnston, R.(1987). *Human potential groups: High risk high schoolers model and rehearse for success.* memphis, TN: Memphis State University.

Gilliland, B. E., Roberts, G. T., & Bowman, J. J.(1989). *Theories and strategies in counseling and psychotherapy*(2nd ed.). Englewood Cliffs, NJ: Prentice-Hall, Inc.

Gladding, S. T.(2000). *Counseling: A comprehensive profession* (4nd ed.). New York: Merrill Publishing Co.

Glasser, W.(1961). *Mental health or mental illness?* New York: Harper & Row.

Glasser, W.(1964). Reality therapy: A realistic approach to the young offender. *Crime & Delinquency, 10,* 135-144.

Glasser, W.(1965). *Reality therapy,* New York: Harper & Row.

Glasser, W.(1969). *Schools without failure.* New York: Harper & Row.

Glasser, W.(1972). *The identity society.* New York: Harper & Row.

Glasser, W.(1976). *Positive addiction.* New York: Harper & Row.

Glasser, W.(1981). *Stations of the mind: New directions for reality therapy.* New York: Harper & Row.

Glasser, W.(1984). *Control theory A new explanation of now we control our lives.* New York: Harper & Row.

Glasser, W.(1986). *Control theory in the classroom.* New York: Harper & Row.

Glasser, W.(1990). *The quality school: Managing students without coercion.* New York: Harper & Row.

Glasser W., & Zunin, L. M. (1979). Reality therapy. In R. J. Corsini (Ed.) *Current psychocherapies* (2nd ed) (pp. 301-339) Itasca, IL:F.E. Peacock.

Goodyear, R. K. (1987). In memory of Carl Ransom Rogers. *Journal of Counseling and Development, 65,* 523-524.

Goldstein, A. P., Glick, B., Irwin, M. J. Pask-Mccatney, & Rubama, I (1989). *Reducing delinquency: Intervention in the community*. New York: Pergamon Press.

Greve, F. (1985). Client-centered therapy. In M. G. Gtibert & R. T. Brok (Eds.), *The holy spirit & counseling* (Vol. 1. pp. 140-156) Peabody, MA: Hendrickson Publishers.

Hall, C. S. & Lindzey, G. (1985). *Theories of personality*. New York: John Wiley & Sons.

Hansen, J. C. Stevic, R. R., & Warner, R. W.(1986). *Counseling: Theory and process* (3rd ed.). Boston: Allyn and Bacon, Inc.

Hershensen, D. B. (1983). A viconian interpretation of psychological counseling. *Personnel and Guidance Journal, 62*, 3-9.

Higgins, J. M. (1982). *Human relations: Concets and skills*. New York: Random House

Holdstock, T.L., & Rogers, C. R. (1977) Person-centered theory. In R.J. Corsini & A.J. Marsella (Eds.), *Personality theories, research, and assessment*. Itasca, IL: F.E. Peacock publishers, Inc.

Hutchins, D. E., & Cole, C. G.(1992). *Helping relationships and strategies* (2nd ed.). Pacific Grove, CA: Brooks／Cole Publishing Co.

Ingram. J. (1998) . Psychopharmacology questions? *WAGES Wire, 36*, 4.

Ivey, A. (1970). The intentional individual: A process-outcome view of behavioral psychology. *The Counseling Psychologist, 1,* 56-60.

Ivey, A.(1970). *Microcounseling: Innovations in interviewing training.* Springfield: Thomas.

Ivey, A.(1973). Counseling psychology: *The innocent profession. The Counseling Psychologist, 20,* 338-343.

Ivey, A.(1974). Microcounseling and media therapy: The state of the art. *Counselor Education and Supervision, 13,* 172-183.

Ivey, A.(1986). *Developmental therapy: Theory into practice.* San Francisco: Jossey-Bass.

Ivey, A. E.(1988). *Intentional interviewing and counseling: Facilitating client development.* Pacific Grove, CA:Brooks／Cole Publishing Co.

Ivey, A., & Authier, J. (1978). *Microcounseling: Innovations in interviewing, counseling, psychotherapy and psychoeducation.* Springfield, Il: Charles, C. Thomes.

Ivey, A., & Gluckstern, N. (1974). *Basic attending skills:Leader and participant, manuals and videotapes.* North Amherst, MA: Microtraining.

Ivey, A., & Gluckstern, N. (1976). *Basic influencing skills, leader and participant manuals, and videotapes.* North Amherst, MA: Microtraining.

Ivey, A., & Litter, J.(1979). *Face to face: Communication skill in business:Training manual and videotapes.* North Amherst, MA: Amherst Consulting Group.

Ivey, A., & Shizuru, L. (1981). *Issues in cross-cultural counsel-*

ing: Viedotapes and workbook. North Amherst, MA:Microtraining.

Ivey, A., Gluckstern, N., & Ivey, M. (1982). *Basic attending skills and basic influencing skills: Mannuals and videotapes.* North Amherst, Ma:Microtraining.

Ivey, A. E., Ivey, M. B., & Simek-Downing, L.(1987). *Counseling and psychotherapy: Integrating skills, theory, and practice* (2nd ed.). Englewood Cliffs, NJ: Prentice-Hall.

Kanfer, F. H., & Gaelick, C.(1986). Self-management method. In F. H. Kanfer & A. P. Goldstein (Eds.), *Helping to people change (3rd ed.)* (pp. 283-345). New York: Pergamon Press.

Karoly, P., & Harris, A.(1986). Operant methods. In F. H. Kanfer & A. P. Goldstein (Eds.), *Helping people change* (pp. 111-144). New York: Pegramon Press.

Kesten, J. (1980) Learning for spite. In G. S. Belkin (Ed.), *Contemporary psychotherapies.* Skokie, IL: Rand Mc-Nally.

Kirman, W. J. (1980). Modern psychanalysis. In G. S. Belkin (Ed.), *Contemporary psychotherapies.* Skokie, IL: Rand McNally.

Kottmon, T., & Warlick, J. (1990). Adlerian play therapy. *Journal of Humanistic Education and Development, 28,* 125-132.

Krumbholtz, J. D.(1966). Behavioral goals for counseling. *Journal of Counseling Psychology, 13,* 153-159.

Krumbholtz, J. D. (1976). Behavior goal for counseling. In G.S. Belkin (Ed.). *Counseling directions in theory and practice* (pp. 171-178). Dubuque, IA :Kendall／Hunt.

Langs, R.(1973). *The technique of psychoanalytic psychotherapy.* New York: Jeason Aronson.

Lazarus, A. E.(1989). Multimodal therapy. In R. J. Corsini (Ed.), *Current psychotherapies* (4th ed.) Itasca, IL: F. E. Peacock.

Lundin, R.W.(1972). *Theories and systems psychology.* Lexington, MA: Heath.

Lundin, R. W.(1977). Behaviorism: Operant reinforement. In R. J. Corsini (Ed.), *Current personality theories.* Itasca, IL: F. E. Peacock.

Lazarus, A. A.(1981). The *prartice of multimodal therapy.* New York: McGraw-Hill

Lazarus, A. A.(1984). Multimodal therapy. In R. J. Corsini (Ed.), *Current psychotherapies* (3rd ed.) (pp. 491-530). Itasca, IL: F. E. Peacock.

Lazarus, A. A.(1989). *The practice of mutimodal therapy* Ballimore: Johns Hopkins University Press.

Lee, J. D.(1983). Philosophy and counseling: A meta theoretical analysis. *Personnel and Guīdance Journal, 61,* 523-529.

Lundin, R. W(1972). *Theories and system of psychology.* Lexington, MA: Heath.

McWhirter, J. J., & McWhirter, B. T.(1991). A framwork for theories in counseling. In D. Capuzzi & D. R. Gross (Eds.), *Introduction to counseling: Perspectives for 1990* (pp. 69-88). Boston: Allyn & Bacon.

Meador, B. D., & Rogers, C. R.(1979). Person-centered therapy.

In R. J. Corsini (Ed.). *Current psychotherapy* (pp. 119-169). Itasca, IL: F.E. Peacock Publishers, Inc.

Meichenbaum, D. H. (1977), *Cognitive-behavior modification: An integrative a pproach.* New York: Plenum.

Miller, N. E., & Dollard, J. (1941). *Social learning and imitation.* New Haven, CT: Yale University Press.

Mosak, H. H. (1984). Adlerian psychotherapy. In R. J. Corsini (Ed.), *Current psychotherapies* (pp. 56-107). Itasca, IL:F.E. Peacock.

Mosak, H. (1989). Adlerian psychotherapy. In R. J. Corsini & P. Wedding (Eds.), *Current psychotherapics* (4th ed.) (pp. 65-116). Itasca, IL: F. E. Peacock.

Nelson-Jones, R., (1988). *Practical counselling and helping skills* (2nd ed.). Portsmouth, U.K.: Inforum Ltd.

OKun, B. F.(1997). *Effective helping: Interviewing and counseling techniques* (5rd ed.). Monterey, CA: Brooks/Cole Publishing Co.

Patterson, C. H. (1974). *Relationship counseling and psychotherapy.* New York: Harpen & Row.

Perls, F. (1969). *Gestalt therapy verbatin.* New York: Bantam.

Perls, F. (1973). *The Gestalt aproach and eyewitness to therapy.* New York: Bantam.

Peterson, J. V., & Nisenholz, B. (1991). *Orientation to cunseling.* Boston: Allyn and Bacon.

Polster, E., & Polster, M. (1973). *Gestalt therapy integrated.* New York: Brunner/Mazel.

Reiss, B, (1972). Is analysis interminable? In G. D. Goldman &

P. S. Milman (Eds.), *Innovations in psychotherapy.* Springfield, IL: Chas, C. Thomas.

Robinson, S. (1990). Is counseling the same as development? A response to Van Hestern and Ivey. *Journal of Counseling and Development, 68,* 529-531.

Rogers, C. (1959a). A theory of therapy, personality and interpersonal relationships as developed in the client-centered framework. In S. Koch (Ed.), *Psychologry: A study of science* (Vol. 3, pp. 184-256). New York: McGraw-Hill.

Rogers, C. (1959b). Significant learning: In theory and in education. *Educational Leadership, 16,* 232-242.

Rogers, C. (1961). *On becoming a person.* Boston: Houghton Mifflin.

Rogers, C. (1963). The concept of the fully functioning person. *Psychotherapy: Theory, research, and practice, 1,* 17-26.

Rogers, C. R. (1965). *Client-centered therapy.* Boston: Houghton Mifflin.

Rogers, C. R. (1967). The coditions of change from a client-centered viewpoint. In B. G, Berenson and R. R. Carkuff (Eds.), *Sources of gain in couuseling and psychotherapy.* New York: Holt, Rinehart & Winston.

Rogers, C. R. (1975). Empathic: An unappreciated way of being. *The Counseling Psychology, 5,* 2-10.

Rogers, C. (1980). *A way of being.* Boston: Houghton Mifflin.

Rogers, C. (1986). Carls Rogers on the developnent of the person-centered approach. *Person-Centered Review, 1,* 257-259.

Sandler, D. R. (1986). Aversion methods. In F. H. Hanfer & A. P. Goldstein (Eds.), *Helping people change: A textbook of methods* (3rd ed.) (pp. 191-235). New York: Pergamon Press.

Schultz, D. (1986). *Theories of personality* (3rd ed.). Monterey, CA: Brooks／Cole Publishing Co.

Schultz, D. (1990). *Theories of personality* (4th ed.), Pacific Grove, CA: Brooks／Cole Publishing Co.

Skinner, B. F. (1938). *The behavior of organisms: An experimental analyis.* Englewood Cliffs, NJ: Prentice-Hall.

Skinner, B. F. (1953). *Science and human behavior.* New York: Macmillan.

Skinner, B. F. (1969). *Contingencies of reinforcement: A theoretical analysis.* New York: Apleton-Century-Crofts.

Skinner, B. F. (1971). *Beyond freedom and dignity.* New York: Knopf.

Skinner, B. F. (1974). *About behaviorism.* New York: Knopf.

Small, L. (1972). Crisis therapy: Theory and method. In G. D. Goldman & D. S. Milman (Eds.), *Innovations in psychotherapy (pp. 21-38).* Springfield IL: Charles C. Thomas.

Sweeney, T. J. (1989), *Adlerian counseling* (3rd ed.). Muncie, IN: Accelerated Development.

Thorne, F. C.(1973). Ecletic psychotherapy. In R. J. Corsini(Ed.), *Current Psychotherapies.* Itasca, IL: F.E. Peacock Publishing. Inc.

Tolbert, E. L. (1972). *Introduction to counseling* (2nd ed.). New York: McGraw-Hill.

Tolbert, E. L. (1982). *An introduction to guidance is the professional counselor* (2nd ed.). Boston: Little, Brown and Co.

Tosi, D. J., Leclair, S. W., Peters, H. J., & Murphy, M. A. (1987). *Theories and applications of counseling.* Springfield. IL: Charles C. Thomas Publishers.

Van De Riet, V., Korb, M.P., Gorrell, J.J. (1980). *Gestalt therapy: An introduction.* New York: Pergamon Press.

Waldo, W. (1989). Primary prevention in the university residence halls: Paraprofessionalled relationship enhancement groups for college roomates. *Journal of Counseling and Development, 67,* 465－471.

Walen, S. R., DiGuiseppe, R., & Dryden, W. (1992) . *A practitioner's guide to rational-emotive therapy.* New York: Oxford University Press.

Walker, H. M., Todis, B., Holmes, O., & Horton, G. (1988). *The Adolescent curriulum for communication and effective social skills.* Auctim, TA: Prd-Ed.

Wallace, W. A. (1986). *Theories of counseling and psychotherapy: A basic-issues approach.* Boston: Allyn and Bacon, Inc.

Weinrach, S. G. (1987). Microcounseling and beyond: A dialogue with Allen Ivey. *Journal of Counseling and Development, 65,* 532－537.

Wilson, G. T. (1984). Behavior therapy. In R. J. Corsini (Ed.), *Current psychotherapies* (pp. 239－278). Itasca, IL: F. E. Peacock.

Wolpe, J. (1958). *Psychotherapy by reciprocal inhibition.* Standford, CA: Standford University Press.

Woollams, S., & Brown, M. (1979). *TA: The total handbook of transactional analysis.* Englewood cliffs, NJ: Prentice-Hall.

Young, M.E. (1992). *Counseling methods and techniques: An eclectic approach.* New York: Merrill.

人名索引

A

B

C

D

E

F

G

H

I

J

K

L

M

N

O

P

R

S

T

W

Y

Z

漢英對照名詞索引

一　劃

二　劃

三　劃

四 劃

五 劃

六　劃

七　劃

八　劃

九 劃

十 劃

十一劃

十二劃

十三劃

十四劃

十五劃

十六劃

十七劃

十八劃

十九劃

二十劃

二十一劃

二十二劃

二十三劃

英漢對照名詞索引

A

C

D

E

G

H

K

L

M

P

Q

R

V

W

國家圖書館出版品預行編目資料

諮商理論與技術 ／魏麗敏，黃德祥著.
一初版.一臺北市：五南，1995 [民84]
面；　公分.
參考書目：面
含索引
ISBN 978-957-11-1049-3（平裝）
1.諮商　　2.心理治療
178　　84009867

1B69

諮商理論與技術

著　者 — 魏麗敏　黃德祥(309)
發行人 — 楊榮川
總編輯 — 王翠華
主　編 — 王俐文
出版者 — 五南圖書出版股份有限公司
地　址：106台北市大安區和平東路二段339號4樓
電　話：(02)2705-5066　傳　真：(02)2706-6100
網　址：http://www.wunan.com.tw
電子郵件：wunan@wunan.com.tw
劃撥帳號：01068953
戶　名：五南圖書出版股份有限公司
法律顧問　林勝安律師事務所　林勝安律師
出版日期　1995年9月初版一刷
　　　　　2016年10月初版十三刷
定　價　新臺幣660元

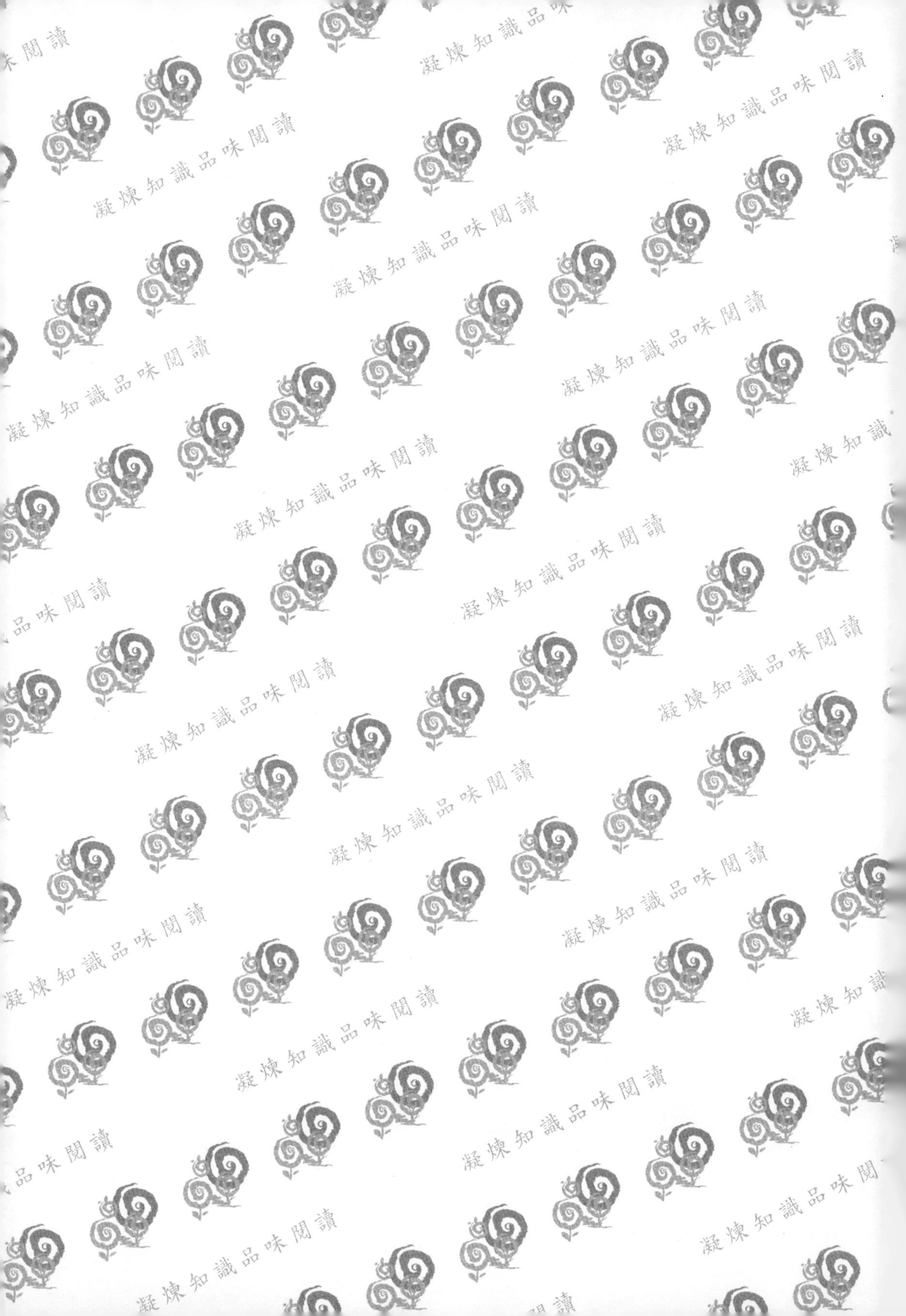

凝煉知識品味閱讀